U0499597

FUNDAMENTALS OF INTELLIGENT AUDITING

智能审计基础

本书编写组 ◎ 编著

中国财经出版传媒集团

经济科学出版社

Economic Science Press

·北 京·

图书在版编目（CIP）数据

智能审计基础／本书编写组编著．-- 北京：经济
科学出版社，2025．5（2025.8 重印）．-- ISBN 978 - 7 - 5218 - 6757 - 2

Ⅰ．F239.0 - 39

中国国家版本馆 CIP 数据核字第 2025BC2833 号

责任编辑：杨金月
责任校对：杨　海
责任印制：范　艳

智能审计基础

ZHINENG SHENJI JICHU

本书编写组　编著

经济科学出版社出版、发行　新华书店经销

社址：北京市海淀区阜成路甲 28 号　邮编：100142

总编部电话：010 - 88191217　发行部电话：010 - 88191522

网址：www. esp. com. cn

电子邮箱：esp@ esp. com. cn

天猫网店：经济科学出版社旗舰店

网址：http：//jjkxcbs. tmall. com

北京季蜂印刷有限公司印装

710 × 1000　16 开　24 印张　380000 字

2025 年 5 月第 1 版　2025 年 8 月第 2 次印刷

ISBN 978 - 7 - 5218 - 6757 - 2　定价：68.00 元

（图书出现印装问题，本社负责调换。电话：010 - 88191545）

（版权所有　侵权必究　打击盗版　举报热线：010 - 88191661

QQ：2242791300　营销中心电话：010 - 88191537

电子邮箱：dbts@ esp. com. cn）

本书编写组

总主编：

毕秀玲　梁仕念　谭小青

主编：

牛艳芳　孔　勃　郝先经

副主编：

刘玉玉　高　旭　毕思强

编写人员：

石　昕　孙　瑜　徐艳丽　石翔燕　王兆勇

阚京平　崔　阳　苑尚伟　罗　涛　王纯青

冉祥俊　李晓霞

专家：

宋振玲　李元元　涂佳兵　国　赟　王丽梅

贾礼章

一、山东财经大学

山东财经大学始建于 1948 年，是财政部、教育部、山东省共建高校。学校坐落于享有泉城美誉的国家历史文化名城——济南，是一所以经济学和管理学学科为主，文、法、理、工、教育、艺术等多学科协调发展的财经类高等院校。2020 年，学校成为山东省高水平大学建设高校。现拥有博士后科研流动站 3 个；一级学科博士学位授权点 5 个，博士专业学位授权点 1 个；一级学科硕士学位授权点 12 个，硕士专业学位类别 21 种。山东财经大学会计学院是学校办学历史最为悠久的学院，拥有会计学、审计学、财务管理、资产评估 4 个国家级一流本科专业建设点，会计学、审计学、财务管理 3 个硕士学术学位和会计、审计、资产评估 3 个硕士专业学位授权类别，会计学博士学术学位和审计博士专业学位授权点，形成了本硕博完整的培养体系。

本教材编写领衔团队成员来自于山东财经大学审计研究中心。该中心为校属非实体科研机构，骨干成员为会计学院专任教师，长期致力于推动中国特色社会主义审计理论研究与发展，加强与审计学界、实务界的沟通与联系，提高审计社会服务能力。

在本教材编写过程中，编写团队秉持专业分工、协同高效的原则，遵循注册会计师审计准则要求，系统总结智能审计领域前沿实务经验，深度提炼行业实践智慧。通过创新构建"理论—技术—实践"三位一体的内容架构，一方面将智能审计理论体系与传统审计学教材核心内容有机衔接，确保学科知识传承与迭代升级；另一方面深度融合智能审计操作流程与真实审计业务场景，精准对接大数据分析、人工智能审计等实务需求。最终形成理论逻辑严密、实践导向鲜明的数智审计教材体系，为培养既精通审计专业理论，又掌握智能审计技术的复合型审计人才提供高质量教学资源支撑，助力适应数字经济时代审计行业的创新发展需求。

二、信永中和会计师事务所

信永中和会计师事务所（以下简称"信永中和"）是中国改革开放恢复重建注册会计师行业后，最早成立的第一批会计师事务所之一。历经 45 年的发展，信永中和已实现集团化运营、一体化管理和国际化发展，拥有审计鉴证、管理咨询、税务服务、工程管理 4 个业务板块，每个业务板块均具有行业内最高资质等级。

信永中和紧紧把握时代发展大势，2014 年在业内率先将信息化战略升级为集团发展的优先战略。经过多年耕耘，信永中和已形成"对内数字化管理、数字化作业平台，对外数字化产品解决方案"双管齐下的数字化转型发展及数字化服务能力。2022 年 12 月 31 日，信永中和智能审计平台全面上线，实现了前中后台审计作业模式变革，加快了审计数字化转型的步伐，也积累了丰富的智能审计案例和实践经验，发挥了行业引领的作用。

2019 年，信永中和启动与山东财经大学会计学（注册会计师方向）合作办学项目。为适应教学和实践需要，着手规划立项《智能审计基础》系列教材的编写工作，以夯实人才培养的基础。信永中和管委会、审计执委会和济南分部对教材编写工作给予高度重视，与山东财经大学和山东省注册会计师协会通力协作，对教材定位、框架大纲、编写人员组成等方面进行认真研究和精心组织，力争编写一套具有前瞻性、实践性和适用性强的智能审计教材。

三、山东省注册会计师协会

山东省注册会计师协会是综合管理全省注册会计师及会计师事务所的 5A 级行业自律性社会组织，以服务国家建设为主题，以诚信建设为主线，肩负"服务、监督、管理、协调"的职能，维护市场秩序和公众利益，引领全省会员恪守"独立、客观、公正"的职业道德，在审计鉴证、管理咨询等领域，为全社会提供专业化的优质服务。作为自律监督主体的重要一员，山东省注册会计师协会参加了山东省人民政府新闻办公室召开的"进一步加强财会监督 服务保障经济社会高质量发展"新闻发布会，代表经济鉴证类行业重磅发声。现全省共有会计师事务所 700 多家，执业会员 6000 多人，非执业会员 1.66 万余人，共约 2.2 万名行业从业人员。

协会始终秉持"实干笃行，搭桥引路"的初心，紧扣行业"十四五"规划信息化目标，为加速行业向智能化、数字化转型，联合山东财经大学、信永中和会计师事务所组织编写了《智能审计基础》教材，以构建行业数智化审计基础，提升审计效率和执业质量。协会副会长兼秘书长梁仕念亲自带领副秘书长孔勃、高旭，秘书长助理冉祥俊及财务总监李晓霞参与教材编写工作，组织召开多次编写组联合座谈会和专家论证会，探讨、验证教材适用性、实用性和标准性，重点突出智能审计基础原理，强调审计数据思维意识，目的是帮助学生熟练运用数智化辅助工具，提升财务报表审计场景中的问题解决能力。

序 一

2024 年秋天，信永中和会计师事务所（以下简称"信永中和"）合伙人毕思强先生来电，山东财经大学联合信永中和，在山东省注册会计师协会的指导下，编著了一本《智能审计基础》教材，意在智能化背景下面向审计新人普及"智能＋审计"的基础知识，帮助其快速掌握智能审计基本技术和方法。书已成稿，邀我为序。读罢书稿，不禁慨叹"善莫大焉"！

人类社会正遭遇百年变局，在生产力层面的牵引无疑是 AI 智能觉醒和颠覆性创新，企业广泛应用和不断迭代信息化、网络化、智能化的技术，以处理指数级增长的海量交易数据和日益复杂的经营管理活动，与之呼应的数字经济、数字政府、数字中国建设，可谓一日千里。市场经济下百业千行中依存于资本现象又对资本运动起着先导性的审计行业，囿于传统审计思维、因循固有的审计模式、固守固有审计技术已经难以为继，最为直观的是，审计职能与审计对象之间的时空观、价值观已经无法匹配了，智能技术落后于市场主体甚至成为审计失败的风险因素，问题集中体现为生产力要素下"人＋工具"中的"人"的不适应性、迭代滞后性和变革要求。审计行业向智能审计发展进阶是一项系统工程，非一朝一夕之功，也非一所一人之事，当务之急是从最基础的人才培养抓起。

问题是时代的先声。人类社会进入千年一遇的 AI 智能技术革命，一方面，AI 技术的突飞猛进给人类劳动样态内容带来了"颠覆"；另一方面，硅基智能对碳基生命的替代，产生智能"黑箱"使得知识传承成为困境、伦理"对称"导致"终极决策"难题。《智能审计基础》正是在数智时代大背景下谋划、赶制、完成的，也是教育界与实务界产学研共建的成果。

山东财经大学和信永中和在合作办学中深刻意识到培养智能审计人才刻不容缓，但培养智能审计这一复合型人才的一个最大难题就是审计专业和智能技术之间跨专业、套嵌式鸿沟的弥合。为了实现该目标，双方 2023 年启动了智能审计教材的建设工作，象牙塔的教授们和实务专家们聚首撮合，经过无数次研究讨论，精心设计教材框架，精挑细选教学素材，精雕打磨案例文字，数易其稿，终于付梓。

《智能审计基础》教材定位为智能审计"入门"。本教材构建基础理论、审计方法和应用场景三大篇章，聚焦典型财务审计场景，用案例形式展示了智能审计技术和方法的运用，鱼渔并授。

山东财经大学作为高等教育载体，主动适应技术变革对新时代复合型实践性应用化人才需求，联动信永中和与行业协会，跳出象牙塔，摒弃老旧教材，走产学研共建的教材开发新模式，值得称道。

信永中和贡献了真实审计业务数据、案例、应用场景，以及实操淬炼过的智能审计程序、技术、方法和工具，将其数字化转型的先进理念和最佳实践和盘托出，彰显了信永中和作为中国注册会计师行业本土品牌智能化信息科技应用先行者的责任担当和秉持"时代弄潮"的职业精神，令人尊敬。

山东省注册会计师协会发挥行业组织的"社会中间层"力量，抓住"人才建设"这一重心，代表行业，主动作为，破解世纪难题，成就社会与行业，当为之喝彩。

踏破铁鞋寻觅处，得来全靠费工夫。早在我国注册会计师行业建设初期，注册会计师专业方向人才培养教材开发就是一大难点。时至今日，无论是高校审计专业学生培养还是注册会计师职业继续教育，依然受困于"教材、教案、教学案例"开发的重重困境，存在教师教学、学生学习、从业人员实践的教材赓续体系严重脱节的问题。特别是随着"数智财务"发展而来的"数智审计"，无论是理论层面还是实践层面，原有的教材均已无法满足需求、面临过时。在科技革命引发百年变局的背景下，通过"政产学研用"共创共享、协同攻关，是我国教育改革破解智能、数智、智慧复合型人才培养难题的必由之路。因此，我由衷为山东财经大学与信永中和、山东省注册会计师协会联合编写的《智能审计基础》教材鼓与呼，也期待更多有力的联合创新实践，助力培养契合具身智能时代需求的新生代人才！

得知山东财经大学正在编写信永中和审计数字化转型的教学案例，为新时代智能审计人才培养添砖加瓦，不免抱有期待。

是为序。

上海国家会计学院副院长 白晓红

2025 年 5 月 22 日于 SNAI 校园

序 二

当得知山东财经大学联合信永中和会计师事务所、在山东省注册会计师协会指导下编著的《智能审计基础》教材即将出版时，我怀着期待与尊重索得书稿。通览全篇后，很是共情，这不仅是一本教材，更是大数据背景下审计思维的训练指南。

数智时代，注册会计师行业正经历前所未有的变革。大数据、人工智能、区块链、物联网、云计算、数字孪生等新技术正在重塑审计的边界与内涵，推动审计从传统模式向标准化、数字化、网络化、智能化梯次递进，Deep-Seek和智能体的广泛渗透和应用，更加速了科技赋能审计的步伐。在这场深刻的变革中，人才始终是最核心的要素和驱动力。

智能审计不是简单的技术叠加，而是审计思维、审计方法、审计技术的系统性革新。这种革新要求审计人员不仅要精通传统审计理论与实务，更要具备数据思维、创新意识和应用新技术工具的能力。当前，相当部分从业者仍将智能技术应用视为威胁而非机遇，固守传统的方法论，致使审计效率与质量双重低下，并且面临智能审计人才储备严重不足的情况，这已成为制约注册会计师行业发展的关键瓶颈。

正是在这种大背景下，《智能审计基础》一书破茧而出。山东财经大学与信永中和的跨界合作，直指智能审计人才培养的核心痛点——新技术认知的鸿沟。该书以"新形势下的审计需求牵引技术赋能，技术落地反哺审计进化"为核心理念，历时一年完成知识体系的创造性重构。这种"从实务中来，到实务中去"的编写思路，使教材既是技术指南，亦具有实战价值。

智能审计是一项系统工程，本书聚焦审计生态的智能化重构，从智能审计理论、审计数据基础、审计基础方法、风险评估、控制测试、实质性测试、审计报告等多个维度探讨了智能审计人才培养的路径与方法，从知识结构的重构到能力体系的搭建，从课程体系的优化到实践平台的构建，为智能审计人才培养提供了系统化的解决方案。书中既有理论层面的深入思考，也有实践层面的具体指导，对推动我国智能审计人才培养具有重要的参考价值，具有很好的前瞻性和实践性。

数智化的新时代带来了前所未有的技术革新，但注册会计师的职业判断依然指引价值发现；专业怀疑精神始终守护审计灵魂。这种"技术赋能，人文筑基"的辩证统一，正是智能审计最深刻的内核。

智能审计的未来充满机遇与挑战。唯有夯实人才基础，方能把握时代机遇，推动审计行业在智能时代实现跨越式发展。期待本书能够为智能审计人才培养提供有益借鉴，为审计行业的创新发展注入新的动力。

谨以此序致敬所有推动审计智能化的开拓者。期待这本凝聚校企智慧结晶的教材，成为燎原之星火，点燃更多审计人的技术热情；更期盼读者既能成为智能工具的驾驭者，更能做审计本质的守望者，共同书写数字时代的新型审计文明。

信永中和会计师事务所合伙人 颜凡清

2025 年 3 月 20 日

序 三

当前，审计行业正面临前所未有的变革。随着被审计单位数智化程度的升级，传统审计模式已难以满足效率与精准度的双重要求。海量数据处理、实时风险监控等需求，推动着智能审计技术的广泛应用。在此形势下，高校、会计师事务所都亟须一本贴合实务、兼具理论深度与实践指导价值的智能审计专业教材，以适应复合型实践性应用化审计人才的时代需求。山东财经大学教师团队与注册会计师行业专家开展深度校企合作，合作编写此《智能审计基础》教材，这无疑是产教融合的重要成果。这项工作不仅为高校审计人才培养开辟了新路径，也为行业发展注入了新动能。

从教学设计来看，教材包含了智能审计基础理论、审计技术方法和审计实务场景，不仅具有良好的基础理论铺垫，还紧跟最新审计数据规范，深度融合行业前沿技术，构建起了较完整的智能审计知识体系。通过对审计场景的详细拆解，教材将原本复杂的审计流程清晰呈现，引导读者精准识别可实现自动化操作的关键环节，并结合具体案例进行工具操作演示。这种由浅入深、循序渐进的教学方式，能让初学者迅速掌握智能审计的核心要点，也有助于经验丰富的审计人员优化工作流程，提高审计效率。从教学工具来看，本教材选用 Excel、Power Query 等易获取、大众化的基础辅助工具开展教学，既降低了学习门槛，又确保工具在实务场景中的广泛适用性。在教学内容方面，我作为一名会计师事务所的从业人员，深知审计的工作压力和工作量。而教材编写团队能将实操中的审计场景一步步列示，引导发现可以通过自动化工具提高效率的机会点，并应用较易获取的基础辅助工具进行操作演示，深入浅出，易于理解，值得称赞。

本教材为读者搭建起智能审计技术与方法应用的知识主线，帮助读者理解智能审计的底层逻辑与应用原理。当前，新兴大语言模型能够提供各种问题解决方案，但基于系统性的知识架构和实践经验的深度解析显然更有价值，而这也是本教材为人工智能应用做出的突出贡献。本教材不仅适用于高校审计专业教学，助力培养"理论与实践相结合、学校与企业零过渡"的应用型人才，也为实务界的审计人员提供了宝贵的学习资料，有助于推动行业从业者智能化审计水平的普遍提升，进而显著提高审计工作效率与审计质量，推动审计行业向数字化、智能化方向迈进。

安永数字化审计合伙人 张翠玲

2025 年 2 月 20 日

　　人工智能技术的发展，引领了新一轮科技革命和产业变革。中华人民共和国国民经济和社会发展第十四个五年规划和 2035 年远景目标纲要》把"加快数字化发展，建设数字中国"纳入国家战略规划，推动国家治理向数字化治理转变。教育部在 2018 年 4 月 2 日印发的《高等学校人工智能创新行动计划》中提到要"重视人工智能与计算机、控制、数学、统计学、物理学、生物学、心理学、社会学、法学等学科专业教育的交叉融合，探索'人工智能 +X'的人才培养模式"。审计已经置身于智能社会大环境中，审计领域亟须掌握"人工智能 +审计"的交叉复合型专业人才。在这一背景下，无论是审计学专业学生还是审计实务工作者都需要具备智能审计基础技能，以更好地胜任智能时代下的审计实务工作，智能审计人才培养任务刻不容缓。

　　目前，我国高校开设计算机审计相关课程已有较长时间，计算机审计课程是融合财务会计、审计、数据库、信息系统等多学科知识，集专业理论、方法、实践于一体的新兴课程。现有计算机审计相关课程教材种类多样，但在教材名称、教学内容、教学工具等方面存在较大差异，其主要原因在于：

　　一方面，计算机审计课程是伴随信息技术快速发展而产生的交叉课程，信息技术的多样性与先进性，使教材名称呈现多样化，且各教材的教学内容和重点也不尽相同，其中有的是侧重审计数据采集、处理和分析的基础性教材，有的是以审计数据挖掘为主的中高级教材，还有的是以信息系统审计为主的方法性教材，这让初学者难以抉择。另一方面，政府审计、内部审计与注册会计师审计三大审计主体目标各有侧重，可获取的数据资源差异较大，导致审计实施过程中所应用的计算机审计技术和工具也存在明显不同。例如，拥有数据资源优势的政府审计主要使用数据库查询语言 SQL，而注册会计师审计的数据源相对单一，主要依赖审计软件和 Excel 等工具。

以山东财经大学为例，该校早在 2008 年就已开设并建设计算机审计课程。承担该课程的牛艳芳老师曾尝试审计软件、SQL 等多种计算机审计辅助教学工具，广泛搜集各种教学案例，并于 2020 年出版了《审计数据分析》教材。该教材以审计数据采集、处理、分析和可视化为主线，但在审计场景系统性方面存在一定不足。通常情况下，高校会计、审计专业学生主要学习面向会计师事务所的审计学理论知识，因此更需要财务报告审计场景的支持，在工具使用上也更倾向于容易学习和接受的 Excel 系列工具。然而，当前市面上面向政府审计的计算机审计教材相对丰富，而面向注册会计师审计和内部审计的教材则相对匮乏。

为贯彻落实国家"人才强国战略"，深化产教融合改革，2020 年山东财经大 学与信永中和会计师事务所（以下简称"信永中和"）开展校企合作办学，开设"会计学"专业（注册会计师方向）。信永中和承担实训课程"计算机辅助财务审计"的教学任务，并为此组建了一支由审计系统开发、大数据审计、IT 审计、财务审计等领域合伙人和经理组成的强大师资团队，并精心筹备授课内容。然而在实际教学中，暴露出学生缺乏财务审计实践经验、计算机知识和应用基础薄弱等问题，导致学生难以在短期内吸收消化教学内容，教学效果未达预期。合作双方经过深入研讨后认为，源自财务审计一线的教学内容，在知识深度、难度、专业性和实践性等方面均超出了学生现有基础，亟须开发一套适用于初学者的基础性教材，帮助学生在有限课时内，结合前期会计学、审计学等课程所学，掌握计算机技术方法在财务审计真实场景中的应用，提升实践操作能力，成长为"理论实践融合、校企无缝衔接"的应用型复合型审计人才。

基于上述考量，山东财经大学审计教学团队与信永中和实务界专家深化合作，启动教材建设工作，旨在编写一本贴合财务报表审计真实场景、体系结构完备、技术操作通用性强的"智能审计基础"教材。在教材编写过程中，团队重点围绕以下方面进行了了深入思考。

首先是教材的定位。本教材充分考虑初学者的基础，定位为智能审计方面的"入门书"，主要面向审计专业学生和刚跨入注册会计师审计领域的初级审计人员，讲授智能审计基础原理和智能审计技术的基础应用，强化审计数据思维意识，以初学者易于掌握的常用 Excel、Excel VBA、Excel BI 等为辅助技术工具，提升财务报表审计场景中的问题解决能力。

其次是教材的知识主线。考虑到学生已经具备"审计学"的学习基础，本教材中不再系统讲授审计理论和程序，而是以智能审计技术和方法为知识主线，重点讲解智能审计技术和方法在各种财务审计场景中的应用。

最后是财务审计场景选择。财务审计涉及每一个会计科目，场景众多，且智能审计技术和方法在不同审计场景中可以通用，因此本教材没有涵盖每一个审计场景，只选取了部分审计阶段、部分审计程序的真实场景，作为介绍智能审计技术和方法应用的载体，授之以渔，让学生在理解和掌握的基础上学会举一反三、灵活应用。

基于上述整体考虑，本教材共设置了三篇八个章节。第一篇为基础理论篇，即第一章，介绍智能审计概念、本质、特点、影响；第二篇为技术基础篇，包含三个章节，分别介绍注册会计师财务报表审计的数据、技术和方法，让学生掌握会计核算数据结构、Excel 及 Excel BI 的基础操作，以及审计数据分析常用方法；第三篇为财务报表审计应用篇，共包括四个章节，选取财务报表审计中的风险评估、控制测试、实质性程序、审计报告等经典场景和案例，介绍如何运用基础智能审计技术和方法开展审计作业。

本教材具有以下特点。

（1）面向注册会计师的智能审计教学理论体系。当前，我国会计审计专业学生学习的审计学课程主要是注册会计师审计领域，更易接受财务报表审计的数据采集、处理和分析。本教材强调教学内容的逻辑性，为避免审计场景罗列的分散，除第一章介绍智能审计基本概念外，还系统梳理了会计核算数据分类、常用智能审计基础技术和分析方法，这些基础理论为财务报表审计场景实践奠定了基础。

（2）贴近注册会计审计实践。此教材为信永中和与山东财经大学合作办学的成果，双方在教材体系结构搭建、教学场景选取、教学案例设计方面经过多次沟通与交流，同时山东省注册会计师协会也给予大力支持。多方合作实现了资源共享、优势互补，促进了教材内容和案例的创新，使教学内容与行业需求同步，围绕真实案例开展场景化教学，帮助学生加深对审计学理论的理解，并且在真实审计场景中锻炼数据分析思维，掌握智能审计基础技术方法，达到深入浅出、贴近实践的学习效果。

（3）采用易获取、大众化的基础辅助工具。当前，高校普遍缺乏既掌握审计技术又具备会计审计专业知识的复合型教师，而会计审计专业的学生计算机基础薄弱，如何选择易用且功能强大的计算机辅助工具，成为困扰不少教师的问题。开源且功能强大的 R 语言、Python 在数据科学领域风行一时，但入门门槛相对较高。作为智能审计基础教材，本教材选择审计人员常用的 Excel 和审计效率提升 VBA 工具，以及 Excel BI 中的 Power Query 工具为主要教学工具，更具有普适性、实用性和前沿性。

（4）完善课程资源体系。课程教学必须有完善的考核体系来考查学生学习情况，而此方面的教学资源需求很大。教材方面，学生可通过扫描封底的二维码获取对应章节的数据和代码，听取音频讲解，同时结合山东财经大学开展审计教学的实践经验和信永中和审计案例数据的支持，在主要章节中设置了思考题和操作题，学生可以组成小组，明确分析任务，采用汇报方式开展模拟分析竞赛。

本教材融合各位审计前辈的思想与观点编写而成，写作过程中不断调整写作框架，组织专家召开论证会，历经多轮修改最终定稿。本教材可以作为审计学专业的必修课程教材，也可以作为会计学专业、财务管理专业的实践教材，还可以作为注册会计师的培训教材。不同教学层次使用本教材可根据讲授需要灵活取舍有关章节。

目　录
CONTENTS

第三篇 ···
Part 3 **财务报表审计应用篇**

Part

1

第一篇
基础理论篇

第一章

智能审计理论基础

教学目的与要求 ▶

本章主要介绍智能审计的基本概念、特点及其产生发展的过程，并分析智能审计下审计目标、审计证据等关键审计要素的变化，从而进一步探讨智能审计对会计师事务所和审计人员的影响。

1. 理解智能审计的基本概念和特点。
2. 了解智能审计产生与发展的过程。
3. 理解智能审计背景下审计要素的变化。
4. 理解智能审计对会计师事务所和审计人员带来的挑战和机遇。

教学重点与难点 ▶

▶ **重点**：智能审计的概念、特点和要素变化。

▶ **难点**：厘清智能审计、大数据审计与相关数智技术的关系。

第一节　智能审计的产生、概念与特点

一、智能审计的产生

（一）审计方法的演进

审计人员为了在适应审计环境变化的同时实现审计目标，不断调整审计方法。审计方法的创新经历了账项基础审计、制度基础审计到数字化时代风险导向审计等几个阶段。

1. 账项基础审计

审计人员审计重心在财务报表，目的是发现和防止错误与舞弊。由于早期获取审计证据的方法比较简单，审计人员将大部分精力投向会计凭证和账簿的详细检查，此时的审计方法是详细审计，又称以账项为基础的审计（accounting number-based audit approach）。

2. 制度基础审计

为了适应审计环境的变化和审计工作的需求，业界逐渐改变了详细审计，代之以抽样审计。为了进一步提高审计效率，改变抽样审计的随意性，审计人员将审计的视角转向企业的管理制度，特别是会计信息赖以生成的内部控制制度，从而将内部控制与抽样审计结合起来。此时业界逐渐认识到，设计合理目的且执行有效的内部控制制度可以保证会计报表的可靠性，防止重大错误和舞弊的发生。这样，从 20 世纪 50 年代起，以内部控制测试为基础的抽样审计在西方国家得到广泛应用。从方法论的角度看，该种审计方法可以被称作以内部控制制度为基础的审计（system-based audit approach）。制度基础审计方法的重点在于要求审计人员了解、测试和评价内部控制设计的合理性和执行的有效性。对于内部控制存在缺陷的环节，审计人员通常将其涉及的交易和账户余额作为审计的重点，甚至进行详细审计；对于可以信赖的内部控制环节，审计人员通常对其涉及的交易和账户余额进行抽样审计。由此，制度基础审计大大减少了审计人员的审计工作量，提高了审计效率，同时也降低了企业承担的审计费用。

3. 传统风险导向审计

从方法论的角度讲，审计人员以审计风险模型为基础进行的审计可称为风险导向审计（risk-oriented audit approach）。传统风险导向审计的核心模型为"审计风险＝固有风险×控制风险×检查风险"。该模式以评估被审计单位的固有风险为逻辑起点，通过控制测试和实质性测试流程，采用自下而上的审计方法，主要依赖实质性测试获取审计证据。然而，传统风险导向审计模式在理论与实务上存在固有缺陷，未能有效控制管理欺诈行为，逐渐被现代风险导向审计所取代。

4. 现代风险导向审计①

进入 20 世纪 80 年代以后，世界经济不断发生变化，科学技术发展日新月异，企业与其所面临的多样的、急剧变化的内外部环境之间的联系在日益

---

① 本部分内容来自：谢荣，吴建友. 现代风险导向审计理论研究与实务发展 [J]. 会计研究，2004（4）：47－51.

增强，内外部经营风险很快就会转化为会计报表错报的风险。这种环境的快速变化使审计人员逐渐认识到被审计单位并不是一个孤立的主体，它是整个社会的一个有机组成部分。1997年，毕马威研究小组出版了研究报告《以战略系统观组织审计》，提出了BMP（business measurement process）审计模式。在该审计模式下，审计人员首先分析企业的经营模式，以自上而下和自下而上相结合的方式理解企业的内外部经营环境；其次，从战略分析、经营环节分析、风险评估、业绩计量和持续提高五个方面来分析企业的经营风险，得出关于剩余风险的结论及其对审计的影响；最后，用剩余风险来指导实质性测试，从而自下而上地完成审计工作。应该说BMP审计模式已经揭示了现代风险导向审计的核心内容。与此同时，其他大会计师事务所也开始与学术界联手开发新的审计模式。

现代风险导向审计模式要求审计人员将财务报表看作被审计单位战略实施结果的一部分，以客户经营风险评估为导向，从源头上更加准确地评估与财务报表相联系的重大错报风险，据以制订和实施审计计划，合理分配审计资源，以提高审计的效率、加强审计的效果。现代风险导向审计将传统的审计风险模型提升为全新的"审计风险＝重大错报风险×检查风险"。该模型要求审计人员从财务报表整体层次和认定层次评估财务报表重大错报风险，根据认定层次重大错报风险评估水平计算检查风险的水平，并据以确定审计程序的性质、时间和范围，制定和实施相应的审计计划。

现代风险导向审计是审计技术方法在系统理论和战略管理理论基础上的重大创新。它从企业的战略分析入手，通过"战略分析—经营环节分析—会计报表剩余风险分析"的基本思路，将会计报表错报风险与企业战略风险之间的关系紧密联系起来，从而提出了审计人员从源头分析和发现会计报表错报的观念。从方法上讲，现代风险导向审计比制度基础审计站得更高，看得更远，对企业了解得更透。它使审计人员从战略系统观对企业风险进行分析、测试、评价和决策，将被审计单位置于广泛的经济系统中进行考察，并采用对企业保持和加强竞争优势的战略及其恰当性进行分析评价，来指导审计取证的程序，从而系统提高了审计方法的科学性和有效性。

5. 数字化时代风险导向审计的发展

数字化时代下，财务业务一体化思想使企业资源计划（enterprise resource planning，ERP）在企业经营管理中得到广泛运用，经济业务的发生会自动驱动采购与付款系统、生产系统、销售与收款系统等采集电子数据，并将电子数据存储于业务数据仓库。审计环境这一重大变化对风险导向审计带来巨大挑战。例如，风险导向审计要求审计人员进行广泛的风险评估和内部控制测试，传统审计取证模式主要以纸质材料等为切入点，获取审计线索和审计证据。但数字化时代下，被审计单位的绝大多数内部控制手段固化于信息系统，业务活动和财务活动全面信息化和数据化，传统审计线索逐步减少甚至消失。

国际审计与鉴证准则理事会注意到，数据分析技术在实务中的应用越来越广泛，于2015年成立了数据分析工作组，该小组在其2016年9月发布的文件中提出："当被应用于财务报表审计以获取审计证据时，数据分析是以计划或执行审计为目的，通过分析、建模和可视化，发现和分析模式、偏差和不一致，以及从与审计对象相关的数据中提取其他有用信息的科学和艺术"。[①]以数据分析为基础的审计的核心理念，是利用数据分析等信息技术对被审计单位财务数据和相关非财务数据进行全面的风险评估和更大范围的交易测试。审计重点不是经过抽样工具或者主观选取的个别或者小范围交易，而是聚焦于用数据分析工具分析、筛选和识别的例外事项。数据分析基于审计人员预设的一套规则运行，识别的例外事项会进行优先度排序，供审计人员进行进一步的测试和分析判断。特别是审计人员可以进一步利用包括人工智能和机器学习等在内的信息技术、拓展应用场景并开发系统工具，这不仅可以使分析全量数据成为可能，并且使审计的风险评估程序、控制测试和实质性程序整合在一起实施成为可能，进而改变风险导向审计模式。借助于有力的数据分析，审计人员不仅能够更准确地识别典型问题，还能够捕捉那些传统审计中难以注意到的、异常的、高风险的交易或情形。

（二）智能审计的产生与发展

智能审计将新兴智能技术应用到审计工作中，与信息技术（IT）发展有着密切关系，各种"技术 + 审计"产生了诸多相关概念，例如，EDP 审计、电算化审计、数字化审计、计算机辅助审计、信息系统审计等。按照业界比较普遍的观点，这些概念以计算机审计包含范围最广泛，它是随着信息技术发展而产生的一种新型审计方式，又可分为利用计算机等信息技术进行的审计和对计算机信息系统进行的审计两大方面，简称为信息系统审计和电子数据审计。前者是对采集、预处理和分析电子数据的信息系统进行审计，后者是对被审计信息系统中的电子数据进行审计。被审计单位的数据不是孤立于信息系统存在的，其业务流程决定了数据存储、数据勾稽关系，由此决定了

---

① 邹俊，杨昕. 数据分析在审计中的应用研究 [J]. 中国注册会计师，2024（9）：69 – 73.

审计数据分析思路；信息系统审计的评价绝不会缺少对被审计单位业务数据的分析，两者有着密切关系。

国际信息系统审计和控制协会（ISACA）将信息系统审计定义为：信息系统审计是收集和评估证据，以确定信息系统与相关资源能否适当地保护资产、维护数据完整、提供相关和可靠的信息、有效完成组织目标、高效率地利用资源并且存在有效的内部控制，以确保满足业务、运作和控制目标，在发生非期望事件的情况下，能够及时地阻止、检测或更正的过程。电子数据审计是审计实务界使用较多的一个术语，有时也被称为数字式审计、计算机辅助审计，较为认可的定义是：电子数据审计是对被审计单位信息系统中的电子数据进行采集、预处理及分析，从而发现审计线索，获得审计证据的过程。该概念强调以电子数据为对象的采集、预处理和分析的过程。电子数据审计是计算机审计永恒的主题，也是本教材重点介绍的内容。根据信息技术对审计的影响程度，电子数据审计可以划分为两个阶段：计算机辅助审计阶段和智能化审计阶段。

1. 计算机辅助审计阶段

计算机辅助审计工具与技术（computer assisted audit tools and techniques, CAATTs）是指利用计算机硬件设备及软件系统、计算机技术（如数据分析技术、云计算技术等），通过一体化自动办公系统收集审计数据及信息，按照一定的算法及公式计算、分析审计数据及信息，制作电子化审计报告，最终完成审计工作的过程。中国审计署将计算机辅助审计技术定义为"审计机关、审计人员将计算机作为辅助审计的工具，对被审计单位财政、财务收支及其计算机应用系统实施的审计，帮助审计人员收集审计证据、提高审计效率和降低审计风险"[①]。具体流程是根据审计任务的需要，利用审计软件采集电子数据，然后对这些电子数据进行预处理并完成数据分析得到审计证据。在审计实务中，审计人员最常用的计算机辅助审计工具与技术有 Excel、审计软件等。审计软件主要包括通用数据分析软件及专业审计软件，这些软件一般具有数据采集和分析功能。通过数据采集将被审计单位的电子数据导入审计软件的数据库中，并利用数据抽样、统计分析、数据查询、异常检测等方式发现审计线索，最终提交审计部门取证形成审计结论。

2. 智能化审计阶段

智能化从初级阶段发展到高级阶段，基本可以包含为人类提供支持、重复任务自动化、环境认知与学习、自我意识四个阶段。大数据审计和智能审

---

① 资料来源：《审计机关计算机辅助审计办法》，于 1997 年 1 月 1 日开始施行。

计是智能化审计阶段的典型代表。

（1）大数据审计。

2014 年国务院《关于加强审计工作的意见》（国发〔2014〕48 号）提出审计全覆盖目标，明确指出"探索在审计实践中运用大数据技术的途径，加大数据综合利用力度，提高运用信息化技术查核问题、评价判断、宏观分析的能力"。在政府审计领域，电子数据审计范围早已从会计的账套数据扩展到各行业、各领域的大数据审计，因此政府审计领域的大数据审计是指"审计机关遵循大数据理念，运用大数据技术方法和工具，利用数量巨大、来源分散、格式多样的经济社会运行数据，开展跨层级、跨地域、跨系统、跨部门和跨业务的深入挖掘与分析，提升审计发现问题、评价判断、宏观分析的能力"[①]。大数据审计与传统数据式审计相比，大数据审计所使用的数据更多源异构，所使用的技术方法更复杂高级，对数据的洞察更敏锐深刻。

大数据审计的界限比较模糊。政府审计显然比内部审计、民间审计更具数据优势，其信息化水平和技术方法要求也是最高的。如果从数据范围来讲，业财融合下的企业内部数据资源也是大数据审计；对于注册会计师审计而言，单个审计项目的会计核算数据不是大数据审计，但多年积累下的行业会计大数据就是大数据审计。2021 年 4 月，中国注册会计师协会发布《注册会计师行业信息化建设规划（2021 - 2025 年）》中指出，"会计师事务所要深化大数据分析在审计项目承接、风险评估、控制测试、实质性程序和审计报告等阶段的应用，为客户承接与保持、舞弊分析和内容核查等目标提供智能决策支持"。大数据审计模式与传统审计模式的对比，如表 1 - 1 所示。

表 1 - 1　　　　　大数据审计模式与传统审计模式的区别

特征	大数据审计模式	传统审计模式
管理模式	建立平台导向的团队，以平台统一调配资源和管理团队及项目	建立项目导向的团队并配置资源和实施管理
审计内容与方法	针对结构化、半结构化与非结构化数据，实施全样本审计	针对结构化数据，开展抽样审计
工作方式	非现场的数据分析为主，现场调查为辅	现场调查为主，非现场调查为辅
评价标准	审计准则和数据赋能下的专业判断	审计准则和专业判断

① 大数据审计的内涵是什么？[EB/OL]. 会宁县人民政府网，2022 - 11 - 04.

续表

特征	大数据审计模式	传统审计模式
审计取证模式	构建信息系统，收集大量业务、财务数据	查阅和核对账簿凭证等纸质材料
审计效率	高效	低效
审计质量	相对较高	相对较低
分析方法	数据挖掘、机器学习、深度学习等高级分析方法	传统统计分析和样本分析
呈现方式	可视化报告	传统报告

资料来源：徐荣华，朱婧，戴欣瑜. 大数据审计：理论框架、研究进展与未来展望[J]. 外国经济与管理，2024，46（11）：122－137.

（2）智能审计。

智能审计，即智能技术与财务审计的有机结合，充分凸显了现代科技在财务审计中的应用。自人工智能的概念问世以来，"人工智能＋"在现代社会各个领域的应用引起了各方的关注。1987年，美国注册会计师协会（American Institute of Certified Public Accountants，AICPA）发表"人工智能与专家系统简介"，正式提出了人工智能技术在审计领域应用的可能性。在此后的多年里，理论界与实务界积极探索智能技术如何应用到日常审计工作，并在近年逐渐取得了较为显著的研究成效。

随着机器学习、专家系统、计算机视觉、语音识别、认知计算、神经网络等人工智能（artificial intelligence，AI）技术在众多行业的深度应用，区块链技术和大数据分析技术的不断成熟，会计和审计领域也随之受到颠覆性的影响。这些信息技术对审计查证能力和审计分析能力的赋能越来越强，对人的替代性也越来越强，最终达到最高层级——智能审计。在智能审计中，审计人员借助大数据分析和挖掘技术，一方面，可以利用自动化审计程序拓展审计取证范围，提供更高保证程度的审计意见；另一方面，通过对审计过程中海量数据的深度挖掘分析，以及被审计单位自身发展与同行业企业发展的对标比对，审计人员能够为管理层提供更有价值和更具洞察力的咨询建议。吴勇（2021）概括了人工智能技术在注册会计师领域的应用，以国际"四大"为代表的会计师事务所积极探索人工智能在审计业务中的应用，不断加大在人工智能领域的投资，在审计计划、风险评估、交易测试、分析和编制审计工作底稿等审计实践中，人工智能被应用于执行审查总账税务合规、编制工作文件、数据分析、费用合规、欺诈检测和决策等。例如，普华永道（PwC）与H2O人工智能技术公司合作，研发名为GL的创新机器人，其具有

AI 和机器学习功能，通过对海量大数据的深度分析，能够帮助审计人员在短时间内了解企业，发现舞弊和异常情况；安永（EY）开发了一款基于云计算平台的 EY Atlas，将 AI 融入审计人员的支持性环境，这款整合了人工智能和语音识别能力的智能审计程序，为员工和客户带来领先的研究体验。

二、智能审计的概念和本质

（一）智能审计的概念

智能审计的概念由电气与电子工程师协会（Institute of Electrical and Electronics Engineers，IEEE）于 1994 年被首次提到，迄今学术界与实务界并未达成一致观点，但是智能技术在审计中的应用是学者们论述智能审计相关概念时共同的切入点。关于智能审计技术，国际审计与鉴证准则委员会（International Auditing and Assurance Standards Board，IAASB）的科技工作组于 2020 年发布了 3 份指引，对在审计中使用自动化工具和技术，以及如何记录进行了相关阐述。关于"自动化工具和技术"这一概念，其阐述为：就审计而言，自动化工具和技术是涉及审计方法和程序自动化的信息技术应用程序，包括利用建模和可视化分析数据、机器人流程自动化、人工智能和机器学习，以及观察或检查资产的无人机技术。使用这样的自动化工具和技术可以补充或替代人工从事重复的任务。目前，常用的智能技术包括图像识别技术、光学字符识别技术（optical character recognition，OCR）、语音识别技术、语音合成技术、自然语言处理技术、社会网络分析技术、机器人流程自动化技术（robotic process automation，RPA）、机器人技术、机器学习技术等。

毕秀玲和陈帅（2019）认为，"审计智能 +"是借助 5G 与区块链的支持，通过物联网中的各类传感器进行数据采集，并在物联网中各节点上加载人工智能算法的处理器进行审计数据分析，再由物联网中输出终端生成审计报告的审计全过程自动化运行环境。张庆龙等（2021）认为，智能审计是审计信息化发展的高级阶段。在智能审计时代，审计的事务性工作、重复性工作将由"人工"转向"人工智能"，各类智能审计软件自动按照审计人员的思路"智能"地完成审计数据采集、审计数据预处理、审计数据分析、审计线索核实、审计报告生成等工作。还有学者提出智慧审计或智能审计的建设思路，以说明智能审计的构成，如陈耿等（2020）提出"1 个平台，2 个应用，3 个维度，4 个领域，5 个系统"的智慧审计体系，黄佳佳等（2023）提出"基础设施层、数据中台层、审计知识层、业务建模层和人机交互层"的智慧审计平台建设方案。伴随着大语言模型的兴起，陈亚盛等（2024）提出基于"提示工程＋检索增强生成＋超参数调整"的智能审计大模型构建框架。

结合各方观点，本教材认为，智能审计是审计人员基于智能化环境、借助智能技术提高传统审计流程的效率和效果，旨在通过自动化常规任务、增强数据分析能力及提供更深层次的洞察力来支持审计决策过程的一种新的审计工作模式。

（二）智能审计的本质

智能审计的本质在于智能与审计的协同发展和应用。它既不是单纯的信息技术开发和计算机网络应用，也不是单纯的人脑功能开发，而是审计人员数智技能与工具智能协同发展、不断提升审计价值的过程。智能审计是在审计数字化转型与智能化应用过程中不断发展起来的新一代审计。它以人工智能等高科技作为基础设施与核心要素，实现人工智能与审计全面融合，不断赋能审计组织，提升审计组织的审计效率，拓展审计职能的广度和深度，最终实现审计组织价值提升与颠覆性创新。在智能审计时代，审计的事务性工作、重复性工作将由"人工"转向"人工智能"，各类智能审计软件自动按审计人员的思路"智能"地完成审计数据采集、审计数据预处理、审计数据分析、审计线索核实、审计报告生成等工作。另外，还可以将审计人员从繁杂的、重复性的工作中解放出来，实现审计工作流程自动化，从而提高审计效率。

三、智能审计的特点

智能审计通过先进思维、先进技术、先进实践，多时点地实现审计价值，提升整体审计能力。智能审计具有以下四个突出特点。

（一）审计理念由"局部抽样思维"向"大数据思维"转变

智能审计以"大数据思维"为理念。"大数据思维"是一种新的思维观，体现为"异常性""相关性""预测性"。其中，"异常性"是指以海量的数据为基础，通过统计学算法，统计出正常模式，并识别出与正常模式偏离度高的异常模式；"相关性"是指由关注因果关系转变为关注相关性，大数据没有必要找到原因，不需要科学手段来证明某两个事件之间存在必然的因果规律；"预测性"是指将数学算法、统计学原理运用到海量的数据上来预测事件发生的可能性，对大概率结果的预测，可以促使及早行动，博得先机。

（二）审计技术由"手工技术"向"多种先进技术"深度融合转变

智能审计的核心是"运用数据"，对数据的采集、转换、存储、定位、整合、展现、挖掘等一系列操作，都体现了信息技术（information technology，IT）和审计思维的深度融合。数据采集技术要实现采集海量数据；数据转换技术要转换并统一多种类型的数据；数据存储技术要支持 10 年数据量的积累；数据整合技术要指导使用者准确完整地运用数据；数据展现技术要能够直观简单地展现结果；数据挖掘技术要实现对全量数据的扫描。每一类技术的运用都是审计和 IT 专家在充分了解、沟通和探讨的基础上，对两种领域深度融合的跨界呈现。

（三）审计价值由"静态时点评价"向"动态趋势评价和事前预防"转变

智能审计使审计的工作方式发生了变化，从时点评价逐渐向持续性评价转变。在时间维度上有了蓄积，对风险的评价就更全面、更完整。在尚未发生较大问题前，及时撰写风险提示进行预警，提交相关管理部门，促使其采取有效的管理举措，将风险隐患消灭在萌芽状态。这一切在时间上、空间上积累的风险线索，都是因为智能审计技术在持续性上的特点，进而推动审计价值由"静态时点评价"向"动态趋势评价和事前预防"转变。

（四）审计方式从"现场单兵作战"向"非现场智能化"转变

在智能审计运用推广后，审计方式发生了显著变化，从传统审计的"现场单兵作战"转变为"非现场智能化"。传统审计主要依靠审计骨干在现场审计作业时发挥个人能力，挖掘有价值的审计发现；而智能审计是以非现场的方式，将审计专家思维内嵌入智能审计技术，运用智能审计技术开展数据分析，挖掘风险线索，定位高风险区域，并采用现场审计手段核实验证。这种审计方式的转变提升了整体审计能力和审计效率。

第二节 智能审计下的审计要素变化

一、智能审计对审计目标的影响

传统审计活动的审计目标分为审计总体目标和审计具体目标。审计总体目标是指审计人员为完成整体审计工作而达到的预期目的；审计具体目标是指审计人员通过实施审计程序以确定管理层在财务报表中确认的各类交易、账户余额、披露层次认定是否恰当。

智能审计下审计总体目标和审计具体目标并不发生改变，如审计总体目标仍旧包括：（1）对财务报表整体是否不存在由于舞弊或错误导致的重大错报获取合理保证，使审计人员能够对财务报表是否在所有重大方面按照适用的财务报告编制基础发表审计意见；（2）按照审计准则的规定，根据审计结果对财务报表出具审计报告，并与管理层和治理层沟通。审计具体目标依然是确定管理层在财务报表中确认的各类交易、账户余额和披露层次认定是否恰当。智能审计只是借助信息技术的应用提高了审计目标实现的效率和质量。

二、智能审计对审计证据的影响

（一）审计证据的形式：从有形到无形

随着企业信息系统的不断成熟与发展，管理流程实现程序化、虚拟化、无纸化、电子化，任务交接、授权审批等已不再需要执行者双方面对面交接，工作人员可以跨越时间和空间的限制，采用人机交互的方式，即以计算机为媒介完成工作交接、授权等任务，以此提高工作效率，节约时间成本。国际会计联合会会长罗伯特·梅尔指出："审计人员将不得不对实际上通过计算机报告的财务信息承担责任。"新技术特别是大数据的运用对被审计单位行为证据即审计证据的形成和存在形态所带来的变化主要表现在以下方面。

1. 虚拟化

虚拟化是被审计单位的实体行为和实体资源的信息化。随着文字信息化、电子信息化和数字信息化的不断演进，虚拟化的程度也随之提高。

电子证据与纸质证据的区分在于两者的介质不同，电子证据是以电子介质为载体而形成的，纸质证据则是以纸质介质为载体而形成的。电子证据具有以下特点：一是无形性，电子证据实质上是计算机存储介质中的一组电子或者数据信息，是无形物；二是内容与载体分离，电子证据的存放载体可以改变，可存放在各种存储器上；三是不稳定性，电子证据会因各种自然和技术因素的影响而具有不稳定性；四是易篡改性，电子证据有可能被篡改而不留痕。被审计单位一旦采用电子证据，审计人员不仅要验证证据本身的可靠性，也需要验证生成、传递和保存信息的技术的可靠性。

2. 精准化

精准化是指通过运用新技术所获取的被审计单位实体行为和实体资源的原始信息。会计要全面、系统、准确、完整、连续和实时地反映被审计单位的业务活动，就必须获得其全部原始信息，在手工核算甚至会计电算化的情况下是无法做到的。新技术特别是人工智能、虚拟现实、可视化等各种技术的采用，使被审计单位的业务活动过程及其相应的各种要素都能够全景式地予以再现，从而使企业对原始业务信息获取的能力得到了前所未有的提升。实际上，一些被审计单位运用新技术后，将会计的职能下移至业务活动层面，共同对业务活动及其相关要素的原始信息进行挖掘，并力图使业务信息与会计信息实现融合。这就意味着会计所提供的信息不仅要从会计凭证回归到业务的原始凭证，还要从业务的原始凭证（业务活动结果的凭证）回归到业务的原始信息上。

3. 网络化

网络化是指审计证据体系的特征。互联网的出现以及被审计单位的实体行为和资源的信息化和电子化，使业务活动过程及其相关要素形成的信息（或审计证据）分散在被审计单位内部的各个业务部门及被审计单位外部的利益相关者手中。即便是进行这些信息的集中收集、处理和存储，也不再像纸质证据那样需要通过人工在特定空间和时间下进行，而是通过作为黑箱的电子信息系统进行，它不受空间距离和时间差异的影响。信息存在于网络之中称之为信息网络，审计证据存在于网络中也就称之为审计证据网络。站在审计人员的视角，把整个网络作为全部审计证据看待，就是网络证据，网络体系就是证据体系。审计证据网络是一个分层的网络体系。这些不同层级网络的证据分别用来证明不同层级的被审计单位的实体行为及其资源的属性。

（二）审计抽样方法：从传统审计抽样到数字化审计抽样

在传统审计过程中，审计抽样是指审计人员对具有审计相关性的总体中低于100%的项目实施审计程序，使所有抽样单元都有被选取的机会，为审计人员针对整个总体得出结论提供合理基础。这种情形下，抽样节点数据选取的不科学性或可能产生有意或无意的结果倾向性，导致数据的偏差加大。智能审计背景下，审计人员可以利用数据处理模型及工具，对被审计单位全部或基本完整的数据进行电子化处理，即对获取的企业整个会计期间的交易数据、财务记录进行完整性测试（以确保海量数据的完整性）后，从审计范围及审计策略制定的审计初始阶段开始，基于数据分析进行风险识别，可进行不同科目、类别的数据过滤模型，以及进行数据的交叉验证分析。上述过程避免了数据采集过程中重复性劳动的"疲劳感"，在短时间内能完成数据采集工作，同时减少了人为主观判断导致抽样不合理的情况发生。

三、智能审计对审计过程的影响

风险导向审计模式要求审计人员在审计过程中，以重大错报风险的识别、评估和应对作为工作主线。相应地，审计过程大致可分为：接受业务委托、计划审计工作、识别和评估重大错报风险、应对重大错报风险、编制审计报告。智能技术在传统审计项目中的应用，使每个阶段逐步实现自动化，为审计人员减轻了负担。

审计计划工作阶段。审计人员需要在对被审计单位及其环境了解的基础上初步制订审计计划，并结合智能技术对被审计单位的审计数据进行分类汇总，使其与相应的证据关联，并对数据中可能存在的疑点进行初步筛选，确定需要关注的可能会发生错误或者舞弊的重要审计领域，结合经过智能技术处理的数据分析，明确审计业务范围、审计工作时间和审计报告目标，自动计算重要性水平，同时，智能技术也有助于筛选出成本最佳的审计程序，使审计时间和人员等资源得以充分安排。

风险评估阶段。智能审计背景下，审计人员可以在提取、分析数据后，采用可视化的图表加以呈现，并运用各种预测模型，全方位评估企业可能存在的风险点，得出审计结论。结合知识图谱的应用，还能让被审计单位意识到各种关联的风险点并加以防范。另外通过社交网络技术，对被审计单位的资金使用持续进行跟踪评估，形成动态监控。但同时可能会传播或放大从审计人员标注的数据中习得的人为偏见。

风险应对阶段。审计人员可以借助智能技术对企业的内部控制实现全覆盖，并持续性地获取监控结果，对内部控制设计和实施的有效性评估更为精准，并以日志的形式进行记录，形成完整的资料。同时，传统审计在分析程序和控制测试后，根据结果确定实质性程序的范围大小、时间节点及具体使用程序。智能审计下，审计工作有了更大的数据和样本覆盖面，且审计可以持续进行。换言之，是将细节测试延伸到了每笔业务末端，极大地提高了审计证据的说服力和审计结果的可信赖度。此外，智能审计情况下，审计人员可以通过远程联网进行项目审计，联通 GPS 准确定位，可以有效防止被审计单位的舞弊行为，减少在被审计单位的停留时间，可以显著降低传统审计工作对现场审计的依赖。联网审计还可能改变审计模式，促进持续性审计，从而改变审计工作闲忙季分明的现状，减轻审计人员的身心负荷。

审计报告出具阶段。应用智能技术可以从审计工作底稿中抓取基础数据，并基于预设的标准化报告披露模板自动生成审计报告，并自带加计功能、主表与附注勾稽关系核对功能等，让审计人员可以聚焦其他增值任务。除此之外，还可以动态地出具审计报告，及时灵敏地反馈企业经营管理的改进过程，对高管人员的绩效评估也有一定的参考意义。但应注意的是，在此过程中 AI 衍生的决策缺乏可解释性和透明度，使判定 AI 决策的合理性成为难题。

四、智能审计对审计程序的影响

审计程序是指审计人员在审计过程中的某个时间，对将要获取的某类审计证据如何进行收集的详细指令。审计人员面临的主要任务，是通过实施审计程序，获取充分、适当的审计证据，以支持对财务报表发表的审计意见。吴勇等（2021）概括了 AI 在审计作业过程中应用的优势、挑战和风险价值，如表 1 - 2 所示。

表 1 - 2　AI 在审计作业过程中应用的优势、挑战和风险价值

审计作业	优势	挑战	风险价值
风险评估	提高效率 更大的数据覆盖面	可能会传播或放大从审计人员标注的数据中习得的人为偏见	公平性 数据保护
选择测试的交易	可以选择更多的样本或测试完整的交易数据集 审计人员可以更加关注异常条目	仍然需要审计人员去调查异常情况 AI 决策的原因可能并不显而易见	用户权限 期望差距
审计分析	更大的数据覆盖面 更强的预测分析能力 提高对数据的洞察力	难以获取优质数据 如何以不同格式提取数据	隐私 保密性 数据保护
编制审计工作底稿	重复性/可预测任务的自动化 审计人员能够聚焦其他增值任务	AI 衍生的决策缺乏可解释性和透明度，使判定 AI 决策的合理性成为难题	透明度 收益
交易测试	提高效率 重复性/可预测任务的自动化		

续表

审计作业	优势	挑战	风险价值
监控内部控制	对客户进行持续审计 实时识别违规事件	网络安全风险 对隐私的关注 对 AI 缺乏信任	安全性 独立性 收益
内部控制评价	提高效率 对内部控制执行情况进行检查 （如使用无人机进行库存检查）		
评估持续经营	高效率 更大的数据覆盖率	AI 智能尚无法与人类的一般智能相提并论 审计人员可能放弃其专业判断责任	问责制 责任差距 用户权限/自主权
替代审计师判断	审计结果高度依赖于职业判断，目前 AI 仅可以处理一些低风险的判断		

资料来源：吴勇，余洁，王尚纯，等．人工智能审计应用的国际进展［J］．中国注册会计师，2021（6）：124.

在审计过程中，审计人员可根据需要单独或综合运用观察、检查、询问、函证、重新计算、重新执行、分析程序等各类审计程序，以获取充分适当的审计证据。

智能审计技术应用对审计程序的实施方式带来了重要变革。智能审计技术可以通过无人机辅助存货监盘，特别是在可移动的、同质化明显的养殖动物存货监盘中，已经得到广泛应用。传统审计在处理函证回函时会产生大量重复劳动，耗时耗力。智能审计下，在收到的电子回函中，如果按照统一设定的格式使用语言处理系统，进行阅读后能够迅速发现回函结果的差异，并能够生成函证结果汇总统计表，轻松实现大海捞针。同样，在会计分录测试中，预先在系统中设定好满足条件的审计特征，让系统自动显示不符合设定条件的分录，如果有必要，还可以让分录可视化成图表，更加方便审计人员的判断。同时，可以运用预测性分析方法，通过对数据的量化分析，结合预测模型、机器学习和数据挖掘等技术来分析当前和历史数据，在一定的条件下，对数据发展变化趋势做出科学判断。审计人员可以通过对业务未来的发展趋势做出分析和判断，如果发现实际发展结果与预测不符，可以对相应的事项进行进一步的分析和研究，达到审计分析风险预警的重要作用。这些具体应用将在本教材后续章节中展开介绍。

数据资源的多少决定了审计视角的广狭，特别是对于业务高度信息化的行业来说，数据是最先进的工具。如审计人员可以将目光聚焦于各级政府部门的公开数据，这些数据可信度高、价值大。运用智能审计技术，审计人员对外部"大数据"进行采集、清洗、存储等处理，建立"大数据集市"。"大数据集市"为审计人员打开了全新的视角，减少了审计人员和企业内部业务人员之间的信息不对称，为更客观、更全面地开展审计工作提供了新的途径和解决方案。例如，金融监管部门公布的企业黑名单、司法部门公布的"拒不执行人名单"和"失信被执行人名单"、工商部门公布的各类"经营异常名单"、税务部门公布的"欠税名单"、环保机构公布的"违法违规名单"，以及各级政府部门公布的行政处罚信息，都可以为审计人员全面深入地了解客户和识别关联风险提供有力武器，促使审计视角从"识别单业务条线风险"向"全面识别关联风险"转变，提高审计的系统性和全面性。

第三节 智能审计对会计师事务所和审计人员的影响

一、智能审计对会计师事务所的影响

（一）智能审计对会计师事务所工作模式的影响

随着智能审计时代的到来，德勤、普华永道等"四大"会计师事务所和我国金蝶公司研制推广财务机器人，拓展了智能审核、智能记账、智能报税及共享运营的智能分析预警等财务功能。传统审计静态的财务会计资料核查方式及烦琐的人工处理模式已无法适应复杂的业务内容和海量数据处理的要求，会计师事务所只有依赖数智技术，实现审计证据的采集、分析和审计报告生成的全面自动化，才能减轻审计工作负担，进一步提高审计效率和审计质量。作为数智化领域的重要应用，RPA 将审计人员从大量重复性工作中解放出来，对实现智能审计财务报表流程优化具有重要意义。因此，会计师事务所在财务审计工作中创新应用 RPA 技术，将改变企业传统的审计方式，优化审计财务报表流程，为当下及未来审计工作创新发展指明方向。除了基本的审计服务外，会计师事务所也会提供更多基于数据分析和人工智能的增值服务，如风险评估、预测分析和业绩管理等，以满足客户对更全面、更深入信息的需求。

（二）智能审计对会计师事务所战略方向的影响

智能审计的发展对会计师事务所的战略方向提出了新的挑战和机遇。会计师事务所应认识到智能审计是行业发展的趋势，并积极调整战略方向。第一，升级数智技术。会计师事务所应当投入更多的资源和时间来追求技术创

新和数字化转型，包括提供云计算、数据分析和人工智能等先进技术的培训和部署。第二，改变审计方向。人工智能可以利用自身优势对海量数据进行收集、挖掘、归纳、分析及应用等操作，从更高层面、更广范围、更加综合的视角为会计师事务所提供具有前瞻性的审计建议。这使会计师事务所的审计工作可以致力于被审计单位组织运营的方方面面，不仅仅局限于对财务报告的纠错查弊，还可以收集并分析全面数据，有利于实现不同层级审计管理目标。第三，加强协同合作。会计师事务所难以依靠自身的资源应对数字化审计变革，众人拾柴火焰高，会计师事务所之间应加强对话与合作，同时还应加强与行业专家、数据服务商、技术公司之间的及时沟通，以减少因信息不对称带来的负面影响。

随着市场经济的进一步发展，各个企业在运营过程中所产生的数据会越来越多，这就意味着审计工作及企业管理的难度将越来越大，这就要求审计领域要加强对先进科技的重视。一方面，应该将智能审计系统的研究作为重要的发展方向，通过技术研发来完善智能审计系统，并在实践中积极运用这些系统，实现信息行业和审计行业的完美融合。另一方面，会计师事务所应根据审计工作目标和需求，发挥数智技术对审计监督的放大、叠加、倍增作用，研究开发具有可扩展性的数字化平台，及时分析发现潜在风险，实现风险评估和控制、内部管控和检查、数据分析、审计流程管理和项目管理等目标。此外，会计师事务所可以与科研机构或技术公司合作，共同开展智能审计技术的研究和应用，提高自身的竞争力和市场占有率。只有通过持续的研发努力，会计师事务所才能在智能审计领域保持领先地位，并为客户提供更高质量的服务。

（三）智能审计对会计师事务所组织和作业模式的影响

智能审计背景下，随着会计师事务所数智技术应用程度的加深、行业监管力度的加强、客户需求的变化，会计师事务所组织和作业模式也随之发生了重要变革。信永中和自 2016 年开始进行审计组织和作业模式变革，形成了新的审计组织和作业模式，如图 1-1 所示。

在组织模式上，按行业和职能进行专业化分工，打造"专前台、大中台、强后台"的审计管理模式。在作业模式上，建设一个完善有效的"前中后台"分工协作的全新三维作业模式。前台人员按行业进行专业分工，根据客户和业务结构将全体合伙人和业务分别纳入行业和业务线管理，职能定位为分行业进行风险识别和应对，为客户提供高价值的专业服务；中台和后台按职能进行分工，中台职责定位为可标准化处理业务、可集约化处理业务和高频次

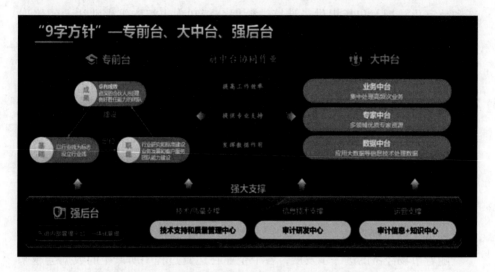

图 1 −1　信永中和变革后的组织和作业模式

资料来源：信永中和内部资料。

业务，分别建立适应高中低端业务职能的专家中心、数据处理中心和业务处理中心；后台职责定位为审计研发中心、技术支持和质量管理中心及业务运营中心。这种组织模式和作业模式的创新使智能审计践行和落地并有效实施成为可能。

二、智能审计对审计人员的影响

（一）审计工作面临新的风险

智能审计以其高效、准确、快捷的优势，极大地提高了审计效率，降低了审计风险，但也给审计人员带来了可能会被人工智能替代的风险和压力，以及在审计工作过程中应用智能审计工具面临的风险：一是可靠性和责任风险，系统或智能模型的失败与错误将影响审计质量，而最终审计失败的责任往往由审计人员承担。二是技术风险，例如，存储技术风险。当前，智能审计的基本对象为电子数据，电子数据无论是分布式存储，还是基于云技术的集中存储，一旦发生网络故障、系统崩溃，或遭受网络攻击，容易造成数据丢失或失效，并影响整个审计工作。三是制度风险，制度规范往往落后于技术，人工智能快速切入到审计工作领域，但相应的政策法规、审计准则等制度性文件并未跟进，基于现有的制度实施智能审计，风险不可避免。四是伦理风险，智能审计依赖于海量大数据，但是有些数据可能涉及相关企业的商业机密或隐私，其"被审计"也会面临是否符合商业道德的风险。由于智能审计系统内部算法的不透明，一旦出现审计错误，究竟是审计人员承担责任，还是审计系统承担责任，若是审计系统承担责任，具体的责任主体往往难以界定。

（二）审计思维出现新的变化

面对新形势、新挑战，审计人员需要改变循环化、重复化进行审计工作的思维，向辅助传统审计工作、创新非传统审计业务的辅助型、创新型审计思维转变，并且应该注重深度挖掘数据信息，依托数智化背景开展审计工作。传统审计侧重于样本抽样和抽样检查，智能审计则是借助于大数据和人工智能等技术实现对全范围数据的分析和提取，这使审计人员需要从过去的局部抽样思维转变为对整体数据的全面审计思维。此外，智能审计的应用也需要审计人员具备良好的判断力和业务洞察力，能够识别和评估审计问题，提供专业的意见和建议。同时，智能审计工具按照设计者的意愿运行，开发者很容易在无意中插入个人的偏见和歧视。这些偏见会使算法偏离应有的状态。审计人员应学会正确使用智能审计，并对结果保持谨慎和怀疑，否则可能导致滥用和结果不准确。因此，审计人员要不断适应智能技术发展背景下的职业需要，逐渐转换审计思维模式，不断完善相关技能，找到适合自己的职业定位。

（三）复合型人才的需求大增

信息技术在被审计单位的广泛应用要求审计人员一定要具备相关信息技术方面的知识。因此，审计人员要成为知识全面的复合型人才，不仅要有丰富的会计、审计、经济、法律、管理等方面的知识和技能，还需要熟悉信息系统的应用技术、结构和运行原理，有必要对信息化环境下的内部控制作出适当的评价。因此，审计人员必须对系统内的风险和控制都非常熟悉，然后对审计的策略、范围、方法和手段做出相应的调整，以获取充分、适当的审计证据，支持发表的审计意见。会计师事务所对复合型人才的需求将大幅增加，审计人员需要通过不断学习数据分析、信息技术和人工智能等方面的技能，强化跨学科技术创新与知识运用的能力，熟悉智能工具外部操作规范及其结果运用，并不断提升自己的专业胜任能力，以适应新的工作要求。

第四节 本章小结

本章主要介绍智能审计的基础理论，了解智能审计相关概念和特点、审计要素的变化和对实务的影响，以清楚地认识到智能审计下审计思维转变的重要性和迫切性。第一节介绍智能审计的产生、概念与特点；第二节介绍智能审计下的审计要素变化，审计总体目标和审计具体目标并未发生本质的变化，但是审计证据的形式、抽样方法、审计过程和审计程序在不同程度上受到冲击；第三节介绍智能审计对会计师事务所和审计人员的影响，会计师事务所战略方向、工作模式和组织作业模式都正在随之发生变革，也给审计人员带来了可能会被人工智能替代的风险和压力。本章知识为本教材其他章节的智能审计基础方法学习做好了理论铺垫。

 本章习题

1. 请阐述智能审计的基本概念、本质、特点。

2. 请分别阐述与传统审计相比，智能审计背景下审计目标、审计证据、审计过程和审计程序发生了什么变化？

3. 请阐述智能审计给会计师事务所和审计人员带来了哪些挑战和机遇？

信永中和会计师事务所审计共享中心

新发展阶段需要创新发展方式与思维模式，"创新、共享"对注册会计师行业提出了新的挑战。目前，注册会计师行业大力推进作业模式创新、效率工具创新，深入开发"创新、共享"相关服务及手段将成为会计师事务所高质量发展的必然趋势。审计共享中心作为近年来创新型作业模式之一，主要利用信息系统对业务进行集约化管理和管控，能够有效控制业务风险、保证工作质量，提升作业效益。

一、审计共享中心的建设

信永中和会计师事务所（ShineWing，以下简称"信永中和"）是一家以财务审计、税务、咨询、工程等工作为基础的大型综合性专业服务机构。信永中和现已实现集团化、一体化管理和国际化发展，是中国当前具有品牌影响力且具备国际服务能力的专业服务机构之一。

审计共享中心作为项目组外的独立执业力量，对项目组取证形成有力补充和风险印证。审计共享中心的建设与完善，有助于审计人员对被审计单位运行风险、发展空间、经营模式、工艺特点等非财务信息方面的专业判断，困扰审计人员的业务与财务匹配性问题会得到缓解。信永中和于 2017 年 8 月启动审计共享中心建设，抽调审计业务骨干及信息系统开发力量，成立顶层方案设计组及筹建小组，经过前期充分论证、外部调研与顶层方案设计，从运行体系搭建及操作系统设计开发两个方面着手展开了共享中心的创建，2018 年 1 月 1 日在西安分部进入试运行阶段，并选定陕西省西安市作为共享中心注册及运营地点。2018 年 7 月正式设立信永中和（西安）数据服务有限公司，2018 年 10 月入驻办公新址投入正式运营，自主研发的审计共享中心线上运营系统也正式投入使用。

二、审计共享中心业务范围

信永中和审计共享中心现有业务范围主要包括审计板块业务、造价板块业务及其他支持类业务。其中审计板块业务主要包括函证、监盘、底稿、报告、久其、银行流水核对业务等；其他支持类业务包括 IT 业务共享、财务业务共享、审计报备业务共享、审计招投标业务共享、国际业务共享和 HR 业务共享等，以下就审计板块业务进行简要介绍。

（1）函证业务：主要为需要发函的主体进行函证的生成、扫描、发出、催收、回函记录、归档、数据统计的相关工作。运用内部研发的函证发件系统，同时与中银协电子函证平台统一对接，推进银行函证业务规范化、集约化、数字化；与快递公司系统对接，确保对函证的物流信息实时跟踪；与企查查、天眼查等系统对接，以获取必要的企业工商信息。

（2）监盘业务：为资产监盘区域跨度较大且异地监盘量较大、监盘差旅费用较高、监盘人员紧张的审计项目提供服务，履行资产监盘工作。

（3）底稿编制业务：主要是为审计风险较低、底稿编制简单的项目提供远程编制底稿服务。由项目组提供基础资料，审计共享中心根据提供的资料完成简单底稿的编制并出具相应审计报告，或者按照项目组要求的审计程序执行底稿编制业务。按照提供的服务内容不同，可将底稿编制业务分为两种：一是基础底稿，即由审计共享中心执行所有或大部分科目的部分审计程序，如执行主表、明细表、披露表、测算表、抽凭表等的审计程序，项目组执行底稿的其他测试或判断类审计程序；二是专项底稿，根据项目组需求，审计共享中心执行部分科目的审计程序，项目组执行其他科目的审计程序。

（4）报告业务：主要针对子公司众多、同类同质、报告时间要求紧张、审计风险较小的集团公司的审计项目提供报告处理业务。报告业务主要分为两种模式。模式一：排版模式，即审计共享中心对项目组提供的审计报告初稿进行排版。审计共享中心一般根据共享中心标准报告排版指引的要求完成审计报告初稿排版，如有特殊排版要求，须提前与共享中心沟通。模式二：编制＋排版＋核对模式，项目组须向审计共享中心提供既定模板的 Excel 附注数据或审定数据的久其表，由审计共享中心运用效率工具或人工转换成审计报告附注，并进行排版和数据基础核对。审计共享中心根据底稿及审定试算平衡表（trial balance，TB）填写完成披露表或 Excel 附注数据，运用效率工具或人工转换成审计报告附注，并进行排版和数据基础核对。

（5）久其业务：主要为久其数据的填制和审核。其中，填制业务是根据项目组提供的底稿和报表填制久其的审定数；审核业务是对被审计单位填制的久其期初数据、协审所填制的审定久其数据进行数据准确性和逻辑性审核。

（6）银行流水核对业务：主要为共享中心通过信永中和银企对账工具，为项目组提供银行流水核查业务服务。

信永中和审计共享中心拥有强大的 IT 团队及专业的技术委员会，配置了信天游管理系统、审计作业系统、智能审计数据处理系统、共享中心 BPM 系统、扫描处理系统、业务报备系统、招聘系统、培训系统及多种效率工具。此外，与外部系统进行了有效联接，例如，与中银协电子函证平台统一对接，推进银行函证业务规范化、集约化、数字化；与快递公司系统对接，确保对函证的物流信息实时跟踪；与企查查、天眼查等系统对接，以获取必要的企业信息。

三、审计共享中心运营

信永中和结合审计业务新模式的推进，逐步建设了前、中、后台分工协作的全新审计作业模式。将审计业务中高频率、高重复性且具有共性的工作自前台向中台共享中心转移，让前台审计人员专注于审计高风险领域，更好地进行项目风险识别与应对，提升审计质量，为客户提供更有价值的服务；后台支持人员专注于技术支持、风险管控和产品研发，为前台审计团队提供强有力的技术、产品和平台支持服务。

信永中和审计共享中心以审计业务共享、财务及 IT 服务职能共享先行，不断扩大审计共享范围、逐步拓展造价板块的共享业务。目前，信永中和正在进行税务共享的筹划，推动更多集团管理职能共享。审计共享中心通过为内部业务提供共享服务不断积累经验，还将积极拓展对外服务业务，通过对外部单位提供共享服务逐步实现由成本中心向利润中心的转变。

Part

2

第二篇
技术基础篇

第二章

审计数据基础

教学目的与要求 ▶ ━━━━━━━━━━━━━━━━━━━━━━━━━━━━━━◉

本章主要介绍数据基础知识和智能审计中的会计核算数据结构，为后续智能审计技术应用和分析方法做好铺垫，这也是第三篇财务报表审计应用篇的必备知识。

1. 理解数据的概念、DIKW 模型和常见分类。

2. 了解注册会计师审计数据管理的相关规定。

3. 掌握会计核算中重要数据表的作用和内容。

4. 掌握科目表、凭证表、余额表的相互关系。

教学重点与难点 ▶ ━━━━━━━━━━━━━━━━━━━━━━━━━━━━━━◉

▶ **重点**：掌握智能审计中用到的会计核算数据基础知识。

▶ **难点**：掌握科目表、凭证表、余额表的内容和相互关系。

第一节　数据基础知识

一、相关概念

（一）数据的概念

当今社会，人们对于"数据"二字，一定不会感到陌生，特定背景下的数据中蕴含的信息能够帮助人们做出合理的决策，数据的重要性不言而喻。不同的学科对数据的定义是不同的。统计学中的数据，是指为了找出问题背后的规律而需要的与问题相关的变量的观测值，是对客观现象进行计量的结果。计算机科学中的数据，是指所有能输入到计算机并被计算机程序处理的符号，具有一定意义的数字、字母、符号等的通称。数据只有在特定的背景下才是有意义的，对数据的研究不能脱离其产生背景。

借鉴《会计师事务所数据安全管理暂行办法》（财会〔2024〕6号），将智能审计背景下的数据定义为：数据是指会计师事务所执行审计业务过程中，从外部获取和内部生成的任何以电子或者其他方式对信息的记录。

数据有多种分类方式。依据数据存储方式分类，可以分为结构化数据和非结构化数据。例如，数字、字符、日期等属于结构化数据类型，而文字、图片、视频、音频等都属于非结构化数据；依据数据类型分类，可以分为文本数据、数字数据、声音数据、图片数据、视频数据等；依据来源分类，可以分为观测数据和实验数据。如何对数据进行分类，取决于用数据解决什么问题。

（二）DIKW 模型

人们研究数据是为了得到数据背后蕴藏的规律，以指导人们做出正确的决策，帮助人们解决在现实中遇到的问题。DIKW 模型也被称作 DIKW 智慧金字塔，由罗利（Rowley）于 2007 年提出。该模型展示了数据（data）、信息（information）、知识（knowledge）、智慧（wisdom）之间的关系，直观展现了数据如何一步步转化为信息、知识乃至智慧。DIKW 模型是由数据、信息、知识、智慧四个基本概念构成的层次体系，如图 2-1 所示，四个核心概念具体解释如下。

图 2-1 DIKW 模型

1. 数据

数据（data）位于模型的底层，也是模型中的"原始材料"。它是对客观事物的数量、属性、位置及其相互关系等进行的符号表示，以便系统对其进行保存和处理。

2. 信息

信息（information）位于数据的上一层。它具有一定的时效性，且具有一定意义，是已经经过加工处理，并对决策有指导作用的数据流。

3. 知识

知识（knowledge）位于信息的上一层。它是经过人类长期选择与积累具有价值的信息。

4. 智慧

智慧（wisdom）位于模型的顶层。它是人类所具备的，基于已有知识和相关信息对问题进行分析和解决的能力。这种能力运用的结果是将有价值的信息挖掘出来，并使之成为已有知识结构的一部分，进而促进智慧的产生。

DIKW 模型的应用领域十分广泛，它是知识管理、信息管理、数据科学等领域的基础模型。企业在生产经营过程中会产生大量的数据和信息，如何利用这些数据和信息提取其中的知识并应用到审计工作中，帮助审计人员做出审计决策，就显得尤为重要。该模型也可以帮助理解数智环境下审计分析的重要性，即审计人员利用先进的智能技术，更加高效地将数据和信息加工处理为知识和智慧，从而找到审计线索，收集审计证据，出具审计报告，更高效地达到审计目标。

（三）大数据与大数据审计

1. 大数据

2011 年 6 月，世界著名咨询机构麦肯锡公司发布了报告《大数据：下一个创新、竞争和生产力的前沿》（*Big Data：The Next Frontier for Innovation，Competition，and Productivity*），给出了大数据的定义：大数据是指大小超出常规数据库工具获取、存储、管理和分析能力的数据集①。高德纳咨询公司（Gartner Group）把大数据定义为具有大容量、快速和（或）多样性等特点的信息资产，为了能提高决策、洞察发现和流程优化，这种信息资产需要新形式的处理方法②。大数据具有如下五个方面特征：

（1）海量（volume）。数据量大，非结构化数据呈现超大规模和快速增长。

---

① James Manyika, Michael Chui, Brad Brown, et al. Big data：The Next Frontier for Innovation, Competition, and Productivity [R]. McKinsey Global Institute, 2011 – 05 – 01.

② The Importance of "Big Data"：A Definition [EB/OL]. Gartner Research, 2012 – 06 – 21.

（2）多样（variety）。大数据的形式多样，如文本、图像、视频、机器数据等。

（3）价值（value）。大数据价值密度相对较低。随着物联网的广泛应用，信息感知无处不在，信息海量，但价值密度较低，存在大量不相关信息。因此，需要对未来趋势与模式作可预测分析，利用机器学习、人工智能等进行深度复杂分析。如何通过强大的机器算法更迅速地完成数据的价值提炼，是大数据时代亟待解决的难题。

（4）高速（velocity）。一方面，数据量增长速度快；另一方面，大数据要求实时分析、处理速度快。

（5）真实（veracity）。数据必须是准确的、可靠的、一致的，具有可追溯性。

2. 大数据审计

大数据时代催生了大数据审计。大数据审计是指审计机构运用审计科学与大数据科学的技术、方法和工具，深度挖掘大量经济和社会运行数据，对被审计单位的重大财务事项、经营管理活动及相关资料的可靠性开展的一种独立的监督活动。大数据审计可以充分利用内部数据和外部数据、财务数据和业务数据开展综合分析，大幅提升审计揭示问题的深度和提出审计建议的高度。

目前，业界公认的大数据审计具有高效性、实时性、覆盖面广等特征。高效性是指审计工作由纸质办公转向软件办公，利用计算机进行大量、快速的处理，审计人员能将精力转移到更需要应用专业判断的工作中去，提高了审计效率。实时性是指大数据审计在审计过程中就可以发挥监督作用，能及时发现问题、纠正偏差，解决了过去事后审计、意见滞后的问题。覆盖面广是指计算机的海量存储和对数据的高效处理，能实现跨年度、跨领域、跨专业的审计。

二、数据分类

根据《信息技术—大数据—数据分类指南》（GB/T38667－2020）的规定，可以从技术选型、业务应用和安全隐私保护三个视角进行数据分类。

（一）按照技术选型维度进行数据分类

技术选型维度又可按照产生频率、产生方式、结构化特征、储存方式、稀疏程度、处理时效性和交换方式进行细分，如图2－2所示。

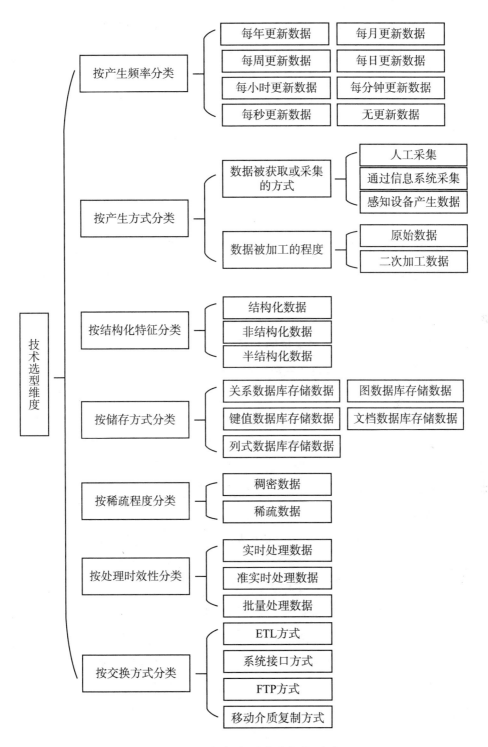

图 2 – 2 技术选型维度数据分类

1. 按生产频率分类

数据按产生频率分类，是指根据数据产生的频率（单位时间内产生的数据量或达到指定数据量的频率）对数据进行分类。数据产生周期可以分为秒、分、时、天、周、月、季度、半年、年等，因此，按照产生频率可以将数据分为：每年更新数据、每月更新数据、每周更新数据、每日更新数据、每小时更新数据、每分钟更新数据、每秒更新数据、无更新数据等，数据使用者可以根据数据产生频率判断资源分配合理性和数据分析价值等。例如，股票交易、网络流量监测、传感器实时监测的工业生产等数据，需要实时进行传输，以便于信息使用者捕捉细微的变化和趋势，进行高精度场景的数据价值分析。

在审计领域中，不同的数据更新速度，对审计数据处理、数据分析和数据应用会产生巨大的影响。简单来说，数据量越庞大、更新速度越实时，数据架构、数据分析和应用的技术难度也就越大。

2. 按产生方式分类

（1）按照数据被获取或采集的方式，可以将数据分为人工采集数据、信息系统产生数据、感知设备产生数据。

① 人工采集数据一般包括问卷调查数据的收集、实地观察和访谈记录的整理，具有较高的灵活性，但是依赖于数据采集者自身专业知识和经验的主观判断，可能影响数据采集质量与价值。

② 信息系统产生数据一般包括企业信息系统（ERP）中记录的生产、销售、库存等数据。利用信息系统采集数据可以实现批量采集效果，具有高效性、准确性的优势，但是应注意数据安全问题，防止数据泄露。

③ 感知设备产生数据一般包括传感器采集的温度、湿度等环境数据，交通监控摄像头采集的车速、车流量等车辆行驶数据。该类数据具有实时性强、客观性高的优点，但是数据噪声较大，需要进行数据清理和预处理工作。

（2）按照数据被加工的程度，可以将数据分为原始数据和二次加工数据。

① 原始数据是指直接从数据产生的源头获取，如传感器的直接测量、实地观察记录、用户的一手输入等。例如，气象站的传感器直接采集的大气温度、湿度、气压等数据就是原始数据。原始数据通常较为杂乱、无特定结构，可能包含大量的噪声和冗余信息。例如，调查问卷中未经过整理的手写回答内容，可能存在字迹不清、表述不规范等问题。

② 二次加工数据是由原始数据经过一定的处理、分析或转换而得到，一般具有较为规范的结构和格式，便于分析和使用。例如，经过数据清洗和整

理后的电子表格形式的市场调研数据，各字段数据清晰明确。

目前，审计人员更多的是面对从信息系统采集的数据，但面对不同审计业务也需要进行手工数据采集或借助传感器传输的数据，其中既包括原始数据，也包括二次加工数据，要求审计人员首先评估数据的适用性，验证数据的完整性，对数据进行加工处理后再进行数据分析，提高审计分析的可靠性。

3. 按结构化特征分类

按结构化特征分类是指根据数据的结构化程度对数据进行分类，可以分为结构化数据、非结构化数据和半结构化数据。

（1）结构化数据，主要指可以用二维表结构进行存储的数据，例如，常见的 Excel 工作表中存储的成绩表、销售表、工资表等，皆是结构化数据。

（2）非结构化数据，是指一种没有预先定义的数据模型，或者没有以预先定义的方式组织的数据，文本、图像、音频和视频等都是非结构化数据的典型代表。

（3）半结构化数据，是介于完全结构化数据和完全无结构化数据（如声音、图像文件等）之间的数据，XML 文档就属于半结构化数据。它一般是自描述的，数据的结构和内容混在一起，没有明显的区分。

下面用具体的实例说明三种类型数据的区别，如表 2 - 1 所示。

表 2 - 1　　　　　　　　　　同一数据的三种结构

（A）结构化数据：   20150001　李洋　男　21　汉族　云南昆明
（B）半结构化数据：   < StudentDate >   < ID > 20150001 </ID >   < name > 李洋 </name >   < gender > 男 </gender >   < age > 21 </age >   < nationality > 汉族 </ nationality >   < birthplace > 云南昆明 </ birthplace >
（C）非结构化数据：   学生李洋的学号是 20150001，性别为男，年龄 21 岁，汉族，籍贯为云南昆明。

财务报告中的审计数据主要是审计人员采集到的被审计单位的财务、业务数据，这些数据主要是结构化数据。非结构化数据不方便用数据库二维逻

辑表来表现，例如，审计人员采集的非数值型数据包括被审计内部管理资料、研究报告、会议记录等，这些资料中包含的内容繁杂，没有按照一定的逻辑关系进行组织，缺乏系统性、条理性，注册会计师就不能运用结构化数据分析方法展开分析。

4. 按储存方式分类

数据存储的格式是多种多样的，不同存储格式适用的数据容量、操作方式等存在较大差异。例如，常见的文本文件（txt、csv 文件）不受数据行、操作平台的限制，但组织和应用比较困难；审计人员最常使用电子表格文件 Excel，且最新的 Excel 也可以支持 100 万行级的数据记录；数据量稍大的还可以应用小型数据库系统，如小型桌面型 Access，企业实践中常用大型数据库管理系统，例如，SQL Server、Oracle、DB2 等数据库。从目前数据库的存储方式分类，可以分为关系数据库存储数据、键值数据库存储数据、列式数据库存储数据、图数据库存储数据、文档数据库存储数据等。

（1）常见的关系数据库有 MySQL、Oracle 和 SQL Server，以表格形式存储数据，能够进行复杂的查询和数据筛选工作，但是对非结构化数据的处理相对困难。

（2）键值数据库存储数据是以键值对（key-value pair）形式存储数据的数据库存储方式，例如，将一个用户的 ID 作为键，用户的详细信息作为值进行存储，具有极高的读写性能和较强的扩展性。

（3）列式数据库存储数据是一种以列存储为主要方式的数据存储模式。在传统的关系型数据库中，数据通常以行的形式存储，即一行数据包含多个列的值。而列式数据库则将数据按列进行存储，每一列的数据单独存储在一起，适合于大数据分析场景及数据仓库的应用。

（4）图数据库存储数据是一种使用图结构进行数据存储和查询的数据库类型。在图数据库中，数据以节点和边的形式表示，节点代表实体，边代表实体之间的关系。例如，在一个社交网络的场景中，用户可以表示为节点，用户之间的好友关系可以表示为边。每个节点可以有自己的属性，如用户的姓名、年龄等；每条边也可以有属性，如好友关系建立的时间等。适应的应用场景包括社交网络分析、个性化推荐及知识图谱等。

（5）文档数据库存储数据是一种以文档形式存储数据的数据库类型。在文档数据库中，数据以一个个独立的文档为单位进行存储，每个文档可以包含不同的字段和结构。例如，在一个电商应用中，一个商品可以表示为一个文档，其中包含商品名称、描述、价格、库存等字段。不同的商品文档可以有不同的字段组合，具有较大的灵活性。

列举审计人员常接触的数据类型及后缀名，如表2-2所示。

表2-2　　　　　　　　　　常见数据类型及后缀名

采集到的数据类型	后缀名
Excel 电子表格	. xls 和 . xlsx
Access 数据	. mdb，2007 年以后为 . accdb
SQL Server 数据库的数据文件和日志文件	. mdf 和 . ldf
SQL Server 数据库的数据备份文件	. bak
dBase 数据	. dbf
DB2、Oracle 等数据库的备份文件	. dmp
文本文件	. csv 和 . txt

5. 按稀疏程度分类

按稀疏程度分类是指根据数据的稀疏稠密程度对数据进行分类，分为稠密数据和稀疏数据。

（1）稠密数据是指数据中大部分元素都有具体的值，且这些值分布较为均匀，很少有大量空白或缺失值的情况。例如，当传感器工作稳定且无故障时，采集到的数据通常较为稠密，每个时间点都有较为完整的测量值。

（2）稀疏数据是指数据中存在大量的空白或缺失值，只有少数元素有具体的值。例如，社交网络中的关系矩阵，在一个大型社交网络中，大多数用户之间并没有直接的连接，所以表示用户关系的矩阵非常稀疏。

6. 按处理时效性分类

按处理时效性分类是指根据数据处理的时间延迟要求对数据进行分类，具体分为实时处理数据、准实时处理数据和批量处理数据。

（1）实时处理数据是指数据在产生的同时就立即进行处理，对处理的时间延迟要求非常严格，通常以毫秒甚至微秒级来衡量。例如，在股票交易市场中，交易数据需要实时处理，以便投资者能够及时了解市场动态并做出决策。

（2）准实时处理数据的时间延迟要求相对较宽松，通常在几分钟到几小时之间。数据在产生后会尽快进行处理，但不需要像实时处理那样在瞬间完成。例如，电商平台会记录用户的浏览历史、购买行为等数据，这些数据可以在几分钟到几小时内进行分析，以便为用户提供个性化的推荐和营销活动。

（3）批量处理数据是指将大量的数据收集起来，在一定的时间间隔内进行集中处理，时间延迟要求相对较长，通常以天、周甚至月为单位。例如，企业每月或每季度对财务数据进行批量处理，生成财务报表，以便管理层了解企业的财务状况和经营成果。

7. 按交换方式分类

按交换方式分类是指根据数据在提供方和接收方之间交换的方式对数据进行分类，具体可分为 ETL 方式、系统接口方式、FTP 方式、移动介质复制方式等。

（1）ETL 方式（extract-transform-load）是一种数据抽取、转换和加载的过程。通过从不同的数据源抽取数据，对数据进行清洗、转换等操作，使其符合目标系统的数据格式和业务规则，然后加载到目标系统中。例如，企业数据仓库建设中，从多个业务系统（如销售系统、财务系统、人力资源系统等）抽取数据，经过数据清洗和转换，加载到数据仓库中，供企业进行数据分析和决策支持。

（2）系统接口方式，通过系统之间的接口进行数据交换。接口可以是应用程序编程接口、Web Service 等形式，实现不同系统之间的数据传输和交互。例如，电商平台与物流系统之间通过接口进行订单数据和物流状态数据的交换，当用户在电商平台下单后，订单数据通过接口传输到物流系统，物流系统更新物流状态后，再通过接口将状态数据返回给电商平台。

（3）FTP 方式（file transfer protocol），又称文件传输协议，是一种用于在网络上进行文件传输的标准协议。通过 FTP 服务器，用户可以上传和下载文件，实现数据的交换。例如，企业之间进行数据交换时，可以将数据文件上传到 FTP 服务器，接收方从 FTP 服务器下载文件，完成数据交换。

（4）移动介质复制方式，通过移动存储介质（如 U 盘、移动硬盘等）将数据从一个系统复制到另一个系统。

（二）按照业务应用维度进行数据分类

业务应用维度又可按照产生来源、业务归属、流通类型和数据质量进行细分，如图 2-3 所示。

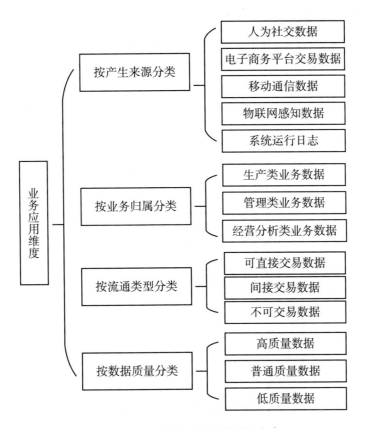

图 2 – 3 业务应用维度数据分类

1. 按产生来源分类

按产生来源分类是指根据数据产生的实际情景对数据进行分类，具体分为人为社交数据、电子商务平台交易数据、移动通信数据、物联网感知数据、系统运行日志数据等。

（1）人为社交数据是人类在社交活动中产生的数据，包括人们在社交媒体平台上的发布内容、互动行为、社交关系等。例如，微博上用户发布的文字、图片、视频内容，以及点赞、评论、转发等行为数据；微信朋友圈的动态、聊天记录等。

（2）电子商务平台交易数据是指在电子商务平台上产生的与交易相关的数据，包括商品信息、订单数据、用户购买行为等。

（3）移动通信数据是由移动通信设备和网络产生的数据，包括通话记录、短信内容、移动互联网使用数据等。

（4）物联网感知数据是由物联网设备感知和采集的数据，包括传感器数据、设备状态数据、环境数据等。例如，工业设备上的传感器采集的运行状态、故障信息等数据。

（5）系统运行日志数据是由各种信息系统在运行过程中产生的日志数据，包括系统的操作记录、错误信息、性能指标等。

2. 按业务归属分类

按业务归属分类是指根据数据所属的业务类型对数据进行分类，具体分为生产类业务数据、管理类业务数据、经营分析类业务数据等。

（1）生产类业务数据是指在生产过程中产生的数据，主要与产品的制造、加工、装配等环节相关。

（2）管理类业务数据主要与企业的内部管理活动相关，包括人力资源管理、财务管理、行政管理等方面的数据。

（3）经营分析类业务数据主要用于对企业的经营状况进行分析和评估，旨在为企业的经营决策提供支持。

3. 按流通类型分类

按流通类型分类是指根据数据在流通交易过程中的交易类型进行分类，具体分为可直接交易数据、间接交易数据、不可交易数据等。

（1）可直接交易数据是指可以在市场上直接进行买卖和交换的数据。这些数据通常具有明确的价值和用途，并且可以通过合法的渠道进行交易。

（2）间接交易数据是指不能直接进行交易，但可以通过间接的方式参与流通和交易的数据。这些数据通常需要经过加工、处理或与其他数据结合后才能产生价值。例如，传感器数据、设备运行状态数据等，需要经过处理和分析后，才能用于智能交通、工业自动化等领域的决策和控制。

（3）不可交易数据是指由于法律、道德、安全等原因，不能在市场上进行交易的数据。这些数据通常涉及个人隐私、国家安全、商业机密等敏感信息。

4. 按数据质量分类

按数据质量分类是指根据数据的质量差异对数据进行分类，具体分为高质量数据、普通质量数据、低质量数据等。

（1）高质量数据是指具有准确性、完整性、一致性、时效性和可靠性等特征的数据。这些数据能够准确地反映现实世界的情况，并且可以被信任和有效地使用。

（2）普通质量数据在准确性、完整性、一致性、时效性和可靠性等方面存在一定程度的不足，但仍然可以满足一般的业务需求。

（3）低质量数据是指存在严重的准确性、完整性、一致性、时效性和可靠性问题的数据。这些数据可能会误导决策、影响业务流程的正常运行，甚至导致严重的后果。

（三）按照安全隐私保护维度进行数据分类

按数据安全隐私保护维度分类是根据数据内容敏感程度对数据进行分类，具体分为高敏感数据、低敏感数据、不敏感数据等，如图 2 - 4 所示。

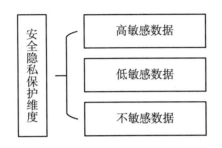

图 2 - 4　安全隐私保护维度数据分类

（1）高敏感数据是指一旦泄露、篡改或滥用可能会对个人、组织或国家造成严重危害的数据。这些数据通常涉及个人隐私、商业机密、国家安全等重要领域。

（2）低敏感数据是指泄露、篡改或滥用后可能会对个人、组织或国家造成一定程度的影响，但影响相对较小的数据。这些数据通常不涉及个人核心隐私、商业机密或国家安全等重要领域。

（3）不敏感数据是指即使泄露、篡改或滥用也不会对个人、组织或国家造成任何影响的数据。这些数据通常是公开的、通用的信息，不涉及任何敏感内容。

三、注册会计师数据管理相关规定

（一）与数据相关的国家法律与制度

在数字化时代，数据已成为国家发展的重要资源，其安全、有序的流动和利用对于推动社会进步具有不可估量的价值。为了规范数据的管理，保护个人隐私，维护国家安全和公共利益，我国制定了一系列与数据相关的法律与制度。

《中华人民共和国网络安全法》作为我国网络安全领域的基础性法律，自2017 年 6 月 1 日起施行，标志着我国网络安全领域法制化建设进入新阶段。

该法明确了网络运营者的责任，规定了个人信息保护的基本要求，强调了关键信息基础设施保护及网络安全监管的加强。它为数据安全管理提供了法律框架，确保了网络空间的清朗和安全。

2021年9月1日起实施的《中华人民共和国数据安全法》，是我国首部以"数据"命名的专门法律。该法围绕数据的收集、存储、使用、加工、传输、提供、公开等全生命周期，提出了明确的安全保护要求。它强调了建立健全数据分类分级保护制度，对重要数据实行严格管理，同时鼓励数据依法有序自由流动，促进数字经济发展。

随着数字经济的发展，个人信息保护成为社会关注的热点。《中华人民共和国个人信息保护法》于2021年8月20日通过，并于同年11月1日正式施行。该法明确了个人信息处理的原则，包括合法、正当、必要和告知同意原则，强化了个人在信息处理活动中的权利，如知情权、决定权、删除权等，并对违法行为设定了严厉的法律责任。

为了保障关键信息基础设施的安全，维护国家安全和社会公共利益，我国在2021年8月制定了《关键信息基础设施安全保护条例》，该条例明确了关键信息基础设施的范围，规定了运营者的安全保护义务，加强了监督管理和检测评估，以确保关键信息基础设施的安全稳定运行。我国还制定了一系列与数据相关的法规和标准，如《信息安全技术—个人信息安全规范》《信息安全技术—数据安全能力成熟度模型》等。这些法规和标准为数据安全管理提供了技术指导和操作指南，有助于提升数据处理活动的规范化水平。

为落实2022年12月颁布的《中共中央 国务院关于构建数据基础制度更好发挥数据要素作用的意见》要求，充分发挥标准在激活数据要素潜能、做强做优做大数字经济等方面的规范和引领作用，2024年国家发展改革委、国家数据局、中央网信办、工业和信息化部、财政部、国家标准委组织编制了《国家数据标准体系建设指南》，指出2026年底要基本建成国家数据标准体系，围绕数据流通利用基础设施、数据管理、数据服务、训练数据集、公共数据授权运营、数据确权、数据资源定价、企业数据范式交易等方面制定、修订30项以上数据领域基础通用国家标准。

综上所述，我国已经建立了较为完善的与数据相关的法律与制度体系，这些法律与制度的实施对于保障国家安全、公共利益和个人权益具有重要意义。然而，随着技术的不断进步和应用场景的不断拓展，数据安全管理仍面临新的挑战和问题。因此，我们需要持续关注数据安全管理的发展动态，不断完善相关法律法规，以适应数字化时代的新要求。

（二）注册会计师数据管理相关规定

2021 年 6 月，中央审计委员会办公室、审计署在发布的《"十四五"国家审计工作发展规划》中重点强调建设健全集中统一的审计工作体制机制，坚持科技强审，提升数据管理水平并加强数据资源分析利用等重点发展方向。进入"十四五"期间，中国注册会计师协会在《注册会计师行业信息化建设规划（2021－2025 年)》（以下简称《信息化规划》）中强调"推动构建行业数据标准体系"的工作任务；随后国务院办公厅发布《关于进一步规范财务审计秩序 促进注册会计师行业健康发展的意见》（国办发〔2021〕30 号），对规范财务审计、完善准则体系、优化信息管理提出进一步意见。2023 年 3 月，为满足注册会计师在审计中高效获取、分析相关数据，提高审计效率和审计质量，中国注册会计师协会首批发布了《注册会计师审计数据规范 公共基础》等 4 项注册会计师审计数据规范，分别规定了注册会计师审计数据中公共基础、总账、银行流水和销售数据的内容和格式要求，每一项审计数据规范都提供了数据实体关系图。

中国注册会计师协会在《信息化规划》中提出行业信息化未来五年的建设目标为"标准化、数字化、网络化、智能化"，提出"围绕审计数据采集、审计报告电子化、行业管理服务数据、电子签章与证照等领域，按照继承、发展和创新原则，急用先行、循序渐进推动构建科学适用的行业数据标准体系，满足数据共享交换和数据分析需求，发挥数据作为生产要素的作用"。已经发布的 4 项注册会计师审计数据规范就是行业贯彻落实《信息化规划》的重要成果。

2024 年 4 月，财政部、国家网信办联合印发《会计师事务所数据安全管理暂行办法》（财会〔2024〕6 号）（以下简称《暂行办法》），自 2024 年 10 月 1 日起施行。《暂行办法》顺应数字经济发展趋势，进一步完善了注册会计师行业基础制度体系，主要内容包括：第一，数据分类分级保护，根据会计数据的重要性和敏感程度，对数据进行了分类和分级管理。对于涉及国家秘密、商业秘密和个人隐私的敏感数据，提出更为严格的保护措施，要求会计师事务所采取加密存储、访问控制等技术手段，确保数据安全。第二，数据收集与使用规范，明确了会计师事务所在数据收集和使用过程中应遵循的原则，包括合法、正当、必要及告知同意原则，会计师事务所在收集和使用数据时，必须明确告知数据主体数据收集的目的、范围和使用方式，并征得数据主体的同意。第三，数据存储与备份，会计师事务所应当建立健全数据存储和备份制度，确保数据的安全性和可靠性。第四，数据安全审计与应急响应，会计师事务所应定期开展数据安全审计，及时发现和整改数据安全隐患，此外，会计师事务所应建立数据安全应急响应机制，制定应急预案，以应对可能出现的数据安全事件。第五，人员培训与考核，会计师事务所应加强对员工的信息安全教育和培训，提高员工的信息安全意识和技能水平。

《暂行办法》全面落实《中华人民共和国网络安全法》《中华人民共和国数据安全法》《中华人民共和国个人信息保护法》等法律要求，是在注册会计师行业对国家网络和数据安全管理相关规定的细化，为会计师事务所开展数据安全管理活动提供了依据，有利于推动注册会计师行业数据安全管理工作制度化、规范化。同时，《暂行办法》构建了横向协同、纵向联动的行业数据安全监管机制，明确财政部门、网信部门、公安机关、国家安全机关等各方职责，确保有效衔接，加强信息共享，推动实现跨地区、跨部门、跨层级协同监管，落实财会监督有关要求。

第二节 会计核算数据基础知识

本节结合注册会计师审计工作实务和中国注册会计师协会 2023 年 3 月发布的《注册会计师审计数据规范》，介绍财务报表审计中会计核算数据的基础知识。

一、公共基础数据

公共基础数据是指企业在运营过程中广泛应用和共享的关键数据，这些数据支持各业务部门和职能部门的日常运作。依据《注册会计师审计数据规范 公共基础》（T/CICPA 0101—2023），公共基础审计数据包含业务部门、业务部门层级结构、员工、用户、客户、供应商、会计科目、会计期间、会计凭证类型、票据、结算方式、币种、计量单位、付款条件、项目、银行账户、税务监管、税项、电子账簿、物料、仓库、自定义档案项、自定义档案值23个实体，并列示了公共基础信息的实体关系，如图 2-5 所示。

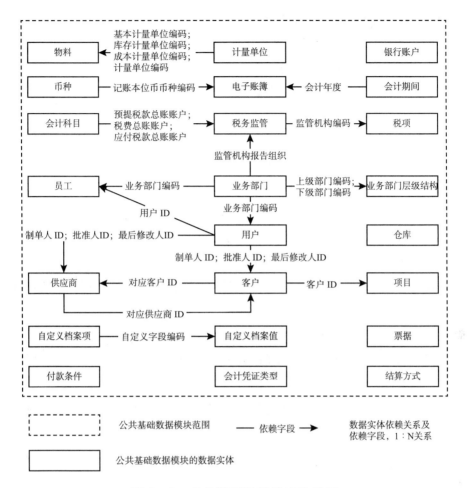

图 2 - 5 公共基础数据的实体关系

资料来源：中国注册会计师协会，《注册会计师审计数据规范 公共基础》（T/CICPA 0101—2023），2023：3.

（一）常见公共基础数据

（1）客户信息：包括客户的名称、联系方式、地址、行业、购买历史等，用于销售和市场营销活动。

（2）供应商信息：包括供应商的名称、联系方式、地址、供应产品或服务类型、交易记录等，用于采购和供应链管理。

（3）员工信息：包括员工的基本信息、职位、薪资、雇佣日期、培训记录、绩效评估等，用于人力资源管理和员工发展。

（4）财务基础信息：如货币类型、账户编码、会计科目、税率、税收类型、收支记录等，是会计核算过程的基础信息。

（5）物料信息：包括物料编码、物料描述、物料类型、库存单位、计量单位等，用于库存管理和物料采购。

（6）生产数据：如生产工艺、工作中心、机器设备、生产批次、生产成本等，用于生产计划和成本控制。

（7）库存和物流信息：包括库存地点、库存状态、运输方式、配送路线等，用于物流管理和仓储管理。

（8）系统参数和配置：这些参数决定了信息系统如何处理业务交易和数据，反映了公司的运营规则和管理政策。

（二）会计科目表

会计科目是最重要的公共基础资料，用于组织和定义所有的会计账户，也是会计核算联系各大业务模块的基础。为明确会计科目之间的相互关系，充分理解会计科目的性质和作用，可以从会计科目核算的归属分类、会计科目核算信息的详略程度来理解其用途。

1. 按会计科目归属的会计要素分类

（1）资产类科目：按资产的流动性分为反映流动资产的科目和反映非流动资产的科目。

（2）负债类科目：按负债的偿还期限分为反映流动负债的科目和反映长期负债的科目。

（3）共同类科目：共同类科目的特点是需要从其期末余额所在方向界定其性质。

（4）所有者权益类科目：按权益的形成和性质可分为反映资本的科目和反映留存收益的科目。

（5）成本类科目：包括"生产成本""劳务成本""制造费用"等科目。

（6）损益类科目：分为收入性科目和费用支出性科目。

2. 按会计科目核算信息详略程度分类

总分类科目又称一级科目或总账科目，是对会计要素具体内容所做的总括分类，它提供总括性的核算指标，如"固定资产""原材料""应收账款""应付账款"等。为规范企业会计核算工作，确保财务报表的准确性和一致性，财政部已颁布标准的一级会计科目分类和科目名称。企业在使用会计科目表时，需要根据财政部的规定，对会计科目进行合理的设置和分类，确保科目的使用符合国家的会计制度和相关法规的要求。对于二级科目和辅助核算，可以根据企业自身的业务特点和实际情况进行选择和应用。

二、总账数据

根据《注册会计师审计数据规范 总账》，总账审计数据包含试算平衡表、记账凭证、记账凭证来源、会计科目辅助核算、科目余额及发生额、现金流量项目、现金流量凭证项目、记账凭证来源、报表集和报表项9个实体，这些实体之间的关系如图2-6所示。

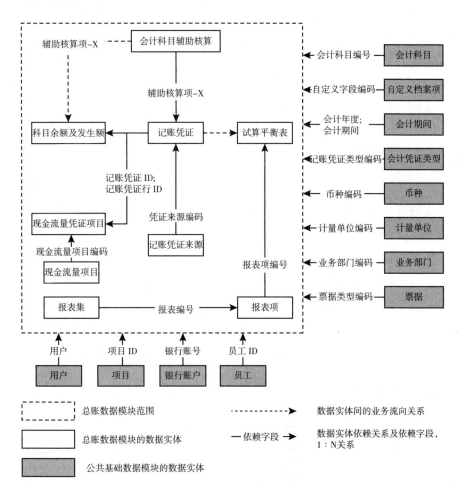

图2-6　总账数据实体关系

资料来源：中国注册会计师协会. 注册会计师审计数据规范 总账（T/CICPA 0102—2023）. 2023：3.

记账凭证表记载了每张会计凭证发生的会计科目、借贷方发生额、摘要等重要信息。

试算平衡表是某一时点上的各种账户及其余额的列表。各个账户的余额都会反映在试算平衡表相应的借方或贷方栏中。试算平衡表是定期地加计分类账各账户的借贷方发生额及余额的合计数，用以检查借贷方是否平衡及账户记录有无错误的一种表式。

会计科目辅助核算表，是基于辅助核算而生成的，即针对各个辅助核算项目发生情况的余额表，常见的辅助核算项目包括客户、供应商、个人、部门、项目。

会计科目余额表是一定会计期间内会计账务处理结果的汇总体现，反映每个会计科目（包括所有明细科目）期初余额、本期增减变动及期末余额情况，与财务报表有直接对应关系，即财务报表的每一个数据均有与其相对应的余额表数据。通过余额表，审计人员更有利于查看该公司各会计科目的变动情况。

本部分主要对审计分析过程中常用的数据表进行介绍。

（一）凭证表

按照凭证表的获取来源，凭证表可以分为三类，包括从会计软件前台导出的序时账，从系统数据库后台获取的原始数据表，以及从审计软件中导出或处理后的审计中间表。

1. 序时账

在审计实务中，审计人员往往从被审计单位的会计软件中导出按时间记录排序的凭证记录，也称为"序时账"，如图2-7所示。

日期：2023.01.01—2023.12.31

日期	凭证号	科目编号	科目名称	方向	金额	会计期间	一级科目编号	一级科目名称
2023.01.05	00004	6603004	手续费支出	借	21.00	01	6603	财务费用
2023.01.06	00004	1002003001	*县支行	贷	21.00	01	1002	银行存款
2023.01.07	00005	6602001004001	基本养老保险	借	1,571.40	01	6602	管理费用
2023.01.08	00005	6602001004003	基本医疗保险	借	611.10	01	6602	管理费用
2023.01.09	00005	2241002	个人往来	借	873.00	01	2241	其他应付款
2023.01.10	00005	2211003001	基本养老保险	贷	2,269.80	01	2211	应付职工薪酬
2023.01.11	00005	2211003003	基本医疗保险	贷	785.70	01	2211	应付职工薪酬
2023.01.12	00006	2211003001	基本养老保险	借	2,269.80	01	2211	应付职工薪酬
2023.01.13	00006	6603004	手续费支出	借	4.00	01	6603	财务费用

图2-7 某企业序时账截图

序时账记录了每笔经济业务的主要信息，易于查看，但往往缺乏与业务数据之间的关联关系。例如，要从序时账中追踪客户的订单信息，需要凭证表与业务数据的关联对比，序时账中则缺乏进行批量查询和追踪的关键字段；

在集团性企业审计时，仅借助序时账无法开展批量查询和分析。

2. 后台数据库中的凭证表

在政府审计领域，审计机关一直推行使用 SQL 开展计算机审计。审计人员往往需要被审计单位提供从后台数据库导出的会计核算备份数据，再转换成为审计人员便于使用的数据库格式，以开展审计全覆盖下的大数据分析。本部分以用友 U8 的会计核算数据为例，列示了 U8 中凭证表（GL_accvouch）的部分原始字段名、字段类型和字段意义（见表 2 – 3）。

表 2 – 3　　　　　　　　　　GL_accvouch 表的主要字段

序号	字段名	类型	说明
1	iperiod	整型	会计期间，值范围 1 ~ 12
2	csign	字符型	凭证类型
3	isignseq	整型	凭证类型排序号
4	ino_id	整型	凭证号
5	inid	整型	行号
6	dbill_date	日期型	制单日期
7	cbill	字符型	制单人
8	ccheck	字符型	审核人
9	cbook	字符型	记账人
10	ibook	整型	是否记账
11	ccashier	字符型	出纳人
12	iflag	整型	标志：null_有效凭证；1_作废凭证；2_有错凭证
13	cdigest	字符型	摘要
14	ccode	字符型	科目编码
15	md	数值型	借方发生额
16	mc	数值型	贷方发生额
17	ccode_equal	字符型	对方科目
18	cdept_id	字符型	部门编码
19	cperson_id	字符型	职员编码
20	ccus_id	字符型	客户编码
21	csup_id	字符型	供应商编码
22	citem_id	字符型	项目编号
23	citem_class	字符型	项目大类编码

　　从表 2-3 可以看到，凭证表中不仅包括摘要、日期、编号、科目代码、借方金额、贷方金额等基本信息，还有该凭证表的辅助字段，这些信息对于审计人员发现审计重点和疑点极为重要。但此表是为满足会计核算需求而产生的，并不便于查询和分析。因此，原始凭证表需要和公共基础数据表进行关联，才能取得会计科目名称、辅助字段名称等内容。因此，会计科目代码（ccode）字段需要关联科目代码表（code）中的（ccode）字段，才能取得会计科目名称；如果某一会计科目设置了客户辅助核算（U8 中有5 种基础辅助核算：客户、部门、个人、供应商、项目），那么凭证中的客户编码（ccus_id）需要与客户表进行关联，才能知悉该客户的名称、分类等详细资料。具体来看，凭证表要与科目代码表（见表 2-4）、部门表（见表 2-5）、职员表（见表 2-6）、客户表（见表 2-7）、供应商表（见表 2-8）等代码表进行关联，才能形成易于审计数据分析的格式。

表 2-4　　　　　　　　科目代码表（code）的关键字段

序号	代码表字段	对应原始字段名	类型
1	自动编号	i_id	整型
2	科目类别	cclass	字符型
3	科目代码	ccode	字符型
4	科目名称	ccode_name	字符型
5	科目层级	igrade	整型
6	是否末级单位	bend	bit

表 2-5　　　　　　　　部门表（Department）的关键字段

序号	代码表字段	对应原始字段名	类型
1	部门编码	cDepCode	字符型
2	部门名称	cDepName	字符型

表 2-6　　　　　　　　职员表（Person）的关键字段

序号	代码表字段	对应原始字段名	类型
1	职员编码	cPersonCode	字符型
2	职员姓名	cPersonName	字符型
3	部门编码	cDepCode	字符型

表 2 – 7　　　　　客户表（Customer）的关键字段

序号	代码表字段	对应原始字段名	类型
1	客户编码	cCusCode	字符型
2	客户名称	cCusName	字符型
3	发展日期	dCusDevDate	日期型

表 2 – 8　　　　　供应商表（Vendor）的关键字段

序号	代码表字段	对应原始字段名	类型
1	供应商编码	cVenCode	字符型
2	供应商名称	cVenName	字符型
3	发展日期	dVenDevDate	日期型

凭证表与这些公共基础表之间的关联关系，如图 2 – 8 所示。

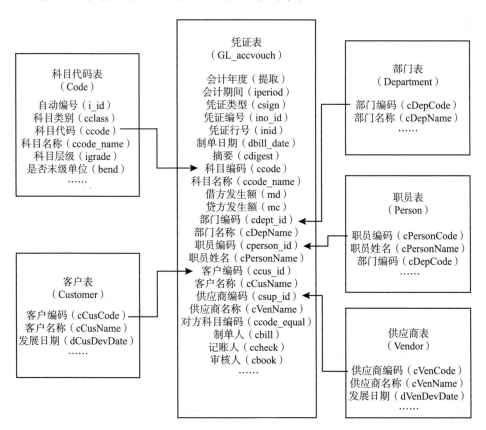

图 2 – 8　用友会计数据表的关联关系图

资料来源：牛艳芳.审计数据分析［M］.北京：高等教育出版社，2021：97.

虽然后台数据库的凭证表提供了丰富的字段，但其获取与整理面临较大困难。一是审计人员需要具备较高的数据库知识和 SQL 技能；二是被审计单位需要提供数据字典，否则审计人员难以理解原始数据库中各字段的含义，也就难以把分散各处的数据表进行关联和整合。此外，后台数据库通常存储敏感和重要的日志数据，数据安全保密性要求较高。

3. 审计中间表

审计人员通常结合被审计单位的经济业务特点，创建标准表格式，以便审计分析工作的开展，审计中间表具有体现业务特征、面向分析主题和保持相对稳定的特点。首先，审计中间表的创建是为审计人员下一步开展数据分析工作服务的。其次，在对源数据进行选择、整合形成审计中间表的过程中，要参考被审计单位的业务性质、经营特点，具有较强的业务特征。即使是同样的数据源，如果审计的目的不同，创建的中间表也可能不同。审计人员要依据审计目标，进行数据选择、整合，创建出面向不同主题的审计中间表。最后，保持相对稳定，基础性审计中间表通常具有较为固定的结构。《注册会计师审计数据规范 总账》的凭证表格式，也可以认为是一种中间表，主要是针对会计软件供应商提出的标准存储格式。

基于图 2-8 的表间关联关系图，设计如表 2-9 所示的凭证审计中间表。

表 2-9   凭证审计中间表

序号	中间表字段	对应表名	对应原始字段名	类型
1	会计年度	Year	可依据需要，从"会计期间"提取	字符型
2	会计期间	GL_accvouch	iperiod	数值型
3	凭证类型	GL_accvouch	csign	字符型
4	凭证编号	GL_accvouch	ino_id	整型
5	凭证行号	GL_accvouch	inid	整型
6	制单日期	GL_accvouch	dbill_date	日期型
7	摘要	GL_accvouch	cdigest	字符型
8	科目编码	GL_accvouch	ccode	字符型
9	科目名称	code	ccode_name	字符型
10	借方发生额	GL_accvouch	md	数值型
11	贷方发生额	GL_accvouch	mc	数值型

续表

序号	中间表字段	对应表名	对应原始字段名	类型
12	部门编码	GL_accvouch	cdept_id	字符型
13	部门名称	Department	cdepname	字符型
14	职员编码	GL_accvouch	cperson_id	字符型
15	职员姓名	Person	cpersonname	字符型
16	客户编码	GL_accvouch	ccus_id	字符型
17	客户名称	Customer	ccusname	字符型
18	供应商编码	GL_accvouch	csup_id	字符型
19	供应商名称	Vendor	cvenname	字符型
20	对方科目编码	GL_accvouch	ccode_equal	字符型
21	制单人	GL_accvouch	cbill	字符型
22	记账人	GL_accvouch	cbook	字符型
23	审核人	GL_accvouch	ccheck	字符型

（二）科目余额表

科目余额表是在会计凭证、分类账汇总的基础上编制的一种内部表格，反映了所有会计科目在一定时期内的借贷方发生额和余额情况。基于余额表的统计和汇总，可以导出各个会计科目的总账和明细账。图 2 - 9 是 A 公司前台导出的科目余额表，同时也列示了用友 U8 中后台存储的余额表（GL_accsum）中的关键字段（见表 2 - 10），可以看到两者字段比较接近。

余额表

编制单位：A公司　　　2019年第01期–2020年第04期　　　单位：元

科目编号	科目名称	期初余额		本期发生额		本年累计发生额		期末余额	
		借方	贷方	借方	贷方	借方	贷方	借方	贷方
1001	库存现金			521,000.00	516,481.80	521,000.00	516,481.80	4,518.20	
1002	银行存款	975,227.96		1,020,597.80	1,014,647.19	1,020,597.80	1,014,647.19	981,178.57	
1002001	M银行			1,020,597.80	1,014,647.19	1,020,597.80	1,014,647.19	5,950.61	
1002002	N银行	975,227.96						975,227.96	
1122	应收账款			1,371,100.00	68,800.00	1,371,100.00	68,800.00	1,302,300.00	
1122001	H先生			120,000.00		120,000.00		120,000.00	
1122002	B1公司			186,900.00		186,900.00		186,900.00	
1122003	B2公司			18,500.00	18,500.00	18,500.00	18,500.00		
1122004	B3公司			462,000.00	22,000.00	462,000.00	22,000.00	440,000.00	
1122005	B4公司			125,000.00		125,000.00		125,000.00	
1122006	B5公司			13,000.00	13,000.00	13,000.00	13,000.00		
1122007	B6公司			445,700.00	15,300.00	445,700.00	15,300.00	430,400.00	

图 2 - 9　A 公司前台导出的科目余额表

表 2 –10 用友 U8 中 GL_accsum 表关键字段

序号	字段名	类型	说明
1	i_id	整型	自动编号（期初录入时的唯一标识）
2	ccode	字符型	科目编码（与科目主表关联）
3	cexch_name	字符型	外币币名（与外币主表关联）
4	iperiod	数值型	会计期间（1~12）
5	cbegind_c	字符型	期初余额方向（借、贷、平）
6	cbegind_c_	字符型	期初余额方向（英文）
7	mb	数值型	期初余额
8	md	数值型	借方发生额合计
9	mc	数值型	贷方发生额合计
10	cendd_c	字符型	期末余额方向（借、贷、平）
11	cendd_c_en	字符型	期末余额方向（英文）
12	me	数值型	期末余额

科目余额表具有以下特点。

（1）科目余额表遵循借贷记账法。每一笔会计凭证都要同时记录借方金额和贷方金额，且借方金额等于贷方金额。余额表中的数据源于凭证表中的分录，需要按照借贷方向将各个科目的金额进行汇总，并计算出期末余额。科目余额表是通过会计等式（资产＝负债＋所有者权益），对凭证表中的交易记录进行分类、汇总和计算得出的。

（2）科目余额表是按照会计科目进行分类汇总。会计科目分为资产类、负债类、共同类、所有者权益类、成本类、损益类六大类，且每类包括具体明细科目，也就是说余额表既包括总账，也包括各层级科目的明细账。

（3）科目余额表要考虑期初余额和本期发生额的影响。期初余额是指上一期末的余额，本期发生额是指本期借贷方发生额。期初余额与本期发生额进行合并计算，得出期末余额。期初余额可以通过上一期的科目余额表或者其他会计报表来获取，本期发生额可以通过会计凭证和账户的数据来计算。

资产类科目：期末借方余额＝期初借方余额＋本期借方发生额－本期贷方发生额

负债及所有者权益类科目：期末贷方余额＝期初贷方余额＋本期贷方发生额－本期借方发生额

损益类科目各月期初、期末皆等于0，本期借方发生额＝本期贷方发生额

（三）辅助余额表

辅助核算是对账务处理的一种补充，是会计科目的一种延伸，即实现更广泛的账务处理，以适应企业财务管理和经营决策的需要。辅助核算一般通过核算项目来实现，当设置某科目有相应的辅助核算后，相当于设置了科目按核算项目进行更为明细的核算，更加灵活方便。一个核算项目可以在多个科目下挂接，而且一个会计科目可以设置单一核算项目，也可以设置多个核算项目，例如，可以将应收账款（1131）科目同时设置为往来核算与部门核算。例如，应收账款等往来科目可以考虑设置往来客户辅助核算，需按部门或职员进行核算的科目一般有收入或费用科目。当被审计单位在会计科目中设置了辅助核算，会计软件会提供相应的处理，输出辅助核算账簿，即为辅助余额表。图 2-10 是某公司前台导出的辅助余额表，表 2-11 显示的是用友 U8 中后台存储的辅助余额表（GL_accass）中的关键字段。同样，前台导出的辅助余额表易于查看，但后台数据库中的辅助余额表便于批量查询与对比分析。

辅助余额表

2020.01—2020.01

***有限公司

科目编号	科目名称	部门名称	期初		本期发生		余额	
			方向	金额	借方	贷方	方向	金额
6602	管理费用	企业管理部	平	0.00	6,201.28	6,201.28	平	0.00
6602	管理费用	技安及建管部	平	0.00	0.00	0.00	平	0.00
6602005	职工薪酬	企业管理部	平	0.00	6,050.31	6,050.31	平	0.00
6602005	职工薪酬	技安及建管部	平	0.00	0.00	0.00	平	0.00
6602005001	短期薪酬	企业管理部	平	0.00	6,050.31	6,050.31	平	0.00
6602005001	短期薪酬	技安及建管部	平	0.00	-4,011.38	-4,011.38	平	0.00
6602005001004	社会保险费	企业管理部	平	0.00	6,050.31	6,050.31	平	0.00
6602005001004	社会保险费	技安及建管部	平	0.00	-4,011.38	-4,011.38	平	0.00
6602005001004001	基本医疗保险	技安及建管部	平	0.00	1,570.73	1,570.73	平	0.00
6602005001004002	补充医疗保险	技安及建管部	平	0.00	241.65	241.65	平	0.00

图 2-10 某公司前台导出的辅助余额表

表 2-11 用友 U8 中 GL_accass 表关键字段

序号	字段名	类型	字段中文名
1	i_id	整型	自动编号
2	ccode	字符型	科目编码
3	cexch_name	字符型	币种名称
4	cdept_id	字符型	部门编码
5	cperson_id	字符型	职员编码

序号	字段名	类型	字段中文名
6	ccus_id	字符型	客户编码
7	csup_id	字符型	供应商编码
8	iperiod	数值型	会计期间
9	cbegind_c	字符型	金额期初方向
10	mb	数值型	金额期初
11	md	数值型	借方金额
12	mc	数值型	贷方金额
13	cendd_c	字符型	金额期末方向
14	me	数值型	金额期末

我国会计核算软件发展比较成熟，各大软件供应商开展会计核算的原理类似，但关键数据表的存储方式有较大差异。中国注册会计师协会出台的《注册会计师审计数据规范》，就是为了各大会计核算软件可以依据统一的数据规范，采集和处理审计数据，以推进注册会计师行业的数据标准化进程。

（四）财务报表

财务报表是以会计准则为规范编制的，反映会计主体财务状况和经营成果的会计报表，主要包括资产负债表、利润表、现金流量表及财务报表附注。财务报表编制具有特定的格式和规范。各类财务报表使用者通过研读企业的三大报表，获取相关的需求信息，掌握企业过去和现在的财务状况和经营成果，并据此预测企业未来的发展前景，企业可以据以挖掘并扩大核心竞争力，发现问题并予以改进、提高，实现企业的有效投资、高效管理和合理监督。

1. 资产负债表

资产负债表又称财务状况表，是反映企业在某一特定时点的财务状况，即所拥有或控制的经济资源（资产）、所承担的现有义务（负债）和所有者对净资产的要求权（所有者权益）的静态报表，其中资产和负债按照可变现速度分为流动和非流动两种。资产负债表反映了企业整体的财务状况。就报表本身结构而言，资产负债表依据会计恒等式"资产＝负债＋所有者权益"来编制，左侧反映企业投资了多少和投资了什么类型的资源，而右侧则揭示了这些资源的来源，包括借贷而来的资金（负债）和自有资金（所有者权益）。

2. 利润表

利润表是反映一定时期经营成果的报表。分析利润表对于各企业至关重要，因为所有企业都以盈利为目的，盈利能力强的企业才能获得可持续发展的能力。我国的利润表多为分步式，以收入为起点，经过多层成本费用的递减，最终形成净利润，具体分为"主营业务收入→营业利润→利润总额→净利润"四大步骤。

3. 现金流量表

现金流量表是反映一定时期内（如月度、季度或年度）企业经营活动、投资活动和筹资活动对现金及现金等价物所产生影响的财务报表。对于现金流量表的分析，通常结合资产负债表和利润表，从来源和去向上衡量转换为现金或者耗费现金的效率。

除了标准财务报表外，审计人员在审计实务中还会用到其他报表，如国有企业填报的决算报表、纳税申报表和部分企业内部报表。其中，国有企业填报的决算报表包括资产负债表、利润表、权益变动表、税金表、补充数据表等，历来都是国资委年度要求填报的报表。纳税申报表是指纳税人履行纳税义务，按期向税务机关申报纳税期应缴税额时应填报的表格，主要是指向主管税务机关报送纳税申报表、财务会计报表和有关纳税资料等。

三、银行流水数据

在审计实务中，最常接触的是银行提供的资金流水数据。依据《注册会计师审计数据规范 银行流水》（团体标准 T/CICPA 0104—2023），银行流水审计数据包含基本信息、银行存款、银行借款、已注销账户、本公司作为委托人的委托贷款、本公司作为借款人的委托贷款、本公司为其他单位提供的以银行为担保受益人的担保、银行向本公司提供的担保、本公司为出票人且由银行承兑尚未支付的承兑汇票、本公司向银行已贴现而尚未到期的商业汇票、本公司为持票人且由银行托收的商业汇票、本公司为申请人由银行开具的未履行完毕的不可撤销信用证、本公司与银行之间未履行完毕的外汇买卖合约、本公司存放于银行托管的证券或其他产权文件、本公司购买的由银行发行的未到期银行理财产品、审计人员认为重大且应予函证的其他事项、资金归集账户具体信息、验资业务、银行询证函结论或银行确认、询证银行、银行流水等 21 个实体。本教材第七章会进一步介绍基于银行流水数据的分析和函证。

四、其他数据

（一）经营业务数据

经营业务数据在注册会计师审计实务中涵盖采购、生产、销售等多方面与企业运营相关的信息。经营业务数据是审计人员进行抽样检查和测试的基础，基于经营业务数据的分析，能够帮助审计人员识别数据中的异常模式，验证财务报表是否真实反映了企业的经济活动。

（二）互联网公开数据

审计人员在审计的过程中还会查阅很多互联网公开数据，例如：（1）从国家企业信息公示系统查询所有在册企业的营业执照等基础信息，以及是否有行政处罚信息、经营异常信息等情况；（2）从企查查/天眼查等网站查询企业营业执照、股权结构、股东董事关联方、诉讼事项等相关信息；（3）从巨潮资讯平台查询与资本市场相关的各类信息披露、上市公司的财报、审计报告等公告及资讯；（4）从中国外汇交易中心查询外汇市场、债券市场和货币市场的相关信息，在审查外币类货币资金时主要通过查询人民币对各类外币的实时汇率以调整汇差；（5）从中国裁判文书网查询公司是否有违法信息等。

数智化时代改变了传统审计方式和思维模式，审计人员需要基于对被审计单位业财数据的深刻了解，在设计系统、全面的审计分析思路的基础上，才能开展有效的审计作业。例如，审计人员需要探索财务数据、业务数据和公开互联网信息之间可能存在的某种关系，通过数据间的交叉验证，检验数据的真实性和准确性；通过关联对比分析，发现不同数据之间的隐藏关系，从而揭示企业运营中的潜在财务问题和风险，才能提供有价值的审计意见和建议。

第三节　本章小结

本章主要介绍智能审计相关的数据基础知识。第一节先介绍数据基础知识，包括 DIKW 模型、大数据和大数据审计等相关概念，以及数据常用分类；第二节结合注册会计师审计工作实务和中国注册会计师协会 2023 年 3 月发布的《注册会计师审计数据规范》，介绍财务报表审计中会计核算数据的基础知识，包括公共基础数据、总账数据、银行流水数据等常用会计核算数据表，了解这些数据的作用和相互关系是开展审计分析的前提。

 本章习题

1. 大数据有哪些特征？大数据审计具有哪些特征？
2. 请结合具体的审计案例，阐述经典的 DIKW 模型对审计分析的意义。
3. 审计中常用的会计核算数据有哪些？
4. 余额表具有哪些特点？它与凭证表、报表有哪些关系？

拓展阅读

《会计师事务所数据安全管理暂行办法》解读

财政部、国家网信办联合印发《会计师事务所数据安全管理暂行办法》（财会〔2024〕6号，以下简称《暂行办法》），自2024年10月1日起施行。《暂行办法》全面落实《中华人民共和国网络安全法》《中华人民共和国数据安全法》《中华人民共和国个人信息保护法》等法律要求，是在注册会计师行业对国家网络和数据安全管理相关规定的细化，为会计师事务所开展数据安全管理活动提供依据，有利于推动注册会计师行业数据安全管理工作制度化、规范化。《暂行办法》顺应数字经济发展趋势，进一步完善了注册会计师行业基础制度体系。《暂行办法》还构建了横向协同、纵向联动的行业数据安全监管机制，明确财政部门、网信部门、公安机关、国家安全机关等各方职责，确保有效衔接，加强信息共享，推动实现跨地区、跨部门、跨层级协同监管。

《暂行办法》主要包括五个方面的内容：一是总则，主要明确制定依据、适用对象、责任主体；二是数据管理，主要包括总体责任、责任人员、数据分类分级、日志管理、数据传输管理、数据加密管理、数据备份、业务约定书、技术保护手段、日常安全监测、数据出境等内容；三是网络管理，主要包括网络管理制度、资源投入、访问控制、系统账户管理等内容；四是监督检查，主要包括信息共享、日常检查、重点检查对象、安全审查、行政监管措施、行政处罚等内容；五是附则。从具体内容看，主要对以下六个方面的内容进行了规范。

一是明确适用对象。《暂行办法》主要适用于境内依法设立的会计师事务所开展的审计业务相关数据处理活动，包括为上市公司以及非上市的国有金融机构或中央企业等提供审计服务；为关键信息基础设施运营者或者超过100万用户的网络平台运营者提供审计服务；为境内企业境外上市提供审计服务。会计师事务所未从事前述三类业务，但审计业务涉及重要数据或者核心数据，也应根据《暂行办法》进行数据处理活动。数据包括会计师事务所执行审计业务过程中从外部获取和内部生成的任何以电子或者其他方式对信息的记录。

二是规范数据分类分级。《暂行办法》要求会计师事务所应按照相关法律法规的规定和被审计单位所处行业数据分类分级的标准，确定核心数据、重要数据和一般数据，并对核心数据和重要数据的存储、相关日志、传输等作出明确要求。被审计单位有义务通过业务约定书、确认函等方式告知会计师事务所审计资料中的核心数据和重要数据相关信息。在数据存储上，存储重要数据的信息系统要落实三级及以上网络安全等级保护要求，存储核心数据的信息系统要落实四级网络安全等级保护要求。在日志管理上，要求涉及核心数据的相关日志，留存时间不少于三年，涉及重要数据的相关日志，留存时间不少于一年，其中向他人提供、委托处理、共同处理重要数据的相关日志留存时间不少于三年。涉及一般数据，按照国家相关规定处理，《暂行办法》不作特别要求。

三是规范底稿管理。《暂行办法》规定，会计师事务所审计工作底稿应按相关规定存放在境内。会计师事务所不得在业务约定书或类似合同中包含会计师事务所向境外监管机构提供境内项目资料数据等类似条款。境外监管机构因监管需要确需调取境内审计工作底稿的，应通过相应的跨境监管合作机制依法依规获取，相应审计工作底稿出境应当办理审批手续。会计师事务所对审计工作底稿出境事项应当建立逐级复核机制，落实数据安全管控责任。

四是强化网络管理。《暂行办法》对会计师事务所在建立内部网络安全管理制度、网络管理资源投入、网络安全技术防护、网络管理账户权限等方面提出具体要求，指导会计师事务所为数据安全管理工作提供安全的网络环境。会计师事务所应当建章立制并有效执行，确保网络安全管理能力与提供的专业服务相适应；做好信息系统安全管理和技术防护，设置严格的访问控制策略，防范未经授权的访问行为。

五是聚焦安全可控。《暂行办法》要求会计师事务所建立数据备份制度，确保在审计相关应用系统因外部技术原因被停止使用、被限制使用等情况下，仍能访问、调取、使用相关审计工作底稿。加密设备应当设置在境内并由境内团队负责运行维护，密钥应当存储在境内。会计师事务所应当拥有其审计业务系统中网络设备、网络安全设备的自主管理权限，统一设置、维护系统管理员账户和工作人员账户，不得设置不受限制、不受监控的超级账户，不得将管理员账号交由第三方运维机构管理使用。

六是压实监管责任。《暂行办法》明确了财政部门、网信部门、公安机关、国家安全机关对会计师事务所数据安全的监管职责。省级以上财政部门、省级以上网信部门对会计师事务所开展监督检查，公安机关、国家安全机关依法在职责范围内承担会计师事务所数据安全监管职责。会计师事务所对于依法实施的数据安全监督检查，应当予以配合。

审计技术基础

教学目的与要求 ▶

　　本章首先梳理审计领域常用的智能审计技术和工具，了解各类技术的功能、优缺点和学习难度，再重点介绍 Excel 和 Excel BI 的常用功能。

　　1. 了解主流审计技术分类、特点和应用现状。

　　2. 了解 Excel、Excel VBA 和 Excel BI 的关系。

　　3. 掌握 Excel 及 Excel BI 的常用功能。

教学重点与难点 ▶

　　▶ **重点**：Excel BI 中 Power Query 插件的常用功能。

　　▶ **难点**：利用 Excel 及 Excel BI 理解会计核算数据关系。

第一节　审计技术概述

　　审计技术是指审计人员在执行审计过程中使用的一系列技术的统称。基本审计技术一般包括审计抽样技术、分析程序、审阅法、盘存法、函证法、观察法和鉴定法等。在信息技术环境下，如果强调审计过程中所采用的计算机技术和方法，就产生了计算机辅助审计技术，这也是本章讨论的重点。目前，审计数据分析所用到的技术方法多种多样，也没有权威的审计技术分类体系。结合实务界常用的技术，本节从统计分析、数据库查询语言、多维数据分析、数据可视化技术、机器学习技术、机器人流程自动化技术、AIGC 技术等多个方面进行介绍。

一、统计分析技术

（一）统计分析概念

统计分析是一种应用数学方法，是通过对数据进行收集、整理、分析和解释，以发现数据中的规律、趋势和关联性的方法。其中，描述性统计是对数据进行总结和描述的方法，如计算平均数、中位数、众数、标准差等，以了解数据的分布、趋势和关系；推断性统计是通过对样本数据的分析，对总体数据的未知参数进行估计和推断，如假设检验、置信区间等。

统计分析的应用具有以下特点：首先，强调数据的客观性和科学性，通过严谨的调查和实验设计，确保数据的可靠性和有效性；其次，注重数据的整理和清洗，去除异常值和噪声，提高数据的质量；再次，运用多种统计方法和模型，如线性回归、逻辑回归、时间序列分析等，对数据进行深入分析，揭示数据背后的规律和关系；最后，强调结果的可解释性和可复制性，通过统计软件和编程语言，将分析结果以图表、报告等形式呈现，便于与他人分享和交流。大数据时代的到来，使统计分析可以处理更多的数据，挖掘更复杂的信息，机器学习和人工智能技术的融入，将使统计分析方法更加智能化和自动化。

（二）统计分析在审计领域的应用

统计分析对审计领域的重要性，体现在以下几个方面。

（1）风险评估：统计分析可以用于评估审计风险，帮助审计人员确定哪些领域或账户存在较高的错报风险。通过分析历史数据和行业趋势，审计人员可以识别出潜在的异常和风险点，从而制订出更有针对性的审计计划。

（2）样本选择：在审计过程中，审计人员通常需要从大量的交易或记录中抽取样本进行检查。随机抽样、分层抽样等统计分析方法可以帮助审计人员科学地选择样本，确保样本的代表性和可靠性，减少人为偏差。

（3）分析程序：审计人员对大量的财务数据和非财务数据进行分析，以识别可能的错误或欺诈行为。例如，通过分析账户余额的变化、交易的数量和金额等，审计人员可以发现不合理或不一致的地方，进而进行深入调查。

（4）趋势和模式识别：通过趋势和模式识别，揭示财务数据中的长期趋势和短期波动，帮助审计人员理解企业的经营模式和财务状况，及时发现潜在的问题。

（5）结果解释：审计人员需要将审计发现和结论以清晰、准确的方式呈现给管理层和利益相关者，统计分析提供了量化的结果和解释，使审计报告更加有说服力和可信度。

总之，统计分析是审计分析最为重要、最为基础的方法，各种数据分析工具都具备基础统计分析功能。在审计领域，审计人员最常使用的是利用 Excel 开展各种统计分析。本章将在第二节中介绍基于 Excel 与 Excel BI 的常用统计和查询技巧。

二、数据库查询语言

（一）数据库相关概念

（1）数据库（database）是按照数据结构来组织、存储和管理数据的仓库，是依照某种数据模型组织起来并存放在二级存储器中的数据集合。

（2）数据库管理系统（database management system）是一种操作和管理数据库的大型软件，用于建立、使用和维护数据库，简称 DBMS。

（3）关系型数据库是建立在关系数据库模型基础上的数据库，借助集合代数等概念和方法来处理数据库中的数据，也可以被认为是被组织成一组拥有正式描述性的表格。主流的关系型数据库有 Oracle、DB2、SQL Server、Sybase、MySQL 等，也是审计人员经常遇见的数据库。

（4）非结构化数据库，也称为 NOSQL 数据库，全称是 Not Only SQL，是非关系型数据存储的广义提法。它存储的不再是结构化的数据，即数据没有固定的长度、类型和格式等。当前流行的非结构化数据库有文档存储数据库（Mongo Database）、红外数据库（Redis key/value database）、列存储数据库（HBase Database）和图存储数据库（Neo4j Database）。

（二）结构化查询语言

结构化查询语言（structured query language，SQL）是关系型数据库的标准语言，同时也是一种面向集合的非过程化的语言，具有灵活方便、易学易用的特点，主要用于存取数据，以及查询、更新和管理关系型数据库系统。标准 SQL 语句几乎可以在所有的关系型数据库上不加修改地使用。SQL 语句总体上可以分为以下几类：

（1）变量说明语句，用来说明变量的命令。

（2）数据定义语句，用来建立数据库、数据库对象和定义列，大部分是以 Create 开头的命令，如 Create table、Create view 等。

（3）数据操纵语句，用来操纵数据库中数据的命令，如 Select、Insert、Update 和 Delete 等。

（4）数据控制语句，用来控制数据库组件的存取许可、存取权限等命令，如 Grant、Revoke 等。

（5）流程控制语句，用于设计应用程序流程的语句，如 If、While 和 Case 等。

（6）内嵌函数，说明变量的命令。

（7）其他命令，嵌于命令中使用的标准函数。

（三）数据库查询语言在审计领域的应用

在审计实务过程中，审计人员经常需要对来自多源的数据进行整合和分析，利用 SQL 能够相对容易地实现不同数据库系统之间的数据整合，进而开展全面分析。在政府审计领域，SQL 查询技术是审计人员需要掌握的一门基本功，也是计算机审计中级培训的重点内容，审计人员通过编写 SQL 语言设置各种条件，进行审计疑点的查询与分析。

在 SQL 语言中，SELECT 语句在审计中应用较为广泛。以下为 SELECT 语句的基本语法及使用。

SELECT［ALL｜DISTINCT］< 目标列表达式 >［, < 目标表达式 >］…

FROM < 表名或视图名 >［, < 表名或视图名 >］…

［WHERE < 条件表达式 >］

［GROUP BY < 列名 1 >［HAVING < 条件表达式 >］］

［ORDER BY < 列名 2 >［ASC｜DESC］］

审计人员需要理解 SQL 的基本概念，如数据表、字段、记录、查询、索引等，进而做到熟练应用 SQL 进行数据操作和查询。

三、多维数据分析

（一）多维数据分析概念

自 20 世纪 80 年代开始，许多企业利用关系型数据库存储和管理业务数据，在此基础上建设相应的信息系统来维持日常业务运作，后来出现了对数据进行即时更新或其他操作的联机事务处理（on-line transaction processing，OLTP）。1993 年，关系型数据库之父科德（E. F. Codd）认为 OLTP 已不能满足终端用户对数据库查询分析的需要，并提出多维数据分析的概念，又称为联机分析处理（on - line analytical processing, OLAP）。OLAP 是在 OLTP 基础上增强了数据统计分析功能而开发的一种分析技术，它能够让分析人员、管理人员或执行人员迅速、一致、交互地从各个方面观察信息，以达到深入理解数据的目的。决策人员、高层管理人员用于决策分析的数据往往不是某一指标、单一值，而是希望能从多个角度来全面了解多个指标值，并找出这些指标之间的关系。例如，决策者可能想知道"东部地区和西部地区今年 6 月和去年 6 月在销售总额上的对比情况，并且销售额按 10 万 ~ 20 万元、20 万 ~ 30 万元、30 万 ~ 40 万元及 40 万元以上分组"。

目前主流 OLAP 引擎包括 Hive、Presto、Druid、Clickhouse、Kylin、Spark SQL、Greeplum，每个引擎都有其各自的特点，需要从数据存储和构建、安装搭建、开发成本三个方面考虑框架选型。

（二）多维数据分析在审计领域的应用

多维数据分析可以帮助审计人员站在更高角度上把握总体，从观察趋势、选择重点，到运用钻取、旋转等技巧，协助审计人员更好地发现线索。刘汝焯等编写的《审计数据的多维分析技术》[①] 一书，以及由审计专家、业务骨干和审计能手立足审计实践编写的"审计技巧丛书"中的《多维数据分析技巧》[②] 一书都表明多维数据分析是审计人员不可缺少的审计技术。相对于 SQL，多维数据分析具有以下特点。

（1）快速便捷。OLAP 将多条复杂的 SQL 语句封装起来，满足各层级用户对同一数据的不同分析要求，分析效率大幅提高。例如，上卷技巧帮助审计人员了解全面情况，形成有针对性的实施方案；下钻技巧帮助审计人员了解明细信息并捕捉疑点。

（2）分析灵活。多维的技术核心是"维"，维可以看成审计视角，如时间维、地区维等。审计人员通过对维的简单操作可以满足多种审计分析需求。例如，旋转技巧通过多个维间的各种切换，能发现同一数据集在不同分析指标下的状态，切片技巧通过选取关注的重点维，深入剖析从而锁定目标。

（3）响应及时。多维模型一旦建立好，如果数据发生更新，它所生成的查询结果可以同步动态更新，而传统 SQL 查询只能提供静态的查询结果。对于持续审计或联网审计，数据是随时更新的，OLAP 会更具有实时性。

---

① 刘汝焯. 审计数据的多维分析技术 ［M］. 北京：清华大学出版社，2006.
② 多维数据分析技巧编写组. 多维数据分析技巧 ［M］. 北京：中国时代经济出版社，2016.

四、数据可视化技术

（一）可视化技术简介

可视化技术是指运用计算机图形学、图像处理技术和人机交互技术等，将数据转换为图形、图像、视频或动画在屏幕上显示出来，对数据进行直观的可视表达以增强认知，并允许用户对数据进行交互处理，以便于人们接受、理解原始数据或信息的理论、方法和技术，是解释图像数据和根据复杂多维数据集合生成图像的一种工具。可视化技术涉及计算机图形学、图像处理、计算机视觉、计算机辅助设计、几何学、感知心理学和人机交互等多个领域，成为研究数据表示、数据处理、决策分析等一系列问题的综合技术。陈为（2013）① 总结了数据可视化流程的核心三要素。

（1）数据表示与变换，它是数据可视化的基础，是允许有效可视化、分析和记录的必经过程。该过程的实现需要有效的数据提炼或简化方法，以最大限度地保持信息和知识的内涵。

（2）数据可视化呈现，即将数据转换为可视化表示并呈现给用户，是一种直观、容易理解和操作的方式。传统一维、二维、三维的几何图形早已得到广泛应用，目前多维、层次、网络、时序等展示图形类型成为研究热点。

（3）用户交互，交互是可视化手段辅助分析决策的直接推动力。

可视化工具种类繁多，没有绝对的优劣之分。可视化工具大致可分为3 个大类：一是商业化可视化软件，如 Power BI、Tableau 等；二是开源数据分析中的可视化包，如 R 语言、Python 等；三是基于 Web 开发的可视化 Java Script 库。

（二）数据可视化技术在审计领域的应用

审计大数据环境下，审计人员亟须数据可视化从隐藏在海量、杂乱、复杂的电子数据中发现审计线索，直观展示审计成果，这也是将数据可视化技术应用在审计领域的两大目标。在数据探索阶段，审计人员对审计原始数据进行必要的转换、清理与验证后，需要进行视觉编码和交互手段支持的数据可视化，协助审计人员更加轻松地把握数据结构及其分布规律，节省审计人员书写大量 SQL 的时间。在成果展示阶段，可视化图形具有简洁、美观、信

---

① 陈为，沈则潜，等. 数据可视化［M］. 北京：电子工业出版社，2013：120.

息量大等优点，可以帮助审计人员将成果以最直观的形式展现在报告使用者面前，免去大段文字说明，增强报告丰富性。可视化技术通过直观的图表、图像和交互式界面，使审计工作更加高效、精确和有说服力。它不仅降低了数据分析的复杂性，还增强了审计报告的沟通效果和管理决策的科学性。

对于审计人员而言，最易上手的可视化工具显然是商业化软件，因 Power BI 与 Excel BI 一脉相承，很容易从 Excel BI 转换为 Power BI。审计实务界在近年来已经开始广泛利用 Power BI 进行审计数据分析。Power BI 是一款强大的敏捷商务智能工具，具有强大的数据采集、建模和可视化功能，可以帮助审计人员快速分析和理解大量的数据。

五、机器学习技术

（一）机器学习概念

学习是人类具有的一种重要智能行为，但究竟什么是学习，长期以来却众说纷纭。社会学家、逻辑学家和心理学家都各有其不同的看法。同样，还没有统一的"机器学习"定义，也很难给出一个公认的和准确的定义。米切尔（Mitchell）在著作《机器学习》（*Machine Learning*）中提到"机器学习是对能通过经验自动改进的计算机算法的研究"，阿尔帕丁（Alpaydin，2004）认为"机器学习是用数据或以往的经验优化计算机程序的性能标准"[①]。一般认为机器学习是研究如何使用机器来模拟人类学习活动的一门学科。稍为严格的提法是：机器学习是一门研究机器获取新知识和新技能并识别现有知识的学问。

数据挖掘和机器学习有密切关系。数据挖掘是一个直接为实际应用而产生的学科领域，受到了很多学科领域的影响，其中数据库、机器学习、统计学的影响无疑是最大的。数据库提供数据管理技术，机器学习和统计学提供数据分析技术。由于统计学领域的研究者往往醉心于理论的优美而忽视实际的效用，提供的很多技术通常都要在机器学习领域进一步研究，变成有效的机器学习算法之后才能再进入数据挖掘领域。从该意义上看，统计学主要是通过机器学习对数据挖掘发挥影响，而机器学习和数据库则是数据挖掘的两大支撑技术。

（二）机器学习在审计领域的应用

机器学习作为人工智能的一个重要子集，旨在尝试通过训练机器，以便

---

① 李德毅，等. 人工智能导论［M］. 北京：中国科学技术出版社，2018：94.

使其能够采取类似于人类学习的方式从大量复杂的数据中进行学习，并能够预测未来。国际"四大"会计师事务所积极探索机器学习在审计业务中的应用，在审计计划、风险评估、交易测试、分析和编制审计工作底稿等审计实践中，机器学习正被用于执行审查总账、税务合规、编制工作文件、数据分析、费用合规、欺诈检测和决策等。

德勤（Deloitte）的 Argus 是一种机器学习工具，Argus 学习编程算法使其可以读取租赁、衍生品合同和销售合同等文件，并能够识别关键合同条款以及趋势和异常值，而审计人员则专注于解释文件的关键特征，特别关注内在风险最高的合同，从而提高审计的效率和质量。普华永道（PwC）基于机器学习技术开发的 Halo 可以分析日记账并能够有效识别潜在的问题领域，例如，带有可疑性质的关键词的条目，来自未经授权来源的条目，或异常多的日记账金额刚好接近授权的限额。Halo 允许审计人员测试公司一年内的每一笔分录。通过对所有分录进行测试，只关注风险最高的异常值，极大地提高了测试程序的效率和质量。安永（EY）成功开发了两款全球化的数字平台——EY Canvas 和 EY Helix，综合应用机器学习和自然语言处理技术，通过交互式视觉分析将调查人员与世界一流的机器学习无缝连接，旨在让用户降低法律风险并尽可能地收集调查需要的信息。交互式的视觉分析将非结构性数据中的关键内容用图表的形式进行呈现。调查人员可以通过改变图表的设置，快速定位与调查相关的文件。自然语言处理可以对所有文件进行分析并产生概念集群。调查人员通过标注关键文件，机器学习将对剩余文件与关键文件的关联性进行预判并给出预判分，调查人员可以根据文件的关联性预判分，有选择地对剩余文件进行审阅。毕马威（KPMG）建立了自己的人工智能工具组合 KPMG Ignite，旨在加强数字平台上的业务决策和流程，包括多项人工智能工具。例如，呼叫中心分析引擎，利用自然语言处理设计模型来预测未来的事件，可以将客户来电转为非结构化文本，并将其精简找出关键字，用来预测客户的情绪；文件合规评估引擎，使用人工智能阅读完整文件合同、租赁和投资协议，并产生重要相关信息。

六、机器人流程自动化技术

机器人流程自动化（robotic process automation，RPA）代表智能自动化技术发展的结晶，是工业革命 4.0 的必然产物。

（一）RPA 内涵与特征

RPA 是近年出现的一种自动化技术，很多文献给出了 RPA 的定义，代表性的有：电气和电子工程师协会咨询组（IEEE Corporate Advisory Group，2017），将 RPA 定义为"一种预先配置的软件，它能使用业务规则和预定义的活动设计，自动执行完成一个或多个不相关软件系统中的流程、活动、事务和任务的组合。人可以参与管理其中某些异常结果或服务"。[①] RPA 根据预先设定的业务处理规则和操作行为，模拟、增强和拓展用户与计算机系统的交互过程，自动完成一系列特定的工作流程和预期任务，有效实现人、业务和信息系统一体化集成的智能化软件。RPA 具有以下特征。

（1）RPA 是一种软件技术。RPA 是为实现自动化而设计和开发的一种软件技术，这种技术可以用来帮助用户快速地设计出所需的业务流程自动化操作。

（2）模仿人的操作。RPA 能模拟人的手工操作与计算机系统进行交互，如复制、粘贴、鼠标点击、键盘输入、数据转换、数据分析、自动收发邮件、自动打开检验网页链接、文献检索、收集资料等重复操作。

（3）基于预定的规则。RPA 能代替人工进行重复机械性操作，研发 RPA 需要基于明确规则去编写脚本。因此，RPA 适用的流程必须有明确的、可被数字化的触发指令和输入。

（4）用于执行重复、大工作量的工作。RPA 根据预先编写的脚本进行重复、机械式的运行，用自动化处理代替人工任务处理。因此，RPA 可以 7×24 小时不间断的工作，提高了工作效率。越是重复、工作量大的工作，越能体现出 RPA 的应用优势。

（5）跨平台进行操作。RPA 能模拟人实现跨多个应用平台进行操作，例如，网站、信息系统、Excel 之间的操作，从而实现跨平台间的业务流程自动化。

（二）RPA 审计机器人

当软件机器人被编程为程序模块以完成特定审计任务时，就会形成审计机器人。审计机器人是以 RPA 技术为主导，同时结合一系列其他技术（如大数据、物联网等）来代替传统人工的审计数字化应用技术。审计机器人可以

---

① IEEE Guide for Terms and Concepts in Intelligent Process Automation. IEEE Std 2755－2017，1－16. https：//doi. org/10. 1109/IEEESTD. 2017. 8070671.

与原来的审计平台链接并自动完成部分审计业务流程，进而辅助审计人员完成有着明确定义和流程的大量重复性审计工作，如审计证据持续采集、审计工作底稿初步填写、审计项目管理、文档初步审阅等。程平（2021）利用来也 Uibot 编写审计机器人教材，介绍了 9 个财务报表审计应用场景[①]。当前的 RPA 正逐渐与人工智能技术融合，审计机器人正被用于执行审查总账、税务合规、编制工作文件、数据分析、费用合规、欺诈检测和决策等工作。结合现有的资料简要介绍如下。

1. 普华永道

普华永道（PwC）与 H20 人工智能技术公司合作，研发了一款名为 GL 的创新机器人，其具有人工智能和机器学习功能，通过对海量大数据的深度分析，能够帮助审计人员在短时间内了解企业，发现舞弊和异常情况，2017 年被《国际会计公报》评为"年度审计创新"。该款机器人已在加拿大、德国、瑞典、英国等 12 个国家的 20 个审计项目中成功应用。普华永道财务智能机器人的功能是完成大量重复的高技能审计任务，如核对等工作，其应用也扩展到了公司的其他领域，包括信息技术、供应链及人力资源领域。

2. 安永

安永（EY）开发了一款基于云计算平台的 EY Atlas，将人工智能融入审计人员的支持性环境。这款整合了人工智能和语音识别能力的智能审计程序，为员工和客户带来领先的研究体验。此外，安永还在存货审计业务中使用了带有人工智能的无人机对牛群实施盘点，使存货数据收集更加实时、准确。安永财务智能机器人在落实传统的机器人流程自动化后再继续研发下一代，使公司更早进入机器人智能流程自动化时代。

3. 毕马威

毕马威（KPMG）联合微软和 IBM Watson 推出了 KPMG Clara，这是一个全新的"自动化、敏捷、智能和可扩展"的审计平台，整合了预测分析和认知技术的各种功能，能够实现数据驱动的风险评估。毕马威是最后一家明确提供机器人流程自动化服务的公司，与其他几家事务所的财务智能机器人相比，毕马威财务智能机器人更加关注数字化劳动力，即在机器人进行自动化的同时，它的数字化劳动力使企业降低了成本，降幅在 50% 左右，而且在业务处理方式上变得更加简洁与方便。它还可以减少认知技术中人工认知的环节，大大节省了劳动力成本。

---

① 程平. RPA 审计机器人开发教程：基于来也 UiBot［M］. 北京：电子工业出版社，2021.

4. 德勤

德勤（Deloitte）开发了一款名为 GRAPA 的审计专家系统，能够协助审计人员在制订审计风险策略时，高效获取以往审计库中以及全球所有同事知识库中的知识和经验，为风险评估提供支持。此外，德勤的 Argus 是一个智能工具，可以分析、搜索和定位文件中的修订内容，帮助审计人员识别合同中的微小差异，使以往耗时耗力的文本分析工作变得快捷高效。德勤声称他们的财务智能机器人有七个优点：第一，机器人的工作过程被全程监督和记录，该记录可以作为审计证据，增强其可靠性；第二，提高财务数据的质量和一致性，提高公司的财务分析水平；第三，机器人流程自动化技术的投资收益回报周期很短，所以在机器人投入使用后企业的负担不会很大；第四，使企业的某些部门能够解放生产力，将注意力转移到高附加值的工作上来；第五，机器人执行任务的准确性远高于人类，它们可以一天 24 小时都工作；第六，业务流程可以在短时间内完成自动化升级；第七，优化财务流程及其标准，并且降低了成本。

5. 信永中和

信永中和基于 RPA 技术开发的工具，已在多个领域成功应用了财务机器人。例如，在中国大唐集团资本控股有限公司的案例中，信永中和通过大数据支持团队帮助企业梳理和分析解决方案，并在共享中心的整体操作环境中嵌入单个财务机器人。现在信永中和自行投入研发力量并与客户的实际业务需求相结合，在项目服务过程中陆续实现了多种财务类机器人，包括自动报税机器人、国债逆回购管理流程机器人、保险经济业务佣金确认机器人、财务对账机器人等。

将部分代表性会计师事务所的智能财务机器人应用情况用表 3-1 来列示。

表 3-1　　　代表性会计师事务所智能财务机器人应用情况

智能财务机器人	领域	特点	企业实践
德勤的"小勤人"	财务	替代人工主动操作高重复、标准化、规则明确、大批量的日常财务工作；实现管理和监控自动化；能识别财务流程中的优化点等	大连重工、戴尔
普华永道的机器人流程自动化（RPA）	财务、人力资源、供应链及信息技术领域	RPA 不仅可以模拟人类，而且可以利用和融合现有各项技术，实现其流程自动化的目标	中化国际

续表

智能财务机器人	领域	特点	企业实践
安永的"安哥"	财务、人力资源、信息技术、税务合规、供应链、客服中心等	将传统的 RPA 向 AI 进行了升级，能够实现更大的定性效益而非财务效益	国内首家引入RPA 的某保险公司；某企业内部招聘
毕马威智能财务机器人	贸易融资和大宗商品交易	一站式的服务、更多关注于数字化劳动力	一家国际领先的商业银行在华分支机构
大华的财务智能机器人	订单处理、收付款、记账、报表等	具有自我学习功能的一个服务整合体，通过云端服务器的识别基础数据库，远程实现识别功能，并实现后台对机器人的优化与升级，形成一种持续服务模式	大华财务部
天职国际的"不累罗博"	记账、资金、报表、报税、发票等	替代大量重复、低效的手工操作，助力财务人员向财务管理角色进阶	艾华集团
立信的税务机器人	税务	不改变企业现有系统实现个税计算与申报全程自动化操作；与税务局申报系统完美对接，相关数据无须任何整理即可完成双向流动	横店影视
信永中和财务机器人	税务、财务	自动完成重复性高、烦琐的财务任务，采集、传输和分析异构系统间的数据，实现数据的自动化收集、传输和分析，通过 RPA 技术和智能化手段，实现了财务工作的自动化、高效化和智能化	巨轮智能

在审计工作中应用 RPA 技术，可以重塑审计业务模式、优化审计业务流程，会极大地节约审计成本，提高审计效率，将审计人员从高度重复性、结构化、无需复杂判断的审计任务中解放出来，使其将精力集中于审计风险更高的工作任务上。但要注意，RPA 不是代替审计人员，而是人机协作共生；不是代替现有系统，而是非侵入式的业务协同；具有合规性强、安全性和可靠性高的特点。当前，亟须审计人员具备一定的低代码开发能力，以在实践工作中快速开发出方便易用的审计机器人小程序。

七、AIGC 技术

随着人工智能技术的迅猛发展，从智能制造、金融科技到智慧医疗、智能驾驶，人工智能技术均展现出了前所未有的潜力。生成式人工智能（artificial intelligence generated content，AIGC）的兴起为审计带来了重要机遇。

（一）概念与特点

AIGC 是一种具备创新内容生成能力的人工智能技术，利用现有文本、音频、图像等数据资源构建模型，根据特定提示自动生成新内容，是基于"大数据＋大算力＋大算法参数网络结构"的训练后的新一代 AI。在人工智能的发展过程中，AIGC 已实现从智能聊天（如 ChatGPT 3.5）、智能助手（如 ChatGPT 4.0）发展到智能代理（如 AutoGPT、AgentGPT），并正在迈向更高级的智能物种。

洪永淼等（2023）认为大语言模型具有以下特点：（1）智能性。虽然 ChatGPT 还存在许多缺陷，包括有时会产生所谓的"幻觉"，但全世界都在使用 ChatGPT 并为其提供免费训练，因此 ChatGPT 改进、迭代与完善的速度非常快；（2）ChatGPT 是一种 AIGC 技术，其所生成的文字内容是大模型根据互联网大数据中单词词组同时出现的概率预测生成，这本质上是一种推测归纳的方法；（3）ChatGPT 具有很广泛的通用性，使用的信息是互联网公开信息，可以执行各种任务，包括生成结构化知识、提供解决问题的方案及进行逻辑推理等，帮助提升人类的决策能力与决策水平。因此，这项技术不仅可以显著提高审计知识获取、审计数据处理和分析的效率，还有助于审计人员发现潜在风险和异常，从而提升审计工作的精准度和可靠性。

（二）主要功能及行业应用

当前 AIGC 正在广泛融入各行业，充当效率、创意和服务类助手，展示了其强大的创新和应用潜力，推动了各行业生产和服务的效率提升。

效率类助手包括：对话式搜索功能，支持提升用户体验，支持多轮对话和用户偏好理解，适用于会计、审计、法律、咨询等知识服务行业，满足专业知识搜索需求；代码生成功能，支持提高软件开发效率，包括自动编码、代码补全、优化代码、代码审核和编程学习辅助；文本摘要功能，支持从大量信息中快速提取关键信息，应用于新闻出版、学术研究、法律、金融服务、会计和审计等咨询服务行业；流程自动化功能，支持自动化服务解决重复性工作，应用于金融、食品加工等行业，提高效率和合规性。

创意类助手包括：创意设计功能，支持生成设计原型，用于建筑设计、工业设计、时尚设计、动画和游戏等行业，实现创意构思和原型开发；内容创建功能，支持自动生成个性化内容，应用于营销广告、娱乐、教育和医疗保健领域，如广告文案、故事脚本、教学材料和医疗文档；数据分析和模式识别功能，支持探索和分析复杂数据，应用于制药、社会科学研究、执法、金融和通信行业，发现新趋势和新模式，生成新见解。

服务类助手包括：虚拟人功能，支持客户服务和工作流程个性化，适用于医疗、金融、电信、汽车、政府呼叫服务、社交和电商行业，通过聊天机器人和虚拟助手提高客户参与度和满意度或生成个性化的治疗方案，提高治疗效果；视觉识别功能，支持提高系统环境感知的准确性和安全性，应用于交通运输、安全管理、医疗诊断等。

（三）在审计领域的应用场景

刘锦（2024）整理的 AIGC 在审计领域的应用场景①如下。

1. 审计计划阶段

在审计计划阶段，可利用 AIGC 的代码生成、流程自动化、虚拟人、文本摘要、内容创建功能实现各类审计所需法规、政策、舆情、历史审计成果等信息的自动智能化处理机器人，打造审计人员"情报助手"，并为后期审计现场实施及审计研究提供源源不断的数据积累。

例如，通过代码生成或 RPA 工具从国家法律法规数据库、国务院政策平台、本地法律法规库、本地一网通办政策平台库等自动获取法规和政策文本，同时支持对审计报告、审计问题清单、审计工作底稿等历史审计成果数据进行自动抽取及结构化处理。利用通用 AIGC 平台，根据输入的单位、组织名称，抓取相关单位的新闻动态、财务数据、上市公告等外部信息，并将这些信息提交给大语言模型，从而帮助审计人员生成风险评估报告。

2. 审计实施阶段

在审计实施阶段，可利用 AIGC 的对话式搜索、内容创建、虚拟人、数据分析和模式识别、流程自动化技术构建审计人员的"审计助手"，从而帮助审

---

① 刘锦. AIGC 在审计领域中的应用［J］. 审计研究，2024（4）：18－29.

计人员以对话方式，使用审计特定提示词来检索法规和政策、编制实施方案、编制审计工作底稿、开展审计数据分析等具体审计工作。

（1）辅助编制审计实施方案。

从法规中生成审计事项：根据输入的法规名称，检索出该法规中适合转化为审计事项的条款的提示词，生成审计事项。

从历年审计报告中生成审计事项：检索出单位或相似单位历年常见问题清单、可能用到的法律条文及相关审计案例，生成审计事项。

根据被审计单位调查了解资料生成的审计重点和审计事项：根据被审计单位提供的有关文件、报告、内部管理手册、信息系统技术文档和操作手册，以及审计项目组调查了解记录，按照审计实施方案模板生成审计重点和审计事项。

生成审计事项操作指南：根据输入的审计事项名称等信息，生成相关事项的操作指南、所需资料、重点关注及相关案例等。

（2）辅助编制审计工作底稿。

审计定性和处理处罚参考：根据输入的问题定性关键字或问题事实描述语句等提示词，推理出可能违反的法律法规条款和处理处罚建议。

审计工作底稿自动校对：检查审计底稿的语法错误、拼写错误和格式问题，支持内容一致性、逻辑验证、风格和语义分析等校对功能。

（3）辅助开展审计数据分析。

被审计单位非结构化文件智能检索：将被审计单位的会议纪要、制度规定、规划计划、招标合同资料、处理处罚文件、内部审计报告等非结构化文件进行本地加载，实现本地被审计单位资料的对话式智能检索，检索关联人员、关联企业、关联金额等。

辅助开展审计数据分析：支持审计人员使用自然语言进行数据分析语句编写，通过大模型识别和理解审计人员提出的查询需求，转换成为 SQL 等数据分析语句，将执行结果通过列表或者表格的形式返回，并提供对查询语句的说明，更加高效地支持审计数据分析工作。

3. 审计报告阶段

在审计报告阶段，AIGC 可以用于对审计报告的智能校验和优化功能，包括检查审计报告的语法错误、拼写错误和格式问题，支持内容一致性校验、逻辑验证、法规引用适当性校验、风格和语义优化等辅助功能。审计报告智能校验有助于提升审计报告的审理效率和质量。

本章拓展阅读中列示了 OpenAI 最新出台的 Prompt 提示词技巧。审计人员需要学习撰写提示词，实现与 AI 大模型的有效交互，才能获得较好的预期使用效果。

八、其他前沿技术

（一）地理信息系统

地理信息系统（GIS）是一种技术工具和方法论，用于收集、存储、处理、分析和展示地理空间数据。GIS 结合了地理学、地图学、统计学和计算机科学等多学科知识，通过空间分析和地图制图，帮助人们理解和解释地理现象及其与其他现象之间的关系。地理信息技术在国土、交通、城市管理、农业、林业、水利、环保、统计、国防等政府部门得到广泛应用。作为审计重要手段之一的计算机审计也从计算机辅助审计发展到大数据审计阶段，直至今日政府审计领域已不断尝试将最新的信息技术应用到审计中，其中也包括地理信息技术。

山东省审计厅在 2020 年就研发了审计地理信息"一张图"系统，支持省市县三级审计机关联网使用。该系统提供多维度数据管理、时空信息展示、审计疑点核实等信息化服务，部署 Web 端、GIS 软件端和移动端，跨网同步数据。Web 端主要用于审计业务授权和数据管理；GIS 软件端连接到底层服务器，通过 QGIS、ArcMap 等插件实现数据和疑点的上传与下载；移动端置于"山东通" App，通过政务网账号登录，用于审计外业勘察和疑点核实取证。系统内置全省各部门常用标准数据，供各级审计机关依权限申请使用，极大地减轻了市县收集数据的工作量，降低了数据整理的技术门槛。

（二）无人机应用

无人机可以实现快速高效的数据采集，通过无人机搭载的高清摄像头和传感器，采取高空俯瞰拍摄方式，可以快速、准确地获取审计现场的地形地貌、建筑物结构、设备布局等信息，大幅缩短人工现场勘察的时间。采用专业软件转化为二维图像，通过操作电脑软件便可在图像上进行精确的测量和计算，在当前政府审计的自然资源审计和乡村振兴审计中，审计人员已经实现了"天上看、网上对、实地核"的多维度审计。

基于上述的信息技术发展和审计实践发展，用表 3 - 2 来总结常用技术的适用场景和学习难度。

表 3 - 2　　　　常用审计工具的适用场景和学习难度

技术种类	审计代表性工具	适用场景	学习难度
统计分析	各大分析工具皆支持，Excel、Excel BI 为常用工具	适用于各种分析场景	易
数据库查询语言	SQL Server、MySQL 等	适合从数据库中提取数据或数据量较大的场景	中
多维分析	Hive、Presto、Druid、Click-house、Kylin 等	适合与数据库直接连接或数据量较大的场景	难
数据可视化	以 Power BI 为代表的敏捷商务智能工具	适合维度较多、交互性要求高的数据探索场景	中
机器学习	以 Python 为代表的开源工具，调取机器学习包	适合于异常点监测、审计预警分析等个别场景	难
流程自动化	国内外 RPA 开发平台，如 UiBot 等	适合重复性、标准化的审计作业流程	中

　　科技飞速发展的今天，审计领域也面临着日新月异的变化。伴随新一代人工智能技术的广泛应用，审计技术也需要紧跟科技的发展步伐，实现实时更新和升级。

第二节　智能审计基础工具介绍

　　本节以 Excel 和 Excel BI 为主，介绍审计实务工作常用的技术工具，以实用性、自动化为主要特点，应用场景主要是理解第二章会计核算数据表的关系，这也是开展审计分析工作的基础。

一、Excel 及 Excel VBA

（一）Excel 常用函数

　　Microsoft Office 系列软件中应用最为广泛的是 Microsoft Excel。该类通用类软件相比其他软件易于操作，仅需要有限的知识技能储备。

1. 基础数据分析

　　Excel 的基础功能可以支持基础的数据处理和分析，是审计人员不可缺少的办公工具。Excel 常用功能包括选择性粘贴、数据有效性、分类汇总、筛选、条件格式、分列、合并计算、重复值等，具体功能介绍如表 3 - 3 所示。

表 3 - 3　　　　　　　　　　　Excel 常用功能

功能名称	功能简介
选择性粘贴	选择性粘贴（数值、公式、格式等，转置：行列互换）
数据有效性	单元格或单元格区域输入的数据从内容到数量上的限制
分类汇总	对数据进行整合处理
筛选	自定义筛选可以实现单表个性化筛选，高级筛选支持复杂条件筛选
条件格式	通过个性化设置，直观地发现一些重要数据点，优化数据使用者的操作体验
分列	实现有规律的数据拆解工作
合并计算	将多个工作表的数据结果汇总
数据透视表	快速汇总、分析大量数据中字段与字段之间的关联关系
重复值	对重复值的查找、标记等操作

基于表 3 - 3 列举的常用功能，介绍以下几种必用功能。

（1）排序功能。

排序是指用某个字段名作为分类关键字重新组织记录的排列顺序。Excel 允许对整个工作表或表中指定的单元格区域的记录按行或列进行升序、降序或多关键字排序。Excel 提供 RANK 函数可以获得某一个数值在某一区域内一组数值中的排名，其将在本书第四章审计分析基础的"总体分析"中加以介绍。

（2）筛选功能。

审计人员可以利用筛选功能将不符合某些条件的记录暂时隐藏起来，只有符合条件的记录才能显示出来，供用户使用和查询。Excel 提供了"自动筛选"和"高级筛选"两种工作方式。"自动筛选"是按简单条件进行查询，"高级筛选"是按多种条件组合进行查询。若要执行"筛选"操作，则工作表必须要有列标题，其将在第四章审计分析基础"业务规则"中加以介绍。

（3）分类汇总。

审计人员利用分类汇总功能可以实现在 Excel 工作表各数据区域中迅速建立数据汇总，而不需要建立数字公式。在工作表中，可以对数据按某一字段分类，把该字段值相同的连续记录作为一类，然后对每一类做统计工作，包括求和、平均值、最大值、最小值等。使用该功能需要注意以下问题。

① 在使用分类汇总之前，要保证数据清单的各列均有标题，每一列中包

含同类数据，且没有空行或者空列。在分类汇总之前，要先按照分类汇总字段进行【排序】。

② 分类汇总只能实现单一字符型字段的分类汇总。

③ 不能直接对分类汇总结果进行复制、粘贴，需要在 Excel【可见单元格】中完成相关操作，单击【定位条件】，弹出【定位条件】窗口，如图 3 - 1 所示。

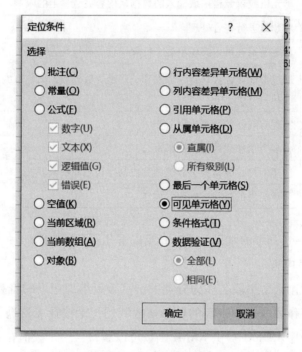

图 3 - 1　定位条件窗口

点击【可见单元格】→【确定】，在右键弹出的快捷菜单选中"复制"命令，在弹出的快捷菜单选中"粘贴选项"的"数值"命令，即可粘贴到新的位置。还可以利用【Alt + ;】实现对可见单元格的复制，先选定需要复制的目标单元格，再按下【Alt + ;】，最后进行复制粘贴即可。

（4）数据透视表。

Excel 数据透视表功能非常强大，能够根据用户的要求将筛选、排序和分类汇总等操作依次完成，并生成汇总表格和图表。数据透视表基础使用方法是选择数据，插入数据透视表，然后选择想要的行列及功能并拖拽即可。Excel 透视表可提供很多基本功能，例如，求和、计数、汇总、筛选、排序、看明细、条件格式、分组等，还有特殊格式显示、计算字段、计算项、切片器等功能，详见第七章实质性测试部分的案例介绍。

2. 常用函数

Excel 中的常用函数对审计分析是至关重要的。表 3 - 4 中的函数和通配符是在审计过程中常用到的，审计人员应该熟练掌握。

表 3 - 4　　　　　　　　Excel 常用函数及通配符

分类名称	函数/通配符	说明
数值函数	SUM	对满足条件的单元格的数值求和
	SUMIF	根据指定条件对若干单元格、区域或引用求和
	SUMIFS	根据多重条件对若干单元格、区域或引用求和
	SUBTOTAL	返回数据清单或数据库中的分类汇总
	SUMPRODUCT	返回相应范围或数组的乘积的总和
	AVERAGE	返回参数的算术平均值
	MAX	返回参数列表中的最大值
	MIN	返回参数列表中的最小值
	COUNTIF	条件计数
文本函数	LEFT	从左侧第一个字符开始返回指定个数的字符
	RIGHT	从右侧第一个字符开始返回指定个数的字符
	MID	从中间某一位置起返回指定个数的字符
	LEN	返回文本字符串中的字符个数
	FIXED	将数值带上千位分隔符和小数点标记
	TEXTJOIN	将多个区域、字符串的文本组合起来，包括在要组合的各文本值之间指定的分隔符
逻辑函数	IF	指定要执行的逻辑检测
	IFS	检查一个或多个条件、返回与第一个符合条件对应的值
	OR	如果任一参数的计算结果为 TRUE，返回 TRUE
	AND	所有参数的计算结果为 TRUE 时，返回 TRUE
	IFERROR	如果公式有效会返回表达式的值，否则返回指定的值（屏蔽错误值）
日期函数	DATE	通过年、月或日返回日期
	DATEDIF	计算期间内的天数、月数或年数
	YEAR	返回某日期的年份
	MONTH	将序列号转换为月
	DAY	从日期中返回"日"
	DAYS	返回两个日期之间的间隔数

续表

分类名称	函数/通配符	说明
查找和引用函数	VLOOKUP	与对应查找范围第一列匹配，返回查询范围所需的查询列中第一个匹配的对应值
	INDEX	给定一个数组（向量）或者区域（多维矩阵），返回特定横纵坐标位置（row_num，column_num）上的值
	MATCH	在引用或数组中查找值
函数中的通配符	&	可以用于连接公式或单元格引用或文本
	$	加在引用单元格的行或列前面构成绝对引用（填充公式时不会跟着行或列变动），快捷键为 F4 键
	" "	在公式需要连接各种文本字符时需要加上双引号
	?	可以在公式中替换单个字符
	*	可以在公式中替换多个字符

（二） Excel VBA

VBA（visual basic for applications）的优点在于其易学易用，能够与 Microsoft Office 等常用软件深度集成，通过自动化和宏编程提高办公效率和优化工作流程。然而，VBA 的缺点包括语法相对简单、性能较低，维护复杂度高且跨平台支持有限，可能不适合处理大规模数据或复杂的应用需求。在此不具体介绍 VBA 的具体应用，仅简要介绍 VBA 的宏录制功能。录制宏可以快速自动化日常的重复性任务，提高工作效率。例如，批量格式化数据、生成报告、处理数据等。

首先，加载 Excel "开发工具"。在 Excel 中，转到【开发工具】选项卡。如果没有看到【开发工具】选项卡，需要先启用它。点击【文件】→【选项】→【自定义功能区】→【开发工具】，具体加载位置如图 3 - 2 所示，加载后点击【Visual Basic】即可打开 Excel VBA 的编码区进行编写，如图 3 - 3 所示。

其次，在【开发工具】中，点击【录制宏】。在弹出的【录制宏】对话框中，输入宏的名称，选择保存宏的位置，输入宏的描述，以便以后参考。一旦开始录制宏，所有在 Excel 中的操作都会被记录下来，例如，输入数据、格式化单元格、创建图表等。

再次，当完成操作后，停止宏录制，返回【开发工具】→【停止录制】按钮。

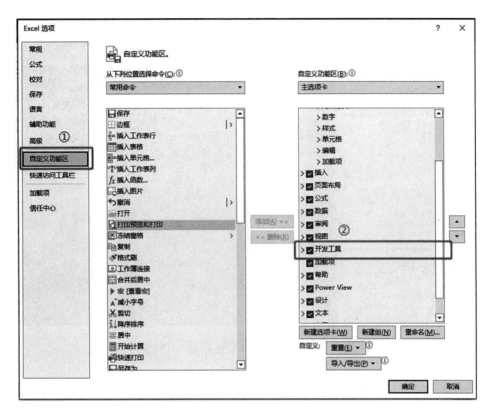

图 3 - 2 加载开发工具至工具栏

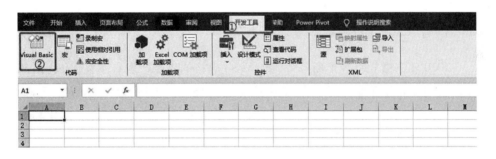

图 3 - 3 打开 Excel VBA 界面

最后,查看及编辑宏。在 VBA 编辑器中,找到录制宏保存的模块,可以查看和编辑录制的代码,根据需要添加额外的功能或优化代码,如图 3 - 4 所示。

本教材部分案例应用了《审计效率手册:用 Excel 高效完成审计工作》(涂佳兵和林铖,2020)[①] 中的部分 VBA 审计效率提升工具。在大语言模型的

---

① 涂佳兵,林铖. 审计效率手册:用 Excel 高效完成审计工作 [M]. 北京:电子工业出版社,2020.

智能审计基础

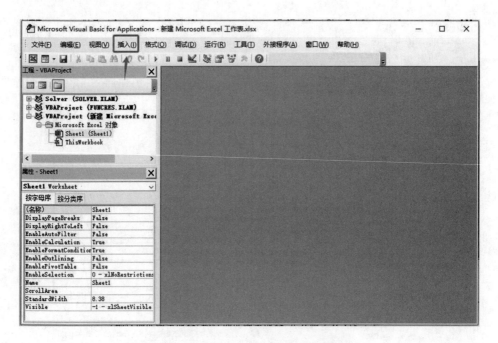

图 3 - 4　Excel VBA 代码编写界面

支持下，完全可以尝试用 ChatGPT 辅助 VBA 代码编写。

二、Excel BI 简介

（一）Excel BI 构成

2010 年，微软打破了商务智能和 Excel 表格的界限，发布了在 Excel 内部驱动大型商务分析的解决方案，陆续加入强大插件，包括 Power Query、Power Pivot、Power View 和 Power Map，分别进行数据处理、数据建模、可视化和地图展示。但随着 Power BI 的兴起，Power View 已不再受到微软的重视，也不再进行更新。

Power Query 负责抓取和整理数据，可以快速将多个数据源的数据合并、追加到一起，进行数据任意组合、数据分组、透视（逆透视）等整理操作。Power Query 现已完全嵌入在 Excel 2016 以上版本中，如图 3 - 5 所示。

Power Pivot 是数据建模分析工具，是一个增强版的数据透视表，但功能远比数据透视表强大，不仅可以轻松处理多达上亿的数据，还引入 DAX 语言，创建更加丰富的数据分析指标。Power Pivot 需要通过【Excel 加载项】→【COM 加载项】才能在 Excel 看到，图 3 - 6 是 Power Pivot 在 Excel 2016 中的打开方式。

图 3 – 5 Power Query 在 Excel 菜单中的位置

图 3 – 6 Power Pivot 在 Excel 菜单中的位置

Power Map 是直接嵌套在 Excel 里的基于地图的可视化工具，它可以提供强大的三维和二维地图，用户可以使用 Power Map 将 Excel 中的数据转换为动态的 3D 地图，这些地图可以展示数据点在地理空间上的分布和变化趋势。

Excel BI 中的插件相对独立，并不利于开展完整的数据分析全过程。微软在 2015 年推出的 Power BI 中，将这些插件完美地整合在一起，成为真正意义上的自助式 BI 分析工具和数据可视化神器，即 Power BI 集成了 Excel BI 组件的主要功能，用一个软件即可完成数据完整"采集—处理—建模—可视化"的全部分析，比 Excel BI 具有更好的用户体验。其中，数据处理工具主要由 Power Query 完成，也是本教材重点介绍的工具之一。

（二）Power Query 常用功能

审计人员可以使用 Power Query 完成 Excel 无法完成的工作，常用功能主要有数据采集、合并查询、分组依据、追加查询、透视/逆透视等，这些功能有助于审计人员完成大量数据处理和分析工作，弥补多数审计人员不懂 SQL 的不足。

1. 数据采集

Power Query 支持从多种数据源中获取数据，包括数据库（如 SQL Server、MySQL、Oracle）、文本文件（如 CSV、文本文档）、Excel 文件、网页（HTML）、文件夹中的文件、数据湖、Azure 服务等，如图 3 – 7 所示。

图 3 -7　Power Query【获取数据】在 Excel 菜单中的位置

2. 合并查询

Power Query 的【合并查询】功能十分强大，支持把两个表格通过关键列的关联，返回新的查询，类似于 SQL 语句中的 JOIN 操作。Power Query 的【合并查询】功能所在位置如图 3 -8 所示。

图 3 -8　【合并查询】功能在 Power Query 中的位置

【合并查询】支持 6 种连接种类，如图 3 -9 所示。

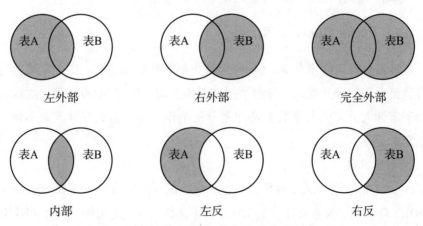

图 3 -9　Power Query 合并查询连接方式

结合下面〖例3.3〗中的会计科目与会计余额表的关联案例，说明图3－9中的连接含义。

左外部：左表的所有行，右表的匹配行。使用左外部连接时，"科目余额表"中所有行都将保留，没有匹配项的行匹配空值（null）。

右外部：右表的所有行，左表的匹配行。使用右外部连接时，"科目代码表"中所有行都将保留，没有匹配项的行匹配空值（null）。

完全外部：保留两张表中的所有行，左右表互相匹配。若此例使用完全外部连接，"科目代码表"和"科目余额表"中所有行都保留并互相匹配，没有匹配项的行匹配空值（null）。

内部：内部＝左外部（右外部）去空，仅留下匹配的行，没有匹配项的行不显示。若此例使用内部连接，"科目余额表"中有匹配项的行将保留，没有匹配项的行将删除。

左反：左反＝左外部取空，显示左表中没有匹配项的行，不显示有匹配项的行。若此例使用左反连接，"科目余额表"中没有匹配项的行将保留，有匹配项的行将删除。

右反：右反＝右外部取空，显示右表中没有匹配项的行，不显示有匹配项的行。若此例使用右反连接，"科目代码表"中没有匹配项的行将保留，有匹配项的行将删除。

按照使用习惯，【左外部】【内部】【左反】最为常用，这些功能将在后续各个章节中结合审计场景出现，例如，本节介绍了【左外部】，第六章第二节控制测试案例中应用了【左反】功能。

3. 分组依据

Power Query 中的【分组依据】功能是指在数据处理过程中，根据特定的列或表达式将数据分成不同的组，【分组依据】功能所在位置如图3－10所示。本部分介绍的 Power Query【分组依据】功能可以实现多字段的分类汇总，在【分组依据】界面中，上面字段为分类字段，下面字段为聚合操作，如图3－11所示。

图3－10　【分组依据】功能在 Power Query 中的位置

图3-11 【分组依据】窗口

4. 追加查询

Power Query 中的追加查询功能允许用户将多个查询的结果合并到单一的查询中。【追加查询】所在位置如图3-12所示。该功能有助于实现多个数据源的合并，如图3-13所示。

图3-12 【追加查询】功能在 Power Query 中的位置

图3-13 【追加查询】窗口

5. 透视与逆透视

在 Power Query 中，透视（pivot）和逆透视（unpivot）是用于转换和重塑数据的重要功能，可以帮助用户按照需要重新组织和处理数据，透视功能与逆透视功能所在位置如图 3 – 14 所示。

图 3 – 14　透视与逆透视窗口

透视操作允许将数据从多行转换为按照某些列值作为新列的形式，适用于将长格式数据转换为宽格式数据。逆透视操作允许将宽格式数据转换为长格式数据，即将多个列的数据转换为两列：一个列包含原始列名，另一个列包含对应的值。

Power Query 具有强大的数据处理功能，能较好地满足常见的数据清理、转换操作，并不限于上述几个功能。此外，Power Query 还支持 M 语言，可以实现更加个性化、复杂的数据处理，具体可自行阅读微软相关 M 语言帮助文档。

（三）应用举例

本部分以第五章智能审计在风险评估中的应用的财务报表数据为例，介绍如何利用 Power Query 实现数据采集和数据处理操作。

1. 文件夹导入

【例 3.1】批量导入文件夹中的上市公司财务报表数据。数据源于"案例数据/第三章/章节数据/文件夹数据"，该文件夹中包含 5 家公司利润表，将其合并为一张表，操作步骤如下。

例 3.1 –
文件夹导入

步骤 1：在获取数据界面点击【获取数据】→【来自文件】→【从文件夹】，如图 3 – 15 所示。

步骤 2：在"文件夹名称"中添加文件夹所在的路径，如图 3 – 16 所示。

步骤 3：点击【打开】，显示文件夹中的 Excel 文件，如图 3 – 17 所示。

图 3 – 17 中列表共包含了 8 列，其中"Content"列为数据文件，其他列为此文件的相关信息，包括文件名（Name）、文件扩展名（Extension）、文件路径（Folder Path）等，右下角显示数据处理方式。对于文件夹导入的数据要进行简单数据处理，建议选择"合并并转换数据"或"转换数据"。这两种

智能审计基础

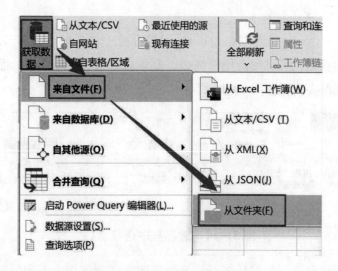

图 3 – 15　文件夹获取数据

图 3 – 16　添加文件夹所在路径

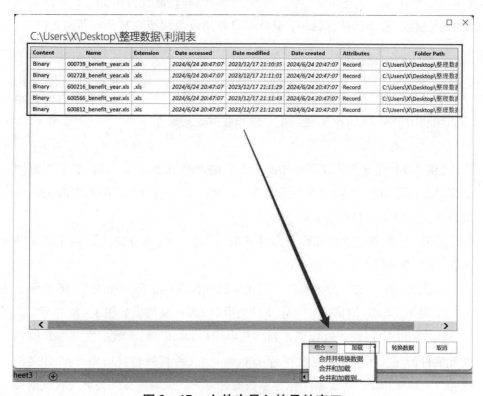

图 3 – 17　文件夹导入的导航窗口

方式的加载过程略有区别，以下分别进行介绍。

（1）方法一："合并并转换数据"功能。

如果点击"合并并转换数据"，进入示例文件选择窗口，如图3-18所示，Power Query会选择文件夹中的一个文件作为模板显示。

图3-18　示例文件选择窗口

点击【确定】，合并后的数据如图3-19所示。

A^B_C Source.Name	▼	$\frac{123}{456}$ Column1	▼▼	$\frac{ABC}{123}$ Column2	▼	$\frac{ABC}{123}$ Column3	▼	$\frac{ABC}{123}$ Column4	▼	$\frac{ABC}{123}$ Column5	▼	$\frac{ABC}{123}$ Colun
000739_benefit_year.xls		科目\时间		2022		2021		2020		2019		
000739_benefit_year.xls		报表核心指标(元)		null		null		null		null		
000739_benefit_year.xls		*净利润(元)		989170800		955550200		816730100		553400800		
000739_benefit_year.xls		*营业总收入(元)		10544905377		8942618233		7879672743		7210711386		6
000739_benefit_year.xls		*营业总成本(元)		9545954600		7971568600		7123149800		6629581000		5
000739_benefit_year.xls		*归属于母公司所有者...		989173700		955550200		816730100		553400800		
000739_benefit_year.xls		*扣除非经常性损益后...		836310400		833083100		691196900		529730800		
000739_benefit_year.xls		报表全部指标(元)		null		null		null		null		
000739_benefit_year.xls		一、营业总收入(元)		10544905377		8942618233		7879672743		7210711386		6
000739_benefit_year.xls		其中：营业收入(元)		10544905377		8942618233		7879672743		7210711386		6
000739_benefit_year.xls		二、营业总成本(元)		9545954600		7971568600		7123149800		6629581000		5
000739_benefit_year.xls		其中：营业成本(元)		8024228900		6552276700		5676631800		4876578500		4
000739_benefit_year.xls		营业税金及附加(元)		31763000		33047100		38829200		44415300		
000739_benefit_year.xls		销售费用(元)		535263300		452527500		573624300		835337700		

图3-19　合并后的数据

利用"合并并转换数据"功能时，会自动创建和调用自定义函数，实现智能化转换，如图 3-20 和图 3-21 所示。

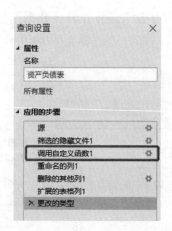

图 3-20　创建函数　　　　　　图 3-21　调用函数

（2）方法二："转换数据"功能。

如果点击【转换数据】，会直接进入 Power BI 中的"编辑查询"界面，其中"Content"列存储了要合并文件夹的重要信息。

步骤1：右键选择"删除其他列"，只保留"Content"列，如图 3-22 所示。

	Content		Name		Extension		Date accessed		Date modified	
1	Binary	复制	fit_year.xls		.xls		2024/6/29 16:48:01		2023/12/17 21:10:35	
2	Binary	删除	fit_year.xls		.xls		2024/6/29 16:48:01		2023/12/17 21:11:01	
3	Binary	删除其他列	fit_year.xls		.xls		2024/6/29 16:48:01		2023/12/17 21:11:29	
4	Binary	重复列	fit_year.xls		.xls		2024/6/29 16:48:01		2023/12/17 21:11:43	
5	Binary	从示例中添加列…	fit_year.xls		.xls		2024/6/29 16:48:01		2023/12/17 21:12:01	

图 3-22　保留"Content"列

步骤2：点击【添加列】→【自定义列】功能，输入函数"Excel. Workbook（［Content］）"，如图 3-23 所示。

步骤3：展开"数据"列中的表，选择"Name"和"Data"两列，如图 3-24 所示。

展开后的数据如图 3-25 所示。

步骤4：继续展开"Data"中的表，选择所有列，如图 3-26 所示。

合并后的数据如图 3-27 所示。

以上两种方式，皆可以完成文件夹数据导入。

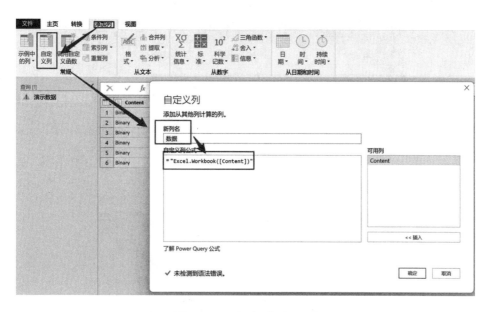

图3-23　添加自定义列

图3-24　展开"数据"列

2. 数据处理

在导入数据完成后，需要做部分处理工作，才便于后续数据建模和可视化。基于上述文件夹导入的结果，学习 Power Query 的行列处理和逆透视操作。

步骤1：删除无用的行和列。删除"Content"列，并筛选各列中的非空

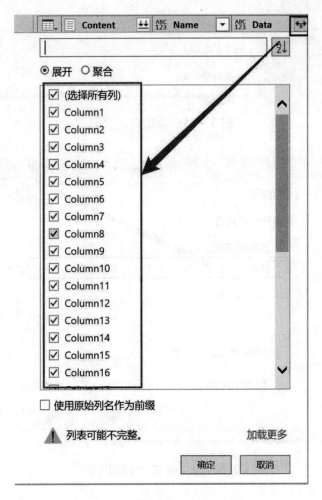

	Content		Name		Data	
1	Binary		普洛药业		Table	
2	Binary		特一药业		Table	
3	Binary		浙江医药		Table	
4	Binary		济川药业		Table	
5	Binary		华北制药		Table	

图 3 – 25　展开的自定义列

图 3 – 26　展开"Data"列

数值，如图 3 – 28 所示，将第一行用作标题，如图 3 – 29 所示。保留 2018 ～ 2022 年的数据，选中"公司名称""科目名称"及"2018 ～ 2022"数据列，并删除其他列，最终结果如图 3 – 30 所示。

Content	Name	Column1	Column2	Column3	Column4	Column5
Binary	普洛药业	null	null	null	null	null
Binary	普洛药业	科目\时间	2022	2021	2020	2019
Binary	普洛药业	报表核心指标(元)	null	null	null	null
Binary	普洛药业	*净利润(元)	989170800	955550200	816730100	553400800
Binary	普洛药业	*营业总收入(元)	10544905377	8942618233	7879672743	7210711386
Binary	普洛药业	*营业总成本(元)	9545954600	7971568600	7123149800	6629581000
Binary	普洛药业	*归属于母公司所有者...	989173700	955550200	816730100	553400800
Binary	普洛药业	*扣除非经常性损益后...	836310400	833083100	691196900	529730800
Binary	普洛药业	报表全部指标(元)	null	null	null	null
Binary	普洛药业	一、营业总收入(元)	10544905377	8942618233	7879672743	7210711386
Binary	普洛药业	其中: 营业收入(元)	10544905377	8942618233	7879672743	7210711386
Binary	普洛药业	二、营业总成本(元)	9545954600	7971568600	7123149800	6629581000
Binary	普洛药业	其中: 营业成本(元)	8024228900	6552276700	5676631800	4876578500
Binary	普洛药业	营业税金及附加(元)	31763000	33047100	38829200	44415300
Binary	普洛药业	销售费用(元)	535263300	452527500	573624300	835337700
Binary	普洛药业	管理费用(元)	450064100	453904800	383935000	458116300
Binary	普洛药业	研发费用(元)	532919700	446219100	350055400	359893400
Binary	普洛药业	财务费用(元)	-105749000	-14296100	66530200	12859200
Binary	普洛药业	其中: 利息费用(元)	28237700	16318800	5183200	13143700

图 3 – 27　合并后的数据

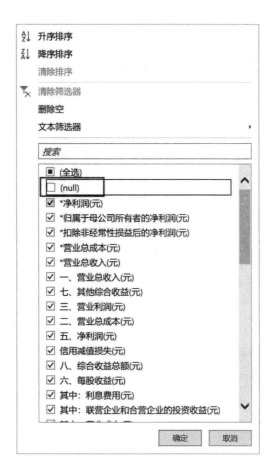

图 3 – 28　筛选各列的非 null 值

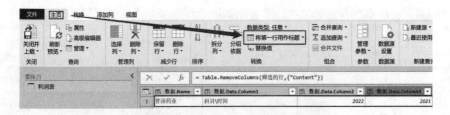

图 3 – 29   将第一行用作标题

步骤 2：数据逆透视。

选择"公司名称""科目名称"两列，选择【转换】→【逆透视列】→【逆透视其他列】，如图 3 – 30 所示。

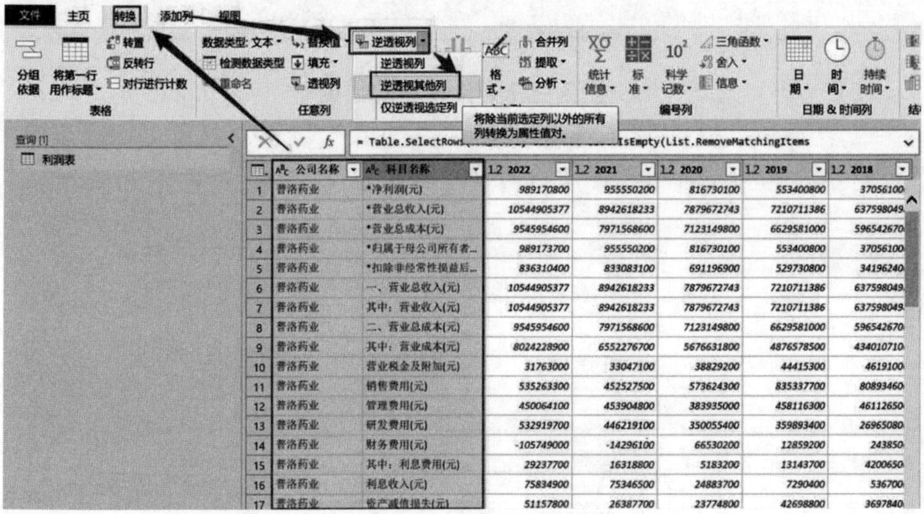

图 3 – 30   逆透视其他列

转换结果如图 3 – 31 所示。

至此步骤，可将 Power Query 处理后的结果加载到 Excel 主区域中，再进行后续工作。

三、了解会计核算数据的案例

本部分基于第二章介绍的会计核算数据基础知识，利用 Excel 和 Excel BI 常用功能验证会计核算数据表间的相互关系。

（一）会计科目表

以第二章介绍的用友余额表 GL_accsum 为例，为其增加会计科目表

	ᴬᴮc 公司名称 ▼	ᴬᴮc 科目名称 ▼	ᴬᴮc 年份 ▼	12 金额 ▼
1	普洛药业	*净利润(元)	2022	989170800
2	普洛药业	*净利润(元)	2021	955550200
3	普洛药业	*净利润(元)	2020	816730100
4	普洛药业	*净利润(元)	2019	553400800
5	普洛药业	*净利润(元)	2018	370561000
6	普洛药业	*营业总收入(元)	2022	10544905377
7	普洛药业	*营业总收入(元)	2021	8942618233
8	普洛药业	*营业总收入(元)	2020	7879672743
9	普洛药业	*营业总收入(元)	2019	7210711386
10	普洛药业	*营业总收入(元)	2018	6375980498
11	普洛药业	*营业总成本(元)	2022	9545954600
12	普洛药业	*营业总成本(元)	2021	7971568600
13	普洛药业	*营业总成本(元)	2020	7123149800
14	普洛药业	*营业总成本(元)	2019	6629581000
15	普洛药业	*营业总成本(元)	2018	5965426700
16	普洛药业	*归属于母公司所有者...	2022	989173700
17	普洛药业	*归属于母公司所有者...	2021	955550200
18	普洛药业	*归属于母公司所有者...	2020	816730100
19	普洛药业	*归属于母公司所有者...	2019	553400800
20	普洛药业	*归属于母公司所有者...	2018	370561000
21	普洛药业	*扣除非经常性损益后...	2022	836310400
22	普洛药业	*扣除非经常性损益后...	2021	833083100
23	普洛药业	*扣除非经常性损益后...	2020	691196900
24	普洛药业	*扣除非经常性损益后...	2019	529730800
25	普洛药业	*扣除非经常性损益后...	2018	341962400

图 3-31 数据处理最终结果

例 3.2 – 利用 **VLOOKUP** 函数 实现代码转换

（code）的科目名称列和全称列。

【例 3.2】利用 Excel 的 VLOOKUP 函数实现代码转换。数据源于"第三章/第二节/用友会计数据 – 字段汉化后 . xlsx"，对其中的余额表（GL_accsum）进行会计科目代码转换，即增加科目名称列。

Excel 中的 VLOOKUP 函数是一种强大的查找函数，其功能是在表格或数值数组的首列查找指定的数值，并由此返回指定列处与该数值同一行的数值，主要语法参数如下：

VLOOKUP（lookup_value，table_array，col_index_num，range_lookup）

参数 lookup_value 表示需要在数组第一列中查找的数值，可以为数值、引用或者文本字符串；参数 table_array 表示需要在其中查找数据的数据表，可以引用区域或使用区域名称，表第一列中的数值可以是文本、数字或者逻辑值，文本不区分大小写；参数 col_index_num 表示需要返回的值的列序号；参数 range_lookup 为一个逻辑值，用以指明函数在查找时是精确匹配还是近似匹配，"0"或"False"表示是精确匹配，"1"或"True"表示是近似匹配。

GL_accsum 表中需要精确的科目代码加以转换，第 4 个参数选择"0"或

智能审计基础

"False"。新建"科目名称"列，在 Excel 中将"科目名称"连接到"余额表"中的函数书写，如图 3-32 所示。

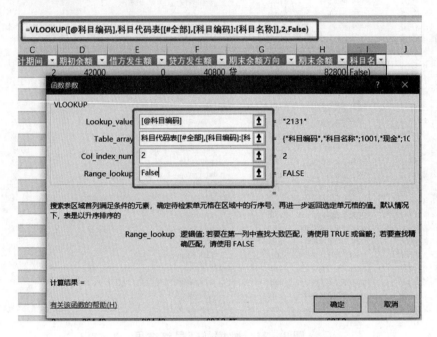

图 3-32 利用 VLOOKUP 函数实现代码转换

此外，可以运用 VLOOKUP 函数实现科目代码的全称转换[①]。〖例 3.2〗中只能取得该会计科目的末级科目名称，例如，科目编码"19010101"科目名称为"工资"，实际的科目全称为"长期待摊费用-开办费-工资"。如果能够取得该会计科目的全称，更便于审计人员开展分析。那么，可以利用嵌套的 VLOOKUP 函数实现该功能，在 Excel 中新增"科目全称"列，输入如下公式：

$$=IF(LEN(A2)=4,B2,VLOOKUP(LEFT(A2,LEN(A2)-2),A:C,3,)\&"-"\&B2)$$

如果该科目编码的长度是 4 位，则返回一级会计科目名称。如果科目编码不是 4 位，则其存在上级科目，例如，若是 6 位，上级科目是二级科目；若是 8 位，则上级科目是三级科目，以此类推。通过设置 VLOOKUP 函数的第三个参数为"3"，实现 VLOOKUP 函数的自查询，即可查询并返回会计科目全称，计算结果如图 3-33 所示。

【例 3.3】利用 Power Query 的"合并查询"实现代码转换。Power Query 的"合并查询"可以实现与 VLOOKUP 函数一样的操作，具体操作步骤如下。

例 3.3-利用
合并查询实现
代码转换

---

① 此函数书写有一定难度，不要求学生掌握函数书写，可以直接运用此结果。

| | | | fx | =IF(LEN(A7)=4,B7,VLOOKUP(LEFT(A7,LEN(A7)-2),A:C,3,)&"-"&B7) | | |

	A	B	C	D	E
	科目代码 ▼	科目名称（中文）▼	科目全称 ▼		
	1001	现金	现金		
	1002	银行存款	银行存款		
	100201	华夏银行	银行存款-华夏银行		
	100202	招商银行	银行存款-招商银行		
	1009	其他货币资金	其他货币资金		
	1101	短期投资	短期投资		
	1111	应收票据	应收票据		
	1131	应收账款	应收账款		
	113101	单位往来	应收账款-单位往来		
	1141	坏账准备	坏账准备		
	1151	预付账款	预付账款		
	115101	单位往来	预付账款-单位往来		

图 3 – 33 利用 VLOOKUP 函数返回会计科目全称

步骤 1：加载 Excel 数据。点击【获取数据】→【来自文件】→【从 Excel 工作簿】，如图 3 – 34 所示，选择数据源"第三章/章节数据/用友会计数据 – 字段汉化后 . xlsx"，导入"科目代码表"与"余额表"，加载后的界面如图 3 – 35 所示。

图 3 – 34 导入 Excel 数据

步骤 2：选择"余额表"，点击【主页】→【合并查询】，选择"科目代码表"作为右表，选择两表中都有的"科目编码"为匹配列，选择【联接种类】为【左外部】，如图 3 – 36 所示。

步骤 3：点击【确定】，点击"余额表"中新列"科目代码表"右侧的"展开"标志，选择展开"科目名称"列，如图 3 – 37 所示。

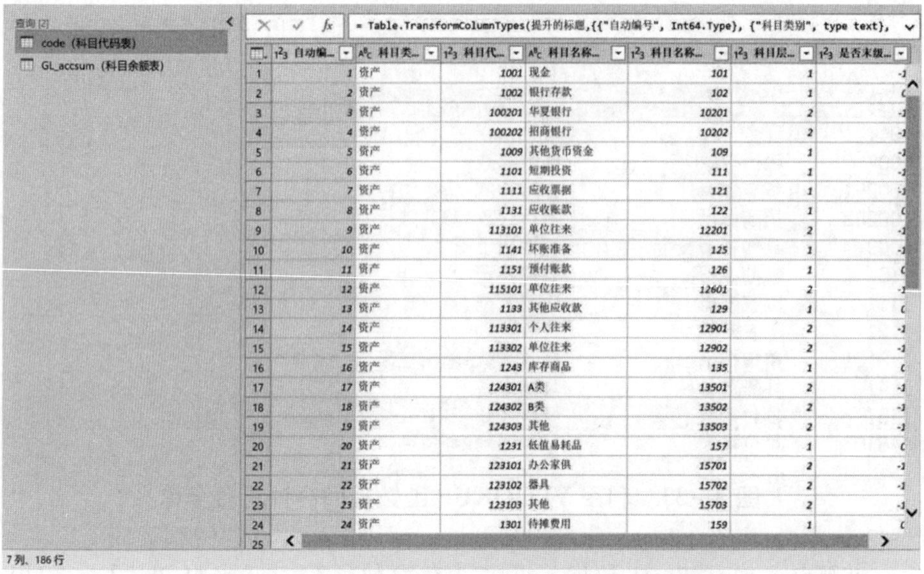

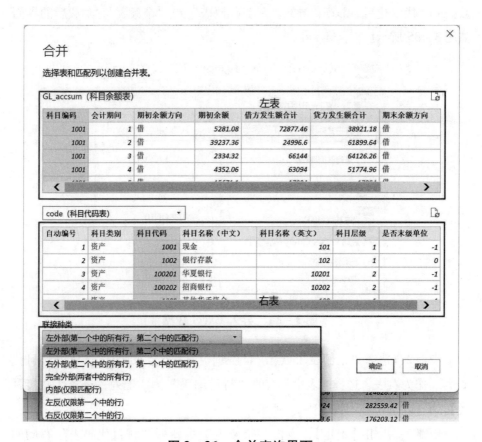

图 3 – 35　加载至 Power Query 的数据

图 3 – 36　合并查询界面

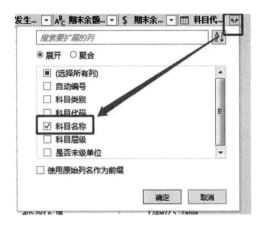

图 3 – 37 生成科目名称界面

点击【确定】后,"科目名称"列成功添加至"科目余额表"中,可以拖动该列至"科目编码"列的右边。

(二) 凭证表

凭证表是审计人员开展数据分析的基础数据源。本部分案例数据源于"第三章/章节数据/用友会计数据 – 字段汉化后 .xlsx",主要利用 Excel 或 Power Query 实现数量统计、借贷方平衡和编号完整性的基础性操作。

1. 凭证数量统计

【例 3.4】利用 Power Query 实现会计凭证数量统计。审计人员进行数据采集后,要将取得的电子数据的记录数与真实会计凭证数进行核对。

将本案例数据表加载到 Power Query 视图管理界面后,选择"凭证表",点击【凭证行号】,筛选行号等于 1,点击【转换】→【统计信息】→【值计数】,得到凭证表记录总数,如图 3 – 38 所示。

例 3.4 – 会计凭证数量统计 & 例 3.5 – 验证凭证表的借贷平衡关系

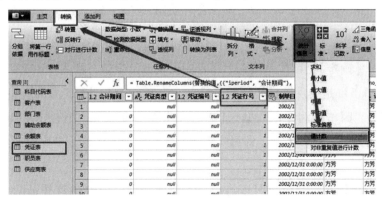

图 3 – 38 Power Query 统计记录数

计算后的结果，可以加载至 Excel 主界面中，再与真实记录数进行比较。

2. 借贷方平衡验证

【例 3.5】利用 Power Query 验证凭证表的借贷平衡关系。

步骤 1：加载本案例 Excel 数据，此操作与〖例 3.3〗相同。

步骤 2：筛选"会计期间"列，选择 1～12 月，如图 3-39 所示。此步操作要排除特殊会计期间，如年初结转期间和年末结转期间。

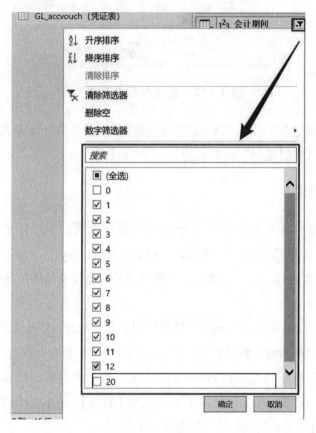

图 3-39　筛选会计期间为"1～12"

步骤 3：点击【转换】→【分组依据】，设置如图 3-40 所示。

点击【确定】，可汇总该公司各月的借贷方发生额，如图 3-41 所示。

〖例 3.5〗是按月统计凭证的借贷方发生额，还可以验证每张凭证的借贷方发生额。因本案例凭证数据只包括一种记账凭证类型，在图 3-41 分组字段加上【凭证编号】字段，即可实现各月各张凭证的借贷方平衡验证。

3. 凭证编号完整性验证

【例 3.6】被审计单位可以进行凭证删除操作，但会出现凭证断号现象，如果出现大量凭证断号，那么审计人员需要询问并关注其原因。

例 3.6 - 凭证
编号完整性
验证

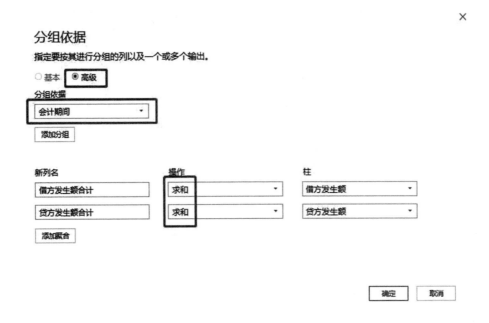

图 3 - 40　分组依据操作界面

🔢 会计期...	1.2 借方发生...	1.2 贷方发生...
1	525295.16	525295.16
2	1142056.62	1142056.62
6	946595.68	946595.68
7	981109.08	981109.08
8	819641	819641
3	800662.06	800662.06
4	497070.4	497070.4
5	358222.7	358222.7
9	544514.92	544514.92
10	2721213.46	2721213.46
11	1317984.86	1317984.86
12	2686940.26	2686940.26

图 3 - 41　各月借贷方平衡验证结果

在我国会计核算软件中，会计凭证编号是每月按照凭证类型 1 号开始编号。凭证有多种类型，可以仅设置一种记账凭证；也可以设置收款凭证、付款凭证、转账凭证三种类型；还可以设置现金凭证、银行凭证、转账凭证三种类型。在后台数据库的凭证数据表中，要确定全年唯一的一张凭证，需要通过"凭证类型""月份""凭证编号"三个字段。因此，在本例中，要查询

智能审计基础

各月凭证编号是否连续，可以通过比较各月各凭证类型的最大编号与凭证数量是否一致来实现。而每张凭证又由会计分录构成，一般在系统中会有1，2，3……的分录序号，那么通过筛选每张凭证的第"1"个分录，可以实现各月、各凭证类型、凭证编号的"去重"操作。按照这种思路，需要筛选每张凭证中的第"1"行，然后再运用 Power Query 的【分组依据】就可以进行凭证连续性的检测，具体步骤如下。

步骤1：加载 Excel 数据，如同〖例3.3〗，导入"凭证表"。

步骤2：在 Power Query 中，选择"凭证表"，选中凭证行号列，筛选凭证行号为"1"的行，如图3－42所示。

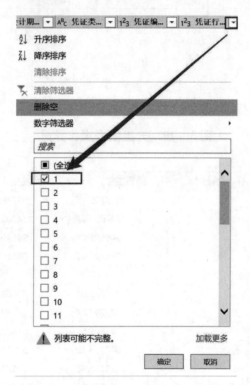

图3－42　筛选凭证行号为"1"

步骤3：数据汇总分析。本案例只有一种"记账凭证"，只需要按图3－43中的【分组依据】字段设置即可。如果该单位有多种凭证类型，那么分组字段中还需要添加"凭证类型"字段。

点击【确定】，可以看到每个月的最大凭证号等于凭证数量，如图3－44所示，本案例中不存在断号情况。

〖例3.6〗的操作仅是表明凭证编号中是否存在断号，但不能查找出断号的具体位置，这可以通过后续断号分析来实现。

分组依据

指定要按其进行分组的列以及一个或多个输出。

○ 基本　● 高级

会计期间

添加分组

新列名	操作	柱
最大凭证号	最大值	凭证编号
凭证数	对行进行计数	

添加聚合

确定　取消

图 3 - 43　分组依据设置界面

	1²₃ 会计期…	1.2 最大凭证…	1.2 凭证数
1	1	33	33
2	2	35	35
3	6	32	32
4	7	35	35
5	8	29	29
6	3	41	41
7	4	31	31
8	5	13	13
9	9	28	28
10	10	24	24
11	11	33	33
12	12	48	48

图 3 - 44　凭证编号验证结果

4. 前台序时账的数据整理

【例 3.7】由于被审计单位记账软件的格式设置不同，从前台导出的数据可能无法直接应用，需要审计人员进行数据整理。本数据源基于常见的序时账整理需求，如图 3 - 45 所示，运用 Power Query 的行列处理等功能快速完成

例 3.7 - 前台
序时账数据
整理

智能审计基础

数据整理任务。该数据源的处理工作主要有：（1）去掉标题区域；（2）每个凭证只有第一行有会计年、月、记账时间、凭证编号，将其填充完整；（3）核算项目名称列混合了多个字段，需要把核算项目类型、项目名称、发生额提取出来，若核算项目类型列包含多个核算项目，需将其拆分为多行。

会计年	会计月	记账时间	凭证编号	科目编号	科目名称	核算项目名称	对方科目名称
2023	1	20230128	00001	1002017001	某某支行123456789	现金流量（采购付款）:-75.53	其他应收款;其他应付款
				1002017001	某某支行123456789	现金流量（采购付款）:-1685.00	其他应收款;其他应付款
				1231002	外部	供应商（地球公司）:1760.53	银行存款
2023	3	20230317	00001	1122002	外部	客户（海王星公司）:-6604.50	应收账款
				1122002	外部	客户（火星公司）:6604.50	应收账款
2023	4	20230426	00001	6602017	运输费	个人（王五）:2800.00 部门（财务部）:2800.00	银行存款
				1002017001	某某支行123456789	现金流量（采购付款）:-2800.00	管理费用
2023	5	20230522	00001	6602005	修理费	个人（张三）:21260.00 部门（办公室）:21260.00	银行存款
				1002017001	某某支行123456789	现金流量（采购付款）:-21260.00	管理费用
2023	6	20230628	00001	1231002	个人	个人（李四）:30000.00	银行存款
				1002017001	某某支行123456789	现金流量（采购付款）:-30000.00	其他应收款

图3-45　序时账整理截图

结合本案例任务，主要经过以下步骤。

步骤1：加载Excel数据，点击【数据】→【来自表格/区域】，点击确定，打开Power Query编辑器，如图3-46和图3-47所示，导入序时账。

图3-46　加载Excel数据

图3-47　创建表

步骤2：删除多余行。点击【主页】→【删除行】→【删除最前面几行】，如图3-48所示，输入行数【2】，如图3-49所示。

步骤3：将第一行作为标题，点击【主页】→【将第一行用作标题】，如图3-50所示。

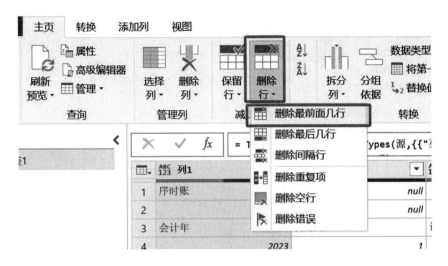

图 3 - 48 删除无用的行

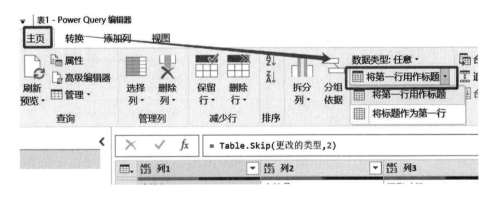

图 3 - 49 删除前 2 行

图 3 - 50 将第一行用作标题

步骤 4：数据类型转换。选中"会计年""会计月""记账时间"三列，修改数据类型为文本，点击【转换】→【数据类型】→【文本】，如图 3 - 51所示。

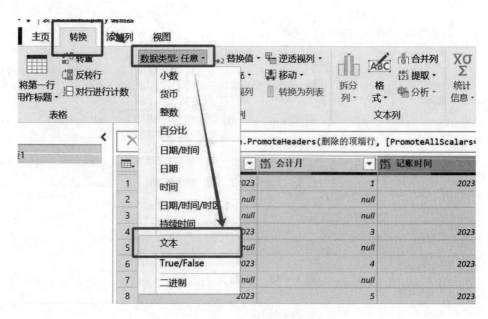

图 3 – 51　修改数据类型

步骤 5：利用【填充】功能，将每张凭证的信息补全。选中"会计年""会计月""记账时间""凭证编号"四列，向下填充，点击【转换】→【填充】→【向下】，如图 3 – 52 所示，结果文件如图 3 – 53 所示。

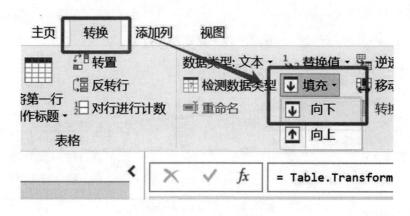

图 3 – 52　向下填充

步骤 6：利用【拆分列】功能对"核算项目名称"进行拆分并整理。

首先，根据"核算项目名称"，将有多个核算单位的凭证拆分成多行。点击【转换】→【拆分列】→【按分隔符】，如图 3 – 54 所示；输入自定义分隔符"_"，点击【高级选项】→拆分为【行】，点击确定，如图 3 – 55 所示，部分处理结果如图 3 – 56 所示。

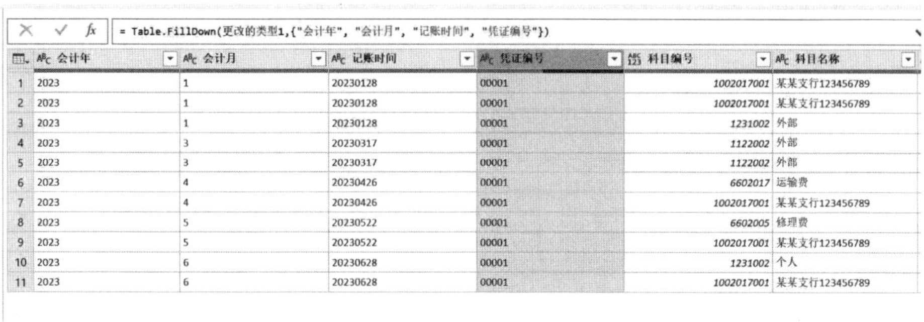

图 3 - 53　结果文件

图 3 - 54　按分隔符拆分行

【高级选项】默认拆分为【列】，本步骤必须改为拆分为【行】。

其次，图 3 - 56 的"核算项目名称"拆分成多列。对"核算项目名称"的类型、名称和金额进行拆分，可以利用"（"和"："实现。点击【转换】→【拆分列】→【按分隔符】，输入自定义分隔符"（"，点击【确定】，如图 3 - 57 所示。

同样，重复图 3 - 57 的操作，再按照"："进行拆分。

【注意】如果核算项目名称中没有"："，可以利用【拆分列】→【按照从非数字到数字的转换】，即可把数字和非数字部分拆分成不同的列，但也会把小数点拆出来，需要再组合。

再次，将"）"去除。点击【转换】→【替换值】，如图 3 - 58 所示；输入要查找的值"）"，点击确定，如图 3 - 59 所示。

步骤 7：修改新列名。双击列名，将拆分后的三列分别命名为"核算项目类型""核算项目名称""发生额"，如图 3 - 60 所示。

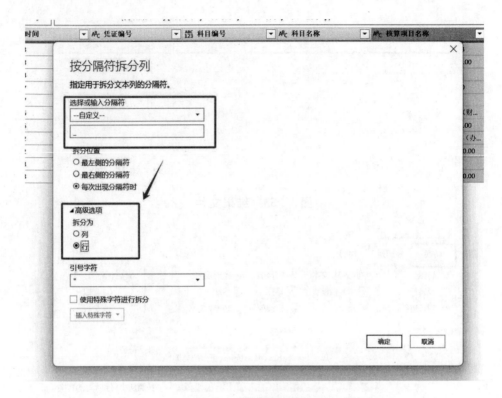

图 3 – 55　按行拆分

ABC 科目编...	ABC 科目名称	ABC 核算项目名称
1002017001	某某支行123456...	现金流量（采购付款）:-75.53
1002017001	某某支行123456...	现金流量（采购付款）:-1685.00
1231002	外部	供应商（地球公司）:1760.53
1122002	外部	客户（海王星公司）:-6604.50
1122002	外部	客户（火星公司）:6604.50
6602017	运输费	个人（王五）:2800.00
6602017	运输费	部门（财务部）:2800.00
1002017001	某某支行123456...	现金流量（采购付款）:-2800.00
6602005	修理费	个人（张三）:21260.00
6602005	修理费	部门（办公室）:21260.00
1002017001	某某支行123456...	现金流量（采购付款）:-21260.00
1231002	个人	个人（李四）:30000.00
1002017001	某某支行123456...	现金流量（采购付款）:-30000.00

图 3 – 56　部分处理结果

最后，将结果文件关闭并上载到 Excel，结果如图 3 – 61 所示。

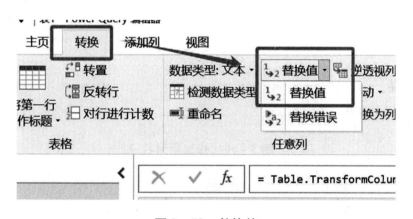

图 3-57 拆分列

图 3-58 替换值

基于〖例3.7〗的操作可以看到，从财务软件中导出的序时账需要处理后才适合审计人员开展后续分析。Power Query 的数据处理功能丰富，审计人员需要结合数据处理要求灵活应用。

（三）余额表

1. 从凭证表中生成余额表

凭证表记录了每一笔经济业务的详细信息，包括借贷方金额及对应的会

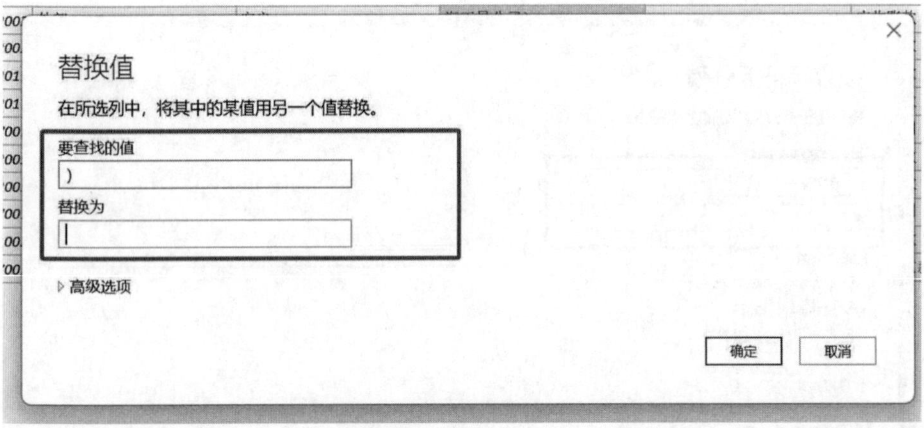

图 3－59　替换值

科目名称	核算项目类型	核算项目名称	发生额	
某某支行123456789	现金流量	采购付款	-75.53	其他
某某支行123456789	现金流量	采购付款	-1685	其他
外部	供应商	地球公司	1760.53	银行
外部	客户	海王星公司	-6604.5	应收
外部	客户	火星公司	6604.5	应收
运输费	个人	王五	2800	银行
运输费	部门	财务部	2800	银行
某某支行123456789	现金流量	采购付款	-2800	管理
修理费	个人	张三	21260	银行
修理费	部门	办公室	21260	银行
某某支行123456789	现金流量	采购付款	-21260	管理
个人	个人	李四	30000	银行
某某支行123456789	现金流量	采购付款	-30000	其他

图 3－60　修改新列名

	A	B	C	D	E	F	G	H	I	J
1	会计年	会计月	记账时间	凭证编号	科目编号	科目名称	核算项目类型	核算项目名称	发生额	对方科目名称
2	2023	1	20230128	1	1002017001	某某支行123456789	现金流量	采购付款	-75.53	其他应收款;其他应付款
3	2023	1	20230128	1	1002017001	某某支行123456789	现金流量	采购付款	-1685	其他应收款;其他应付款
4	2023	1	20230128	1	1231002	外部	供应商	地球公司	1760.53	银行存款
5	2023	3	20230317	1	1122002	外部	客户	海王星公司	-6604.5	应收账款
6	2023	3	20230317	1	1122002	外部	客户	火星公司	6604.5	应收账款
7	2023	4	20230426	1	6602017	运输费	个人	王五	2800	银行存款
8	2023	4	20230426	1	6602017	运输费	部门	财务部	2800	银行存款
9	2023	4	20230426	1	1002017001	某某支行123456789	现金流量	采购付款	-2800	管理费用
10	2023	5	20230522	1	6602005	修理费	个人	张三	21260	银行存款
11	2023	5	20230522	1	6602005	修理费	部门	办公室	21260	银行存款
12	2023	5	20230522	1	1002017001	某某支行123456789	现金流量	采购付款	-21260	管理费用
13	2023	6	20230628	1	1231002	个人	个人	李四	30000	银行存款
14	2023	6	20230628	1	1002017001	某某支行123456789	现金流量	采购付款	-30000	其他应收款
15										

图 3－61　序时账处理结果文件

计科目，余额表则是根据凭证表上的信息汇总编制的，通过对凭证表进行分类和汇总，可以计算出每个会计科目在特定时间段内的期初余额、本期发生额和期末余额，本部分通过〖例 3.8〗加以说明。

【例 3.8】通过凭证发生数生成余额表金额。本案例以损益类科目"商品销售收入"为例,具体操作步骤如下。

步骤 1:数据准备,加载 Excel 数据。导入"凭证表""科目余额表",并筛选会计期间为"1~12",如前述所示。

步骤 2:筛选凭证表中"会计科目"为"5101"的行,如图 3-62 所示。

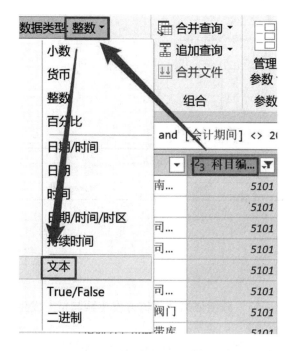

图 3-62 更改数据类型

步骤 3:利用【分组依据】将"5101"的借方发生额与贷方发生额求和,如图 3-63 所示。

分组依据结果如图 3-64 所示。

把图 3-64 的结果加载。再打开余额表,筛选科目编码为 5101 的科目,可以看到与图 3-64 结果相同。

〖例 3.8〗说明了凭证表与余额表的关系。审计人员从会计软件中直接导出相关数据,系统会保证凭证表与余额表的勾稽关系。余额表是生成各会计科目明细账和总账的基础,即在会计核算软件的支持下,基本无须凭证表与明细账、总账的核对。

2. 基于余额表生成报表的资产金额

企业财务报表通常是基于余额表中的账户余额汇总,例如,资产负债表中的应收账款=应收账款借方余额+预收账款借方余额-坏账准备贷方余额;

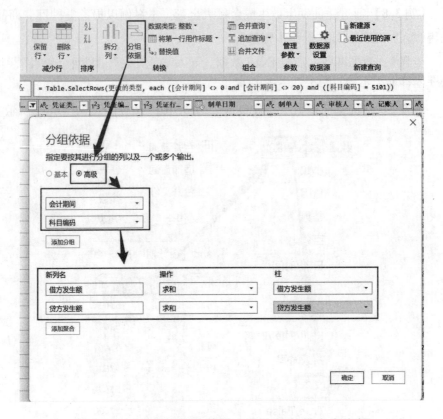

图 3 – 63　分组依据计算借方发生额与贷方发生额

1²₃ 会计期...	1²₃ 科目编...	1.2 借方发...	1.2 贷方发...
1	5101	69572.64	69572.64
6	5101	204488.52	204488.52
7	5101	177897.44	177897.44
2	5101	9230.76	9230.76
3	5101	148926.5	148926.5
4	5101	110845.9	110845.9
5	5101	71365.48	71365.48
8	5101	208060.5	208060.5
9	5101	569.24	569.24
10	5101	631083.72	631083.72
11	5101	171941.88	171941.88
12	5101	475742.72	475742.72

图 3 – 64　分组依据结果

资产负债表中的存货 = 存货借方余额 - 存货减值准备贷方余额等。

【例3.9】利用科目余额表计算资产负债表中的资产金额。本案例从余额表中获取总资产数，此案例无须 Power Query 支持，利用 Excel 函数就能轻松实现，具体步骤如下。

例3.9 - 利用科目余额表计算资产金额

步骤1：筛选资产类所有一级会计科目。在科目余额表中，科目编码开头为"1"的是资产科目，要筛选出科目编码长度为4位的资产类一级科目。如图3-65所示的筛选条件，即可得到资产类所有一级会计科目的记录。

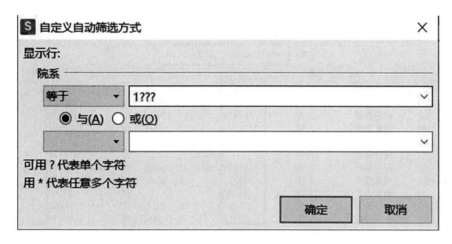

图3-65 资产类一级会计科目记录的筛选条件

步骤2：汇总得到期初、期末的资产合计数。对于期初资产合计数，需要筛选1月份的期初余额各科目的合计数，注意期初余额方向有借方也有贷方（本例中，累计折旧和其他应收款为贷方余额）。要得到正确的结果，需要期初借方合计数减去期初贷方合计数。以期初资产合计数为例，1月份全部资产类的一级会计科目记录，如图3-66所示。

科目编码	科目全称	会计期间	期初余额方向	期初余额	借方发生额合计	贷方发生额合计	期末余额方向	期末余额
1001	现金	1	借	5281.08	72877.46	38921.18	借	39237.36
1002	银行存款	1	借	232448.86	38753.6	176203.12	借	94999.34
1131	应收账款	1	借	227905.56	81400	55066.5	借	254239.06
1133	其他应收款	1	贷	17836.02	16521.06	1608.58	贷	2923.54
1151	预付账款	1	平		36743.52	0	借	36743.52
1243	库存商品	1	借	33161.08	34522.32	34522.32	借	33161.08
1301	待摊费用	1	借	29902.8	0	8049.92	借	21852.88
1501	固定资产	1	借	159060	0		借	159060
1502	累计折旧	1	贷	33749.8	0	2576.78	贷	36326.58
1901	长期待摊费用	1	借	10700.5	0	305.74	借	10394.76

图3-66 1月份资产筛选结果

步骤3：输入资产期初余额总额。如果利用该公式加总各单元格的金额，虽然易理解，但不方便使用，公式为："= G2 + G25 + G52 - G92 + G99 + G124 + G172 + G219 - G243 + G267"。本教材推荐运用 SUMPRODUCT 函数实现快速求和。该函数 SUMPRODUCT 返回对应的区域或数组的乘积之和，语法规则如下：

SUMPRODUCT([array1],[array2],[array3],…)这些相应元素进行相乘并求和。

首先，增加会计科目的方向列。新建新列"方向"，公式为：= IF(D2 = "借",1,-1)，表示如果期初余额方向为"借"，则返回"1"，否则返回"-1"。其次，利用 SUMPRODUCT 函数把对应的"期初余额"和"方向"两列的数值相乘，再求和。再在 E12 单元格输入公式：= SUMPRODUCT(E2：E11,J2：J11)，计算年初资产即 1 月份期初资产合计 = 646874.1，如图 3 - 67 所示。

图 3 - 67 利用 SUMPRODUCT 函数求年初资产合计

余额表包含的信息远远超过传统明细表、总账表，审计人员需要加强对余额表、辅助余额表的认识和使用。

总之，经过上述多个案例的操作，更加认识了公共信息基础表、凭证表、余额表与报表的关系，这对于开展审计分析至关重要。不同单位的会计核算数据格式虽然有差异，但原理类似，在实际情况中要灵活应对。

四、审计软件

(一)审计作业软件

审计作业软件是审计分析工具的主流。审计作业软件的基本功能如下所示。

(1)数据采集功能。审计作业软件能够访问不同结构的数据文件或数据库，能把所需的不同类型的数据采集过来，方便后面的审计数据分析。

(2)数据预处理功能。审计作业软件能够提供一些数据预处理功能，能对采集来的电子数据进行转换和清理，使其满足审计数据分析的需要。

（3）数据分析功能。审计作业软件能够提供足够的、方便灵活的数据分析方法，满足审计人员对审计数据分析的需要。

（4）其他辅助功能。部分审计作业软件提供了个性化的辅助功能，例如，审计计划和审计报告编制、审计工作底稿和档案管理自动化、审计成本管理等。

国内审计作业软件主要是面向会计数据的作业分析软件，例如，鼎信诺、用友审易、审计大师等软件。国内审计作业软件的设计原理是利用自动化采集模板从会计软件中导出会计相关数据，进而利用数据转换接口将不同版本的会计数据转换成为审计软件适用的数据格式，方便审计人员利用各种凭证、账簿的查询方法对会计电子数据进行分析，但对于个性化的分析功能支持比较有限。

国外审计软件不同于国内财务审计软件，可以认为是适合审计人员使用的分析软件，支持多种格式数据的个性化分析，代表性软件有：ACL、IDEA、Arbutus 等。以加拿大 ACL 公司开发的审计软件为例，该软件提供了一整套审计分析和业务保障分析功能，包括数据提取和分析、查询检索、控制测试、持续监控及舞弊欺诈行为侦测等，通过这些功能可以大幅提升审计人员开展数据分析的效率。

（二）审计管理软件

审计管理软件是用来完成审计统计、审计计划等功能的审计软件，主要包括以下几种。

（1）通用审计项目管理软件。审计项目管理软件是审计机构进行审计活动的关键工具，例如，AuditBoard、TeamMate + 、Pentana 等是行业流行的审计软件，不仅提供了强大的项目管理功能，还能够提高审计工作的效率、确保合规性、减少错误。例如，AuditBoard 提供了全面的审计管理功能，包括风险评估、审计计划、工作流程管理、报告生成等。它通过自动化和集成化的工具，帮助审计机构更好地识别和管理风险。用户可以轻松地创建和管理审计项目，实时监控进展，并生成详细的报告。TeamMate + 广泛应用于金融、制造、零售等多个行业，提供了全面的审计管理解决方案，包括审计计划、风险评估、工作流程管理、数据分析等，支持多用户协作，允许团队成员实时共享信息和协作完成任务。该软件还提供了强大的报告生成功能，帮助审计机构及时获取审计结果和建议。

（2）专用审计软件。该软件是指为完成特殊审计目的而专门设计的审计软件，如海关审计软件、基建工程预决算审计软件、财政预算执行审计软件、银行审计软件和外资审计软件等。

（3）法规审计软件。该软件主要是为了帮助审计人员在海量的各种财经法规中快速找出所需要的法规条目及内容。

（4）持续审计软件。该软件是安装在被审计单位信息系统中的相关控制监控程序，当系统处理与审计设定的界限和参数不一致时，这些监控程序会向审计人员传递信号或消息，它在内部审计领域应用较广。

五、其他常用工具

（一）商务智能工具 Power BI

微软在 2016 年推出了 Power BI 可视化平台，可理解为一个 Excel 升级版本的商务智能分析平台，具有数据采集整理、数据建模和可视化呈现的综合功能。Power BI 通过调用 Power Query 来获取和整理数据，通过调用 Power Pivot 进行数据建模，并建立个性化度量值①，最后通过丰富多样的图表控件生成各类交互式可视化报告。Excel 与 Power BI 的发展总体上经历了以下阶段，如图 3 – 68 所示。

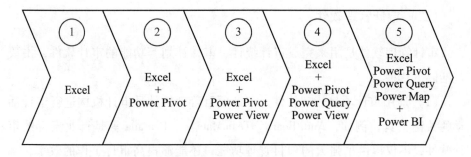

图 3 – 68　Power BI 与 Excel 的关系发展

在 Power BI 中，Power Query 和 Power Pivot 的使用和 Excel BI 相同，但其设计更倾向于用户在完全掌握数据结构的前提下进行工作，而 Excel 单元格式的编辑模式更方便用户对未知数据的探索。若将 Excel 和 Power BI 结合使用，则能取长补短。学习新 Power BI 技术应用，并不是放弃 Excel，掌握好基础 Excel 功能和函数对于审计工作仍极为重要。Power BI 通过强大的数据分析和可视化功能，帮助审计人员更快速、准确地分析大量数据，发现异常模式和趋势，识别潜在的风险和问题，实时监控和评估组织的财务和运营状况，从

---

① 度量值可以理解为可视化图表呈现的指标，通过 DAX 函数进行编写。

而提升审计的效率和深度。

（二）开源大数据工具

Python 是一种面向对象、解释型、动态数据类型的高级程序设计语言。Python 第一个公开发行版发行于 1991 年。由于 Python 语法简洁、清晰、功能强大易学，并且具有丰富和强大的类库，是一种不受局限、跨平台的开源编程语言，自 Python 诞生至今，得到了广泛应用和支持。Python 是一套比较平衡的语言，各方面都可以适应。审计分析中涉及的数据收集、数据处理、数据抽样、数据聚类，以及比较复杂的数据挖掘算法、数据建模等任务，特别是对非结构化数据的处理，都可以通过 Python 轻松完成。对于中高级的审计分析任务，Python 应成为审计人员的首选，但 Python 的熟练应用需要具备一定的技术基础。当前大语言模型的兴起，减少了审计人员使用 Python 开展数据分析的难度。

在众多分析工具中，审计人员要选择适当的工具以应对不同的审计场景。本教材以 Excel 及 Excel BI 作为审计分析的教学工具，主要原因：一是简单易学，其操作简便易于掌握，也是审计人员使用最为广泛的分析工具；二是功能强大，如今的 Excel 早已不是传统的 Excel，尤其新兴的 Excel BI 插件可以实现复杂的数据处理和分析，一定程度上可以取代 SQL；三是获取容易，无论 Excel 还是后续的 Power BI 都非常容易获得和安装，基本无须高昂的软件购买成本；四是符合数据科学的审计数据分析理念，在掌握传统审计数据分析思路与方法的同时，进一步结合数据科学的新理念与新方法。

第三节　本章小结

本章主要目的是了解审计技术发展，掌握基础智能审计工具应用。第一节介绍审计实务中相关审计技术发展，包括统计分析技术、数据库查询语言、多维数据分析、数据可视化技术、机器学习技术、流程自动化（RPA）技术、大语言模型技术和其他前沿技术；第二节主要介绍智能审计基础工具，包括 Excel 及 Excel VBA、Excel BI、审计软件和其他常用工具，需要重点学习较先进的 Excel BI 常用功能。审计技术和工具的使用需结合具体的审计场景和审计问题，"对症下药"方能"药到病除"。

本章习题

一、思考题

1. 当前常用审计技术有哪些分类？查阅相关资料，运用真实案例说明智能技术发展对审计领域的影响。

2. 请对比 Excel，说明 Excel BI 具有哪些功能可以弥补传统 Excel 的不足，简述功能的作用。

3. 概述数智审计发展需要哪些智能审计技术工具，搜集案例说明对于审计实务工作有何作用。

二、操作题

1. 基于"第三章/练习数据/序时账"，完成该公司凭证数量的统计，验证本年度凭证是否存在断号。

2. 基于"第三章/练习数据/余额表"，利用余额表计算该单位毛利率和总资产周转率。

3. 基于"第三章/练习数据/特殊凭证数据"，利用 Power Query 完成数据整理工作，整理后的字段包括：日期、记账编号、部门、费用名称、借方金额、贷方金额。

大语言模型提示词书写指南

大模型深刻改变了人们使用 AI 算法的方式，与以往 AI 算法的输入输出形态各异相比，大模型提供了统一的提示语（Prompt）交互方式，使应用调用更为简单，只要掌握了提示语技巧，用户即可在各种任务中直接使用。统一的 Prompt 交互使基于大模型的应用能够形成统一的"Copilot"型交互界面，便于标准化和形成用户习惯。OpenAI 官方给出的提示词工程指南（https：//platform. openai. com/docs/guides/prompt-engineering）主要包括 6 个方面。

一、给出清晰的指令

大语言模型无法读取人的思想。如果输出的结果太长，可以要求模型简化回复；如果输出的结果太简单，可以要求模型提供更专业的结果；如果不喜欢输出结果的格式，可以告诉模型希望获得的格式。模型推测的内容越少，获得满意答案的可能性越大。

策略：

1. 在查询中包含更多细节，以获得更相关的答案；

2. 要求模型扮演特定的角色；

3. 使用分隔符清楚地标记输入的不同部分；

4. 指定完成任务所需的步骤；

5. 提供示例；

6. 指定期望的输出结果的长度。

二、提供参考文本

语言模型在回答冷门话题或提供引用和网址时，可能会自信地编造答案。就像笔记能帮助学生在考试中表现更好一样，为模型提供参考文本可以帮助其更准确地回答问题，减少虚构内容的出现。

策略：

1. 指导模型使用参考文本作答；

2. 指导模型根据参考文本提供引用。

三、将复杂任务拆分为简单子任务

就像在软件工程中将复杂系统拆分为一组模块组件一样，提交给语言模型的任务也应如此。复杂任务的错误率往往比简单任务更高，而且复杂任务通常可以重新定义为简单任务的工作流程，其中前期任务的输出可用于构建后续任务的输入。

策略：

1. 根据意图分类来识别用户查询中最相关的指令；

2. 对需要长时间对话的应用，概述或过滤前面的对话；

3. 将长文档分段总结，并逐步构建完整摘要。

四、给模型时间进行"思考"

模型在直接回答时更容易出现推理错误，而如果给模型时间让模型推理答案则更准确，向模型提供"思路链"可以帮助模型更可靠地推理出正确答案。

策略：

1. 指导模型先理清思路，不要着急下结论；

2. 使用内在推理或一系列查询来隐藏模型的推理过程；

3. 询问模型在之前的回答中是否存在遗漏。

五、使用外部工具

通过提供其他工具的输出结果来弥补模型的不足。例如，文本检索系统

（有时称为 RAG 或检索增强生成）可以向模型提供相关文档的信息。类似于 OpenAI 的代码解释器，这样的代码执行引擎可以帮助模型进行数学计算或运行代码。如果某个任务通过工具比通过语言模型完成得更可靠或更高效，可以将任务交由工具来完成，从而实现最佳效果。

策略：

1. 使用基于嵌入的搜索来实现高效的知识检索；

2. 使用代码执行来进行更准确地计算或调用外部 API；

3. 赋予模型访问特定功能的能力。

六、进行系统性测试变更

如果能对结果进行衡量，那么对模型表现进行改进就会变得更容易。在某些情况下，变更提示词能获得更好的模型表现，但是在一些更具代表性的示例中却导致整体模型表现变差。因此，为了确保变更对性能产生净提升作用，就可能有必要定义一个全面的测试套件（也称为"评估"）。

策略：使用标准答案对模型输出进行评估。

基于上述提示词的技巧，审计人员可以与 AI 协作，完成相关政策查询、会计准则查询、审计分析语句编写、审计计划编制等各种工作任务。

Prompt 1：你是资深注册会计师，我是一名审计师，请帮我写一份省属化工企业总经理离任审计工作计划。

Prompt 2：你是资深注册会计师，我是一名审计师，我正在审计一家制药企业，正在了解这家企业的内部控制，请帮我设计一个访谈问题清单，清单中要包含受访对象和对应的访谈问题。

Prompt 3：你是 Excel 专家，文件路径为：D：/身份证号 - 去重 . xlsx。该 Excel 文件的第一个工作表中 A ~ E 列为给定数据，请用 VBA 语言将导入的数据中删除重复行，并添加代码注释。

第四章

审计分析方法基础

教学目的与要求 ▶ ┈┈┈┈┈┈┈┈┈┈┈┈┈┈┈┈┈┈┈┈┈┈┈┈┈┈┈┈ ◉

本章首先介绍审计分析方法的相关概念、步骤和方法分类，进而运用多个案例介绍方法的使用。

1. 了解分析程序与审计数据分析概念。

2. 了解审计分析方法分类。

3. 掌握开展总体分析的相关审计分析方法。

4. 掌握发现个体疑点的相关审计分析方法。

教学重点与难点 ▶ ┈┈┈┈┈┈┈┈┈┈┈┈┈┈┈┈┈┈┈┈┈┈┈┈┈┈┈┈ ◉

▶ **重点：** 各种常见审计分析方法的操作。

▶ **难点：** 各种审计分析方法的灵活运用。

第一节 审计分析方法概述

一、分析程序与审计数据分析

（一）分析程序简介

分析程序是审计人员在了解被审计单位及其环境时运用的重要程序之一。《中国注册会计师审计准则第 1313 号——分析程序》应用指南中指出，分析程序是指审计人员通过研究不同财务数据之间以及财务数据与非财务数据之间的内在关系，对财务信息作出评价。在 2023 年新修订的指南中，指出审计人员需要考虑将被审计单位的财务信息与下列信息进行比较：（1）以前期间的可比信息；（2）被审计单位的预期结果，如预算或预测等，或审计人员的预期数据，如折旧的估计值；（3）可比的行业信息，例如，将被审计单位的应收账款周转率（销售收入/应收账款）与行业平均水平或与同行业中规模相近的其他单位的可比信息进行比较。

在实施分析程序时，审计人员需要考虑以下关系：（1）财务信息要素之间的关系，根据被审计单位的经验，预期这种关系符合某种可预测的规律，如毛利率；（2）财务信息和相关非财务信息之间的关系，如工资成本与员工人数的关系等。

分析程序会用到合并财务报表、财务报表的组成部分及财务信息的各个要素，灵活使用各种不同的方法开展相关分析任务。

（二）审计数据分析

在数据科学的快速发展下，美国注册会计师协会（AICPA）2014 年在《在无线中重构审计》中提出审计数据分析的概念："在一个审计项目中，对审计主题的基础和相关数据进行分析、建模和可视化，揭示和分析其中隐含的模式，识别异常、获取其他有用的信息，以用于计划或开展审计的科学和艺术"。具体包括：（1）识别和分析数据中的异常模式和异常值；（2）聚焦审计风险对财务业绩及其他经营单元、系统、产品或其他维度的数据进行映射和可视化；（3）建立统计模型（如回归模型）或其他模型来解释数据与相关因素的关系，并从模型中识别显著波动；（4）组合多种数据源或多种分析结果而产生更有意义的额外信息。此概念强调了审计数据分析的模式识别、数据建模和数据可视化，结合新兴数据科学的技术发展，并指出审计数据分析具有科学性与艺术性双重属性。

1. 科学性

审计数据分析正因为有了数据科学和审计科学的基础，才可以从海量数据中获取审计线索，形成一套系统的理论、方法和技术体系，在相关的审计准则中对审计数据分析进行原则性的规范，继而让审计人员能够在审计工作中做到有的放矢、科学决策。2019 年，审计署为提高审计人员利用电子数据开展数据分析的能力，提升审计工作的层次和水平，出台《电子数据分析利用实务指引》，为开展电子数据分析提供了重要遵循。指引的主要内容包括对信息系统调查如何开展、数据分析利用方案如何制定、数据采集和处理需要关注哪些问题、数据分析利用有哪些技术方法、数据分析质量如何控制、安全保密工作如何开展等。需要注意的是，因为审计项目所处的环境千变万化，审计信息使用者的需求偏好难以预测，审计数据分析也不是经由完全理性的审计人员来实施，所以，审计实践中，审计人员也不能采用固定的审计数据分析程式进行生搬硬套、削足适履，否则结果必然事与愿违。

2. 艺术性

审计数据分析的艺术性主要体现在审计人员应对环境不确定性时的灵活性和创造性，它要求审计人员要基于因人、因事、因时、因地制宜的原则灵活应变，在审计实践中创造性地运用审计数据分析的理论、方法和技术体系。审计分析不是在一个"黑箱"中全自动完成的，在审计过程的许多环节都需要审计人员运用高超的沟通艺术。

（三）进一步讨论

分析程序与审计数据分析两个概念侧重点略有不同。分析程序强调审计人员要利用哪些数据做哪些分析才能有效执行分析程序；而审计数据分析强调大数据环境下各类数据分析技术方法的综合应用，是面向审计主题的数据分析、建模和可视化。从数据分析的生命周期来看，数据分析由数据采集、数据预处理和分析利用三大阶段构成，审计领域下的数据分析是围绕审计目标而开展的数据采集、处理和分析利用。

审计数据分析思路、审计数据分析方法、审计数据分析技术（以下简称"审计分析思路""审计分析方法""审计分析技术"）是审计理论与实践中容易混淆的概念，辨识如下。

1. 审计分析思路

在审计实务中，为指导审计人员在审计过程中实现有效分工与协作，审计项目组一般要编制数据分析方案，该方案是指导审计人员开展数据采集、处理和分析利用的重要依据，也是审计分析思路的书面材料。审计分析思路是审计数据分析方案的核心内容，需要围绕审计目标、审计任务及审计重点事项，在把握行业和被审计单位经营特点的基础上，考虑审计人员可以掌握的技术、方法和可利用的审计资源，进行全面的规划和设计。

此外，"审计分析模型"的提法也比较普遍，审计署中级审计培训教材中就有《审计分析模型算法》教材[①]。我们认为审计分析思路与审计分析模型的概念有一定重复、交叉之处，下述表达时，统一改为"审计分析思路（模型）"。

---

① 刘汝卓，等. 审计分析模型算法［M］. 北京：清华大学出版社，2016.

2. 审计分析方法

审计分析方法是实现审计分析思路（模型）的具体步骤或程序，有时也被称为分析程序。目前，审计署、中国内部审计协会、中国注册会计师协会出台的一些制度、规范、指引中皆提到审计分析方法。例如，审计署出台的《电子数据分析利用实务指引》（2019 年）列举的审计分析方法有：结构分析、趋势分析、比率分析、对比分析、逻辑分析、数理统计、特征发现等方法。《内部审计具体准则第 2109 号——分析程序》（2014 年），认为分析程序主要包括比较分析、比率分析、结构分析、趋势分析、回归分析及其他技术方法。《中国注册会计师审计准则第 1313 号——分析程序》指出，注册会计师在实施分析程序时，应当考虑将被审计单位的财务信息与下列各项信息进行比较：（1）以前期间的可比信息；（2）被审计单位的预期结果或者注册会计师的预期数据；（3）所处行业或同行业中规模相近的其他单位的可比信息。

由上可以看到，审计分析方法没有明确、统一的划分。从我国审计应用实践来看，结构分析、趋势分析、比率分析、比较分析是最为经典、最为常用的分析方法。

3. 审计分析技术

审计分析方法的实践需要具体技术来实现，审计分析技术是指从技术视角对上述审计分析方法进行的另一种分类。审计署《电子数据分析利用实务指引》（2019 年）总结的审计数据分析技术有：（1）查询分析技术。通过编写结构化查询语言（SQL）或者运用数据分析软件的查询功能来筛选、计算数据。（2）统计分析技术。运用统计方法及与分析对象有关的知识，从定量与定性结合的角度进行数据分析。（3）多维分析技术。运用切片、切块、钻取、旋转等方式从不同角度、快速灵活地对数据进行多角度、多侧面的查询和分析，并以直观易懂的形式展现查询和分析结果。（4）挖掘分析技术。从海量数据中提取的隐含在其中的、事先不明确的，但又潜在有用的信息和知识的技术，如自然语言处理、机器学习等。（5）其他分析技术。这些审计分析技术，皆是通过专用的工具来实现。对于常见的结构分析、比率分析、比较分析基本上所有技术和工具都能够支持，但对于数理统计、特征发现方法需要能够支持统计分析、数据挖掘的专业软件或工具才能实现，例如，SPSS 统计软件、Weka 数据挖掘软件、大数据开源工具 R 或 Python 等。可见，审计分析技术与实现工具密不可分，本教材在第三章曾介绍过各种分析工具，除审计软件外，多数是通用数据分析工具。

总之，一般先有审计思路（模型），再考虑审计方法，选择审计人员熟悉的技术或工具来完成分析任务。

二、审计分析思路（模型）

由清华大学出版社出版的《审计分析模型算法》[①] 认为，审计分析模型是审计人员用于数据分析的数学公式或逻辑表达式，它是按照审计事项应该具有的性质和数量关系，由审计人员通过设定设计、判断或限制条件建立起来的，用于验证审计事项实际的性质或数量关系，从而对被审计单位经济活动的真实性、合法性和效益性作出科学的判断。审计分析模型有多种表现形态：用在查询分析中，表现为一个或一组查询条件；用在多维分析中，表现为切片、切块、旋转、钻取、创建计算机成员、创建计算单元；用在挖掘分析中，表现为设定挖掘条件。总而言之，审计分析模型是一个数学公式或者逻辑表达式。

经过多年的审计分析实践，政府审计提出"系统分析—类别分析—个体分析"的审计分析思路（模型），其中系统分析主要用于对被审计单位的数据进行整体层次上全面的、系统的分析，发现被审计单位的业务规律，帮助审计人员把握被审计单位的总体情况；类别分析主要按照业务类别对数据做进一步分析，指引审计人员发现和锁定重点；个体分析主要用于核查问题、筛选线索，为延伸取证提供明确具体的目标，如图 4-1 所示。

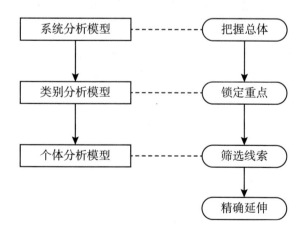

图 4-1 审计分析思路（模型）的构建

---

① 刘汝焯，等. 审计分析算法模型［M］. 北京：清华大学出版社，2006：3.

这三个层次的审计分析思路（模型）是一个有机联系、相互依存的整体，系统分析和类别分析有时并不能较好区别，可统称为"总体分析"。在具体审计实践中，审计人员首先通过构建系统分析和类别分析实现总体分析，锁定审计重点；其次，针对锁定的审计重点构建个体分析思路（模型），进行不同角度的深入分析，发现问题或线索；最后，依据分析结果精确延伸、调查取证，完成审计任务。

除上述由总至细的分析思路外，在数据分析领域流行的"4W1H"分析思路对审计人员寻找个体分析线索也十分有益。

（1）What，事物存在什么差异或者变化？该差异和变化是什么？是向好的方向还是向坏的方向发展？是好现象还是坏现象？该变化是什么？该变化的本质是什么？

（2）Who，该变化的主体是谁？客体是谁？是谁在变化或引导了变化？是谁造成的变化？如果是好的变化，谁该领功？如果是坏的变化，谁该负责？为什么要引领该变化或者有什么样的动机要让该变化发生？背后的利益或者情感的驱动是什么？

（3）When，该变化是什么时间发生的？是最新发生的，还是过去就一直在发生着，只是现在变化大了才发现？该变化持续多久了？多长时间才发生了大的变化？是快速变化还是慢速变化？按照该速度发展下去，多长时间可以发生质的变化？该变化是否需要阻止？最迟需要什么时候阻止？该变化是否需要加速？如果需要，到什么时候需要达成什么结果？

（4）Where，该变化是在哪里发生的？发生的环境要素是什么？牵扯到哪些部门、组织或利益相关者？每个利益相关方的诉求是什么？会对该事物的发生和发展有什么影响？该变化发生的环境因素是必要条件还是充分条件？哪些条件达到了才产生了该变化？该条件是否可以人为创造？如果不能人为创造，有什么可能形成这样的条件？

（5）How，该变化是如何发生的？如何强化变化？如何弱化变化？如何创造事物发生的条件让事物按照期望的方向进行变化？如何才能改变现在的状况？该变化是怎样发生的？该变化的发生能否避免或者重复？

三、审计分析步骤

审计业务过程是为达到审计目标而由多名审计人员共同完成的一系列活动。审计业务过程中不仅有严格的先后顺序限定，而且内容、方式、责任等也都必须有明确的安排和界定。审计分析属于审计业务过程的组成部分，包括掌握数据特点与规律、构建审计分析思路（模型）、执行审计分析思路（模型）、阐释分析模型运行结果和审核分析过程五个阶段，简要介绍如下。

（一）掌握数据特点与规律

当审计计划任务下达至审计项目组时，审计人员对于被审计单位的情况基本上是一无所知的。随着审前调查的开展，可以了解被审计单位的历史沿革、组织机构、业务开展、经营状况，以及信息系统、数据库、数据字典等，进而提出电子数据需求，采集数据后，进行审计数据清理、转换和验证，再开展分析。在这一系列过程中，审计人员应致力于掌握被审计单位数据的以下特点和规律：（1）根据审计目标明确需要分析什么；（2）明确获取的数据可以分析什么；（3）明确利用哪些数据进行分析；（4）明确利用什么数据分析方法和工具开展分析；（5）明确利用何种评价方法分析结果；（6）明确其他目标。

（二）构建审计分析思路（模型）

审计人员在对被审计单位电子数据特点和规律认识的基础上，应结合审计目标和被审计单位的特点等，构建适合于审计目标实现的审计分析思路（模型）。建议利用上述介绍的先总后分的思路建立总体分析模型，还可以用"4W1H"分析思路构建审计个体分析思路（模型）。

（三）执行审计分析思路（模型）

在分析思路构建后，审计人员应选择适合的审计分析技术、方法开展审计分析。因为审计方法较多，审计人员在选择时应该灵活多样，简洁明了，不能一味强调分析方法的复杂性。本章后续对种类烦琐的分析方法进行了归纳和梳理。

（四）阐释分析模型运行结果

执行完成审计分析思路（模型）后，审计人员需要选择一定的标准和方法对分析运行结果进行阐释，以准确把握趋势、规律和异常现象，得出分析结论，提取被审计单位的审计线索。通常来讲，审计人员选择的标准和方法包括：（1）行业主管部门或行业权威部门提供的标准值（或趋势）；（2）同行业相关指标的平均值；（3）被审计单位近年来各指标的平均值；（4）审专家的经验判断；（5）其他标准或方法。

（五）审核分析过程

审计项目组中的其他审计人员应当对审计分析过程进行审核，审核主要内容包括：（1）审核数据选择的正确性；（2）审核各类分析模型逻辑的科学性和合理性；（3）审核审计数据分析工具和方法选择的合理性；（4）审核查询条件设置、语句编写的正确性；（5）审核阐释标准和方法选择的科学性；（6）审核分析结论的科学性。

经审核后若无异常，根据审计分析结论，提出延伸审计建议，提交相关审计人员延伸落实，并形成审计调查结果。审计调查结果形成后，审计人员应再次复核数据分析的逻辑是否科学，以提高审计数据分析的科学性。

四、审计分析方法分类

审计分析方法多样。加拿大 ACL 审计软件公司（ACL SERVICES LTD）的专家大卫·科德雷（David G. Coderre）在其著作《使用数据分析技术检查舞弊》中，对审计分析方法进行概括性总结，提炼 17 种常见方法：筛选、排序、统计、断号检测、重复检测、时间间隔分析、表达式与计算、抽样、分组计算、分层、连接、趋势分析、回归分析、并行模拟、数字分析、比率分析、班福定律，这些方法也集成在 ACL、Arbutus、IDEA 等国外审计软件的常用功能中[①]。

审计分析方法众多，尚没有统一的分类方法。本教材将其分为用于了解总体的分析方法和用于个体疑点发现的方法两大类，进而按照技术实现特点，细分为总体分析、结构分析、业务规则和数值分析方法四个小类，其中总体分析和结构分析主要用来了解总体；业务规则和数值分析主要用于进行个体疑点查找，如图 4-2 所示。

（一）用于了解总体的分析方法

总体分析是从整体层次上全面、系统地分析、评估、把握被审计单位的总体情况，对其主要特点、运营规律和发展趋势形成一个总体上的概念和认识，初步确定审计重点范围。系统分析思路（模型）通过对被审计单位资产、

---

① 刘杰. 计算机辅助审计 [M]. 北京：科学技术出版社，2019：120.

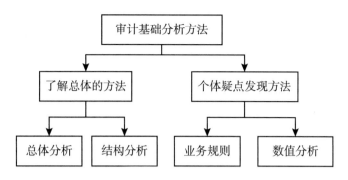

图 4 - 2 审计基础分析方法分类

负债、损益、现金流情况的分析和对主要财务、业务指标的计算分析来实现。在本章第二节系统分析中，主要介绍用来了解被审计单位基本情况的描述性统计方法、排序、比率分析、趋势分析法。

审计人员在对被审计单位进行系统分析把握总体情况的基础上，要根据被审计单位的主要业务类别分别建立类别分析模型，从业务类别的层次上进行分析，进一步锁定各主要业务类别的审计内容、范围。系统分析和类别分析均属总体分析的范畴。本章在第三节介绍类别分析时主要介绍结构分析法，按照用于结构分析的字段类型，分为字符型、数值型、日期型进行介绍，最后通过案例介绍多维度的结构分析以更好发现审计重点及线索。

（二）用于个体疑点发现的方法

经过多年审计实践总结，审计人员往往采用以下方法进行具体疑点查找：（1）利用法律法规构建个体分析思路（模型）；（2）利用数据勾稽关系构建个体分析思路（模型）；（3）利用业务处理逻辑构建个体分析思路（模型）；（4）利用内部和外部数据关联关系构建个体分析模型；（5）利用审计经验构建个体分析思路（模型）。这些方法主要通过业务规则的查询分析方法完成，还包括一些业务场景下的某些特定字段的方法，例如，重号分析、断号分析、Benford 定律分析等，本章第二节结合案例对这些方法进行介绍。

第二节 审计分析方法实例

本节按照第一节审计分析方法的分类，结合实操案例从总体分析、结构分析、业务规则和数值分析四个方面介绍常用审计分析方法。

一、总体分析

审计人员需要从整体层次上全面、系统地分析、评估、把握被审计单位的总体情况，对其主要特点、运营规律和发展趋势形成一个总体上的概念和认识，初步确定审计重点范围。了解被审计单位基本情况的方法主要有描述性统计、排序、比率分析、趋势分析等。

（一）描述性统计

统计方法用于检查数值型字段的平均值、方差、最小值、最大值和记录数。统计方法可以提供被审计单位以下信息：

（1）所有记录的合计值、平均数和记录数；

（2）所有记录正值、负值及零的记录数；

（3）所有记录绝对值的合计数；

（4）所有记录值的变动范围（最大值减最小值）；

（5）字段值的标准方差；

（6）所有记录的最大值和最小值；

（7）其他有用的统计指标，如教材第七章使用的变异系数。

通过对某个字段使用统计方法，审计人员发现一些值得关注的经济业务后，可以使用数据分析方法完成如下工作：（1）确认最大值和最小值是否正常；（2）达到负值是否正常；（3）理解该字段值的范围；（4）其他有用的数据信息。

【例4.1】利用 Excel 实现描述性统计。Excel 中常见的 Max、Min、Count、Countif 等函数可以求数据的最大值、最小值、计数、条件计数，这些函数简单且易实现，但需要逐个书写。本部分介绍 Excel 的描述性统计功能，可以一次性得到平均数、众数、中位数、样本方差、标准差、峰度、最大值及最小值等多个统计指标。

例4.1 – 描述性统计

数据源于"第四章/章节数据/发票表.xlsx"，具体操作步骤如下：

步骤1：加载 Excel "数据分析"功能。

第一次使用数据分析工具，需要先加载该功能。依次选择【文件】→【选项】→【加载项】，出现菜单页面，在"加载项"选项中选中"分析工具库"，在左下角选择【Excel】选项，点击【转到】，然后出现 Excel 加载宏界面，在"分析工具库"前方框内打钩，点击确定。操作完毕后，点击

【数据】→【分析】，在弹出的【数据分析】窗口中，可以找到【描述统计】，如图4-3所示。

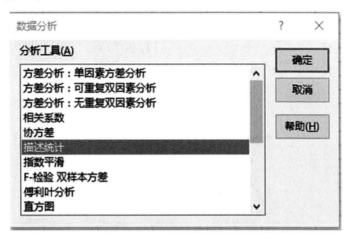

图4-3 数据分析功能界面

步骤2："描述统计"输入、输出选项。

点击【数据分析】→【描述统计】选项，在【输入区域】中选择2023年的发票数据，选中【输出区域】单选按钮，选择单元格，其他设置保持默认状态，如图4-4所示。

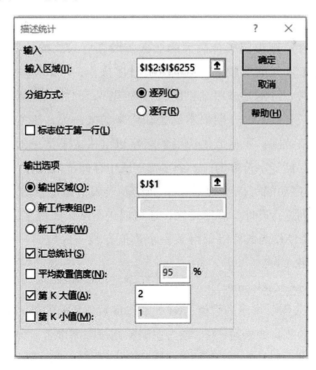

图4-4 【描述统计】对话框

点击【确定】，即可得到描述统计的分析结果，如图 4 - 5 所示。

列1	
平均	411.90777
标准误差	8.1430201
中位数	167.86
众数	22.56
标准差	643.96823
方差	414695.08
峰度	3.8811624
偏度	2.2413758
区域	2672.05
最小值	12.6
最大值	2684.65
求和	2576071.2
观测数	6254
最大(2)	2636.16

图 4 - 5　发票金额描述性统计表

（二）排序

审计重要性原则决定了金额大的业务一般具有较大的价值，需要优先、重点关注。选取不同的字段，对数据进行排序操作，可以发现其中存在的规律、特征或异常，特别是排序结果的头部和尾部，例如，日期是过去比较早的一个时间，或者显示的日期根本就是在将来的某一天；业务的取值超出了字段的正常取值范围；雇员或供应商的名字以空格或不常见的字符开头；一个数值字段中存储了字符数据；一个字符字段中存储了数值等。

Excel 的排序功能可以实现对整个工作表或表中指定的单元格区域的记录，按行或按列进行升序、降序排序，还可以进行多个关键字、自定义排序。利用 Excel 的 RANK 函数可以获得某一个数值在某一区域内一组数值中的排名，该函数的格式为：

RANK(Number,ref,order)

Number 代表需要排序的数值；ref 代表排序数值所处的单元格区域；order 代表排序方式参数。如果为"0"或者忽略，则按降序排名，即数值越大，排名结果数值越小；如果为非"0"值，则按升序排名，即数值越大，排名结果数值越大。

【例4.2】应用 RNAK 函数获得排名。数据源于"第四章/章节数据/供应商表.xlsx"，对供应商按订单金额的大小进行排名，如图4-6所示。

例 4.2 - 应用
RANK 函数
获得排名

	A	B	C	D	E	F
	供应商代码	**总额**	**排名**			
2	104431	4369.36	22			
3	103616	366056.6	9			
4	103025	430529.5	7			
5	102655	327346.8	12			
6	102444	515285.1	3			
7	102345	570726	1			
8	102123	447136.9	6			
9	102106	315087.9	13			

C2　=RANK(B2,$B$2:$B$23,0)

图4-6　RNAK 函数应用示例

【注意】RANK 函数第二个参数是固定的数值区域，需要转换成为绝对地址，才能向下拖放。Excel 中支持相对地址与绝对地址快速切换的快捷键是 F4 键。

（三）比率分析

比率是两个相关联的经济数据的相对比较，主要用除法体现各要素之间的内在联系。该方法的优点包括：（1）比率计算简单，非常直观，便于审计人员进行判断；（2）比率采用相对数，避免了被审计单位生产经营规模对审计人员判断的影响；（3）可比性强。应用比率分析法，一是要根据被审计单位的经营特点，选择能够正确衡量其经营状况的适当指标；二是对计算出的指标进行科学诠释和说明，才能对被审计单位的总体情况作出比较客观、公正的评价。审计人员经常关注如下比率：（1）最大值与最小值的比率；（2）最大值与次大值之间的比率；（3）以前年度与当前年度的比率；（4）财务比率。

比率分析法经常与比较分析法、趋势分析法联合使用，故在【例4.3】中一并加以讲解。

（四）趋势分析

趋势分析方法有助于通过检查数据在一段期间中发生变化或未发生变化存在的异常，发现有问题的部分，在舞弊检查领域中特别有效。使用软件工具将文件连接在一起，或者在通常独立分开的文件之间建立关系，使审计人员可以通过检查发现变化趋势和舞弊行为。

审计人员通过趋势分析方法，可以在总体上把握经济活动发展规律，有效地揭露违纪违规问题，并对未来发展趋势作出科学预判，例如，通过对应收账款的趋势分析，对坏账的可能与应催收的货款作出评价。从技术实现来讲，趋势分析方法有三大类：回归法、平滑法和时间序列法。从实现工具方面，主要有专业统计分析软件和电子表格软件，专业统计分析软件的趋势分析功能更加强大，但专业性更强。本部分仅运用 Excel 提供的基础趋势折线图。

例 4.3 –
比率分析 1

例 4.3 –
比率分析 2

【例 4.3】基于月度科目明细表的比率分析。基于财务报表的财务比率经常使用年度报表数据，而月度明细账可以提供细化的月度财务指标，便于发现审计重点。本案例是基于某公司的月度明细账来计算销售费用的相关指标。

数据源于"第四章/章节数据"目录下的"2021 年销售费用明细.xlsx""2022 年销售费用明细.xlsx""2021～2022 年主营业务收入.xlsx"，主要包括两个年度的各月销售费用明细表和两个年度的主营业务收入汇总表。经过脱敏后的"销售费用明细表"，包含"凭证日期""月份""项目""借方金额"四列，如图 4 – 7 所示；"2021～2022 年主营业务收入"表，包含"日期""贷方金额"两列，如图 4 – 8 所示。

	A	B	C	D
1	凭证日期	月份	项目	借方金额
2	20220103	01	差旅费	4,951.77
3	20220105	01	差旅费	3,370.37
4	20220105	01	会务费	112,345.60
5	20220105	01	会务费	89,876.48
6	20220105	01	会务费	89,876.48
7	20220106	01	职工薪酬	36,543.72
8	20220106	01	职工薪酬	14,009.54
9	20220106	01	其他	34,245.53
10	20220109	01	职工薪酬	2,313.17
11	20220109	01	职工薪酬	863.65
12	20220109	01	职工薪酬	77,117.42
13	20220109	01	职工薪酬	28,789.87
14	20220109	01	职工薪酬	3,374.24
15	20220109	01	职工薪酬	1,259.61
16	20220109	01	职工薪酬	4,149.37

图 4 – 7　2022 年部分销售费用明细

	A	B
1	日期	贷方金额
2	202101	247,797,477.37
3	202102	106,372,129.34
4	202103	218,694,688.32
5	202104	140,431,751.37
6	202105	163,465,084.37
7	202106	223,408,992.34
8	202107	131,672,312.93
9	202108	167,733,729.13
10	202109	280,235,243.29
11	202110	216,381,686.28
12	202111	281,256,978.41
13	202112	270,285,637.11
14	202201	477,682,259.42
15	202202	182,141,138.38
16	202203	264,856,713.11
17	202204	192,353,608.85
18	202205	202,505,764.73
19	202206	229,435,784.83
20	202207	186,162,110.34
21	202208	208,330,546.93
22	202209	216,033,778.98
23	202210	188,178,934.67
24	202211	192,247,301.22
25	202212	195,356,103.23

图 4－8　2021～2022 年主营业务收入

1. 审计分析思路

首先，借助 Excel 数据透视表功能，对 2021～2022 年的销售费用按照月份进行分类汇总；其次，计算 2021～2022 年各月份销售费用项目结构占比，以此判断销售费用主要构成；最后，计算重点关注项目占当月主营业务收入的比率并绘制折线图，分析该比率在两年内的变化趋势如何，是否有异常波动、是否呈现某种特定周期现象等。

2. 具体操作步骤

步骤 1：计算 2021～2022 年各月份销售费用项目汇总金额。打开“2022 年销售费用明细表”，点击【插入】→【数据透视表】→【确定】；点击【数据透视表分析】→【字段列表】，进行如图 4－9 所示的数据透视表字段设置：将“项目”作为列，“月份”作为行，对“借方金额”进行求和，得到 2022

年各月份销售费用的项目分类汇总金额，如图 4 – 10 所示。

图 4 – 9　数据透视表字段设置

行标签	办公费	差旅费	广告费	会务费	劳动保护费	其他	销售服务费	样品费	职工薪酬	总计
01	2733.57067	903313.3026	373580.9026	292098.56	15648.06813	213840.7721	197363247.7	125750.0366	7221958.424	206512171.3
02	388.3787392	107118.8558			3951.38574	-186423.1654	28053065.27	28934.78903	8229060.142	36236095.66
03	990.2141184	1017050.134	190775.5463	195697.261	1229.510246	84359.43474	55827119.36	174151.0152	3654646.385	61146018.86
04	3874.282954	1048755.478	508887.9996	488786.0127	72867.06406	262346.9061	22309652.31	105657.5316	4444198.365	29245025.95
05	3342.832093	985118.6725	569973.3132	581280.4822	6702.482323	87734.80212	28241894.69	314216.454	2978133.077	33768396.81
06	734.0661504	1098610.557	296761.9584	533441.3889	56063.81353	125033.8896	23137380.11	137216.1409	3240150.541	28625392.46
07	7991.075121	1028614.968	896763.3968	67407.36	3373.513677	101791.4499	31384722.02	63900.54827	4528051.705	38082616.04
08	701.1488896	1190451.321	897245.4516	-1006.335712		10798.8264	27598832.68	41186.60474	3703788.788	33540998.45
09	1667.32105	1219646.876	374625.2448	17005.82088	2788.069521	109964.7159	42730665.32	146017.2952	4387989.58	48990370.24
10	8407.14705	1139761.211	359340.1204	-0.280864	41233.3068	120280.8731	25843358.34	292117.1307	4001286.015	31805783.86
11	2289.895427	928971.7344	586011.2318	334488.4086	33866.18791	96916.40357	36760711.4	223422.7732	4215637.971	43182316.01
12	10142.2799	1202708.305	2685473.89	365899.8676	49241.99771	363358.2619	2660007.838	226575.5503	6826088.873	14389496.86
总计	43262.21217	11870121.42	7739439.019	2875098.545	286965.3997	1489003.17	521910657	1879145.87	57430989.86	605524682.5

图 4 – 10　2022 年各月销售费用分类汇总金额

同理，可以得到 2021 年各月份销售费用分类汇总金额。

新建 Excel 文件，命名为 "2021 ~ 2022 年汇总数据 . xlsx"，将 2021 ~ 2022 年销售费用分类汇总金额、2021 ~ 2022 年各月份主营业务收入金额汇总到一张表中，如图 4 – 11 所示。

步骤 2：计算 2021 ~ 2022 年各月份销售费用结构占比。新建 Sheet 表，以计算 2021 ~ 2022 年各月份销售费用各明细科目的占比情况；选中除日期列外的全部数据，点击【开始】→【条件格式】→【最前/最后规则】→【前 10 项】，

	A	B	C	D	E	F	G	H	I	J	K	L
1	日期	办公费	差旅费	广告费	会务费	劳动保护费	其他	销售服务费	样品费	职工薪酬	销售费用合计	主营业务收入
2	202101	2,550.43	742,992.31	1,649,785.55		2,420.70	106,388.25	66,059,842.80	101,204.53	5,984,543.55	74,649,728.12	247,797,477.37
3	202102	664.14	1,002,699.08	329,194.01		10,416.72	91,958.73	1,212,479.30	45,204.82	5,563,673.52	8,256,290.32	106,372,129.34
4	202103	497.47	808,831.03	1,034,957.98	60,406.50	17,608.45	61,412.34	46,094,348.75	55,136.87	2,722,039.80	50,855,239.20	218,694,688.32
5	202104	7,698.90	578,755.03	512,550.62		6,716.56	224,151.32	12,983,389.17	72,171.97	4,250,879.93	18,636,313.50	140,431,751.37
6	202105	2,325.06	845,681.27	169,578.36	264,355.59	53,168.27	377,008.41	16,289,582.95	141,840.87	2,750,693.39	20,894,234.17	163,465,084.37
7	202106		772,256.97	1,049,266.17	227,171.42	6,800.19	1,581,040.84	49,733,946.71	138,932.53	3,002,553.25	56,511,968.08	223,408,992.34
8	202107	6,161.85	984,728.27	1,049,467.27	89,876.54	25,029.40	-1,706,337.21	25,018,986.77	42,340.29	4,224,744.19	29,734,997.35	131,672,312.93
9	202108	1,255.81	690,132.83	615,987.31		50,415.29	76,912.56	30,139,769.88	74,714.88	3,506,798.68	35,155,987.25	167,733,729.13
10	202109	1,883.25	883,681.63	609,422.27	53,618.20	15,608.94	101,173.93	53,441,279.24	175,514.22	3,894,954.85	59,177,136.52	280,235,243.29
11	202110	6,102.74	814,610.35	297,186.09	316,674.64	8,596.13	226,934.66	39,736,623.15	76,703.50	4,881,231.98	46,364,863.24	216,381,686.28
12	202111	909.33	682,876.65	635,189.32	8,817.39	221,875.79	74,986.61	53,863,471.19	212,474.55	3,963,856.31	59,664,457.14	281,256,978.41
13	202112	6,686.38	853,526.67	964,317.99	31,117.63	6,629.24	410,721.78	21,848,728.50	247,559.63	4,837,513.04	29,206,800.85	270,285,637.11
14	202201	2,733.57	903,313.30	373,580.90	292,098.56	15,648.07	213,840.77	197,363,247.66	258,750.04	7,221,958.42	206,512,171.30	477,682,259.42
15	202202	388.38	107,118.86			3,951.39	-186,423.17	28,053,065.27	28,934.79	8,229,060.14	36,236,095.66	182,141,138.38
16	202203	990.21	1,017,050.13	190,775.55	195,697.26	1,229.51	84,359.43	55,827,119.36	174,150.02	3,654,646.39	61,146,018.86	264,866,713.11
17	202204	3,874.28	1,048,755.48	508,888.00	488,786.01	72,867.06	262,346.91	22,309,652.31	105,657.53	4,444,198.36	29,245,025.95	192,353,608.85
18	202205	3,342.83	985,118.67	569,973.31	581,280.48	6,702.48	87,734.80	28,241,894.69	314,216.45	2,978,133.08	33,768,396.81	202,505,764.73
19	202206	734.07	1,098,610.56	296,761.96	533,441.39	56,063.81	125,033.89	23,137,380.11	137,216.14	3,240,150.54	28,625,392.46	229,435,784.83
20	202207	7,991.08	1,028,614.97	896,763.40	67,407.36	3,373.51	101,791.45	31,384,722.02	63,900.55	4,528,051.70	38,082,616.04	186,162,110.34
21	202208	701.15	1,190,451.32	897,245.42	-1,006.34		109,798.83	27,598,832.68	41,186.60	3,703,788.79	33,540,998.45	208,330,546.93
22	202209	1,667.32	1,219,646.88	374,625.24	17,005.82	2.88	109,964.72	42,730,665.32	146,017.30	4,387,989.58	48,990,370.24	216,033,778.98
23	202210	8,407.15	1,139,761.21	359,340.12	-0.28	41,233.31	120,280.87	25,843,358.34	292,117.13	4,001,286.02	31,805,783.86	188,178,934.67
24	202211	2,289.90	928,971.73	586,011.23	334,488.41	33,866.19	96,916.40	36,760,711.40	223,422.77	4,215,637.97	43,182,316.01	192,247,301.22
25	202212	10,142.28	1,202,708.30	2,685,473.89	365,899.87	49,242.00	363,358.26	2,660,007.84	226,575.55	6,826,088.87	14,389,496.86	195,356,103.23

图 4 – 11　2021～2022 年汇总数据

突出显示 2021～2022 年销售费用所有明细数据中比率最高的前 10 项，如图 4 – 12 所示。可以看到，在销售费用的全部明细科目中，销售服务费占比最高，平均占比接近 80%。因此，把销售服务费作为销售费用中的重点项目，进行销售服务费的比率分析和趋势分析。

	A	B	C	D	E	F	G	H	I	J
1	日期	办公费	差旅费	广告费	会务费	劳动保护费	其他	销售服务费	样品费	职工薪酬
2	202101	0.0034%	0.9953%	2.2100%	0.0000%	0.0032%	0.1425%	88.4931%	0.1356%	8.0168%
3	202102	0.0080%	12.1447%	3.9872%	0.0000%	0.1262%	1.1138%	14.6855%	0.5475%	67.3871%
4	202103	0.0010%	1.5905%	2.0351%	0.1188%	0.0346%	0.1208%	90.6383%	0.1084%	5.3525%
5	202104	0.0413%	3.1055%	2.7503%	0.0000%	0.0360%	1.2028%	69.6672%	0.3873%	22.8097%
6	202105	0.0111%	4.0474%	0.8116%	1.2652%	0.2545%	1.8044%	77.9621%	0.6789%	13.1648%
7	202106	0.0000%	1.3665%	1.8567%	0.4020%	0.0120%	2.7977%	88.0060%	0.2458%	5.3131%
8	202107	0.0207%	3.3117%	3.5294%	0.3023%	0.0842%	-5.7385%	84.1399%	0.1424%	14.2080%
9	202108	0.0036%	1.9631%	1.7522%	0.0000%	0.1434%	0.2188%	85.7315%	0.2125%	9.9750%
10	202109	0.0032%	1.4933%	1.0298%	0.0906%	0.0264%	0.1710%	90.3073%	0.2966%	6.5819%
11	202110	0.0132%	1.7570%	0.6410%	0.6830%	0.0185%	0.4895%	85.7045%	0.1654%	10.5279%
12	202111	0.0015%	1.1445%	1.0646%	0.0148%	0.3719%	0.1257%	90.2773%	0.3561%	6.6436%
13	202112	0.0229%	2.9224%	3.3017%	0.1065%	0.0227%	1.4063%	74.8070%	0.8476%	16.5630%
14	202201	0.0013%	0.4374%	0.1809%	0.1414%	0.0076%	0.1035%	95.5698%	0.0609%	3.4971%
15	202202	0.0011%	0.2956%	0.0000%	0.0000%	0.0109%	-0.5145%	77.4175%	0.0799%	22.7096%
16	202203	0.0016%	1.6633%	0.3120%	0.3200%	0.0020%	0.1380%	91.3013%	0.2848%	5.9769%
17	202204	0.0132%	3.5861%	1.7401%	1.6713%	0.2492%	0.8971%	76.2853%	0.3613%	15.1964%
18	202205	0.0099%	2.9173%	1.6879%	1.7214%	0.0198%	0.2598%	83.6341%	0.9305%	8.8193%
19	202206	0.0026%	3.8379%	1.0367%	1.8635%	0.1959%	0.4368%	80.8282%	0.4794%	11.3191%
20	202207	0.0210%	2.7010%	2.3548%	0.1770%	0.0089%	0.2673%	82.4122%	0.1678%	11.8901%
21	202208	0.0021%	3.5492%	2.6751%	-0.0030%	0.0000%	0.3274%	82.2839%	0.1228%	11.0426%
22	202209	0.0034%	2.4896%	0.7647%	0.0347%	0.0057%	0.2245%	87.2226%	0.2981%	8.9568%
23	202210	0.0264%	3.5835%	1.1298%	0.0000%	0.1296%	0.3782%	81.2536%	0.9184%	12.5804%
24	202211	0.0053%	2.1513%	1.3571%	0.7746%	0.0784%	0.2244%	85.1291%	0.5174%	9.7624%
25	202212	0.0705%	8.3582%	18.6627%	2.5428%	0.3422%	2.5252%	18.4858%	1.5746%	47.4380%

图 4 – 12　2021～2022 年销售费用结构

步骤 3：销售服务费的比率分析。分别计算 2021～2022 年各月份销售服务费占当月主营业务收入比例、销售服务费占当月全部销售费用的结构比例。

为了使计算出来的结果更具可读性，选中"B""C"两列数据，点击【数字】→【百分比样式】→【增加小数位数】，处理后的结果如图 4-13 所示。

	A	B	C
1	日期	销售服务费占当月主营业务收入	销售服务费占当月销售费用总额比例
2	202101	26.66%	88.49%
3	202102	1.14%	14.69%
4	202103	21.08%	90.64%
5	202104	9.25%	69.67%
6	202105	9.97%	77.96%
7	202106	22.26%	88.01%
8	202107	19.00%	84.14%
9	202108	17.97%	85.73%
10	202109	19.07%	90.31%
11	202110	18.36%	85.70%
12	202111	19.15%	90.28%
13	202112	8.08%	74.81%
14	202201	41.32%	95.57%
15	202202	15.40%	77.42%
16	202203	21.08%	91.30%
17	202204	11.60%	76.29%
18	202205	13.95%	83.63%
19	202206	10.08%	80.83%
20	202207	16.86%	82.41%
21	202208	13.25%	82.28%
22	202209	19.78%	87.22%
23	202210	13.73%	81.25%
24	202211	19.12%	85.13%
25	202212	1.36%	18.49%

图 4-13　销售服务费占比

步骤 4：利用 Excel 图表实现趋势分析。根据计算出来的销售服务费比例，画折线图进行趋势分析。选中全部数据，点击【插入】→【推荐的图表】→【所有图表】→【折线图】→【确定】，如图 4-14 所示。

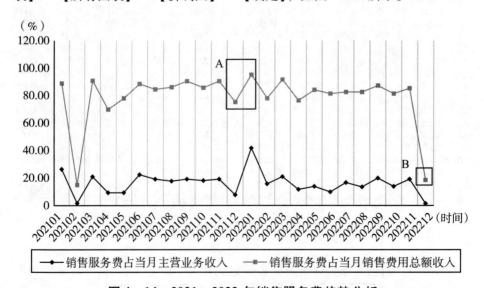

图 4-14　2021~2022 年销售服务费趋势分析

由图 4 - 14 所示，A 区域反映 2021 年 12 月 ~ 2022 年 1 月销售服务费的短暂增长趋势，在图 4 - 13 中可以发现，2021 年 12 月末销售服务费占主营业务收入比仅为 8.08%，但是 2022 年 1 月该比率高达 41.32%，有可能是 2021 年末少计销售服务费造成的，存在跨期不合理问题，该企业可能存在粉饰报表的行为。同样，图 4 - 14 中的 B 区域，2022 年 12 月销售服务费也有明显下降趋势，也需要审计人员重点关注。

此外，除了分析销售服务费的比率趋势外，还可以通过比率及趋势分析发现其他值得关注的内容。如图 4 - 12 所示，2022 年 12 月广告费占当月主营业务收入比率高达 18.6627%，而其他月份该比率维持在 1% ~ 3%，判断该公司在 2022 年增加了广告费投入，需要进一步判断大额广告费发生的合理性。

二、结构分析

审计人员在对被审计单位进行系统分析把握总体情况的基础上，要根据被审计单位的主要业务类别分别建立类别分析模型，从业务类别的层次上进行分析，进一步锁定各主要业务类别的审计内容和范围。审计人员可选择一个或多个字段进行分组，对其余一个或多个字段进行计数、求和、方差、平均值、最大值、最小值等运算。

2022 年新修订的《中国注册会计师审计准则第 1313 号——分析程序》应用指南指出：分组计算方法是能有效检查舞弊的手段之一。使用分组计算方法的目的在于获取数据和业务运营的总体情况，以便进一步实施审计数据分析。信息可分解的程度是指用于分析程序的信息的详细程度，如按月份或地区分部分解的数据。通常，数据的可分解程度越高，预期值的准确性越高，审计人员将相应获取较高的保证水平。当被审计单位经营复杂或多元化时，分解程度高的详细数据更为重要。例如，与对整体财务报表实施实质性分析程序相比，对单个经营部门的财务信息或某个多元化经营的财务报表组成部分实施实质性分析程序可能更有效。

本部分按照字段类型，从字符型、数值型、日期型分别进行介绍。

（一）字符型分类

Excel 有多种方法实现分类汇总，最常用的是 Excel 的分类汇总功能和数据透视表。Excel 分类汇总功能仅可以实现单个字段的分类汇总，数据透视表可以实现行、列 2 个字段的分类汇总，这对于审计数据分析远远不够。Power

Query 的【分组依据】功能可以实现多字段的分类汇总，扩展传统 Excel 功能。

【例 4.4】结构分析在销售收入审计中的应用。本部分案例以某烟草企业的销售收入审计为背景，讲解如何从单维度延伸为多维度分析，最终发现该企业虚构销售收入的分析过程。

本案例为某烟草企业审计，审计人员采集了该单位一年的商品进销存结转数据，该表字段包括"入账日期""月份""单位代码""类别""商品代码""数量"六列，数据源于"第四章/章节数据/商品进销存结转表 . xlsx"①。

1. 审计分析思路

依据审计分析思路（模型）的构建思路，审计人员可遵循如下的分析路径：（1）按"月份"进行分类汇总，对总数量进行比较分析，找出重点审计月份；（2）从重点月份着手，从"月份""商品代码""单位代码"多维度分析，进一步分析计算各单位在各月中各种商品的销售情况；（3）针对特别异常的月份销售数据，从"入账日期""商品代码""单位代码"分析各单位在重点月份中的商品销售情况，最终发现异常高的商品销售线索。

2. 操作步骤

例 4.4 – 销售
收入结构
分析 1

步骤 1：按月份实现分类汇总。把审计预处理后的数据导入 Power Query 管理视图中，利用【分组依据】功能，实现月份的分类汇总。点击【主页】→【转换】→【分组依据】，在分组依据中进行如下设置，如图 4 – 15 所示。

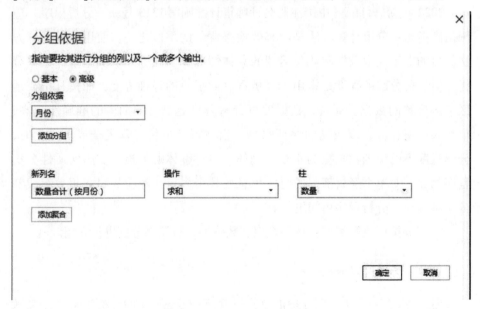

图 4 – 15　分组依据设置

---

① 　本案例改编自：刘汝焯 . 审计分析模型算法［M］. 北京：清华大学出版社，2016：206.

点击【确定】，进行降序排序，如图 4 – 16 所示。

	1²₃ 月份	1.2 数量合计（按月份）
1	12	74017.448
2	11	61016.676
3	6	48020
4	4	46496.408
5	9	45666.584
6	10	44888.368
7	1	42830.912
8	5	42525.096
9	3	38695.584
10	8	34521
11	2	32921.008
12	7	32144.08

图 4 – 16　排序结果

通过分析发现，企业 1 ~ 10 月销售数量都保持在 3 万 ~ 4 万箱，11 月达 6 万箱，而在 12 月销售数量异常，增长为 7 万多箱，引起审计人员注意，决定将 11 月、12 月的销售作为审计重点。

【提示】如果按照商品代码、单位代码进行分类汇总，会有什么发现，请自行尝试。

步骤 2：按照"月份""商品代码""单位代码"进行分类汇总。

点击【主页】→【转换】→【分组依据】，具体设置如图 4 – 17 所示。

例 4.4 – 销售
收入结构
分析 2

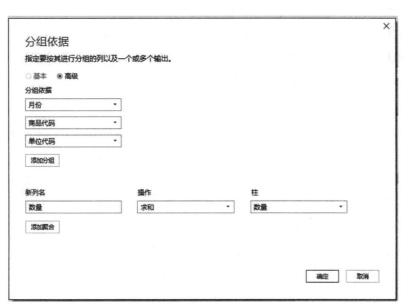

图 4 – 17　分组依据字段设置

点击【确定】，对"数量"列进行降序排序，可得到如图4-18所示的分析结果。

	1²₃ 月份	1²₃ 商品代...	1²₃ 单位代...	1.2 数量
1	12	3	11220	6600
2	12	16	10510	3300
3	12	2	11202	2550
4	12	9	202	2390
5	12	14	201	1892
6	11	11	604	1890
7	11	22	604	1740
8	12	1	13	1707.812
9	2	16	11012	1614
10	12	24	602	1576.6
11	12	9	204	1575
12	11	22	602	1540
13	12	11	601	1520
14	3	16	11012	1510
15	11	25	307	1456
16	11	25	309	1438
17	1	1	19	1428

图4-18　多维度分类汇总过程结果

例4.4 – 销售
收入结构
分析3

如图4-18所示，销售数量最大的是6600箱，相较于其他销售量明显过大，其单位代码为"11220"，商品代码为"3"，可以确定此为审计关注点。

步骤3：实现"入账时间""商品代码""单位代码"的分类汇总。点击【主页】→【转换】→【分组依据】，在分组依据中进行如图4-19所示的字段设置。

点击【确定】，对"数量"列进行降序排序，得到图4-20的分析结果。

如图4-20所示，在2023年12月29日，单位代码为"11220"、商品代码为"3"的商品销售数量达到4700箱，远远超过正常销售量。

通过检查该笔业务的原始附件，发现：一是该笔业务没有相应的购货合同；二是提货单显示该笔销售的4700箱产品竟在一天内全部由购货方用卡车提货运走，审计人员认为这不符合常规。按照该产品的体积和重量，一辆卡车一次只能装几十箱产品，即4700箱产品如果在一天内提完货，需要几百辆卡车，显然是不太可能的。至此，被审计单位不得不承认，为了完成利税指标，制造已经销售的假象，而将该批4700箱产品在企业外另租仓库保管，形成账外资产。后经实地查看仓库，共统计出被审计单位账外资产6000多万元。

图 4-19 分组依据字段设置

	入账日期	商品代码	单位代码	数量
1	231229	3	11220	4700
2	231229	16	10510	2860
3	231225	2	11202	2550
4	231224	9	202	1960
5	231125	22	604	1740
6	231225	14	201	1652
7	230228	16	11012	1614
8	231229	1	13	1611.212
9	231225	3	11220	1600
10	231125	22	602	1540
11	231224	11	601	1520
12	230331	16	11012	1510
13	231125	25	309	1438
14	230130	1	19	1428
15	231126	11	604	1390
16	230526	9	13	1360
17	231224	9	203	1354
18	231224	9	204	1320
19	231125	25	307	1312
20	230130	3	11318	1234
21	231125	22	601	1190
22	230130	11	1102	1150
23	230526	96	10109	1080
24	230625	16	10510	1050
25	231224	9	402	1042.6
26	230526	11	205	1040
27	231224	24	602	1040

图 4-20 本案例最终分析结果

【提示】请总结本案例的审计分析思路、审计分析方法与技术应用。在本案例中，一共进行3次【分组依据】操作，每一次分类汇总的作用是什么？

（二）数值型分层

数值型分层分析，可以简单理解为数值型字段在离散化后，再进行求和、求平均数、求个数、求最大值、求最小值等的分类汇总。数值分层是指连续型数值划分为平均或不相等的区间，如按照业务发生金额、账户余额、项目重要程度及内部控制的强弱进行划分，以了解每个区间的数据分布情况，例如，对合同数据，在指定（或默认）金额范围内签订了多少合同，如 1 ~ 1000、1001 ~ 5000 等。可以看到，数值型字段离散化后，就转化成为上述字符型分类汇总。此外，分层分析还可用于检查数值型字段的合理性，如异常大或异常小的异常点。

【例4.5】价格分层的开票金额统计，利用 VLOOKUP 函数实现数值分层。数据源于"第四章/章节数据/发票表.xlsx"。

VLOOKUP 函数可谓是 Excel 数据分析的"万能钥匙"，除经典 VLOOKUP 函数实现代码转换外，本部分将利用该函数实现数值分层分析，特别注意该函数第 4 个参数与第 3 章中的数据关联的差别，该函数的格式为：

VLOOKUP(lookup_value, table_array, col_index_num, range_lookup)

第 4 个参数 range_lookup，只能是 TRUE（或 1）/FALSE（或 0 或不填），分别表示近似匹配和精确匹配，本部分的数值分层分析将采用模近似匹配。

利用 Excel 中的 VLOOKUP 函数实现数值分层，实现价格分层的开票金额统计。价格分层区间如表 4 – 1 所示，具体操作步骤如下。

例 4.5 – 利用
VLOOKUP 函数
实现数值分层

表 4 – 1　　　　　　　　"发票表"的价格分层区间

阈值	区间
0	0 ≤ 价格 < 100
100	100 ≤ 价格 < 200
200	200 ≤ 价格 < 300
300	300 ≤ 价格 < 400
400	400 ≤ 价格 < 500
500	500 ≤ 价格

步骤 1：在 Excel 中输入表 4 – 1 中的价格分层表，如图 4 – 21 所示。

I 单价	J 总额	K	L	M	N 阈值	O 区间
166.84	2002.08				0	0≤价格<100
22.99	459.8				100	100≤价格<200
38.03	456.36				200	200≤价格<300
112.58	675.48				300	300≤价格<400
511.36	2556.8				400	400≤价格<500
82.49	824.9				500	500≤价格
28.02	84.06					
11.1	66.6					
2.03	22.33					
26.67	346.71					
2.03	22.33					
98.21	98.21					
9.99	179.82					
11.99	167.86					
79.75	1116.5					
23.18	115.9					
30.65	459.75					
43.71	43.71					

图 4 – 21 输入价格分层表

步骤2：在"K2"单元格输入公式："= VLOOKUP（I：I，$N$2：$O$7，2，1）"，注意：第一个参数表示要查找的值，此处的 I：I 表示"单价"所在列；第二个参数表示搜索的区域，此处的"$N$2：$O$7"表示价格分层区间表所在区域；第三个参数表示返回价格分层区间表中第二列；第四个参数为"1"，为近似匹配，分层结果如图 4 – 22 所示。

【注意】VLOOKUP 第 2 个参数，即价格分层表的第一列值必须是升序排序，否则返回错误结果；VLOOKUP 函数的第四个参数默认是模糊匹配，但建议输入 TRUE 或 1。

利用新增加的"分层情况"，可以利用数据透视表实现对数量、金额的字符型分类汇总，图 4 – 23 是利用数据透视表的结构分析。

例 4.5 – 利用数据透视表的结构分析

【例 4.6】利用 Power Query 实现数值分层。【例 4.5】也可以在 Power Query 中完成，利用【添加列】→【条件列】→【添加条件列】，如图 4 – 24 所示。

步骤1：设置价格的分层区间。在【新列名】中输入【价格分层区间】，在【if】条件中，依次选择【列名】为单价，依据表 4 – 1 的价格分层标准，设置完后，如图 4 – 25 所示。

步骤2：价格分层后进行【分组依据】的操作，结果如图 4 – 26 所示。

例 4.6 – 利用 Power Query 实现数值分层

I	J	K		L	M	N	O
单价	总额	分层情况				阈值	区间
166.84	2002.08	100≤价格<200				0	0≤价格<100
22.99	459.8	0≤价格<100				100	100≤价格<200
38.03	456.36	0≤价格<100				200	200≤价格<300
112.58	675.48	100≤价格<200				300	300≤价格<400
511.36	2556.8	500≤价格				400	400≤价格<500
82.49	824.9	0≤价格<100				500	500≤价格
28.02	84.06	0≤价格<100					
11.1	66.6	0≤价格<100					
2.03	22.33	0≤价格<100					
26.67	346.71	0≤价格<100					
2.03	22.33	0≤价格<100					
98.21	98.21	0≤价格<100					
9.99	179.82	0≤价格<100					
11.99	167.86	0≤价格<100					
79.75	1116.5	0≤价格<100					
23.18	115.9	0≤价格<100					
30.65	459.75	0≤价格<100					
43.71	43.71	0≤价格<100					
209.22	2510.64	200≤价格<300					
11.1	66.6	0≤价格<100					

图 4 – 22　Excel 分层结果

	A	B	C	D	E	F
1	供应商代码	(全部) ▼				
2						
3		数据				
4	分层情况 ▼	求和项:总额	金额比重	计数汇总	计数比重	
5	0<=总额<100	2970196.1	41.73%	15003	87.68%	
6	100<=总额<200	2197019.05	30.87%	1305	7.63%	
7	200<=总额<300	1466992.79	20.61%	615	3.59%	
8	300<=总额<400	2433.2	0.03%	1	0.01%	
9	500<=总额	480934.1	6.76%	188	1.10%	
10	总计	7117575.24	100.00%	17112	100.00%	

图 4 – 23　数据透视表分层结果

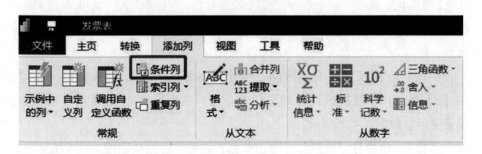

图 4 – 24　Power Query 的"添加列"界面

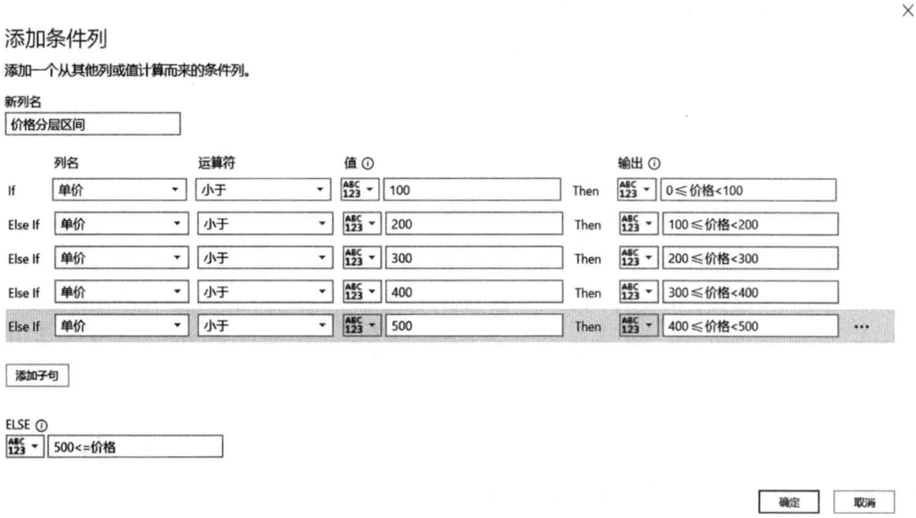

添加条件列

添加一个从其他列或值计算而来的条件列。

新列名

价格分层区间

	列名		运算符		值 ①		输出 ①
If	单价	▼	小于	▼	ABC123 ▼ 100	Then	ABC123 ▼ 0≤价格<100
Else If	单价	▼	小于	▼	ABC123 ▼ 200	Then	ABC123 ▼ 100≤价格<200
Else If	单价	▼	小于	▼	ABC123 ▼ 300	Then	ABC123 ▼ 200≤价格<300
Else If	单价	▼	小于	▼	ABC123 ▼ 400	Then	ABC123 ▼ 300≤价格<400
Else If	单价	▼	小于	▼	ABC123 ▼ 500	Then	ABC123 ▼ 400≤价格<500 ···

添加子句

ELSE ①

ABC123 ▼ 500<=价格

确定　取消

图 4 - 25　Power Query 添加条件列

1.2 单价 ▼	1.2 总额 ▼	ABC123 价格分层... ▼
166.84	2002.08	100≤价格<200
22.99	459.8	0≤价格<100
38.03	456.36	0≤价格<100
112.58	675.48	100≤价格<200
511.36	2556.8	500≤价格
82.49	824.9	0≤价格<100
28.02	84.06	0≤价格<100
11.1	66.6	0≤价格<100
2.03	22.33	0≤价格<100
26.67	346.71	0≤价格<100
2.03	22.33	0≤价格<100
98.21	98.21	0≤价格<100
9.99	179.82	0≤价格<100
11.99	167.86	0≤价格<100
79.75	1116.5	0≤价格<100

图 4 - 26　Power Query 的数值分层结果

（三）日期型分析

针对日期型的分析中，时间间隔分析比较常见，主要是计算业务发生与某预定时间相差天数（也可以是秒、分、小时）的分析方法。审计人员运用该方法可通过日期字段判断一笔业务的有效性、准确性，具体可用于对以下内容进行分析：到期未收的应收账款或到期未付的应付账款；有利可图的赊销付款条件；休眠账户；日期为将来的某一天、为空或其他不符合规则内容的记录查询；时间已经过了某个截止日期的项目内容；合同授予日期早于招标截止日；标书是在招标结束后收到的；业务发生日期在制单期以外；设备平均故障时间；不同业务活动的天数等。

【例 4.7】利用 Excel 实现日期型分析。数据源于"第四章/章节数据/应收表.xlsx"。在该例中，计算"开票日期"至"付款日期"的时间间隔天数，实现间隔天数的分层，最后依据分层区间实现对开票金额的分类汇总，具体操作步骤如下。

例 4.7 –
日期型分析

步骤 1：利用 DATEDIF 计算时间间隔。在 Excel 中，计算时间间隔时会用到隐藏的 DATEDIF 函数，该函数的格式为：

DATEDIF(start_date,end_date,unit)

第一个参数 start_date，表示起始日期；第二个参数 end_date，表示结束日期；第三个参数 unit，表示所需信息的返回时间单位代码，"y"表示返回时间段中的整年数，"m"表示返回时间段中的整月数，"d"表示返回时间段中的天数。如图 4 – 27 所示，在 D2 区域输入公式 = DATEDIF(B2,C2,"d")，向下拖放，可计算所有记录的时间间隔天数。

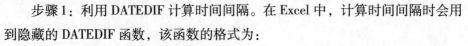
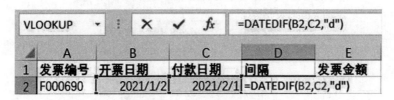

图 4 – 27　计算时间间隔

【提示】如果直接输入公式 = "C2 – B1"，也可以计算得出 2 个日期的间隔天数，但 DATEDIF 函数可以返回更灵活的间隔时间单位。

步骤 2：建立时间间隔天数的区间表。在 Excel 中，输入表 4 – 2 中的时间分层区间。

表 4 – 2　　　　　　　　　　　天数间隔区间

阈值	区间
0	1 天至 30 天
30	31 天至 60 天
60	61 天至 90 天
90	90 天以上

步骤 3：用 VLOOKUP 函数实现与表 4 - 2 的模糊匹配。此步骤与〖例 4.5〗相同，分层后结果如图 4 - 28 所示。

	A	B	C	D	E	F	G	H	I
1	发票编号	开票日期	付款日期	间隔	发票金额	分层情况		阈值	区间
2	F000690	2021/1/2	2021/2/1	30	2,367.04	30天至60天		0	1天至30天
3	F000693	2021/1/1	2021/1/12	11	9,247.20	1天至30天		30	30天至60天
4	F000698	2021/1/2	2021/2/1	30	7,190.40	30天至60天		60	60天至90天
5	F000718	2021/1/2	2021/2/6	35	9,618.63	30天至60天		90	90天以上
6	F000720	2021/1/1	2021/3/29	87	2,090.60	60天至90天			
7	F000723	2021/1/1	2021/1/26	25	11,348.68	1天至30天			
8	F000739	2021/1/2	2021/2/1	30	5,168.15	30天至60天			
9	F000740	2021/1/1	2021/3/12	70	13,429.35	60天至90天			
10	F000741	2021/1/31	2021/4/15	74	3,569.79	60天至90天			
11	F000742	2021/2/1	2021/5/22	110	7,690.88	90天以上			
12	F000744	2021/1/26	2021/5/13	107	3,861.64	90天以上			
13	F000747	2021/1/25	2021/2/14	20	3,645.53	1天至30天			
14	F000748	2021/1/25	2021/2/12	18	3,385.80	1天至30天			
15	F000750	2021/1/26	2021/4/25	89	2,041.92	60天至90天			
16	F000752	2021/1/29	2021/2/19	21	2,513.72	1天至30天			
17	F000753	2021/1/28	2021/2/16	19	3,129.28	1天至30天			
18	F000754	2021/1/31	2021/3/7	35	5,606.64	30天至60天			
19	F000755	2021/1/23	2021/3/5	41	4,285.98	30天至60天			
20	F000756	2021/1/23	2021/2/15	23	8,144.94	1天至30天			
21	F000757	2021/1/30	2021/3/31	60	2,903.20	60天至90天			
22	F000759	2021/1/29	2021/2/22	24	4,348.68	1天至30天			
23	F000760	2021/1/27	2021/2/13	17	1,812.72	1天至30天			
24	F000762	2021/2/1	2021/4/26	84	8,562.67	60天至90天			
25	F000763	2021/2/2	2021/4/11	68	1,620.90	60天至90天			

图 4 - 28　时间间隔分层结果

步骤 4：以间隔天数的区间为分类变量，实现对"发票金额"的分类汇总，此步骤与字符型分类汇总相同，图 4 - 29 是按照时间间隔分类的数据透视表的分析结果。

	A	B	C	D	E
1					
2					
3	行标签 ▼	求和项:发票金额	金额比重	计数汇总	计数比重
4	1天至30天	10389330.13	53.54%	1049	52.63%
5	30天至60天	4881655.67	25.16%	489	24.54%
6	60天至90天	2848973.52	14.68%	318	15.96%
7	90天以上	1285750.4	6.63%	137	6.87%
8	总计	19405709.72	100.00%	1993	100.00%

图 4 - 29　时间间隔分类结果

利用数据透视表的时间类型自动分析，把"发票表"中的"发票日期"拖入 Excel 的数据透视表的【行】字段区域时，透视表会自动把该时间分为"年""季度""月"的层级结构，对于【值】字段可以参照〖例 4.5〗的设置方法，具体字段设置如图 4 - 30 所示，执行后的结果如图 4 - 31 所示。

智能审计基础

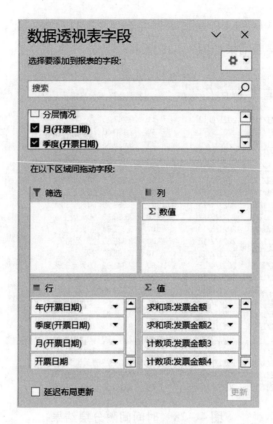

图4-30 时间间隔分析数据透视表字段设置

行标签	求和项:发票金额	求和项:发票金额2	计数项:发票金额3	计数项:发票金额4
⊟2021年	7127921.15	36.73%	1041	52.23%
⊟第一季	1372185.94	7.07%	271	13.60%
⊞1月	321758.71	1.66%	82	4.11%
⊞2月	296642.73	1.53%	62	3.11%
⊞3月	753784.5	3.88%	127	6.37%
⊟第二季	1750452.19	9.02%	246	12.34%
⊞4月	416662.48	2.15%	70	3.51%
⊞5月	688200.48	3.55%	91	4.57%
⊞6月	645589.23	3.33%	85	4.26%
⊟第三季	1971671.79	10.16%	266	13.35%
⊞7月	790296.52	4.07%	99	4.97%
⊞8月	604900.75	3.12%	82	4.11%
⊞9月	576474.52	2.97%	85	4.26%
⊟第四季	2033611.23	10.48%	258	12.95%
⊞10月	637571.11	3.29%	83	4.16%
⊞11月	683274.91	3.52%	90	4.52%
⊞12月	712765.21	3.67%	85	4.26%
⊞2022年	12188853.06	62.81%	948	47.57%
⊞2023年	88935.51	0.46%	4	0.20%
总计	19405709.72	100.00%	1993	100.00%

图4-31 数据透视表的日期型自动分层结果

三、业务规则

业务规则是指符合业务的某一数值范围、一个有效值的集合，或者是指某种数据模式的约束。这些约束有来自系统外部的，如国家政策和法律法规；也有来自系统内部的，如借贷记账法要求的借贷平衡、账务处理系统中各种账户之间的勾稽关系；还有一些约束作为系统的控制手段，如凭证号的连续性约束。

审计业务规则按其内容可分为通用业务规则和特定业务规则。通用业务规则是指对多数信息系统都适用的业务规则，例如，工资必须大于或等于零，如果在数据表中 Salary = "−3500"，则表示无效的工资。特定业务规则是指针对某一种特定行业信息系统的业务规则，例如，在审计人员采集到的被审计单位固定资产数据表中，关于固定资产价值方面的数据一般都包括固定资产原值、累计折旧、固定资产净值字段内容，而且这三个字段之间存在的勾稽关系如下：固定资产原值 − 累计折旧 = 固定资产净值。

审计人员需要充分了解被审计单位的业务规则，通过单一或多个数据源的对比、关联，验证被审计单位的业务规则符合程度，以构建有效的个体分析思路（模型），发现有价值的审计线索。本部分结合财务审计分析需求，介绍针对凭证表的常用经验规则查询方法。

（一）金额筛选

筛选是指按照条件对数据进行检索或者选择，是审计数据分析方法中最常见、最简单和最有效的方法之一。使用筛选方法进行数据分析的关键是定义筛选条件，筛选条件可以针对一个字段或多个字段设置检索条件。审计人员除了经常运用 Excel 的【筛选】功能外，还可以利用【高级筛选】设置复杂的筛选条件。【高级筛选】功能使用，关键是要知道如何设定【条件区域】，如图 4-32 所示。

如图 4-32 所示，【条件区域】格式总结如下：如果同一列中包含多个条件参数，表示并列的逻辑"或"；如果同一行中包含多个条件参数，表示交叉叠加的逻辑"与"；如果条件区域包含多行多列，参照上述规则进行复杂组合。此外，需要注意条件区域至少包含两行，在默认情况下，第一行作为字段标题，第二行作为条件参数。为避免出错，条件区域应尽量与数据区域分开放置，条件区域甚至可以放置在不同的工作表中。

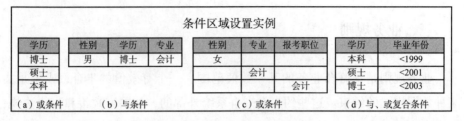

条件区域设置实例

学历		性别	学历	专业		性别	专业	报考职位		学历	毕业年份
博士		男	博士	会计		女				本科	<1999
硕士							会计			硕士	<2001
本科								会计		博士	<2003

（a）或条件　　　（b）与条件　　　　　（c）或条件　　　（d）与、或复合条件

条件区域设置规则的图形化解释

A	B
A1	
A2	

A	B
A1	B1

A	B
A1	
	B2

A	B
A1	B1
A2	B2

（a）筛选字段A中符合A1条件或A2条件的所有记录 | （b）筛选字段A中符合A1条件并且字段B中符合B1条件的所有记录 | （c）筛选字段A中符合A1条件或字段B中符合B2条件的所有记录 | （d）筛选字段A中符合A1条件且字段B中符合B1条件，以及字段A中符合A2条件且字段B中符合B2条件的所有记录

图4-32　条件区域格式示例

例4.8－
高级筛选

【例4.8】利用高级筛选检索出涉及大额现金（1000元以上）及银行存款（10000元以上）的记录。数据源于"第四章/章节数据/凭证审计中间表.xlsx"，以下为具体操作步骤。

步骤1：设置条件区域。在Excel空白区域设置条件区域，选取凭证审计中间表的P1：Q3区域，条件区域设置如图4-33所示。

	O	P	Q
1		科目全称	贷方发生额
2		银行存款-华夏银行	≥10000
3		现金	≥1000
4			
5			
6			

图4-33　设置条件区域

步骤2：大额货币资金筛选。为了不覆盖原表的数据，新增Sheet表，命名为"凭证表2"。在"凭证表2"中点击【数据】→【排序和筛选】→【高级】，在弹出的"高级筛选"对话框中，按照如图4-34所示的要求，设置好列表区域、条件区域和结果存储区，并选择【将筛选结果复制到其他位置】。

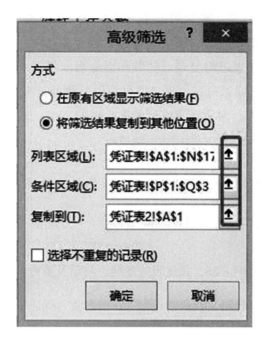

图 4 - 34　高级筛选设置

点击【确定】，得到筛选结果，再按照贷方发生额进行降序排列，审计人员可以大概了解该公司大额银行存款和现金的支出记录。

（二）对方科目查询

凭证查询在审计实务中具有重要意义。审计人员可以通过凭证查询了解公司财务人员的业务水平及规范程度，还可以确定会计分录处理的真实性、及时性和准确性，有助于完善审计程序，发现存在的问题。基于第二章凭证表结构介绍，一张完整的凭证至少包括 2 条记录，一条表示借方发生额，另一条表示贷方发生额。下面介绍如何利用 Power Query 的【合并查询】功能实现对方科目的完整凭证查询。

【例 4. 9】 利用 Power Query 检索贷方为主营业务收入的所有记账凭证，并检验是否有不符合会计记账规范的异常凭证。数据源于"第四章/章节数据/凭证审计中间表 . xlsx"，以下为本案例的分析思路和步骤。

销售收入记账凭证的常用格式为：

借：×××

　　贷：主营业务收入

　　　　应交税费——应交增值税（销项）

销售收入的贷方科目涉及主营业务收入和销项税额至少 2 条记录，因此

智能审计基础

例4.9 – Power
Query 异常
凭证查询

要获得完整的凭证信息，需要利用【合并查询】功能实现凭证表的自连接，以下为具体操作步骤。

步骤1：对凭证表进行复制、粘贴和重命名。将"凭证表"导入 Power Query 中，进入查询编辑窗口，将"科目编码"列和"对方科目编码"列的数据类型设置为文本；对凭证表进行复制、粘贴2次，分别重命名为"商品销售收入表""销项税表"，如图4-35所示。

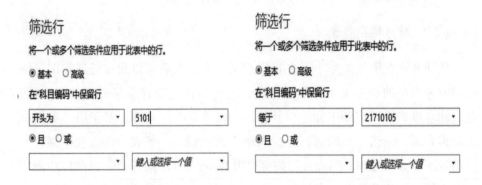

图4-35　凭证表的复制、粘贴及重命名

步骤2：利用会计科目代码实现筛选。销售收入凭证贷方的主营业务收入科目编码开头为"1131"，销售税额的科目代码是"21710105"。对"商品销售收入表"的"科目编码"字段，设置筛选条件为"开头为5101"；对"销项税表"中"科目编码"字段，设置筛选条件为"等于21710105"，对应的筛选条件如图4-36所示。

筛选行	筛选行
将一个或多个筛选条件应用于此表中的行。	将一个或多个筛选条件应用于此表中的行。
◉ 基本　○ 高级	◉ 基本　○ 高级
在"科目编码"中保留行	在"科目编码"中保留行
开头为　▾　5101　▾	等于　▾　21710105　▾
◉ 且　○ 或	◉ 且　○ 或
▾　键入或选择一个值　▾	▾　键入或选择一个值　▾

图4-36　对于商品销售收入表、销项税表的筛选条件

步骤3：利用凭证表的关键词实现自连接。将"凭证表"依次与"商品销售收入表""销项税表"通过"会计期间""凭证类型""凭证编号"字段进行连接，联接方式为【内部（仅限匹配行）】。

选中"凭证表"，点击【主页】→【合并查询】→【将查询合并为新查询】，在弹出的"合并"窗口中，选择连接表为"商品销售收入表"，分别选中表格中的匹配列【会计期间】【凭证类型】【凭证编号】，选择联结种类为【内部（仅限匹配行）】，如图4-37所示。之后，将联接后的"合并1"继续与"销项税表"进行类似操作,如图4-38所示;删除"商品销售收入表"列和"销项税表"列,将"合并1"重命名为"收入凭证",最终查询到166行记录。

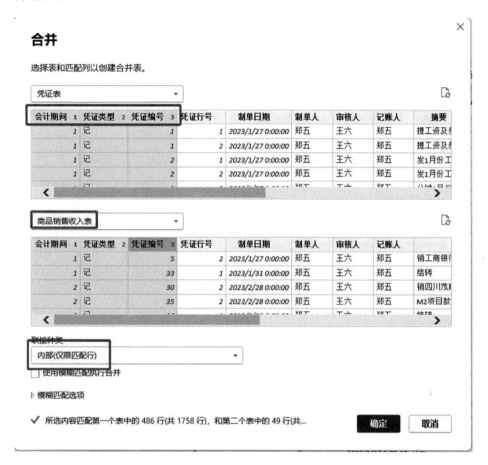

图4-37 "凭证表"和"商品销售收入表"的合并查询

步骤4:筛选借方科目。点击【关闭并应用】,回到Power BI界面,点击【表格视图】,选中"收入凭证"表的"借方金额"列,筛选金额不为0的数据;点击"科目全称"列,得到主营业务收入对应的所有5种借方科目,如图4-39所示。

如图4-39所示,发现其存在一个异常科目,即"应付账款——单位往来"。经查询,该凭证对应的会计期间为2月,凭证编号为35,完整凭证记录如图4-40所示。在正常的销售业务中,应付账款科目不应出现在借方,本案例查询出的异常凭证说明该公司财务人员存在记账错误或记账不规范的现象,具体原因可能有:(1)财务人员误将应收账款记为应付账款;(2)财务人员为简化记账,将该笔销售收入与该公司对同一客户的负债进行对冲。

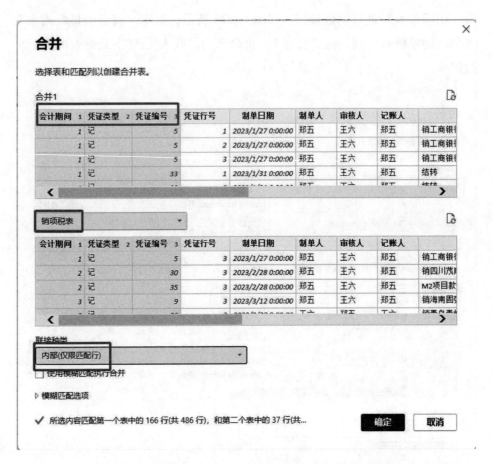

图 4 – 38 "合并 1"和"销项税表"的合并查询

图 4 – 39 全部借方科目

摘要	科目编码	科目全称	借方发生额	贷方发生额
M2项目款	212101	应付账款-单位往来	14200	0
M2项目款	5101	商品销售收入	0	12566.3718
M2项目款	21710105	应交税金-应交增值税-销项...	0	1633.6282

图 4 – 40 异常凭证查询

四、数值分析

（一）断号分析

断号分析主要是分析被审计数据中的某字段在数据记录中是否连续，可以发现一些可能存在舞弊的信号。在审计过程中，审计人员经常遇到这样的情况，税务机关开票系统开的税票号存在断号、医院的门诊收费系统开出收据的编号断号、行政事业单位的非税收入管理系统开的收据断号等，这些票据除了正常作废导致断号之外，往往还存在其他审计疑点。使用查询断号的方法，可以检索出记录缺失的文档记录。会计凭证和重要的业务凭证往往都必须预先连续编号，使用查询断号的方法，可以发现被审计单位的一些舞弊行为，包括：（1）支票或发票号码不连续；（2）采购订单没有登记；（3）分支机构没有报告收入；（4）缺少某个时间段的收据；（5）其他没有连续编号的情况等。

【例4.10】利用 Excel 函数查找缺失的流水号。数据源于"第四章/章节数据/断号查询.xlsx"中的"Excel 查询缺号"表。本案例中虚拟的数据有两列，一列是"完整流水号"，即系统自动生成的连续号码，另一列为对"实际流水号"进行"断号分析"操作，查找是否存在人为私自删除流水记录的情况。本案例采用 MATCH 函数完成缺失断号的查找。

MATCH 函数的格式为：MATCH(lookup_value,lookup_array,[match_type])

lookup_value（必需参数）是需要在 lookup_array 中查找的值。lookup_array（必需参数）是要搜索的单元格区域。match_type（可选参数）指定 Excel 如何在 lookup_array 中查找 lookup_value 的值，此参数的默认值为 1，可选 −1、0 或 1，match_type 参数介绍如表 4−3 所示。

表 4−3　　　　　　　　　　match_type 参数介绍

参数	含义
−1	查找大于或等于 lookup_value 的最小值。lookup_array 中的值必须按降序排列
0	查找等于 lookup_value 的第一个值。lookup_array 中的值可以按任何顺序排列
1 或省略	查找小于或等于 lookup_value 的最大值。lookup_array 中的值必须按升序排列

在 C 列新建"MATCH 匹配查询"列，在 C2 单元格输入如下 Excel 公式："= IF(ISERROR(MATCH(A2,＄B＄2：＄B＄18,0)),A2,"")"，并拖动至

例 4.10 − 断号分析

C2：C30 区域，即 A 列中最后流水号末尾。该公式中的 MATCH 函数作用，就是取得 A 列中每一个流水号与 B 列进行匹配，如果未能匹配，则返回该流水号。IF 和 ISERROR 函数联合使用，就是避免出现错误提示，那么在 C 列中的非空白单元格即是缺失的断号。此外，C2 的公式也可以利用 COUNTIF 函数实现，在 D2 单元格中输入公式：" = IF(COUNTIF($B$2：$B$18,$A$2：$A$30) =0,A2,"")"，其原理与 MATCH 函数相同，如图 4 – 41 所示。

	A	B	C	D
1	完整流水号	实际流水号	MATCH匹配查询	COUNTIF匹配查询
2	W201803150001	W201803150001		
3	W201803150002	W201803150002		
4	W201803150003	W201803150010	W201803150003	W201803150003
5	W201803150004	W201803150011	W201803150004	W201803150004
6	W201803150005	W201803150012	W201803150005	W201803150005
7	W201803150006	W201803150013	W201803150006	W201803150006
8	W201803150007	W201803150014	W201803150007	W201803150007
9	W201803150008	W201803150015	W201803150008	W201803150008
10	W201803150009	W201803150016	W201803150009	W201803150009
11	W201803150010	W201803150017		
12	W201803150011	W201803150018		
13	W201803150012	W201803150019		
14	W201803150013	W201803150021		
15	W201803150014	W201803150022		
16	W201803150015	W201803150027		
17	W201803150016	W201803150028		
18	W201803150017	W201803150029		
19	W201803150018			
20	W201803150019			
21	W201803150020		W201803150020	W201803150020
22	W201803150021			
23	W201803150022			
24	W201803150023		W201803150023	W201803150023
25	W201803150024		W201803150024	W201803150024
26	W201803150025		W201803150025	W201803150025
27	W201803150026		W201803150026	W201803150026
28	W201803150027			
29	W201803150028			
30	W201803150029			

图 4 – 41　利用 Excel 函数查找缺失流水号

后续第六章第二节将补充利用 Power Query 实现返回断号区间的查询。

（二）查询重复

重号分析是用于检索某个字段（或某些字段）是否存在重复现象。被审计单位的字段重复目的是多种多样的，某个字段重号是不是审计疑点，要结合具体的审计业务场景来判断。例如，检查相同编号的发票是否存在重复记账，以判断是否有利用发票重复报销或重复使用发票、使用虚假发票的情况；

有些被审计单位单据重复的目的是提高成本费用以减少单位利润，达到少缴纳税收的目的；而有些被审计单位单据重复的目的在于重复计算收入，以达到提高单位净利润的目的。

在审计实务中，被审计单位单据或签名等重复的现象主要表现在以下几个方面：（1）工资或补贴支付单据号码重复；（2）采购订单号码相同；（3）发票号码相同；（4）供货商号码相同；（5）合同号码相同；（6）发票号码相同；（7）领取工资的签名大量重复；（8）其他单据或签名重复的现象。

在 Excel 中，与重号相关的操作可以用 COUNTIF 函数实现。该函数的功能是计算区域中满足给定条件的单元格的个数，该函数的格式为：

COUNTIF(range, criteria)

第一个参数 range，表示一个单元格区域，即计算此区域中满足条件的单元格的数目；第二个参数 criteria，表示确定哪些单元格将被计算的条件，其形式可以为数字、表达式或者文本。

【例 4.11】利用 COUNTIF 函数进行重复值分析。数据源于"第四章/章节数据/重复数据处理 – countif. xlsx"。如图 4 – 42 中的公式所示，E 列中的公式可以统计每个编号的重复次数，而 F 列的公式可以统计该编号是第几次出现。注意这两个公式中，第 1 个参数中绝对地址和相对地址的灵活应用。

	A	B	C	D	E	F
1	编号	重复次数	出现序号		B列公式	C列公式
2	A667708	1	1		COUNTIF(A:A,A2)	COUNTIF($A$2:A2,A2)
3	A310882	1	1		COUNTIF(A:A,A3)	COUNTIF($A$2:A3,A3)
4	A356517	1	1		COUNTIF(A:A,A4)	COUNTIF($A$2:A4,A4)
5	A520304	1	1		COUNTIF(A:A,A5)	COUNTIF($A$2:A5,A5)
6	A776477	2	1		COUNTIF(A:A,A6)	COUNTIF($A$2:A6,A6)
7	A466074	3	1		COUNTIF(A:A,A7)	COUNTIF($A$2:A7,A7)
8	A466074	3	2		COUNTIF(A:A,A8)	COUNTIF($A$2:A8,A8)
9	A466074	3	3		COUNTIF(A:A,A9)	COUNTIF($A$2:A9,A9)
10	A776477	2	2		COUNTIF(A:A,A10)	COUNTIF($A$2:A10,A10)
11	A218912	1	1		COUNTIF(A:A,A11)	COUNTIF($A$2:A11,A11)

图 4 – 42　COUNTIF 函数应用示例

（三）Benford 定律

1. Benford 定律简介

班福（Benford）是 20 世纪 20 年代在美国通用电气公司（GE）工作的数学家，Benford 定律由其最先发现。该定律的实质是自然界数字的规律，有了这一参照标准，在审计工作中可以对照此标准来发现异常。当然，数字异常不一定是舞弊导致，有可能是工作差错，如数据录入错误，也有可能是业务中出现新的情况，如产品结构突然改变。

Benford 定律不能说明为什么数字出现异常，但它会提醒此处需要特别关注。在业务交易量大时，能够准确且迅速地定位检查重点，提高审计资源配置效率。从这一角度，Benford 定律可以提高审计工作效率和质量。例如，在审计费用开支时，应用 Benford 定律，可能会发现某些数字高出正常不少，通过调阅凭证，也许会发现是下级部门为了躲避审批，采用化整为零的方法，把大额费用开支分成若干笔处理。

Benford 定律是指在不同种类的统计数据中，首位数字是数字 d 的概率为 lg(1 + 1/d)，其中数据的首位数字是指左边的第一位非零数字。例如，1234、1.234、0.1234 的首位数字均为 1。根据 Benford 定律，首位数字出现的概率如表 4 - 4 所示，首位数字的分布曲线如图 4 - 43 所示。

表 4 - 4　　　　　　　　　Benford 定律首位数字概率

首位数字	1	2	3	4	5	6	7	8	9
概率	0.3010	0.1761	0.1249	0.0969	0.0792	0.0669	0.0580	0.0512	0.0458

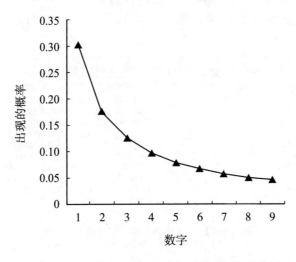

图 4 - 43　首位数字出现的标准概率分布曲线

2. Benford 定律判定

根据刘云霞等（2012）的研究，目前有四种方法可以检验一个统计数据集首位数字的概率分布是否服从 Benford 定律的分布。

（1）χ^2 拟合优度检验。

通过 χ^2 拟合优度检验，可以检测统计数据中首位数的频率分布是否与

Benford 定律下的分布有显著差异。χ^2 统计量为：

$$\chi^2 = N \cdot \sum_{i=1}^{9} \left[(e_i - b_i)^2 / (b_i) \right]$$

其中，e_i 是统计数据中首位（第二位或者第三位）出现数字 i 的实际频率，b_i 是 Benford 定律下首位（第二位或者第三位）出现数字 i 的理论频率。显著性水平分别为 10%、5% 和 1% 时，χ^2 检验的临界值分别是 13.36、15.51 和 20.09。如果 χ^2 统计量的值大于临界值，则接受备择假设，说明统计数据首位数字的频率分布不符合 Benford 定律分布，即说明该数据可能存在质量问题，应引起注意。

（2）修正 Kolmogorov-Smirnov 拟合优度检验。

K-S 检验是用来检验单一样本是否来自某一特定理论分布的方法。它是以样本数据的累积分布函数与特定理论分布的累积分布函数作比较，求这两个累积分布函数的差的绝对值中的最大值 D。然后，通过查表以确定 D 值是否落在所要求对应的置信区间内。若 D 值大于临界值，说明被检测的数据不服从这一特定理论分布。K-S 拟合优度检验的统计量为：

$$D = \max \left| F_e(x) - F_b(x) \right|$$

其中，$F_e(x)$ 是实际的统计数据中首位数的累积分布函数，$F_b(x)$ 是理论分布即 Benford 定律下首位数的累积分布函数。此外，有学者在 K-S 检验的基础上进行了修正，使其更加适用于 Benford 定律。

（3）距离检测。

通过计算统计数据首位数字的频率分布与 Benford 定律分布之间的距离，可以检测该数列是否符合 Benford 定律。这样的距离有：

$$m = \max_{i=1,2,\cdots,9} \left\{ \left| b_i - e_i \right| \right\}$$

$$d = \sqrt{\sum_{i=1}^{9} (b_i - e_i)^2}$$

（4）Pearson 相关系数。

通过计算统计数据中首位数字的频率分布与 Benford 定律下首位数字的频率分布的 Person 相关系数，也可以判断两个分布是否有差异，其判断标准如表 4-5 所示。

表 4-5　　　　　　　根据相关系数进行判断的分级标准

分级	相关系数分级标准	说明
正常	0.99 < r ≤ 1	完全符合 Benford 定律
关注	0.97 < r ≤ 0.99	存在一定程度上篡改数据的可能性
可疑	r ≤ 0.97	有篡改数据的迹象，需特别注意

3. 运用 Benford 定律条件

通过采用 Benford 定律对被审计数据进行分析，可以识别出其中可能出现的错误、潜在的欺诈或其他不规则事物，从而发现审计线索。如果被分析的审计数据不符合 Benford 定律的标准概率分布曲线，则表明在被分析的审计数据中有可能含有"异常"的数据。应用 Benford 定律要满足以下 3 个条件。

（1）被审计数据量具备一定规模，能够代表所有样本。一般而言，应用 Benford 定律进行分析的数据集规模越大，分析结果越精确。这特别适用于我国大数据环境下的电子数据审计。

（2）被审计数据没有人工设定的最大值和最小值范围。例如，一般单位的固定资产台账数据就可能不适合 Benford 分布规律，因为按照财务制度，只有在一定金额之上的固定资产才被登录台账。

（3）要求目标数据受人为的影响较小。例如，用 Benford 定律对会计数据中的价格数据进行分析就可能不符合分布规律，因为价格数据受人为的影响较大。

4. Benford 定律优缺点

Benford 定律分析具有以下优点：成本比较低、简单易行、保密性好。但缺点也很明显，它只能确定存在欺诈的可能性，并不能确定地说明一定存在欺诈；特别是当样本很大时，问题数据会淹没在大样本中不易被发现。在应用时，更要结合实际情况进行判断。

5. Benford 定律应用场景

国外知名审计软件 ACL、Arbutus、IDEA 均设置 Benford 定律分析功能，将其作为与汇总、分类、查询等同样重要的审计数据分析方法。目前，多数审计领域的研究成果是针对报表数据、凭证账簿数据和业务数据进行 Benford 定律检测，其中对报表数据检测的研究成果居多，对业务数据和凭证账簿数据的研究较少。

（1）对报表数据进行 Benford 定律检测。张苏彤等（2007）对 1999 ~ 2006 年沪、深 A 股 1447 家上市公司 6 项主要财务指标进行 Benford 定律检验，发现不同行业、不同财务指标与 Benford 定律符合程度存在差异，其中"主营业务收入""资产总额"与 Benford 定律标准值符合程度较好，而"资本公积"和"股东权益总额"符合程度较差。赵莹等（2007）对 1998 ~ 2005 年制造业 171 家 ST 公司的净利润进行 Benford 定律分析，发现其存在明显的利润操纵行为，并使用 Jones 模型检验证实了 Benford 定律在利润操纵方面的有效性。刘云霞和曾五一（2013）对保险公司的支出类指标进行 Benford 定律检测，发现 2009～2011 年"手续费及佣金支付"存在质量问题。

（2）针对业财数据的检测。例如，对某公司 5 年内收到的 82 万张购货发票的首位数字进行 Benford 定律分析，发现 C、D 供应商发票金额明显不符合 Benford 定律标准分布，存在虚开发票嫌疑，如表 4 - 6 所示。

表 4 - 6 首位数出现概率

数据类型	首位数出现概率（%）								
	1	2	3	4	5	6	7	8	9
全部发票（82065 张发票）	0.298	0.17	0.122	0.105	0.084	0.071	0.063	0.059	0.052
供应商 A（35480 张发票）	0.295	0.168	0.138	0.099	0.073	0.071	0.062	0.049	0.043
供应商 B（560 张发票）	0.308	0.173	0.123	0.102	0.081	0.061	0.054	0.058	0.042
供应商 C（11023 张发票）	0.211	0.025	0.054	0.078	0.028	0.048	0.063	0.198	0.284
供应商 D（19605 张发票）	0.187	0.104	0.106	0.125	0.148	0.136	0.121	0.058	0.049

资料来源：张苏彤. 奔福德定律：一种舞弊审计的数值分析方法 [J]. 中国注册会计师，2005（11）：70 - 72.

王福胜等（2007）对某上市公司 2005 年银行存款日记账和现金日记账的贷方金额进行 Benford 定律检测，发现首位数字"5"出现概率偏高，经调查多是根据分包协议获得的项目收入，这为审计人员审查是否存在内部利润转移提供了线索。罗玉波等（2015）利用凭证中的营业收入、库存现金、银行存款、其他应收款四个会计科目和报表数据验证了 Benford 定律的有效性。

Benford 定律的具体应用，请详见第七章第一节〚例 7.3〛银行流水 Benford 检测。

第三节 审计抽样

鉴于审计抽样在审计中的重要性，本节介绍审计抽样的基础知识和具体应用。

一、审计抽样概念

审计抽样是审计人员对具有审计相关性的总体中低于 100% 的项目实施审

计程序，使所有抽样单位都有被选取的机会，为审计人员针对整个总体得出结论提供合理基础。审计抽样可使审计人员获取和评价与被选取项目的某些特征有关的审计证据，以形成或帮助形成总体结论。

审计抽样使审计人员只需要检查数据总体的一个子集，减少完成审计工作所耗费的精力与时间。通过技术工具实现抽样，可以比手工抽样更加有效和节约时间。当然，将计算机辅助审计技术应用于审计抽样并不能完全规避审计风险。

二、审计抽样适用性

审计抽样并非在所有审计程序中都可使用。审计人员拟实施的审计程序将对运用审计抽样产生重要影响。在风险评估程序、控制测试和实质性程序中，有些审计程序可以使用审计抽样，有些审计程序则不宜使用审计抽样。风险评估程序通常不涉及审计抽样。如果审计人员在了解控制的设计和确定控制是否得到执行的同时计划和实施控制测试，则可能涉及审计抽样，但此时审计抽样仅适用于控制测试。

当控制的运行留下轨迹时，审计人员可以考虑使用审计抽样实施控制测试。对于未留下运行轨迹的控制，审计人员通常实施询问、观察等审计程序，以获取有关控制运行有效性的审计证据，此时不宜使用审计抽样。此外，在被审计单位采用信息技术处理各类交易及其他信息时，审计人员通常只需要测试信息技术一般控制，并从各类交易中选取一笔或几笔交易进行测试，就能获取有关信息处理控制运行有效性的审计证据，此时不需使用审计抽样。

实质性程序包括对各类交易、账户余额和披露的细节测试，以及实质性分析程序。在实施细节测试时，审计人员可以使用审计抽样获取审计证据，以验证有关财务报表金额的一项或多项认定（如应收账款的"存在"认定），或对某些金额作出独立估计（如存货的价值）。如果审计人员将某类交易或账户余额的重大错报风险评估为可接受的低水平，也可不实施细节测试，此时不需使用审计抽样。实施实质性分析程序时，审计人员的目的不是根据样本项目的测试结果推断有关总体的结论，因而不宜使用审计抽样。审计抽样可以与其他选取测试项目的方法结合进行。例如，在审计应收账款时，审计人员可以使用选取特定项目的方法将应收账款中的单个重大项目挑选出来单独测试，再针对剩余的应收账款余额进行抽样。

三、审计抽样类型

（一）统计抽样和非统计抽样

所有的审计抽样都需要审计人员运用职业判断，计划并实施抽样程序，评价样本结果。审计抽样时，审计人员既可以使用统计抽样方法，也可以使用非统计抽样方法。统计抽样是指同时具备下列特征的抽样方法：（1）随机选取样本项目；（2）运用概率论评价样本结果，包括计量抽样风险。不同时具备统计抽样两个基本特征的抽样方法为非统计抽样。统计抽样能够客观地计量抽样风险，并通过调整样本规模精确地控制风险，这是与非统计抽样最重要的区别。

审计人员在统计抽样与非统计抽样方法之间进行选择时主要考虑成本效益。无论是统计抽样还是非统计抽样，两种方法都要求审计人员在设计、选取和评价样本时运用职业判断。如果设计适当，非统计抽样也能提供与统计抽样方法同样有效的结果。

（二）属性抽样和变量抽样

属性抽样和变量抽样都是统计抽样方法。

1. 属性抽样

属性抽样是一种用来对总体中某一事件发生率得出结论的统计抽样方法。属性抽样在审计中最常见的用途是测试某一设定控制的偏差率，以支持审计人员评估的控制风险水平。无论交易的规模如何，针对某类交易的设定控制预期将以同样的方式运行。因此，在属性抽样中，设定控制的每一次发生或偏离都被赋予同样的权重，而不管交易的金额大小。

2. 变量抽样

变量抽样是一种用来对总体金额得出结论的统计抽样方法。变量抽样通常要回答下列问题：金额是多少？账户是否存在重大错报？变量抽样在审计中的主要用途是进行细节测试，以确定记录金额是否合理。

一般而言，属性抽样得出的结论与总体发生率有关，而变量抽样得出的结论与总体的金额有关。

四、常用审计抽样方法

计算机技术应用于审计抽样主要是帮助审计人员选取样本。当前，无论是通用审计软件，还是专用审计软件，都支持以记录或货币为单位，按照固定间隔、随机间隔和完全随机抽取的统计抽样。

（一）随机抽样

随机抽样在审计工作中具有明显的优势，它能够帮助审计人员以系统的方式从大量的数据中选取样本，从而提高审计效率，降低审计成本。按照抽取样本的数量划分，随机抽样可以划分为单样本随机抽样和多样本随机抽样。

【例4.12】利用 Excel 函数进行单样本随机抽样和多样本随机抽样。数据源于"/第四章/章节数据/随机抽样.xlsx"，部分数据如图4-44所示。

凭证号
（记）-2021-01-0001
（记）-2021-01-0002
（记）-2021-01-0003
（记）-2021-01-0004
（记）-2021-05-0045
（记）-2021-05-0046
（记）-2021-05-0047
（记）-2021-05-0048
（记）-2021-05-0049
（记）-2021-05-0050
（记）-2021-05-0051
（记）-2021-05-0052
（记）-2021-06-0296
（记）-2021-06-0297

图4-44　随机抽样数据

【提示】图4-44数据的凭证号为唯一值，可以直接使用。如果凭证表中不存在现有的凭证号，直接利用分录号抽取样本会出现重复情况，需要利用"&"符号连接字段形成唯一凭证号后才能使用，如图4-45所示。

1. 单样本随机抽样

单样本随机抽样可以通过利用 Excel 的 INDEX 函数和 RANDBETWEEN 函数来实现。

| D2 | | | ∨ | | ⊕ | _fx_ | =A2&"-"&B2&"-"&C2 |

A	B	C	D	E	F
记账类型	月份	凭证号	连接后的凭证号		
记	1	1	记-1-1		
记	1	2	记-1-2		
记	2	1	记-2-1		
记	2	2	记-2-2		
转	2	3	转-2-3		
转	2	4	转-2-4		
转	3	1	转-3-1		
转	3	2	转-3-2		

图 4 – 45　连接各字段形成凭证号

INDEX 函数用于返回表格或数组中的值或引用系列中的值，基本语法如下：

= INDEX(array, row_num, [column_num])

其中，array 是要从中获取值的单元格区域，row_num 是指定行的行号。[column_num] 是指定列的列号（可选，如果省略，则默认为 1，即返回第一列的指定行）。

RANDBETWEEN 函数用于返回一个介于指定数字之间的随机整数，基本语法如下：

= RANDBETWEEN(bottom, top)

其中，bottom 是返回随机整数的下限（包含该数），top 是返回随机整数的上限（也包含该数）。

具体操作如下：

新建"抽样结果"列，在"抽样结果"列中输入 INDEX 函数和 RAND-BETWEEN 函数 " = INDEX($ A：$ A, RANDBETWEEN(1, 35176))"。其中，"35176"为"凭证号"列的长度，可以根据抽样范围大小自由更改。如需重新抽取样本，按【F9】键。抽样结果如图 4 – 46 所示。

2. 多样本随机抽样

在"单样本随机抽样"中使用的 RANDBETWEEN 函数生成的是伪随机数，而非真正的随机数，仅适用于单样本随机抽样。如果使用 RANDBE-TWEEN 函数进行多样本随机抽样，则会出现样本重复的情况。因此，在进行

例 4. 12 –
单样本抽样

	C2	∨	⊖ fx	=INDEX($A:$A, RANDBETWEEN(1, 35176))	
	A	B	C	D	E
	凭证号		抽样结果		
	（记）-2021-01-0001		（记）-2021-07-0115		
	（记）-2021-01-0002				
	（记）-2021-01-0003				
	（记）-2021-01-0004				
	（记）-2021-05-0045				
	（记）-2021-05-0046				
	（记）-2021-05-0047				
	（记）-2021-05-0048				
	（记）-2021-05-0049				

图 4－46　单样本随机抽样结果

例 4.12 –
多样本抽样

多样本随机抽样时，选用 Excel 的 RAND 函数、RANK 函数和 INDEX 函数的组合实现多样本随机不重复抽样，具体操作如下。

步骤 1：利用 RAND 函数生成随机数。新建"辅助列"，输入 RAND 函数，生成大于等于 0 且小于 1 的随机数。由于生成的随机数相同的概率极低，因此可以认为利用 RAND 函数生成的随机数作为辅助列能够有效避免后面进行随机抽样时抽到相同样本，结果如图 4－47 所示。

	B2	∨	⊖ fx	=RAND()
	A		B	
	凭证号		辅助列	
	（记）-2021-01-0001		0.480058329	
	（记）-2021-01-0002		0.502666233	
	（记）-2021-01-0003		0.382437013	
	（记）-2021-01-0004		0.95296165	
	（记）-2021-05-0045		0.647444114	
	（记）-2021-05-0046		0.052526632	
	（记）-2021-05-0047		0.80553714	
	（记）-2021-05-0048		0.597037121	
	（记）-2021-05-0049		0.092382943	
	（记）-2021-05-0050		0.593191931	
	（记）-2021-05-0051		0.320776428	
	（记）-2021-05-0052		0.086584875	

图 4－47　添加"辅助列"

步骤 2：利用 INDEX 函数和 RANK 函数进行随机样本抽取。新建"抽样结果"列，在"抽样结果"列中输入 INDEX 函数和 RANK 函数"＝INDEX

（＄A：＄A,RANK(B2,＄B：＄B))"。其中，样本数量可通过拖拽单元格长度
自由确定。如需重新抽取样本，需按【F9】键。本案例以抽取 5 个样本为例，
抽样结果如图 4 - 48 所示。

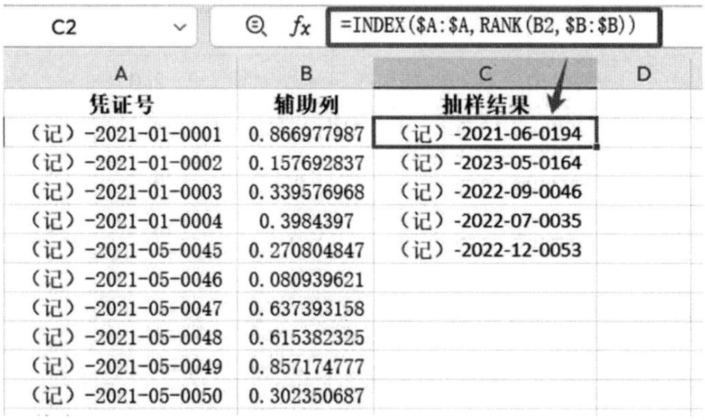

图 4 - 48　抽样结果

（二）分层抽样

本书引入涂佳兵和林铖（2020）基于 Excel VBA 做的抽凭工具，介绍常
用审计抽样方法中的分层抽样，Excel VBA 已封装程序源于"第四章/章节数
据/抽凭模板. xlsm"。

分层抽样的原理为：样本规模 = 总体账面金额/可容忍错报 × 保证系数。
如图 4 - 49 所示，只需要填写标注为灰色的三个参数"可容忍错报、保证系
数、设定分层数量"即可。

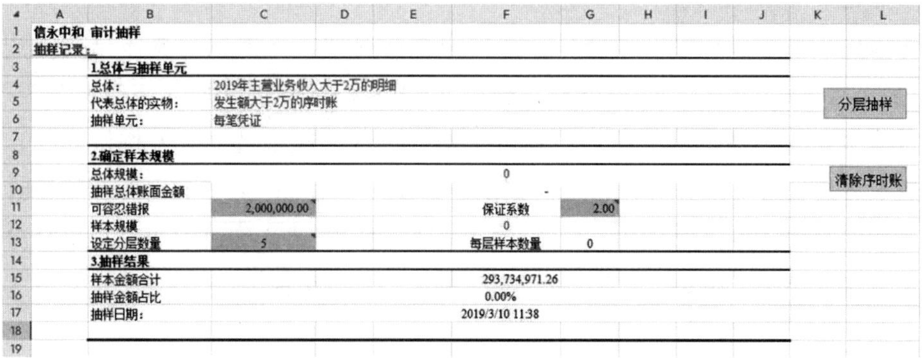

图 4 - 49　分层抽样

其中，可容忍错报等于计划阶段中的审计策略备忘录（audit strategy
memorandum，ASM）中确定的重要性。保证系数则根据"保证系数表"得

出，如表4-7所示。

表4-7　　　　　　　　　　保证系数

重大错报风险	实质性分析程序的检查风险			
	高	中	低	极低
高	3.0	2.4	2.0	1.2
中	2.4	2.0	1.2	0.7
低	2.0	1.2	0.7	0.5
极低	1.2	0.7	0.5	0

分层数量根据总体的变异性设置（系统里最多不超过20层）。然后把代表总体的凭证序时账粘贴到工作表中。需要注意的是凭证金额不能为负数，并且总体仅能全部是借方或全部是贷方，即不能既有借方凭证，又有贷方凭证。在粘贴区域内，单击鼠标右键，在弹出的菜单中选择删除该凭证，如果有负数凭证，则双击鼠标左键即可删除该行凭证，并把该凭证单独推送到"负数凭证工作表"。处理完成后，单击"分层抽样"按钮。抽取出来的凭证前面会被打钩，并单独推送到一个工作表，且每个凭证后面会显示出是属于第几层样本。

第四节　本章小结

本章主要目的是了解智能审计基础分析方法。第一节简要介绍相关概念，重点是审计分析思路、步骤与方法的相互关系，为后续阐述审计方法奠定理论基础；第二节介绍审计分析方法的原理与应用，具体包括总体分析方法（描述性统计、排序、比率分析、趋势分析）、结构分析方法（字符型分类、数值型分层、时间间隔分析）、业务规则方法（金额筛选、对方科目查询）、数值分析方法（断号分析、查询重复、Benford定律）；第三节主要介绍审计抽样的原理、特点、类型与方法。本章以实例的方式详细讲解每一个审计分析方法，旨在提高审计分析方法的可理解度与可应用程度。

 本章习题

一、思考题

1. 按照美国注册会计师协会（AICPA）给出的审计数据分析概念，如何

理解审计数据分析的科学性和艺术性特征？

2. 请概括本章介绍的审计分析方法，并说明审计分析思路与审计分析方法有何关系？

3. 审计抽样常用类型和方法有哪些？结合审计学原理，介绍审计抽样对审计工作的重要性。

4. 请简要说明审计分析步骤有哪些？

二、操作题

数据源于"第四章/练习数据/A 公司会计数据 . xlsx"，请按照"系统分析—类别分析—个体分析"的审计分析思路，应用多种审计分析方法实现以下分析程序。

1. 总体分析

（1）描述性分析。请查阅该单位余额表、凭证表，了解该企业资产、负债、权益、损益各要素的金额，各月凭证记录数，各月借贷方发生额数。

（2）比率分析。计算本单位主要财务指标，包括销售利润率、总资产周转率、流动比率、资产负债率。

（3）编制销售收入、销售成本比较记录表，分析各月毛利率是否均衡。

2. 凭证查询分析

（1）查询该单位是否存在凭证断号。

（2）查询该单位凭证表中主营业务收入最大值、最小值、平均值和记录数。

（3）查询该单位应收账款的对方科目情况。

（4）查询该单位凭证库中是否有现金收入整千元的记录或业务。

建议选择不同的会计科目，学生分组进行查询。

拓展阅读

数据科学中的审计社会网络分析

一、社会网络分析对审计领域的重要作用

随着大数据时代信息的日益丰富与审计对象违规行为的日益隐蔽，审计线索往往难以在审计对象自身找到，而是被其他相关对象所隐藏，或是隐藏在对象间的往来关系中。比较典型的是审计关注的利益输送与寻租牟利行为，"一手交钱，一手交货"行为已日渐减少，各种"白手套"盛行，如何有效发现这种隐藏关系，成为审计分析的迫切需求。针对这种隐藏关系的分析，

需要利用科学的社会网络分析方法。社会网络分析（social network analysis，SNA）是一种研究社会结构的方法，它通过分析个体之间的互动关系，揭示社会网络中的节点、关系和整体结构。社会网络分析起源于20世纪50年代，随着信息技术的发展，逐渐成为社会学、管理学、心理学等领域的重要研究方法。社会网络分析的核心概念包括节点（个体或组织）、关系（互动方式）和密度（网络紧密程度）。社会网络分析既是一种思想，也是一种方法。发展至今，社会网络分析已从最初的静态分析发展到动态分析，从单一网络结构研究拓展到多网络分析、跨网络分析。

社会网络分析将审计分析的对象从孤立的个体拓展到对象间的关系，有助于揭示审计对象违规行为中对自身社会关系的滥用，且得到比较普遍的应用，审计大数据具有"5M"特征，即具有更多的环节、关注更多的主体、关注更多的关系、关注更多的目标及关注更多的行为。其中关注更多的关系，即运用社会网络、知识图谱来发现审计对象中的隐藏关系。

二、审计社会网络分析的场景

社会网络分析把网络建模场景分为两大类：一是一模网，即网络中所有节点都有可能相互连接，常见的微观关系，如同事关系、婚姻关系、买卖关系都属于一模网；二是二模网，顶点分成两个集合，只有处于不同集合的顶点才能相连，如公司雇用员工、投资者购买公司的股票、人们占有信息与资源等，这些是二模关系。审计对象网络化分析的前提就是分清一模网和二模网的审计场景。

一模网的审计网络化场景比较容易理解，是由单一类型或属性相同的审计对象构成的网络，审计中关注的关系就是企业间投资关系、交易关系等。例如，案例部分阐述的信贷业务审计场景，网络中的节点就是信贷客户和担保人，通过信贷担保关系生成的担保审计网络；如果利用国税机关存储的企业开具增值税发票的记录，那么节点就是开票双方企业，边就是企业间的开票行为，生成的网络有助于审计人员发现虚开增值税发票行为；如果是集团内部的关联交易关系，那么节点就是集团各家子公司，边就是内部交易行为，有助于管理者了解集团内关联交易的结构及风险。如果用矩阵表示，数据矩阵的行和列代表的审计对象的属性相同，例如，审计对象均为企业，矩阵中的元素表示企业之间是否存在交易关系，存在即以"1"表示，不存在则用"0"表示。可见，生成一模网的原始数据具有明显的关系模式，可以较快生成审计对象网络。

二模网又称为隶属关系网络，对于审计网络化场景也具有重要用途。但何时生成二模网却无法一并概括，原因在于二模网的生成必须区分行动者和事件。一般来讲，行动者是审计人员关注的各类机构或者个人，但事件因审计场景的差异各有特点。例如，审计人员会关注具有某种特许经营权的企业股权结构，希望发现该特许经营权是否被少数利益集团掌握甚至垄断的情景，那么该网络的事件就是获得经营权；再如，某一时间发生的异常交易，那么该网络的事件就是审计人员定义的时间。可见，二模网的生成难度远大于一模网，如果审计人员无法判断审计关系全貌，或者网络关系构建思路不成熟，就需要反复测试或筛选二模网的事件，才能有助于生成审计异常关系查找的网络。

综上所述，审计对象生成的网络数据源仍是审计人员经常接触的业务数据。在经营数据中，如果记录了比较详细的客户业务往来信息，就可以形成客户交易的网络分析对象；如果是包含多种利益相关者的数据，把众多利益相关者的数据转换成审计关系网络，就可以直观、清晰地看到这些利益相关者之间的联结。国家审计大数据更是具有审计网络关系的独有优势，财政数据、税务数据、工商数据具备跨行业、跨地区、跨层级的网络关系特点，可以生成更加复杂的审计大数据复杂网络。

三、审计社会网络的分析方法

（一）审计社会网络分析的点和边

明确审计对象网络场景，也就确定了网络中的节点、边及其属性。节点是审计关系网络中最基本的要素。在关系网络中，节点是行为发起者或接受者，既可以是组织机构，也可以是个人。企业交易审计场景中确定的节点包括企业、供应商、合伙人、子公司等；银行贷款审计场景中的节点包括贷款人、担保人、保证人等；在证券交易审计场景中的节点包括债券发行人、投资者及中介机构。网络的边是关系网络中节点之间的关联，是节点间发生的实质性行为。审计人员经常关注的关系是资金关系、权限审批、特殊人际关系等在经济活动中常见的实质性关联。节点之间的关系不是唯一的，可能存在多种关系叠加，例如，节点之间存在投资关系的同时还可以存在交易关系、同事关系、亲属关系等，但多元叠加关系的网络会使后续的网络分析更加复杂。

（二）审计社会网络分析特点

审计网络在建立后，需要借助网络分析系列指标和方法进行深入分析，具有以下分析特点。

1. 社会网络分析的描述性指标

传统审计数据分析方法考察的是审计对象的样本属性，常见的最大值、最小值、求和、平均数、中位数都是了解审计对象的常用指标。但网络的描述性指标包括网络密度、规模、捷径、距离等，通过这些指标了解网络规模、网络结构、网络中节点关系稀疏程度。

2. 社会网络分析的方法

社会网络分析的方法体系已形成从微观至宏观分析的完整体系，牛艳芳等（2018）把网络分析方法概括成为形象的"点""线""面""块"四大类，即中心性分析是基于微观"点"的视角，筛选出在网络中充当关键角色的审计关注对象；路径查找是基于"线"的视角，从网络中发现特殊的路径，以发现审计网络中的异常交易关系；社团发现是基于"面"的视角，是从中观视角对审计关注对象所处的社团进行结构及特征分析，查找出关键节点的社会关系；而"块"的分析是属于宏观视角的分析。微观视角下的个体属性分析更易于发现审计异常个体；网络整体属性分析的小世界效应、凝聚子群等，有助于发现网络的小团伙、网络动态演变趋势[1]。

3. 社会网络分析强调可视化展示

数据可视化技术一直以来是学术界研究的热点，它可以将抽象的数据变成人们便于理解和观察的图形，能够直观地表达出数据中的含义，而社会网络分析是以网络关系图形的可视化为手段的分析方法，用图形更加轻松地理解网络规模、网络结构及网络中重要节点间的关系等。

4. 网络分析工具的多样性

据国际社会网络分析组织统计，目前有超过 60 种社会网络分析工具，包括支持综合数据分析的 UCINET、支持大规模数据处理的 Pajek、支持网络及图形分析环境的 GRADAP、支持数据可视化的 InFlow 和 NetDraw 等，还有 R 中的 igraph 网络分析包、Python 中的 networkX 包等。审计人员在选择分析工具时，必须考虑网络规模。当审计网络节点较少时，通常不超过 2000 个，工具选择没有优劣之分。如果审计网络中的节点达到百万级别，就需要特定分析工具支持，例如，基于分布式平台支持下的 R 或者 Python 的网络分析包，或者存储图结构的图数据库，如 Neo4j、OrientDB 等。

---

① 牛艳芳，等. 审计大数据关联的网络分析平台构建及应用研究 [J]. 审计研究，2018（5）.

Part
3

第三篇
财务报表审计应用篇

第五章

智能审计在风险评估中的应用

教学目的与要求 ▶ -----------------------------◉

本章主要介绍智能审计在风险评估中的应用，包括了解大数据下的被审计单位环境，通过上机操作对案例公司进行可视化分析和解读。

1. 理解大数据下被审计单位外部信息内容和来源、内部信息内容和来源以及内部控制。

2. 了解被审计单位财务业绩的内容与方法。

3. 了解上市公司财务报表的数据收集和可视化支持下的财务分析要点。

教学重点与难点 ▶ -----------------------------◉

▶ **重点：** 掌握被审计单位财务业绩、上市公司报表分析可视化应用。

▶ **难点：** 上市公司财务报表分析可视化的数据整理和更换。

第一节　大数据下的被审计单位环境

风险评估是指审计人员对重大错报发生的可能性和后果严重程度进行评估，这与被审计单位的各方面情况有关，审计人员应当实施风险评估程序，以了解被审计单位环境。一般来说，被审计单位所处外部环境越多变、内部环境越复杂、内部控制越薄弱，审计人员评估的重大错报风险也就越高。

一、了解被审计单位外部信息

审计人员应当实施风险评估程序，了解被审计单位的外部信息，包括行业形势、法律环境、监管环境和其他外部因素。

（一）外部信息内容

被审计单位经营所处的行业可能由于其经营性质或监管环境导致产生特定的重大错报风险。

1. 行业形势

审计人员应了解被审计单位的行业形势，如竞争环境、供应商和客户关系、技术发展情况等。审计人员可能需要考虑的事项包括：

（1）市场与竞争，包括市场需求、生产能力和价格竞争；

（2）生产经营的季节性和周期性；

（3）与被审计单位产品相关的生产技术；

（4）能源供应与成本。

2. 法律环境和监管环境

法律环境和监管环境包括适用的财务报告编制基础、法律和社会环境及其变化等。审计人员可能需要考虑的事项包括：

（1）受管制行业的法规框架，如与审慎监管相关的监管框架，包括相关披露；

（2）对被审计单位经营活动产生重大影响的法律法规，如《中华人民共和国劳动法》和相关法规；

（3）税收相关法律法规；

（4）目前，对被审计单位开展经营活动产生影响的政府政策，如货币政策（包括外汇管制）、财政政策、关税或贸易限制政策等；

（5）影响行业和被审计单位经营活动的环保要求。

3. 其他外部因素

除此之外，审计人员还应该了解被审计单位的其他外部因素，包括总体经济情况、利率、融资的可获得性、通货膨胀水平或币值变动等。

（二）外部信息来源

外部信息主要来源于工商查询、商业网站（如企查查、同花顺、Wind等）、行业协会或行业主管部门网站、行业研究报告、供应链信息、监管信息及宏观经济分析（如进出口、利率、采购经理指数等），部分行业信息也可以参考近期同行业上市公司招股说明书中的风险因素、业务及技术等内容。

1. 工商查询

工商查询是指运用工商登记数据信息，通过一定的程序，查询企业注册

登记、行业分布、投资规模、重点行业等综合情况。审计人员可以查询各级
工商机关登记注册的各类企业有关基本信息，尤其是与被审计单位相关的各
类信息。审计人员可以通过工商局门户网站，经由官方的工商查询服务获取
权威可靠的数据；也可以通过全国企业信用信息公示系统进行查询，获取便
捷的企业信息查询服务。

2. 商业网站

商业网站往往整合了工商局、商标专利局等机构的企业信息，便于查询
多家企业或批量查询，如企查查、天眼查、新浪财经、同花顺、Wind 等。企
查查可以提供全国企业信息查询，包括企业工商信息查询、信用信息查询、
经营状况查询等相关信息；新浪财经、同花顺、Wind 等商业网站，也都可以
提供全面的财经资讯服务、全球金融市场行情及所需的行业或企业数据。

3. 行业协会或行业主管部门网站

审计人员也可以通过访问行业协会或行业主管部门网站，了解被审计单
位的外部信息，这些信息包括：与行业有关的宏观经济信息、法律法规信息、
行业相关数据，以及被审计单位自身的数据信息、行业相关新闻事件和处罚
信息等。

4. 行业研究报告

行业研究报告是研究者（一般为券商或经济咨询机构）通过对特定行业
的长期跟踪监测，分析行业需求、供给、经营特性、财务状况、产业链和价
值链等多方面的内容，整合行业、市场、企业、用户等多层面数据和信息资
源，提供的深度行业市场研究报告。审计人员可以通过行业研究报告了解一
个行业的整体情况和发展趋势，包括行业生命周期、行业的市场容量、行业
成长空间和盈利空间、行业演变趋势、行业的成功关键因素、进入退出壁垒、
上下游关系等。

5. 供应链信息

供应链是指产品生产和流通过程中所涉及的供应商、生产商、分销商、
零售商等成员通过上下游连接组成的网络结构。审计人员通过询问、调查等
程序了解被审计单位的上下游企业，可以获取关于被审计单位生产经营情况
的相关信息。

6. 监管信息及宏观经济分析

审计人员应该了解被审计单位的行业监管信息及宏观经济分析，如进出
口情况、利率、采购经理指数等。行业监管信息的来源包括中国证监会、上
海证券交易所、深圳证券交易所、北京证券交易所、国家统计局、国家市场

监督管理总局等。

7. 近期同行业上市公司的相关披露

审计人员可以参考近期同行业上市公司的相关披露，如在招股说明书、年报等公开披露的信息。一般来说，招股说明书的"业务与技术"模块，对行业政策、市场结构与规模、竞争格局等都有比较详细的介绍，审计人员可以据此对被审计单位所处的外部环境做进一步分析。

审计人员通过公开网站，获取与被审计单位有关的信息，主要有两个目的：一是印证企业提供的内部资料是否真实、准确。例如，审计"或有事项"项目，若企业隐瞒不予提供，审计人员难以知悉，但可以通过"中国裁判文书网"等信用网站查询，确认企业是否如实提供了诉讼事项资料。又如，审计"无形资产"科目，涉及专利技术等知识产权的权属及有效期时，可以通过"中国商标局商标查询系统""中国版权保护中心"等知识产权查询网站了解。二是通过查询交易对手信息，印证企业销售与采购等交易活动的真实性。例如，审计人员对大额异常销售收入可以通过天眼查、企查查等第三方平台，了解交易对手的资信情况，如果客户或供应商的注册资本、经营业务、人员情况等与被审计单位交易类型和规模明显不匹配，则交易真实性可能存在质疑。有的网站直接可查阅到企业与客户或供应商之间的交易信息，如巨潮资讯网、中国债券网。审计人员选择查阅审计所需要的相关信息网站如表 5 - 1 所示。

表 5 - 1 审计人员获取外部信息查询网站

类型	网站名称	网址
主体资格及基本信息	①国家企业信用信息公示系统 ②第三方企业查询平台，企查查、天眼查、启信宝 ③全国组织机构统一社会信用代码公示查询平台 ④各省市级信用网，如深圳信用网、北京市企业信用信息网、浙江企业信用网 ⑤小微企业名录	①http：//www. gsxt. gov. cn/index. html/ ②https：//www. qichacha. com/ 　http：//www. tianyancha. com/ 　http：//www. qixin. com ③http：//www. cods. org. cn/ ④http：//www. szcredit. org. cn/ 　http：//lqyxy. scjgj. beijing. gov. cn/ 　http：//zj. qiyexinyong. org/ ⑤http：//xwqy. gsxt. gov. cn/
企业信用查询	①信用中国 ②中国人民银行征信中心 ③绿盾企业征信系统 ④学信网	①http：//www. creditchina. gov. cn/ ②http：//www. pbccrc. org. cn/ ③http：//www. 11315. com/ ④http：//www. chsi. com. cn/

续表

类型	网站名称	网址
境内资本市场信息	①中国证监会 ②上海证券交易所 ③深圳证券交易所 ④全国中小企业股份转让系统（新三板） ⑤中国银行间市场交易商协会 ⑥中国债券信息网 ⑦中国外汇交易中心 ⑧北京金融资产交易所 ⑨巨潮资讯网：中国证监会指定的上市公示信息披露网站，上市公司公告、年报、基本信息、IPO申报材料均可在此网站上查询 ⑩和讯网 ⑪万得资讯 ⑫同花顺财经	①http：//www. csrc. gov. cn/ ②http：//www. sse. com. cn/ ③http：//www. szse. cn/ ④http：//www. neeq. com. cn/ ⑤http：//www. nafmii. org. cn/ ⑥http：//www. chinabond. com. cn/ ⑦http：//www. chinamoney. com. cn/ ⑧http：//www. cfae. cn/ ⑨http：//www. cninfo. com. cn/new/index/ ⑩http：//www. hexun. com/ ⑪https：//www. wind. com. cn/ ⑫http：//www. 10jqka. com. cn/
境外资本市场信息	①香港联交所 ②美国证券交易委员会 ③英国伦敦证券交易所 ④新加坡交易所	①http：//www. hkexnews. hk/index_c. htm/ ②https：//www. sec. gov/ ③http：//www. londonstockexchange. com/ ④http：//www. sgx. com/
境外关联方查询	①中国香港，公司注册处 ②中国台湾，经济部商业司 ③美国 Wysk B2B Hub ④新加坡 ACRA Website ⑤澳大利亚 ABN ⑥印度 Ministry of Corporate Affairs ⑦德国 Firmenwissen	①http：//www. icris. cr. gov. hk/csci/ ②http：//gcis. nat. gov. tw/ ③http：//www. wysk. com/index/ ④https：//www. acra. gov. sg/home/ ⑤https：//abr. business. gov. au/ ⑥http：//www. mca. gov. in/ ⑦http：//www. firmenwissen. de/index. html/
税务信息	①增值税一般纳税人资格查询 ②高新技术企业认定	①http：//www. foochen. com/zty/ybnsr/yibannashuiren. html ②http：//www. innocom. gov. cn/

续表

类型	网站名称	网址
诉讼仲裁情况	①中国裁判文书网 ②中国执行信息公开网 ③人民法院公告网 ④人民法院诉讼资产网 ⑤第三方诉讼查询，如北大法宝、威科、无讼、OpenLaw、理脉 ⑥淘宝司法拍卖 ⑦各省级高院网站 ⑧CaseShare裁判文书分享平台 ⑨无讼案例/无讼名片	①http：//wenshu.court.gov.cn/ ②http：//zxgk.court.gov.cn/ ③http：//rmfygg.court.gov.cn/ ④http：//www.rmfysszc.gov.cn/ ⑤略 ⑥http：//sf.taobao.com/ ⑦略 ⑧http：//www.caseshare.cn/ ⑨http：//www.itslaw.com/
知识产权信息	①中国商标局中国商标网 ②中国版权保护中心 ③知识产权第三方查询平台（权大师） ④专利第三方查询平台（SooPAT） ⑤商标第三方查询平台（标库网）	①http：//wssq.sbj.cnipa.gov.cn ②http：//www.ccopyright.com.cn/ ③http：//www.quandashi.com/ ④http：//www.soopat.com/ ⑤http：//www.tmkoo.com/
行政资质	①建设工程相关资质，住房和城乡建设部查询平台 ②食品、药品行业相关资质，国家市场监督管理总局 ③ICP/IP地址/域名信息查询系统，工业和信息化部ICP/IP地址/域名信息备案管理系统	①http：//www.mnohurd.gov.cn/ ②http：//www.samr.gov.cn/ ③http：//beian.miit.gov.cn
企业环保和劳动人事信息	①国家环保部 ②各地区环保部门官网，主要针对企业所在地的环保部门的公开信息，如年度重点排污单位名录、年度国家重点监控企业名单等 ③了解其他劳动、社保等方面情况，可参照环保查询企业所在地区的政府主管部门官方网站，侧重信息公示和披露部门	①http：//www.mee.gov.cn/ ②略 ③略

资料来源：李洪．审计的逻辑——基于选择的视角［M］．北京：经济科学出版社，2022：454－455.

二、了解被审计单位内部信息

审计人员应当实施风险评估程序，了解被审计单位的组织结构、所有权结构、治理结构、业务模式（包括该业务模式利用信息技术的程度）及信息系统。

（一）内部信息内容

1. 组织结构和所有权结构

复杂的组织结构通常更有可能导致某些特定的重大错报风险。审计人员应当了解被审计单位的组织结构，考虑复杂组织结构可能导致的重大错报风险，包括财务报表合并、商誉及长期股权投资核算等问题，以及财务报表是否已对这些问题做了充分披露。相关问题可能包括对商誉、合营企业、投资或特殊目的实体的会计处理是否恰当，以及财务报表是否已对这些事项作出充分披露。例如，被审计单位可能是单一实体，也可能在多个地区拥有子公司、部门或其他组成部分。

审计人员应当了解被审计单位的所有权结构，以及所有者与其他人员或实体之间的关系，包括关联方。了解这些方面有助于审计人员确定关联方交易是否已得到恰当识别和处理，并在财务报表中得到充分披露。

审计人员应当了解被审计单位所有者、治理层、管理层之间的区别。例如，在较不复杂的被审计单位，所有者可能参与管理被审计单位，因此，所有者、治理层、管理层之间较少分离或没有区别。相反，在某些上市实体，管理层、所有者、治理层之间可能存在明确的区别。

2. 治理结构

良好的治理结构可以对被审计单位的经营和财务运作以及财务报告实施有效的监督，从而降低财务报表发生重大错报的风险。

审计人员可以考虑下列事项，以了解被审计单位的治理结构。

（1）治理层人员是否参与对被审计单位的管理。

（2）董事会中的非执行人员（如有）是否与负责执行的管理层相分离。

（3）治理层人员是否在被审计单位法律上的组织结构下的组成部分中任职，如担任董事。

（4）治理层是否下设专门机构，如审计委员会，以及该专门机构的责任。

（5）治理层监督财务报告的责任，包括批准财务报表。审计师应当考虑

智能审计基础

治理层是否能够在独立于管理层的情况下对被审计单位事务包括财务报告作出客观判断。

3. 业务模式

审计人员了解被审计单位的目标、战略和业务模式有助于从战略层面了解被审计单位，并了解被审计单位承担和面临的经营风险。由于多数经营风险最终都会产生财务后果，从而影响财务报表，因此了解影响财务报表的经营风险有助于审计人员识别重大错报风险。

例如，不同业务模式的被审计单位可能以不同方式依赖信息技术：（1）被审计单位在实体店销售 A 产品，并通过使用先进的库存和销售终端系统记录产品的销售；（2）被审计单位在线销售 A 产品，则所有销售交易均在信息技术环境中处理，包括通过网站发起交易。

4. 信息系统

考察被审计单位内部环境时，离不开对信息技术环境的组织结构和复杂程度的了解。

对于信息技术在业务流程中扮演关键角色的被审计单位，审计人员应当更加关注信息技术的风险。在电子商务公司，信息技术支持其商品的在线销售、订单处理、库存管理、客户关系管理等关键业务流程。一旦信息技术系统出现故障或被破坏，可能会对公司的经营活动产生重大影响。因此，审计人员在审计此类公司时，需要评估其信息技术的稳定性和安全性，检查其是否建立了有效的信息技术控制，以及是否能够及时发现和应对信息技术风险。

对于信息技术在业务流程中发挥辅助作用的被审计单位，审计人员也应关注信息技术的风险，但关注的程度可能相对较低。例如，在制造业公司，信息技术主要用于管理供应链、人力资源、财务等业务流程。一旦信息技术系统出现故障或被破坏，可能会对公司的运营效率和管理效果产生一定影响。因此，审计人员在审计此类公司时，需要评估其信息技术的稳定性和安全性，检查其是否建立了有效的信息技术控制，以及是否能够及时发现和应对信息技术风险。

此外，被审计单位还可能：（1）在不同的业务中拥有多个旧版信息技术系统，这些系统无法很好地集成整合，从而导致信息技术环境较为复杂；（2）安装新的与财务报告有关的重大信息技术系统；（3）在信息技术环境的各个方面使用外部或内部服务提供商（例如，将信息技术环境的管理外包给第三方或者使用共享服务中心进行集团内信息技术流程的集中管理）。

（二）内部信息来源

内部信息主要来源于查阅以前年度的审计工作底稿、询问被审计单位管理层和内部其他相关人员、查阅被审计单位内部信息资料、实地查看被审计单位的主要生产经营场所和生产过程等。

1. 查阅以前年度的审计工作底稿

对于连续审计业务，以前年度的审计工作底稿有助于审计人员了解与特定经营活动和行业相关的一些因素。被审计单位的组织结构、所有权结构、治理结构、业务模式及信息系统等，都可能在以前年度的审计工作底稿中有所记载。

2. 询问被审计单位管理层和内部其他相关人员

审计人员通过询问被审计单位管理层和内部其他相关人员，可以获取相关信息：询问治理层，有助于审计人员了解编制财务报表的环境；询问参与生成、处理或记录复杂或异常交易的员工，有助于审计人员评价被审计单位选择和运用某项会计政策的恰当性；询问内部法律顾问，有助于审计人员了解有关信息，如诉讼、遵守法律法规的情况、影响被审计单位的舞弊或舞弊嫌疑、产品保证、售后责任、与业务合作伙伴的安排（如合营企业）和合同条款的含义等；询问风险管理职能部门或人员，有助于审计人员了解可能影响财务报告的运营和监管风险；询问信息系统人员，有助于审计人员了解系统变更、系统或控制失效情况，或与系统相关的其他风险；如果被审计单位设有内部审计，审计人员也应询问适当的内部审计人员，尤其是关于内部审计已向治理层提出的事项，以及内部审计风险评估过程的结果。

3. 查阅被审计单位内部信息资料

被审计单位内部信息资料包括公司公告、财务报告（包含会计政策及报表）、管理层和治理层编制的报告、内部控制制度手册、其他内部文件等。

（1）公司公告。

公司公告是指公司向社会公开告知其重要事项的文书，公告内容涵盖企业内部重大事项和交易、企业发生变更情况、资产情况等。审计人员可以通过查询公司公告了解被审计单位的内部信息。例如，审计人员通过股东持股变动公告了解被审计单位的组织结构和所有权结构。

（2）财务报告。

财务报告是企业财务会计确认与计量最终结果的体现，反映企业某一特定日期的财务状况和某一会计期间的经营成果、现金流量等会计信息。审计人员可以通过财务报告了解公司的财务状况并据此进行风险评估。

（3）管理层和治理层编制的报告。

管理层编制的报告（如管理层季度报告和中期财务报告）和治理层编制的报告（如董事会会议纪要）均是了解被审计单位内部信息的重要来源。审计人员通过这些会议纪要和报告，可以了解被审计单位定期财务情况、重大决策事项、紧急事项及内部生产经营过程等内容。

（4）内部控制制度手册。

内部控制制度手册是对公司内部控制的规定和说明的文件，旨在指导管理层和全体员工执行内部控制制度，保证组织的正常运作和可持续发展。审计人员通过内部控制制度手册可以了解被审计单位的控制环境、风险评估、控制活动、信息与沟通、监督等内部控制制度的建立健全情况，这些了解可以提供被审计单位内部信息及是否可能产生重大错报风险的相关证据。

（5）其他内部文件。

其他内部文件包括经营计划和策略、组织结构图、关联方清单、公司章程、对外签订的主要销售、采购、投资、债务合同等。审计人员通过这些文件可以了解被审计单位的经营目标、方针、政策、交易流程与内容、主要关联方、主要上下游企业、其他利益相关者等。

4. 实地查看被审计单位的主要生产经营场所和生产过程

实地查看被审计单位的主要生产经营场所和生产过程，能增强审计人员对被审计单位内部实际经营的了解。实地察看主要经营场所对于了解新承接的审计项目、收购了新业务的被审计单位和跨地区经营的被审计单位尤其重要。通过实地察看被审计单位的厂房、办公场所和生产过程，可以使审计人员对被审计单位的布局、生产流程以及固定资产和存货的状况获得一定的了解。在实地察看时，审计人员应当对存在问题的迹象保持警惕。

三、了解被审计单位内部控制

（一）了解内部控制

内部控制是指由治理层、管理层和其他人员设计、执行和维护的体系，以合理保证被审计单位能够实现财务报告的可靠性，提高经营效率和效果，保护资产的安全和完整，遵守适用的法律法规及实现发展战略等目标。

内部控制包含五个相互关联的要素：控制环境、风险评估、控制活动、信息与沟通、内部监督。审计人员通过实施风险评估程序，了解和评价内部控制的上述每个要素，从而了解被审计单位的内部控制。

审计人员可以通过多种方式了解内部控制，包括询问、检查、观察和穿行测试。

穿行测试是指在重要业务流程中选取一笔或若干笔具有典型代表性的业务，从业务发生开始，一直跟踪到该笔业务反映到财务报告的测试过程，是一种比较直观、有效的了解内部控制的方法。执行穿行测试主要是用于验证内部控制是否得到执行。

以采购付款循环为例，审计人员需要执行以下总体审计程序和具体审计步骤以评价被审计单位内部控制描述与设计的有效性。

1. 总体审计程序

（1）询问公司相关人员，了解公司的业务流程。

（2）详细了解公司内部控制设计及内部控制形成文件，识别是否存在相应的控制，并对存在的控制进行设计有效性评价。

（3）询问、观察相应的内部控制执行情况。

（4）抽取样本进行穿行测试。

2. 具体审计步骤

审计人员需要依据总体审计程序，进一步开展具体审计计划，如表 5 - 2 所示。

表 5 - 2　　　　　　　　　　　具体审计步骤

序号	执行的审计程序	目标
1	了解本循环涉及的主要部门及分工、被审计单位建立的内部控制制度（包括控制制度文件名称、关键控制点等）、有关制度设计的控制活动	了解内部控制设计
2	访谈相关岗位人员采购付款各个环节控制措施、人员管理及岗位分离情况，进一步熟悉业务流程以帮助识别、确定关键控制点	了解各采购环节关键控制点
3	根据"内部控制流程描述"、访谈记录及"底稿 - 内部控制审计重大账户判断表"，了解与该循环涉及的重要账户、列报及相关认定有关的潜在错报的来源，确定可能发生错报的环节即关键控制点，识别是否存在相应的控制	对存在的控制进行设计有效性评价
4	对选取的每一个关键控制环节检查其相应的证据表单，并检查证据表单的设计及审批流程，执行穿行测试并索取测试的全部资料	验证设计有效性

（二）了解与财务报表相关的信息系统

1. 与财务报表相关的信息系统

与财务报表相关的信息系统包括用以生成、记录、处理和报告交易、事项和情况，对相关资产、负债和所有者权益履行经营管理责任的程序和记录。与财务报表相关的信息系统应当与业务流程相适应。

与财务报表相关的信息系统通常包括下列职能：识别与记录所有的有效交易；及时、详细地描述交易，以便在财务报表中对交易作出恰当分类；恰当计量交易，以便在财务报表中对交易的金额作出准确记录；恰当确定交易生成的会计期间；在财务报表中恰当列报交易。

审计人员了解信息系统，包括了解被审计单位针对相关交易类别、账户余额和披露的信息处理活动的政策，以及信息处理活动的其他相关方面。这些信息及审计人员从评价信息系统过程中获取的信息，可以帮助审计人员确认对初步识别的相关交易类别、账户余额和披露形成的预期。例如，被审计单位财务报表中的特定金额或披露（如关于信用风险、流动性风险和市场风险的披露）可能以从被审计单位风险管理系统中获取的信息为基础。

审计人员应当从下列方面了解与财务报表相关的信息系统：在被审计单位经营过程中，对财务报表具有重大影响的各类交易；在信息技术和人工系统中，对交易生成、记录、处理和报告的程序；与交易生成、记录、处理和报告有关的会计记录、支持性信息和财务报表中的特定项目；信息系统如何获取除各类交易之外的对财务报表具有重大影响的事项和情况；被审计单位编制财务报表的过程，包括作出的重大会计估计和披露。

在了解与财务报表相关的信息系统时，审计人员应当特别关注由于管理层凌驾于账户记录控制之上，或规避控制行为而产生的重大错报风险，并考虑被审计单位如何纠正不正确的交易处理。

2. 了解因信息技术导致的风险

运用信息技术导致的风险包括所依赖的信息技术应用程序不能正确处理数据，处理了不正确的数据，或两种情况并存。

（1）未经授权访问数据，可能导致数据的毁损或对数据不恰当的修改，包括记录未经授权或不存在的交易，或不正确地记录了交易，或多个用户同时访问同一数据库可能会造成特定风险。

（2）信息技术人员可能获得超越其职责范围的数据访问权限，因此破坏了系统应有的职责分工。

（3）未经授权改变主文档的数据。

（4）未经授权改变信息技术应用程序和信息技术环境的其他方面。

（5）未能对信息技术应用程序和信息技术环境的其他方面作出必要的修改。

（6）不恰当的人为干预。

（7）可能丢失数据或不能访问所需要的数据。

3. 了解信息系统运行方式

审计人员可以通过多种方式了解信息系统，包括如下几种：

（1）向相关人员询问用于生成、记录、处理和报告交易的程序或被审计单位的财务报告过程。

（2）检查有关被审计单位信息系统的政策、流程手册或其他文件。

（3）观察被审计单位人员对政策或程序的执行情况。

（4）选取交易并追踪交易在信息系统中的处理过程（即实施穿行测试）。

||第二节|| 了解被审计单位财务业绩

一、财务报表与财务业绩分析

（一）财务报表分析

审计人员在计划和实施审计工作时，应当运用职业判断，保持职业怀疑，识别可能存在导致财务报表发生重大错报的情形。财务报表层次的重大错报风险广泛地影响财务报表整体，并有可能影响多项认定。

在对被审计单位总体情况进行了解时，审计人员需要对其财务报表（资产负债表、利润表、现金流量表）进行分析汇总，以总体了解被审计单位的情况，包括：财务资料初步分析、多期报表对比分析、与行业关键数据对比分析、与被审计单位预测/预算或经营目标差异对比、与被审计单位生产规模及业绩目标对比分析，并将主要盈利指标或其他关键指标汇总到"风险评估与客户环境表"中，详细情况有附件作为支撑，表5-3简要列示了财务报表的分析内容。

表 5-3   **财务报表底稿示例**

财务报表分析	公司主要盈利指标		
1. 财务资料初步分析	项目	2022 年度	2021 年度
2. 多期报表对比分析（如适用）	营业收入	1×,×××.××	6×,×××.××
3. 与行业关键数据对比分析（如适用）	营业成本	8×,×××.××	5×,×××.××
4. 与被审计单位预测/预算或经营目标差异对比（如适用）	毛利率	2×.××%	1×.××%
5. 与被审计单位生产规模及业绩目标对比分析	净利润	1×,×××.××	3,×××.××
	详见"附件—财务资料分析明细表"。		

审计人员在进行财务报表分析时，可以采用的方法如下：

（1）纵向比较：审计人员将被审计单位在不同时期的财务报表数据进行对比，分析其在不同时间段内的财务情况及变化。

（2）横向比较：审计人员将被审计单位与所在行业的其他企业的财务报表数据进行对比，分析在同一时间点上的财务情况差异和竞争力。

（3）与行业平均水平比较：审计人员将被审计单位的财务数据与同行业企业的平均水平进行比较，以综合比较和评估被审计单位的财务情况、行业地位和竞争力。

（4）与预算或目标比较：审计人员将被审计单位的财务数据与预算或经营目标进行比较，以评估被审计单位的预算完成情况等。

（二）了解被审计单位财务业绩

审计人员应当了解被审计单位财务业绩的衡量和评价，以评估其财务风险。主要包括：（1）关键业绩指标；（2）业绩趋势；（3）预测、预算和差异分析；（4）管理层和员工业绩考核与激励性报酬政策；（5）分部信息与不同层次部门的业绩报告；（6）与竞争对手的业绩比较；（7）外部机构提出的报告。

一般来说，审计人员主要关注的财务指标包括：偿债能力指标（流动比率、速动比率、资产负债率）、盈利能力指标（毛利率、净资产收益率、营业利润率、总资产报酬率）、营运能力指标（存货周转率、应收账款周转率、总资产周转率）、发展能力指标（固定资产增长率、净利润增长率、营业利润增长率）。这些指标可以反映被审计单位的偿债能力、经营业绩和财务情况等。

除了单个指标以外，审计人员往往也会采用以杜邦分析法为代表的综合指标，通过各项指标的内在联系，系统、综合地了解和分析被审计单位情况。

审计人员应同时进行业绩指标分析、预算和差异分析及与竞争对手的业绩比较，并有"财务资料分析明细表"作为支撑。表 5-4 简要展示了关键业绩指标，业绩趋势，预测、预算和差异分析的内容。收入、利润等时期数据需要对本报告期和上年同期情况进行分析，资产、负债、权益等时点数据需要对本报告期末和本报告期初情况进行分析；需要将主要预算数据与实际运营数据进行对比，并且应说明超额完成或未完成的原因或情况。

表 5-4　　　关键业绩指标、业绩趋势与差异分析底稿示例

了解被审计单位财务业绩的衡量和评价 一、关键业绩指标	近期业绩指标（本期未经审计）		
	项目	本报告期	上年同期
	营业总收入	1××,×××.××	6×,×××.××
	营业利润	1××,×××.××	4×,×××.××
	利润总额	1××,×××.××	4×,×××.××
	归属于上市公司股东的净利润	1××,×××.××	3×,×××.××
	基本每股收益		
	加权平均净资产收益率		
二、业绩趋势	项目	本报告期末	本报告期初
	总资产	2××,×××.××	2××,×××.××
	归属于上市公司股东的所有者权益	1××,×××.××	1××,×××.××
	股本	5×,×××.××	5×,×××.××
	归属于上市公司股东的每股资产		
三、预测、预算和差异分析	2022 年 S 公司（不含子公司）主要预算数据与实际运营数据对比		
	项目	预测数据	实际数据	完成率（%）
	营业收入	7×,×××.××	7×,×××.××	9×.××
	营业成本	5×,×××.××	5×,×××.××	9×.××
	净利润	9,×××.××	1×,×××.××	1××.××
	受益于产品 A 销售价格上调，本期净利润指标超额完成。 业绩指标、预算和差异分析及与竞争对手的业绩比较详见附件一"财务资料分析明细表"。		

表 5-5 简要展示了除主要业绩分析之外，审计人员还需了解的其他业绩相关的描述与评价。例如，董事会薪酬和考核委员会所提出的管理层和员工业绩考核与激励性报酬政策、公司总经理需要分析汇总的分部信息与不同层次部门的业绩报告、本单位与竞争对手的业绩比较、证券公司或监管部门等外部机构提出的报告或处罚文件。

表 5-5　　　　　　　其他业绩相关描述与评价

四、管理层和员工业绩考核与激励性报酬政策	公司《高管人员薪酬管理与考核办法》由薪酬和考核委员会提出，经第×届董事会第×次会议审议通过后实施。报告期内，公司根据《高管人员薪酬管理与考核办法》，结合其经营绩效、工作能力、岗位职责等考核指标制定了详细的高管人员薪酬评价体系。公司设有薪酬和考核委员会，根据公司主要经营指标完成情况，对高级管理人员的履职情况进行考评，并结合考核办法的实际运行情况，不断完善高管人员的考核机制和激励机制。 对普通职工，业绩考核方式不同，销售业务员的业绩考核与当月销售量有关，其他如管理部门及采购部门员工通过上一级领导的评价工作表现等进行晋升或者奖励。
五、分部信息与不同层次部门的业绩报告	月底或者季度末、年底按照部门要求写工作总结，对当前的主要业绩和存在的问题详细报告，公司的总经理根据报告，进行分析总结，及时作出指导决策。
六、与竞争对手的业绩比较	与竞争对手的业绩比较详见附件一"财务资料分析明细表"。
七、外部机构提出的报告	主要外部机构的研究报告有：××证券（2022 年 10 月）对公司评级增持（维持）；公司未收到监管部门的行政处罚。

（三）上市公司公开财务数据源

在进行风险评估时，审计人员需要对被审计单位财务报表进行财务指标的计算，与同行业的上市公司数据进行横向和纵向的对比分析。上市公司公开财务数据来源多样，可以通过新浪财经、同花顺、巨潮资讯网、Wind 资讯等互联网金融数据服务商获取，具体网址如表 5-6 所示。

表 5-6　　　　　常见的上市公司公开财务数据源网址

数据源	网址
新浪财经	https：//finance.sina.com.cn/
同花顺	https：//www.10jqka.com.cn/
巨潮资讯网	http：//www.cninfo.com.cn/new/index
Wind 资讯	http：//www.wind.com.cn

以下以同花顺作为数据来源,简要介绍其数据下载方式。访问同花顺财经官方网站（https://www.10jqka.com.cn/）,输入公司简称或代码后,获得华北制药的相关信息,如图 5 - 1 所示。

图 5 - 1　同花顺财经页面

可以访问同花顺个股官方网站（https://stockpage.10jqka.com.cn/）,输入公司简称或代码后,获得华北制药的更多信息,包括公司首页概览、资金流向、公司资料、新闻公告、财务分析、经营分析、股东股本、主力持仓、公司大事、分红融资、价值分析、行业分析等,如图 5 - 2 所示。

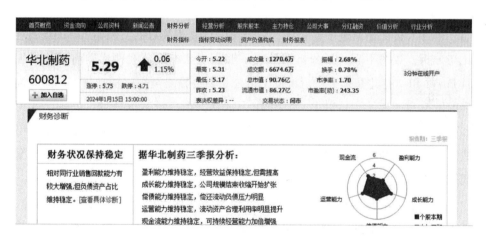

图 5 - 2　同花顺个股页面

还可以在同花顺财经网站中下载同花顺终端软件,在软件中添加自选股,直接搜索公司简称或代码,将"华北制药"添加到自选股中,即可查看个股资料,如图 5 - 3 所示。

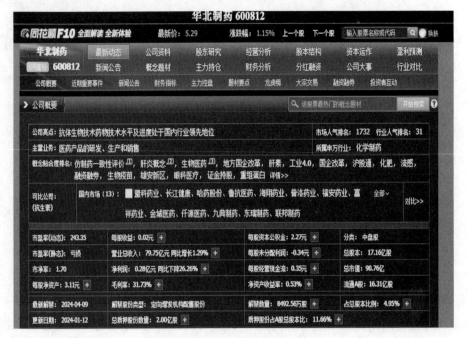

图 5 - 3　同花顺终端页面

二、报表分析可视化应用案例

审计人员往往通过手动收集上市公司同行业相关数据，利用 Excel 开展对比与分析，效率不高，且分析结果也不够直观。本部分案例借助前沿分析工具 Power BI，在此基础上自行设计上市公司财务报表可视化辅助分析。微软推出的敏捷商务智能产品以 Power BI 作为工具，在多源数据获取、处理、建模和可视化过程中，体现出细致入微的智能化和自动化，通过可视化技术，将数据以图形、图像等形式呈现，使审计人员更直观地理解风险情况，便于发现风险点和风险趋势。

本部分案例聚焦我国医药行业有代表性的 A 股上市公司，包括华北制药、济川药业、浙江医药、特一药业、普洛药业五家上市公司，涵盖 2020～2022年 3 年的财务报表数据。以下仅从可视化设计、可视化分析、数据构成与整理三个方面进行简要说明，而不对技术细节进行阐述。

（一）可视化设计

1. 设计思路

本案例以财务报表信息为基础，辅助企业经营背景、概览数据和同业对比分析，对企业各项指标进行综合分析，设计思路如图 5 - 4 所示。

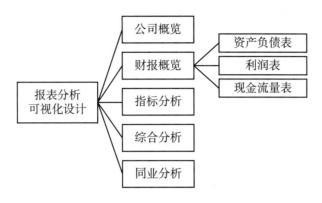

图 5 - 4 可视化框架

公司概览和财报概览两部分对企业的基本信息实现了全面的梳理；指标分析和综合分析实现了常用财务指标的可视化分析；同业分析通过与同行业其他企业的指标比较，易于对比各项财务指标与行业可比公司的差距。

2. 页面布局

基于图 5 - 4 的分析内容框架，简要介绍各页面的可视化布局。

（1）公司概览。

公司概览界面可以帮助审计人员直观、快速了解被审计单位的基本信息和基本财务状况，包括公司概况、审计意见类型、常用财务指标趋势，如图 5 - 5 所示。

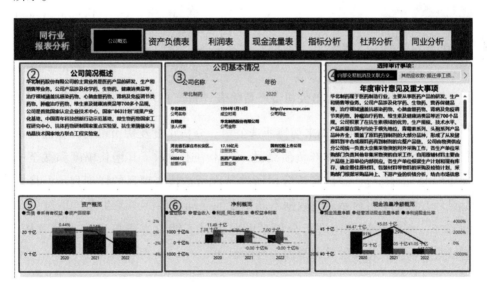

图 5 - 5 上市公司基本情况可视化页面

图 5-5 的①区是界面切换的快捷方式，②区和③区是公司基本情况说明；④区列示了该公司所选择年度的审计情况，点击内部切片器可以更换审计事项类别；⑤区、⑥区和⑦区分别列示了当前分析的公司资产、利润和现金流量各方面的关键指标，有助于从整体上把握被分析公司的基本情况。

（2）财报概览。

对应三大财务报表内容，本项目提供了 3 个可视化主页面，以更好地了解每张报表的构成、结构和趋势。

①资产负债表。

图 5-6 是本案例设计的资产负债表可视化界面。

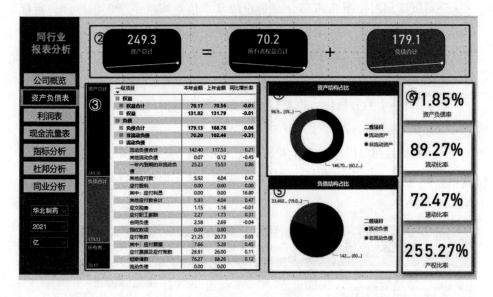

图 5-6 上市公司资产负债表（资产）可视化页面

图 5-6 的①区可以用来切换所选公司、分析年度及货币单位；②区列示了该公司所选择年度的资产负债概况，卡片中还列示了其增长幅度和截至所选年度的变动趋势；③区是该公司所选年度所选报表项目的详细列示，将鼠标悬停在表格上可显示对应数据不同年度的变动趋势；④区和⑤区是对公司的资产、负债结构占比进行分析，可通过向下钻取进行更进一步的分析；⑥区是对与资产相关的关键指标进行展示。

② 利润表。

图 5-7 是本案例设计的利润表可视化界面。

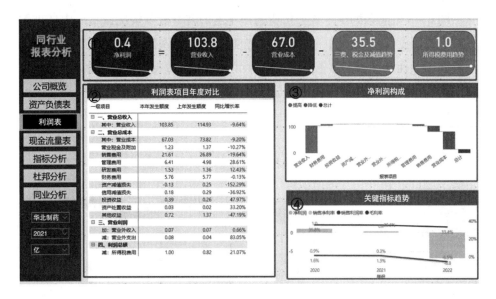

图5-7　上市公司利润表可视化页面

图5-7中，①区列示了该公司所选择年度的净利润概况，卡片中还列示了其增长幅度和截至所选年度的变动趋势；②区是该公司所选年度所选报表项目的详细列示，将鼠标悬停在表格上可显示对应数据不同年度的变动趋势；③区和④区展示了公司的净利润构成和与利润相关的关键指标。

③ 现金流量表。

图5-8是本案例设计的现金流量表可视化界面。

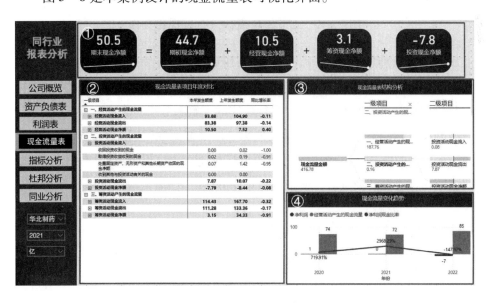

图5-8　上市公司现金流量表可视化页面

图 5-8 的①区列示了该公司所选择年度的现金流量概况，卡片中还列示了其增长幅度和截至所选年度的变动趋势；②区是该公司所选年度所选报表项目的详细列示，将鼠标悬停在表格上可显示对应数据不同年度的变动趋势；③区利用分解树列示了公司的现金流结构分析和现金流量变化趋势；④区列示了部分与现金流量相关的关键指标。

（3）指标分析。

图 5-9 是基于常见财务能力指标对比的可视化页面。

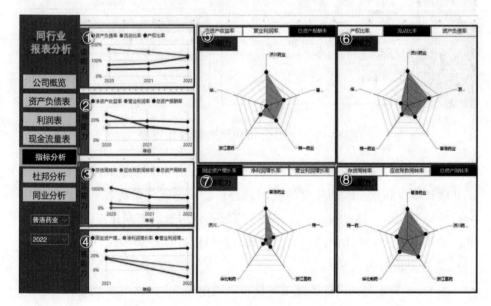

图 5-9　上市公司指标分析可视化页面

图 5-9 的①区、②区、③区、④区列示了偿债能力、盈利能力、营运能力和发展能力，对应公司四大能力关键指标的变化趋势，可以通过关键指标的趋势变动对企业近年基本情况进行快速的了解和分析；⑤区、⑥区、⑦区、⑧区利用雷达图对盈利能力、偿债能力、发展能力和营运能力进行分析，相比①区能更直观描述不同企业之间的指标对比，通过点击不同切片器，可以对不同指标进行切换查看，便于进行对比分析。

（4）综合分析。

图 5-10 是基于经典杜邦分析设计的可视化页面。杜邦分析以净资产收益率为核心，通过各类指标的内在联系来系统、综合地分析公司的财务状况，具有很鲜明的层次结构。其基本思想是将净资产收益率逐级分解为多项财务比率的乘积，审计人员通过如图 5-10 所示的杜邦分析法以综合了解被审计单位的财务业绩。

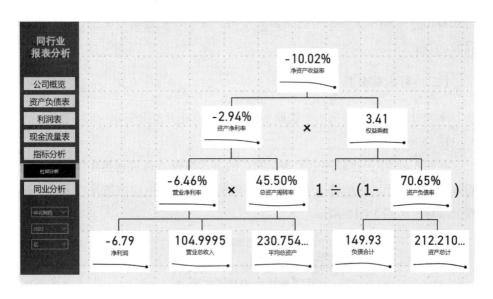

图 5 - 10　上市公司杜邦分析可视化页面

（5）同业分析。

本案例还设计了企业常用指标对比可视化页面，了解该企业某指标在行业内的排名情况，可以通过自定义指标进行同业企业聚类分析和年度动态分析，可视化设计效果如图 5 - 11 所示。

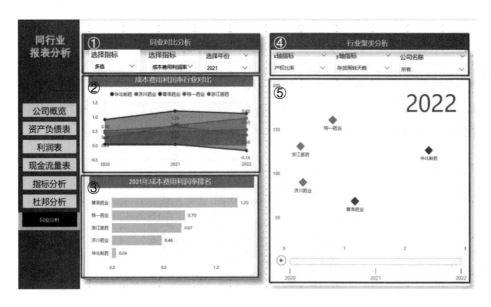

图 5 - 11　上市公司同业对比可视化页面

图 5 - 11 中，①区中可选择所要分析的企业、指标及年份；②区是对所选企业的所选指标变化趋势进行整体分析；③区展示指标排名；④区是进行

行业对比的 X 轴和 Y 轴的可选指标和公司；⑤区可通过时间轴播放历年变化趋势。

（二）可视化分析

本部分以华北制药为例，说明如何利用可视化开展分析。

1. 公司概况分析

在图 5－5 中，已经展示了华北制药的基本情况。通过切换年度，点击查看审计关键事项，了解华北制药存在关联方交易、其他应收款及收入确认的重大事项，如图 5－12 所示。

图 5－12　年度审计意见及重大事项

从华北制药财务状况概览上看，图 5－13 显示了华北制药资产概览。可以看到，华北制药近年来负债占比较高，资产负债率较高，公司 2022 年资产回报率（ROA）显著下降。

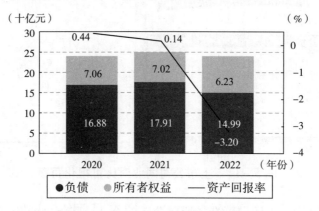

图 5－13　华北制药资产概览

图 5 - 14 显示了华北制药的净利概览。可以看到华北制药营业成本和营业收入近年来保持一个较为稳定的趋势，2022 年权益净利率下降。

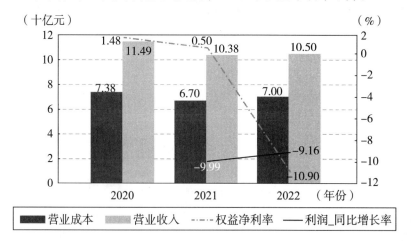

图 5 - 14　华北制药净利概览

图 5 - 15 显示华北制药的现金流量净额情况，可以看到该公司 2022 年现金流量净额显著下降，且现金流主要由经营活动现金净流量构成。

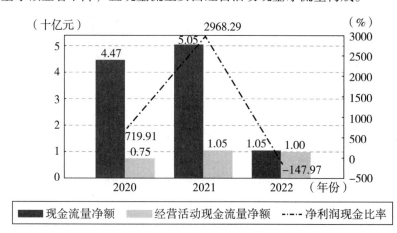

图 5 - 15　现金流量净额概览

2. 财报分析

通过三大报表的可视化分析，可以较详细地了解财务报表各大项目的变动情况。

（1）资产负债表分析。

在图 5 - 16 中，可以看到华北制药资产、负债、所有者权益的现状和三年变动趋势。华北制药 2022 年资产为 212.2 亿元，所有者权益和负债分别为 62.3 亿元和 149.9 亿元，近三年总体呈现下降趋势。

智能审计基础

图 5 - 16　2022 年华北制药资产构成

如图 5 - 17 所示，通过资产负债表矩阵图，可以看到具体报表项目的变动趋势。例如，流动资产中的货币资金由 2021 年的 53. 05 亿元下降到 2022 年的 16. 83 亿元，同比下降 68%。

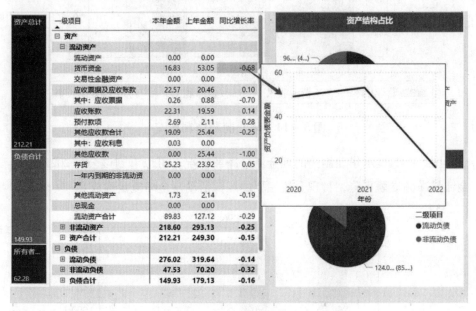

图 5 - 17　资产负债表项目表

（2）利润表分析。

如图 5 - 18 所示，华北制药毛利率近年来均稳定在 35% 左右，企业净利率相对较低。2021 年企业销售净利率仅为 0. 3%，2022 年出现了亏损，净利润跌至 - 6. 8 亿元，毛利率也降到了 - 6. 5%。

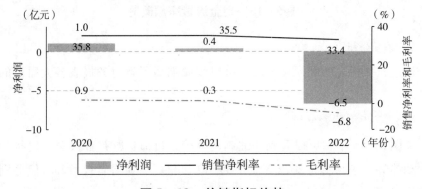

图 5 - 18　关键指标趋势

在图 5 − 19 中，发现华北制药 2022 年出现大额信用减值损失，由 2021 年的 0.18 亿元激增至 2022 年的 7.73 亿元，需要审计人员重点关注。

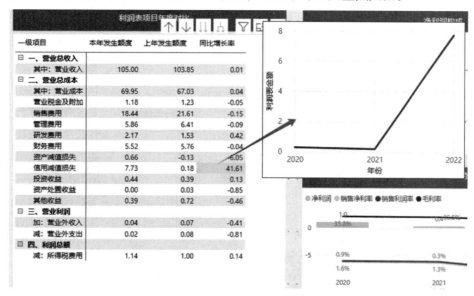

图 5 − 19 2022 年华北制药利润表项目表

（3）现金流量表分析。

由图 5 − 20 可知，华北制药 2022 年筹资活动现金流出大幅增长，其中"支付其他与筹资活动有关的现金"由 2021 年的 8.35 亿元增长至 2022 年的 20.47 亿元，这也是造成企业 2022 年现金流量减少的主要原因。

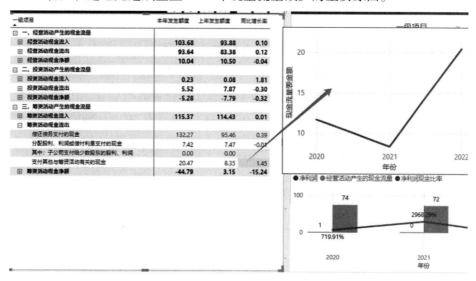

图 5 − 20 2022 年华北制药现金流量表项目表

3. 指标分析

本案例利用经典的偿债能力、盈利能力、营运能力和发展能力四大能力进行可视化设计，此外还补充了杜邦分析，以求分析更为全面直观。

（1）偿债能力。

基于图5-21的结果所示，近年来华北制药的资产负债率居高不下；流动比率在近三年均低于1；从行业整体来看，华北制药2022年资产负债率在几家同业企业中最高。

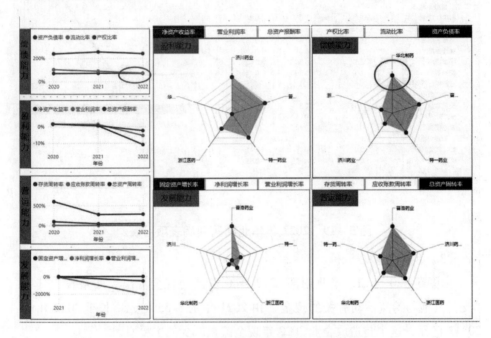

图5-21　华北制药偿债能力指标分析

利用同业分析界面，还可以将相关指标进行联合分析。如图5-22所示，华北制药的流动比率在2022年仅为0.72，远低于2的标准值。同时，整体来看，华北制药2020~2022年流动比率同样低于同行业其他企业，短期偿债能力较差。将资产负债率和流动比率联合分析后发现，在2020~2022年华北制药均处于聚类分析表右下角，即同时拥有高资产负债率和低流动比率，企业偿债能力较差。

总体来看，华北制药资产负债率过高，流动比率过低，企业的偿债能力下降。

（2）盈利能力。

如图5-23所示，2022年华北制药的净资产收益率、营业利润率及总资产报酬率为负，且均远低于同行业其他企业。使用切片器更换年份，排除2022年净利润为负的因素影响后，2020年、2021年华北制药营业利润率同样低于同行业其他企业，如图5-24所示。

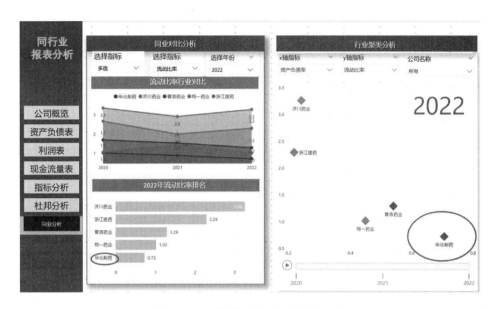

图 5 – 22　偿债能力行业同业对比

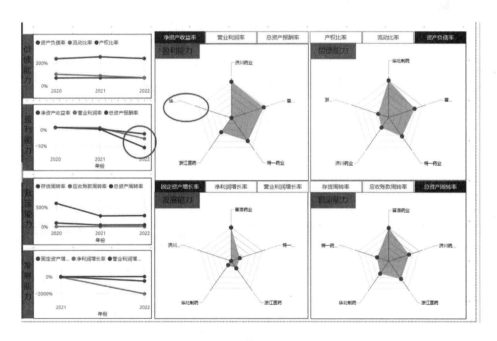

图 5 – 23　华北制药盈利能力指标分析

华北制药营业净利率过低，同时 2022 年净利润为负，这可能导致企业在市场竞争中处于劣势，难以获得市场份额和利润增长，企业的经营风险增加。

（3）营运能力。

如图 5 – 25 所示，2022 年华北制药的存货周转率、应收账款周转率及总资产周转率相比 2021 年略微提升，资产综合利用有所优化，存货变现能力有

智能审计基础

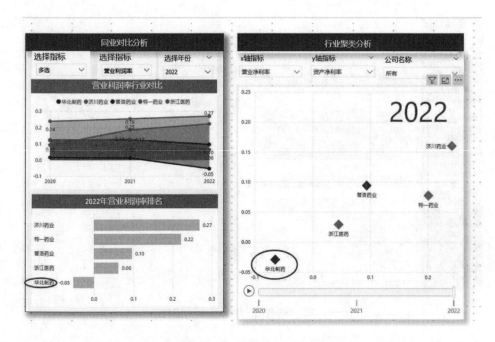

图 5 – 24　盈利能力同业对比

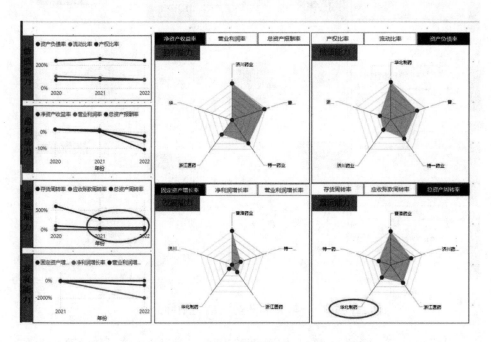

图 5 – 25　华北制药营运能力指标分析

所增强。结合同业对比模块可以得出，华北制药 2022 年营运能力较 2021 年有所增强，但在同行业中仍处于中下水平，需要进一步加强，如图 5 – 26 所示。

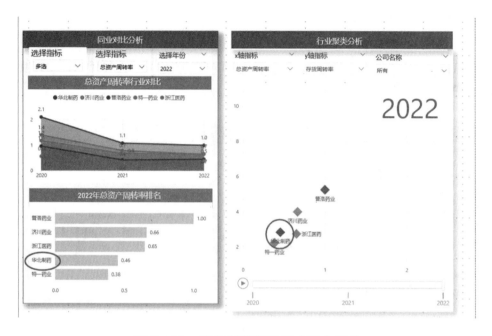

图 5 - 26　华北制药营运能力同业对比

（4）发展能力。

如图 5 - 27 所示，2022 年华北制药的净利润增长率与营业利润增长率显著为负，企业进一步亏损；同时，固定资产增长率较低，处于行业中下游水平。

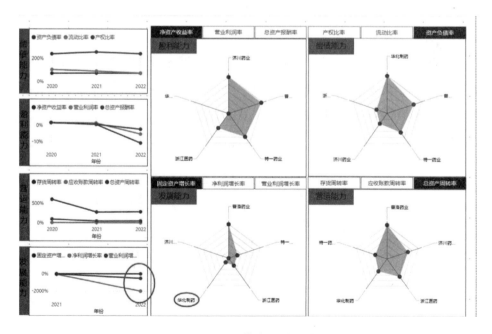

图 5 - 27　华北制药发展能力指标分析

4. 同业分析

上述分析围绕华北制药的公司概览、财务分析和指标分析展开，将以上分析结合同业对比模块可以得出，华北制药2022年净利润增长率低于同行业其他公司，其发展能力仍处于行业较差水平，有待进一步加强，如图5-28所示。

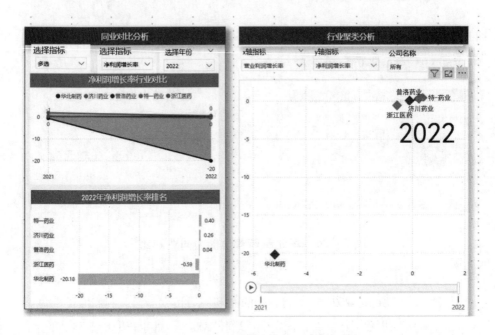

图5-28　华北制药发展能力同业分析

5. 杜邦分析

杜邦分析采用自上而下、从整体到局部的方式层层展开分析，通过寻找财务指标体系中的关系，查找症结所在。图5-29是华北制药2022年净资产收益率的变动情况，以及各种关键财务指标的分解。

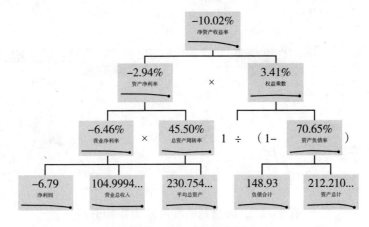

图5-29　杜邦分析

华北制药 2022 年的杜邦分析显示，公司财务状况不佳，净资产收益率为
－10.02%，资产净利率为－2.94%，其主要原因是净利润为负数，公司净利
润亏损 6.79 亿元。同时，公司的资产周转率低，显示出其营运效率相对低
下。此外，较高的权益乘数虽表明公司利用了一定的财务杠杆，但也增加了
公司的财务风险。从杜邦分析的结果来看，华北制药需要提升盈利能力、优
化资产管理和降低财务风险。

（三）数据构成与整理

1. 数据源构成

本案例数据源如表 5 - 7 所示，共有 5 张事实主表，分别是：三大财务报
表，其数据来自同花顺；关键审计事项表，其数据来源于国泰安数据库；公
司概览表，需要手动整理。其他维度表和辅助表是为可视化设计所需的表，
如果只是更换公司，则无须更改。

表 5 - 7　　　　　　　　　财务数据关键

数据源	类型	来源
资产负债表	事实表（主表）	同花顺
现金流量表	事实表（主表）	同花顺
利润表	事实表（主表）	同花顺
关键审计事项表	事实表（主表）	国泰安数据库
公司概览表	事实表（主表）	手动整理
日期表	维度表	自动生成
资产负债表项目层级表	维度表	手动设计
现金流量表项目层级表	维度表	手动设计
利润表项目层级表	维度表	手动设计
能力类别表	辅助表	手动设计
指标表	辅助表	手动设计
单位表	辅助表	手动设计

本模型数据以公司表和日期表为桥梁，将以三大报表为核心的各表链接，
具体链接方式如图 5 - 30 所示。

2. 数据源获取

（1）财务报表。

本案例的财务报表来源于同花顺平台。以资产负债表的获取为例，搜索

同花顺——
资产负债表
下载

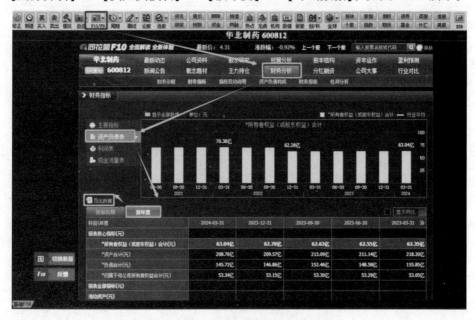

图 5 - 30　数据关系

对应公司后，按年度导出其资产负债表，具体操作步骤如下：点击【F10/F9】→
【财务分析】→【资产负债表】→【按年度】→【导出数据】，如图 5 - 31 所示。

图 5 - 31　同花顺平台数据下载

在导出数据表后，将相应数据表工作簿重命名为企业简称，便于后续数据处理，如图 5 - 32 所示。

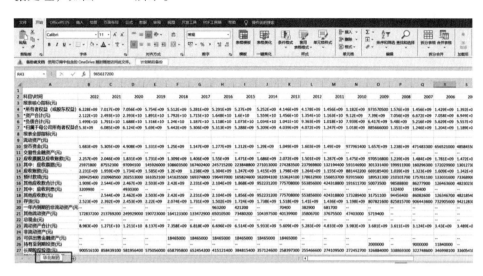

图 5 - 32　整理后的 Excel 表

依次下载所需同业对比企业的资产负债表，并将所有资产负债表保存到相同文件夹中，如图 5 - 33 所示。

图 5 - 33　整理后的资产负债表

利润表和现金流量表数据整理方法与资产负债表相同，不再赘述。

（2）关键审计事项表。

通过国泰安数据库（https：//data. csmar. com），获取公司的关键审计事

国泰安
数据库下载

项表。在国泰安数据库中搜索关键审计事项明细表。进入相关数据库后，填写所需数据时间段及对应企业股票代码。具体操作步骤如下：选择【关键审计事项明细表】；点击【时间区间】，设置所需时间段；点击【代码选择】，导入对应企业代码，如图 5 – 34 所示。

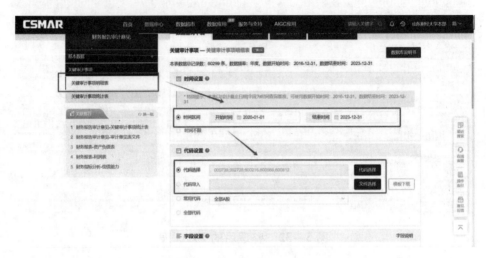

图 5 – 34　时间、代码设置

企业对应代码的导入可通过搜索导入和批量导入两种方式，批量导入方式按照网站提供的模板进行整理后导入即可，图 5 – 35 为通过搜索导入的方式。

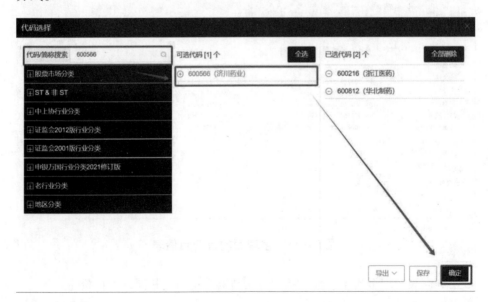

图 5 – 35　搜索导入

在设置完时间和代码后，将所有字段选择后（见图 5 – 36）下载并解压，将解压后的 Excel 表重命名为"关键审计事项表"，将 Excel 中的"sheet1"更名为"关键审计事项表"备用，如图 5 – 37 所示。

图 5 – 36　选择字段

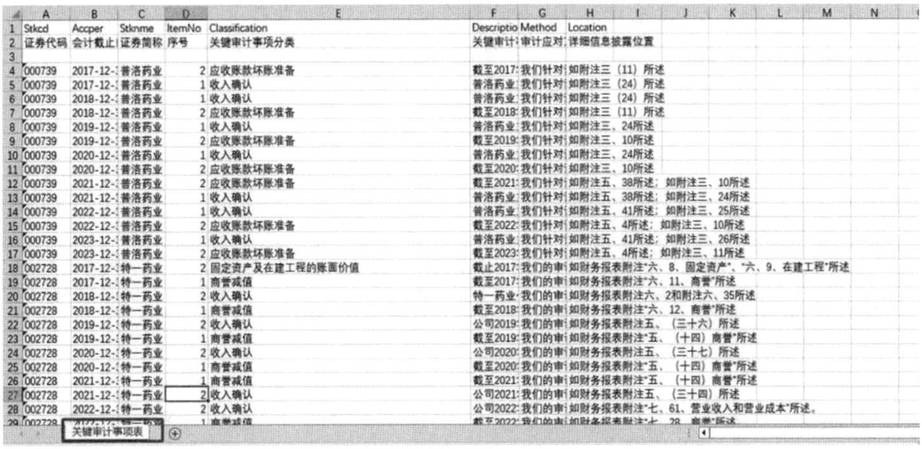

图 5 – 37　关键审计事项表

（3）公司概览表。

公司概览表的内容依次包含：公司名称、序号、股票代码、公司全称、法人代表、主营业务、成立时间、公司类型、公司地址、公司网址、注册资本、公司简况共 12 个字段。按照给定的公司概览表的格式，通过同花顺、公司年报等获取方式获取对应字段的信息，表 5 – 8 以华北制药为例展示了对应字段的填写要求。

表 5 - 8   公司概览表示例

字段名	示例
公司名称	华北制药
序号	1
股票代码	600812
公司全称	华北制药股份有限公司
法人代表	肖明建
主营业务	医药产品的研发、生产和销售
成立时间	1994 - 01 - 14
公司类型	国有控股上市公司
公司地址	河北省石家庄市长安区和平东路 388 号
公司网址	http：//www. ncpc. com
注册资本	17. 16 亿元
公司简况	华北制药股份有限公司的主营业务是医药产品的研发、生产和销售等。公司产品涉及化学药、生物药、健康消费品等，治疗领域涵盖抗感染药物、心脑血管药物、肾病及免疫调节类药物、肿瘤治疗药物、维生素及健康消费品等 700 多个品规。公司是首批国家认定企业技术中心、国家"863 计划"成果产业化基地、中国青年科技创新行动示范基地、微生物药物国家工程研究中心、抗体药物研制国家重点实验室、抗生素酶催化与结晶技术国家地方联合工程实验室。

（4）维度表。

为可视化呈现方便，报表层级表对报表项目进行了更细致的分类，这些层级表往往并不需要变动，如图 5 - 38、图 5 - 39 和图 5 - 40 所示。

（5）辅助表。

辅助表一般不随事实表和维度表的更换而变化。其中，"能力类别表"是用来构造本案例"指标分析界面"的关键指标，如图 5 - 41 所示；"指标表"用来构造"同业分析界面"中的"同业对比模块"，如图 5 - 42 所示；"单位表"则是帮助案例进行计量单位的切换，如图 5 - 43 所示。

3. 数据源更换

本部分只说明如何更换数据源，便于其他上市公司财务报表的分析，上述维度表和辅助表无须更换，只需要对财务报表、公司概览表和审计关键事项表进行更换即可，操作比较简单。注意，如果被审计单位不是上市公司，那么需要转换为上市公司的格式，才能满足本案例可视化的需要。

更改数据源

	一级项目	一级项目索引	二级项目	二级项目索引	报表科目	三级项目索引	类型
2	资产	1	流动资产	101	流动资产	10101	资产
3	资产	1	流动资产	101	货币资金	10102	资产
4	资产	1	流动资产	101	交易性金融资产	10103	资产
5	资产	1	流动资产	101	应收票据及应收账款	10104	资产
6	资产	1	流动资产	101	其中：应收票据	10105	资产
7	资产	1	流动资产	101	应收账款	10106	资产
8	资产	1	流动资产	101	预付款项	10107	资产
9	资产	1	流动资产	101	其他应收款合计	10108	资产
10	资产	1	流动资产	101	其中：应收利息	10109	资产
11	资产	1	流动资产	101	其他应收款	10110	资产
12	资产	1	流动资产	101	存货	10111	资产
13	资产	1	流动资产	101	划分为持有待售的资产	10112	资产
14	资产	1	流动资产	101	一年内到期的非流动资产	10113	资产
15	资产	1	流动资产	101	其他流动资产	10114	资产
16	资产	1	流动资产	101	总现金	10115	资产
17	资产	1	流动资产	101	流动资产合计	10116	资产
18	资产	1	非流动资产	102	非流动资产	10201	资产
19	资产	1	非流动资产	102	可供出售金融资产	10202	资产
20	资产	1	非流动资产	102	长期股权投资	10203	资产
21	资产	1	非流动资产	102	其他权益工具投资	10204	资产
22	资产	1	非流动资产	102	其他非流动金融资产	10205	资产
23	资产	1	非流动资产	102	投资性房地产	10206	资产
24	资产	1	非流动资产	102	固定资产合计	10207	资产
25	资产	1	非流动资产	102	其中：固定资产	10208	资产

Sheet1

图 5－38　资产负债表项目层级表

	一级项目	一级项目索引	二级项目	二级项目索引	三级项目	三级项目索引	符号
2	一、经营活动产生的现金流量	1	经营活动现金流入	101	销售商品、提供劳务收到的现金	10101	1
3	一、经营活动产生的现金流量	1	经营活动现金流入	101	收到的税费与返还	10102	1
4	一、经营活动产生的现金流量	1	经营活动现金流入	101	收到其他与经营活动有关的现金	10103	1
5	一、经营活动产生的现金流量	1	经营活动现金流出	102	购买商品、接受劳务支付的现金	10201	-1
6	一、经营活动产生的现金流量	1	经营活动现金流出	102	支付给职工以及为职工支付的现金	10202	-1
7	一、经营活动产生的现金流量	1	经营活动现金流出	102	支付的各项税费	10203	-1
8	一、经营活动产生的现金流量	1	经营活动现金流出	102	支付其他与经营活动有关的现金	10204	-1
9	一、经营活动产生的现金流量	1	经营活动现金净额	103	经营活动产生的现金流量净额	10301	1
10	二、投资活动产生的现金流量	2	投资活动现金流入	201	收回投资收到的现金	20101	1
11	二、投资活动产生的现金流量	2	投资活动现金流入	201	取得投资收益收到的现金	20102	1
12	二、投资活动产生的现金流量	2	投资活动现金流入	201	处置固定资产、无形资产和其他长期资产收回的现金净额	20103	1
13	二、投资活动产生的现金流量	2	投资活动现金流入	201	收到其他与投资活动有关的现金	20104	1
14	二、投资活动产生的现金流量	2	投资活动现金流出	202	购建固定资产、无形资产和其他长期资产支付的现金	20201	-1
15	二、投资活动产生的现金流量	2	投资活动现金流出	202	投资支付的现金	20202	-1
16	二、投资活动产生的现金流量	2	投资活动现金流出	202	取得子公司及其他营业单位支付的现金净额	20203	-1
17	二、投资活动产生的现金流量	2	投资活动现金流出	202	支付其他与投资活动有关的现金	20204	-1
18	二、投资活动产生的现金流量	2	投资活动现金净额	203	投资活动产生的现金流量净额	20301	1
19	三、筹资活动产生的现金流量	3	筹资活动现金流入	301	吸收投资收到的现金	30101	1
20	三、筹资活动产生的现金流量	3	筹资活动现金流入	301	其中：子公司吸收少数股东投资收到的现金	30102	1
21	三、筹资活动产生的现金流量	3	筹资活动现金流入	301	取得借款收到的现金	30103	1
22	三、筹资活动产生的现金流量	3	筹资活动现金流入	301	收到其他与筹资活动有关的现金	30104	1
23	三、筹资活动产生的现金流量	3	筹资活动现金流出	302	偿还债务支付的现金	30201	-1
24	三、筹资活动产生的现金流量	3	筹资活动现金流出	302	分配股利、利润或偿付利息支付的现金	30202	-1
25	三、筹资活动产生的现金流量	3	筹资活动现金流出	302	其中：子公司支付给少数股东的股利、利润	30203	-1
26	三、筹资活动产生的现金流量	3	筹资活动现金流出	302	支付其他与筹资活动有关的现金	30204	-1
27	三、筹资活动产生的现金流量	3	筹资活动现金净额	303	筹资活动产生的现金流量净额	30301	1

图 5－39　现金流量表项目层级表

以资产负债表文件夹的数据源更换为例，点击【转换数据】，进入 Power Query 界面，如图 5－44 所示。

首先，选择数据源设置，点击【数据源设置】→选择【资产负债表】→点击【更改源】，进入相关界面后选中资产负债表，如图 5－45 所示。

其次，【浏览】→选择【资产负债表】，选中资产负债表文件夹所在路径，点击【确认】。

最后，关闭数据源设置，如图 5－46 所示。

利润表、现金流量表，以及关键审计事项表、公司概览表的数据源的更换方法与资产负债表相似，不再赘述。

	A	B	C	D	E	F
1	一级项目	一级项目索引	二级项目	方向	报表项目	索引
2	一、营业总收入	1	其中：营业收入	1	营业收入	1
3	二、营业总成本	2	其中：营业成本	-1	营业成本	2
4	二、营业总成本	2	营业税金及附加	-1	营业税金及附加	3
5	二、营业总成本	2	销售费用	-1	销售费用	4
6	二、营业总成本	2	管理费用	-1	管理费用	5
7	二、营业总成本	2	研发费用	-1	研发费用	6
8	二、营业总成本	2	财务费用	-1	财务费用	7
9	二、营业总成本	2	资产减值损失	-1	资产减值损失	8
10	二、营业总成本	2	信用减值损失	-1	信用减值损失	9
11	二、营业总成本	2	加：公允价值变动收益	1	公允价值变动收益	10
12	二、营业总成本	2	投资收益	1	投资收益	11
13	二、营业总成本	2	资产处置收益	1	资产处置收益	12
14	二、营业总成本	2	其他收益	1	其他收益	13
15	三、营业利润	3	加：营业外收入	1	营业外收入	14
16	三、营业利润	3	减：营业外支出	-1	营业外支出	15
17	四、利润总额	4	减：所得税费用	-1	所得税费用	16
18	五、净利润	5	净利润	1	净利润	17

图 5 – 40　利润表项目层级表

	A	B	C	D
1	盈利能力	运营能力	偿债能力	发展能力
2	净资产收益率	应收账款周转率	资产负债率	营业利润增长率
3	总资产报酬率	存货周转率	流动比率	净利润增长率
4	营业利润率	总资产周转率	产权比率	固定资产增长率
5				

图 5 – 41　能力类别表

	A	B
1	序号	指标名称
2	1	产权比率
3	2	净利润增长率
4	3	存货周转天数
5	4	存货周转率
6	5	应收账款周转天数
7	6	应收账款周转率
8	7	总成本增长率
9	8	总资产周转天数
10	9	总资产周转率
11	10	总资产增长率
12	11	总资产报酬率
13	12	成本费用利润率
14	13	收入增长率
15	14	权益乘数
16	15	流动比率
17	16	营业净利率
18	17	营业利润增长率
19	18	营业利润率
20	19	营业收入增长率
21	20	资产净利率
22	21	资产负债率
23	22	资本积累率
24	23	销售毛利率

图 5 – 42　指标表

	A	B	C
1	单位	数值	
2	元	1	
3	万	10000	
4	百万	1000000	
5	亿	100000000	
6			

图 5 – 43　单位表

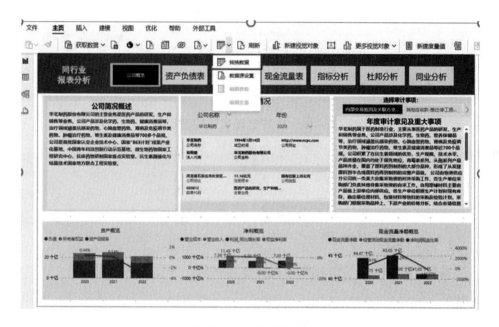

图 5 – 44　转换数据

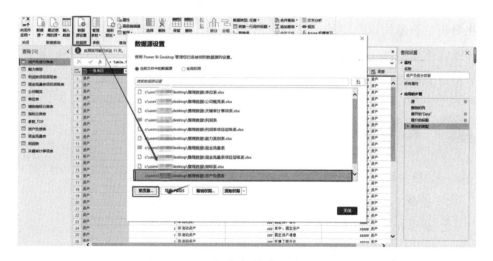

图 5 – 45　资产负债表数据源设置

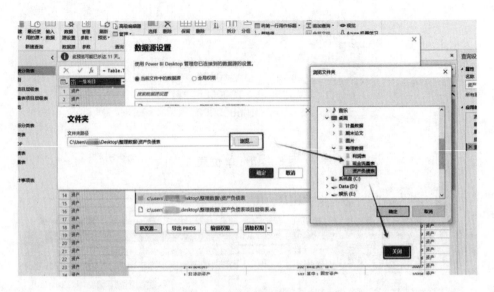

图 5 – 46   资产负债表数据源更换

第三节 本章小结

　　本章学习目标是了解和熟悉智能审计在风险评估中的应用。第一节简要介绍大数据下的被审计单位环境，包括了解被审计单位外部信息、内部信息和内部控制；第二节介绍了解被审计单位的财务业绩，并着重介绍了通过 Power BI 进行上市公司财务报表可视化应用，包括可视化设计、可视化分析、数据构成与更换。在有限的篇幅内，本章未对技术细节进行一一阐述，而是讲解了可视化应用的整体思路，以锻炼读者对财务报表的数据分析意识和指标解读能力。

本章习题

一、思考题

1. 被审计单位外部信息包括哪些？有哪些信息来源？

2. 被审计单位内部信息包括哪些？有哪些信息来源？

3. 内部控制包括哪些要素？了解程序有哪些？

4. 信息技术导致的风险有哪些？如何了解与财务报表相关的信息系统？

二、操作题

1. 将本章第二节中的案例进行替换，替换为其他行业的上市公司，并从第二节介绍的多种数据源（新浪财经、同花顺、巨潮资讯网、Wind 资讯等）中获取该公司的财务数据和非财务信息。

2. 将本章第二节中的 Power BI 数据替换为该上市公司的相关数据，完成数据获取、数据整理与更换、数据建模后，对该公司进行行业风险分析、基本情况可视化、财务报表可视化、指标分析可视化、杜邦分析可视化、同业对比可视化应用分析，并对该公司进行财务情况解读。

财务舞弊识别框架构建——基于会计信息系统论及大数据视角[*]

被审计单位的财务报表中包含许多会计估计与职业判断，审计人员识别舞弊的过程也充满着职业判断与职业怀疑，尤其是事前识别财务舞弊（对企业财务舞弊可能性给出事前判断或推定）。审计人员需要运用风险导向审计思维，寻找具有因果关系的舞弊信号，基于会计基础理论来分析、识别财务与非财务的异常特征，如异常财务指标特征、异常行业业务模式等。该类舞弊信号可能为外部事件传导的信号，也可能是受数据统计特征启发的信号，会对审计人员职业判断具有较大帮助，例如，负面新闻舆情、异常数字特征等。

现有研究为财务舞弊识别提供了二因素、三因素、四因素、多因素理论，分类列举了诸多红旗指标，从变量（如引入了公司治理、文本分析等变量）和模型（如采用机器学习等模型）两个角度提升了舞弊预测和识别的"精度"，但是仍有尚未解决的难题。例如，是否可借助会计本身的基础理论进行舞弊识别；如何建立一个实用的、指导寻找并囊括各类舞弊识别变量的框架；如何跳出财务数据和企业个体视角，利用大数据、机器学习等技术从更大范围获取变量、建立更合适的预测模型。因此，有必要建立一个有助于事前识别乃至预测财务舞弊，有助于寻找并归类舞弊识别变量，并分析变量与舞弊之间关系的研究框架，如图 5-47 所示。

* 叶钦华，叶凡，黄世忠. 财务舞弊识别框架构建——基于会计信息系统论及大数据视角 [J]. 会计研究，2022（3）：3-16.

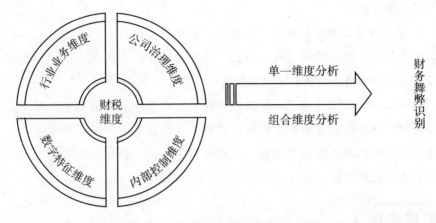

图5-47 五维度财务舞弊识别框架

依据复式簿记与会计信息系统论，建立由五个维度所组成的识别框架：第一步是从财务税务维度切入，总结舞弊公司财务报表中具有共性的报表科目间或报表指标间的联动异常特征，并分析其背后可能的舞弊信号，这相当于是对传统科目分析、单一指标分析的补充，有助于更准确地将科目异常与财务舞弊相关联；第二步是从四个非财务维度视角（行业业务维度、公司治理维度、内部控制维度、数字特征维度）寻找舞弊信号，以判断财务异常背后是否有合理的支撑、是否指向舞弊；第三步是将识别出的各个维度的财务舞弊信号转化为可定义、判断和量化的变量，特别是一些来自非财务信息的信号；第四步是五维度之间的相互组合分析与交叉验证，并借助于专家打分、机器学习等方法进行模型构建，实现对财务舞弊发生可能性的事前识别和预警。

第一，审计人员应从财务税务维度切入，通过横向、纵向、趋势等比率分析报表科目间的勾稽关系，识别财务异常。审计人员通过指标间联动分析，判断是否符合商业合理性，帮助识别可能的舞弊行为。例如，收入与长期资产联动异常，可能意味着被审计单位虚构销售收入、通过在建工程等项目将体内资金体外化以实现虚构销售回款，进而虚构在建工程等长期资产。再如，若出现存货周转率逐年下降且毛利率逐年上涨的联动现象，往往表示舞弊的可能性也较大，因为毛利率逐年上涨反映的是公司产品市场竞争力强且销售供不应求，一般情况下存货周转率也应随之提高。

从税务角度也能够验证会计上是否存在操纵。当企业通过财务舞弊虚增利润时将产生纳税成本，如果企业为规避成本、在税务上采用不同的做法，就会形成更大的会税差异或递延所得税异动指标。例如，每元净利润支付的税费远低于同行业均值水平，这可能意味着被审计单位虚构销售收入，但对应税费仅计提尚未实际缴付，进而导致会计与税务勾稽差异。

第二，审计人员应从行业业务维度进行对比分析。不同产业链乃至产业链上下游的企业之间都有不同的特点，同一细分行业内的企业之间亦有不同的商业模式，这些差异最终将反映在财务报表上。例如，医药制造企业有别于医药流通企业，前者有着高研发支出、高毛利率、高销售费用率的特征，后者则有着高营业收入、低毛利率、高资产周转率的特征。审计人员可以通过对比分析同一行业内企业的经营指标或业务相关指标，来验证财务数据背后是企业竞争优势的体现还是财务舞弊的风险。行业业务维度主要涉及企业与其所处行业的景气度指标、经营指标、业务预期指标等的对比，例如，人均产值、销售回款周期、工程施工周期与行业均值的偏离度等。

第三，审计人员应从公司治理维度来寻找舞弊识别信号。大股东行为、高管行为、审计师行为等被审计单位公司治理的利益相关者，往往与财务报表层次的舞弊风险相关，尤其是由公司治理层授意与安排后虚构实体、虚构交易直到财务报表产出全过程的"一条龙造假"，造成的结果更为严重，损害更具有破坏性。此外，公司治理维度的分析也有助于识别舞弊动机或者串通合谋路径。例如，业绩承诺给股东、实际控制人带来的巨大压力和利益动机，最终导致舞弊行为的发生。再如，控股股东股权质押高，可能意味着大股东通过股权质押融资、体外资金体内化协助造假，或者股票质押平仓压力会带来强舞弊动机。

第四，审计人员应从内部控制维度来识别内部控制设计与执行结果的舞弊信号，从企业财务报告内部控制的建立和执行的有效性角度，判断企业交易事项的真实性，印证财务数据合理性。例如，当被审计单位的重要交易对象为关联方且该关联方为新设空壳公司时，可能意味着被审计单位与关联方串通舞弊，虚构销售业务。再如，新增重要客户与重要供应商之间存在关联或隐性关系，如受同一控制人控制等，可能意味着与同一利益相关主体或集团公司上下游串通舞弊、虚构销售采购业务。

第五，审计人员也可以从数字特征维度来分析数据特征以识别舞弊信号。人为操纵后的数据特征可能存在异常。例如，数字统计分布异常、存在人为操纵可能。再如，互联网企业的个人客户交易时间分布数字特征异常，可能意味着游戏交易时间不符合行业特征及统计特征，人为操纵可能性高。

更进一步地，结合 A 股上市公司过往十年的财务报表数据特征及专家实务经验，将五维度的信号转化为明确定义和赋值的变量，如表 5-9 所示。

表 5 – 9　　　　　　　　　　五维度识别舞弊的变量定义

识别变量	具体定义
税务维度：收入异常且预付账款异常	"收入增长率为正、行业均值水平为负"，且"预付款项/流动资产 >10%、预付款项 >1 亿元"，达到阈值时取 1，反之取 0
行业业务维度：现金储备充足但在建工程进度缓慢	"最近一期期末货币资金 ≥50 亿元"，且"单一在建工程项目期末余额 ≥1 亿元、期初期末完工进度均 <5%"，达到阈值取 1，反之取 0
公司治理维度：控股股东是否涉及股权高质押	若涉及股权高质押阈值标准则取 1，反之取 0
内部控制维度：重大资产交易对象规模特征与交易金额相背离	"最近一期对外出售资产或股权的资产处置损益占报告期净利润 30% 以上"，且"买方注册资本金额低于 300 万元、注册资本低于成交金额 10%"，达到阈值取 1，反之取 0
数字特征维度：公司连续三年的净利润数字特征异常	最近三期的净利润特征为正、负、正，且三年累计绝对额合计数 <0，达到阈值取 1，反之取 0

　　本框架从会计基础理论与实务经验相结合、财务与业务相结合、会计技术与大数据技术相结合等角度出发，建立五个维度的财务舞弊识别框架，为寻找和系统容纳财务舞弊识别信号与变量提供了一个新思路和指导框架，也为分析与舞弊的可能关联提供了路径。基于该框架的产品——"天健裁判"已在市场上得到较好应用，可查询其官方网站。

第六章

智能审计在控制测试中的应用

教学目的与要求 ▶------------------------------------◎

本章主要介绍控制测试和信息技术控制测试的基础知识，以采购流程为例，学习利用数据分析方法实现对控制活动的识别与评估。

1. 了解控制测试的概念、范围、程序与工具。
2. 了解信息技术一般控制与信息处理控制基础知识。
3. 了解针对自动控制的控制测试方法。
4. 掌握数据追踪法在控制测试中的实操要点。

教学重点与难点 ▶------------------------------------◎

▶ **重点**：自动控制的控制测试方法。

▶ **难点**：采购流程中的常见风险点和实操过程。

第一节 控制测试基础知识

一、控制测试概述

（一）控制测试概念

控制测试是指用于评价内部控制在防止或发现并纠正认定层次重大错报方面的运行有效性的审计程序，这一概念需要与"了解内部控制"进行区分。"了解内部控制"包含两层含义：一是评价控制的设计；二是确定控制是否得到执行。

测试控制运行的有效性与确定控制是否得到执行所需获取的审计证据是不同的。在测试控制运行的有效性时，审计人员应当从下列方面获取关于控制是否有效运行的审计证据：（1）控制在所审计期间的相关时点是如何运行的；（2）控制是否得到一贯执行；（3）控制由谁或以何种方式执行。从这三个方面来看，控制运行有效性强调的是控制能够在各个不同时点按照既定设计得以一贯执行。在了解控制是否得到执行时，审计人员只需抽取少量的交易进行检查或观察某几个时点。但在测试控制运行的有效性时，审计人员需要抽取足够数量的交易进行检查或对多个不同时点进行观察。

（二）控制测试要求

当存在下列情形之一时，审计人员应当实施控制测试：（1）在评估认定层次重大错报风险时预期控制的运行是有效的；（2）仅实施实质性程序并不能够提供认定层次充分、适当的审计证据。如果在评估认定层次重大错报风险时预期控制的运行是有效的，审计人员应当实施控制测试，就控制在相关期间或时点的运行有效性获取充分、适当的审计证据。审计人员通过实施风险评估程序，可能发现某项控制的设计是存在的，也是合理的，同时得到了执行。在这种情况下，出于成本效益的考虑，审计人员可能预期如果相关控制在不同时点都得到了一贯执行，与该项控制有关的认定发生重大错报的可能性就不会很大，也就不需要实施很多的实质性程序。为此，审计人员可能会认为值得对相关控制在不同时点是否得到了一贯执行进行测试，即实施控制测试。这种测试主要是出于成本效益的考虑，其前提是审计人员通过了解内部控制以后认为某项控制存在着被信赖的可能。因此，只有认为控制设计合理、能够防止或发现并纠正认定层次的重大错报，审计人员才有必要对控制运行的有效性实施测试。

如果认为仅通过实施实质性程序无法获取认定层次的充分、适当的审计证据，审计人员应当实施相关的控制测试，以获取控制运行有效性的审计证据。有时，对有些重大错报风险，审计人员仅通过实质性程序无法予以应对。例如，在被审计单位对日常交易或与财务报表相关的其他数据（包括信息的生成、记录、处理和报告）采用高度自动化处理的情况下，审计证据可能仅以电子形式存在，此时审计证据是否充分和适当通常取决于自动化信息系统相关控制的有效性。如果信息的生成、记录、处理和报告均通过电子格式进行而没有适当有效的控制，则生成不正确信息或信息被不恰当修改的可能性就会大幅增加。在认为仅通过实施实质性程序不能获取充分、适当的审计证据的情况下，审计人员必须实施控制测试，且这种测试已经不再是单纯出于成本效益的考虑，而是必须获取的一类审计证据。

二、控制测试程序与工具

（一）一般程序

审计人员在对关键控制点进行测试前，先要根据关键点控制措施设定测试程序。在设计各关键控制点测试程序时，应按如下步骤操作。

首先，认真阅读内部控制流程描述底稿及控制测试底稿中控制目标、控制措施，理解控制实质内容。其次，在控制措施中查找如下要点：（1）实施控制的主体，即各岗位人员；（2）如何实施控制；（3）形成控制文档。审计人员根据要点编写控制测试程序，控制测试程序一般包括询问、观察、检查、重新执行四种方法。

1. 询问

询问实施控制的主体如何实施控制行为。审计人员可以向被审计单位适当员工询问，获取与内部控制运行情况相关的信息。例如，询问信息系统管理人员有无未经授权接触计算机硬件和软件；向负责复核银行存款余额调节表的人员询问如何进行复核，包括复核的要点是什么，发现不符事项如何处理等。仅通过询问不能为控制运行的有效性提供充分的证据，审计人员通常需要进一步印证被询问者的答复，如向其他人员询问和检查执行控制时所使用的报告、手册或其他文件等。虽然询问是一种有用的手段，但它必须和其他测试手段结合使用才能发挥作用。在询问过程中，审计人员应当保持职业怀疑。

2. 观察

观察相关岗位人员是否按控制措施实施控制行为。观察是测试不留下书面记录的控制（如职责分离）运行情况的有效方法。例如，观察存货盘点控制的运行情况。观察也可运用于实物控制，如查看仓库门是否锁好，或空白支票是否妥善保管。通常情况下，审计人员通过观察直接获取的证据比间接获取的证据更可靠。但是，审计人员还要考虑其所观察到的控制在审计人员不在场时可能未被执行的情况。

3. 检查

根据样本量，抽取控制文档检查是否执行了控制措施。对运行情况留有书面证据的控制，检查非常适用。书面说明、复核时留下的记号，或其他记录在偏差报告中的标志，都可以被当作控制运行情况的证据。例如，检查销售发票是否有复核人员签字，检查销售发票是否附有客户订购单和出库单等。

4. 重新执行

重新执行是保证程度最高的测试程序，考虑成本效率情况，实务中涉及重要交易事项或账户余额认定时会有针对性地选择使用。

（二）常用工具

审计人员在了解内部控制、执行控制测试时，通常会用到以下工具。

1. 流程描述文档

在了解端到端的业务流程/循环过程中，审计人员可以通过流程描述文档详细记录被审计单位的业务流转过程，通过文档梳理出流程的详细过程和细节。通过业务流程描述文档，审计人员可以清楚地梳理出被审计单位从始至终的完整流程，有助于发现和识别其中的风险点及作出相应的应对措施。这种文档没有固定的格式要求，常见的流程描述文档以 Word 文本方式进行记录。

2. 流程图

流程图是一种与流程描述文档配套的图形化记录方式，记录业务流程中的各个流程及控制活动。一份完整的流程图通常包括图例说明、流程总览、子流程几个部分。对于控制活动，与流程图记录的要素基本相同，最大的区别在于控制活动与风险相对应。常见的流程图用 Visio 完成，图 6 – 1 为某单位的采购流程图。

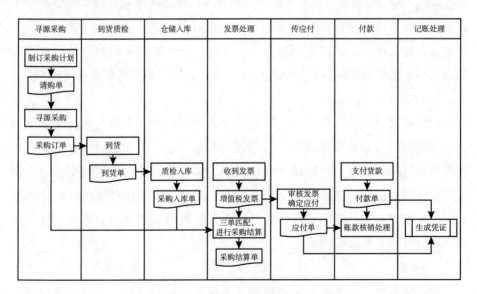

图 6 – 1　某单位采购流程图

3. 风险控制矩阵

风险控制矩阵是风险和控制组成的一个矩阵式表格。这一表格列示了一个流程/子流程中的风险点及应对方式，该表格往往和流程图配套使用。通常情况下，风险控制矩阵主要包括子流程、风险编号、风险描述、控制目标、控制编号、控制描述、控制频率、控制类型、财务报表对应科目/交易、信息处理目标、财务报表认定等关键要素。通过该矩阵，审计人员可以很清楚地看出各个业务流程中的内部控制点及对应的财务报表科目，并根据该控制点所应对的风险、实现的信息处理目标及与财务报表认定之间的关系，评估被审计单位是否对相关风险点建立了足够的内部控制应对机制，以确保该科目/交易的相关认定目标的实现，表 6 - 1 是某会计师事务所采购与付款的控制矩阵。

表 6 - 1 采购与付款的控制矩阵

被审计单位：某 A 公司　　　　　　　　　　　　　会计期间：2023 年 2 月 25 日

控制编号	控制名称	控制性质	预防性/检查性	与控制相关风险	是否为关键控制	穿行测试结果是否满意	是否测试该活动运行有效性
Z - 1	采购申请经过适当核准	依赖信息系统的人工控制	预防性	FX - 1	是	是	是
Z - 2	采购订单经适当审批	依赖信息系统的人工控制	预防性	FX - 1	是	是	是
Z - 3	采购订单信息完整准确	依赖信息系统的人工控制	预防性	FX - 2	是	是	是
Z - 4	商品验收需有效的采购订单	依赖信息系统的人工控制	预防性	FX - 4	是	是	是
Z - 5	入库商品数量准确	依赖信息系统的人工控制	预防性	FX - 2、FX - 4	是	是	是
Z - 6	准确恰当记录已验收商品	依赖信息系统的人工控制	预防性	FX - 5、FX - 6、FX - 7	是	是	是
Z - 7	定期与供应商对账并及时处理差异	依赖信息系统的人工控制	预防性	FX - 8	是	是	是
Z - 8	采购付款经恰当审批	依赖信息系统的人工控制	预防性	FX - 9	是	是	是
Z - 9	付款经恰当准确及时记录	依赖信息系统的人工控制	预防性	FX - 10	是	是	是

三、IT 环境的控制测试内容与方法

在信息技术环境下，人工控制的基本原理并不会发生实质性改变，审计人员仍需按照审计准则执行相关的审计程序，而对于自动化控制，则需要从信息技术一般控制审计、信息处理控制审计以及公司层面的 IT 控制三个方面进行考虑。在本部分的（四）中，还列示了常用的测试方法。

（一）一般控制

信息技术一般控制是指为了保证信息系统的安全，对整个信息系统及外部各种环境要素实施的、对所有的应用或控制模块具有普遍影响的控制措施。信息技术一般控制既包括人工进行的控制，也包括自动化控制。信息技术一般控制包括程序开发、程序变更、程序和数据访问、计算机运行四个方面。

1. 程序开发

程序开发领域的目标是确保系统的开发、配置和实施能够实现管理层的信息处理控制目标。程序开发控制一般包括但不限于以下要素：（1）程序开发的管理方法；（2）项目启动、分析和设计；（3）测试和质量确保；（4）数据迁移；（5）程序实施和应急计划；（6）流程更新和用户培训；（7）开发过程中的需求变更管理；（8）开发过程中的职责分离。

2. 程序变更

程序变更领域的目标是确保对程序和相关基础组件的变更是经过请求授权、执行、测试和实施的，以达到管理层的信息处理控制目标。程序变更范围除了包含代码类的常规变更外，也需要关注配置类的变更和紧急变更。程序变更一般包括但不限于以下要素：（1）对变更维护活动的管理；（2）对变更请求的规范、授权与跟踪；（3）测试和质量确保；（4）程序实施；（5）流程更新和用户培训；（6）变更过程中的职责分离。

3. 程序和数据访问

程序和数据访问领域的目标是确保分配的访问程序和数据的权限是经过用户身份认证并授权的。程序和数据访问的子组件一般包括安全活动管理、安全管理、数据安全、操作系统安全、网络安全和物理安全。程序和数据访问一般包括但不限于以下要素：（1）应用用户授权管理；（2）高权限用户管理；（3）职责分工和权限管理；（4）认证和密码控制；（5）用户监控；（6）物理访问和环境控制；（7）网络访问控制。

4. 计算机运行

计算机运行领域的目标是确保业务系统根据管理层的控制目标完整准确地运行，确保运行问题被完整准确地识别并解决，以维护财务数据的完整性。计算机运行一般包括但不限于以下要素：（1）系统作业管理；（2）问题和故障管理；（3）数据备份和恢复；（4）备份介质的异地存放；（5）灾难恢复。

（二）信息处理控制

信息处理控制是指与被审计单位信息系统中下列两个方面相关的控制：一方面是信息技术应用程序进行的信息处理；另一方面是人工进行的信息处理。信息处理控制既包括人工进行的控制，也包括自动化控制。信息处理控制一般要经过输入、处理及输出等环节。与人工控制类似，系统自动化控制关注的要素包括：完整性、准确性、存在和发生等。各要素的主要含义如下所示。

（1）完整性。系统处理数据的完整性，例如，各系统之间数据传输的完整性、销售订单的系统自动顺序编号、总账数据的完整性等。

（2）准确性。系统运算逻辑的准确性，例如，金融机构利息计提逻辑的准确性、生产企业的物料成本运算逻辑的准确性、应收账款账龄的准确性等。

（3）存在和发生。信息系统相关的逻辑校验控制，如限制检查、合理性检查、存在检查和格式检查等。部分业务操作的授权管理，例如，入账审批管理权限的设定和授予、物料成本逻辑规则修改权限的设定和授予等。

针对系统自动化控制的信息处理控制审计需要在理解业务流程的基础上进行识别和定义。常见的系统自动化控制及信息处理控制审计关注点包括如下几点。

（1）系统自动生成报告。企业的业务或财务系统会定期或按需生成各类报告，例如，账龄报告、贷款逾期报告、业务和财务数据核对差异报告等。信息处理控制审计包括对这些报告生成逻辑（包括完整性和准确性）的测试、异常报告跟进控制的审计等。

（2）系统配置和科目映射。信息系统中包含了大量的自动化校验控制和映射关系，包括数据完整性校验、录入合法性编辑检查、边界值设定、财务科目映射关系等。信息处理控制审计会对这些系统配置和映射关系的存在性和有效性进行测试。

（3）接口控制。接口控制包括各业务系统之间、业务和财务系统之间、企业内部系统和合作伙伴/交易对手/监管机构之间的接口数据传输。信息处理控制审计会对这些接口数据传输的完整性和准确性进行测试。

（4）访问权限。企业内部各业务部门、财务部门、信息技术部门等均会根据各自的职责需要对信息系统进行访问，各部门、各团队甚至各岗位访问的权限均可能存在差异，因此在系统控制层面需要对这些权限进行明确的定义和部署，以保证适当的人员配备适当的访问权限。信息处理控制审计会对这些访问权限授予情况的合理性进行测试。

（三）公司层面的 IT 控制

常见的公司层面 IT 控制包括但不限于：（1）信息技术规划的制定；（2）信息技术年度计划的制订；（3）信息技术内部审计机制的建立；（4）信息技术外包管理；（5）信息技术预算管理；（6）信息安全和风险管理；（7）信息技术应急预案的制定；（8）信息系统架构建设和信息技术复杂性的考虑。

公司层面信息技术控制是公司信息技术整体控制环境，决定了信息技术一般控制和信息处理控制的风险基调；信息技术一般控制是基础，信息技术一般控制的有效与否会直接关系到信息处理控制的有效性是否能够信任。

（四）针对自动控制的测试方法

在审计实务工作中，针对自动控制的测试方法更偏向于信息系统审计，要求审计人员具备较高的计算机技能，表 6 - 2 列示了常用的自动控制和测试方法。需要说明的是，这些方法的名称尚未统一，本教材只是依据审计实践的做法，加以简要整理和说明。

表 6 - 2　　　　　　　　　常见自动控制和测试方法

控制举例	控制测试
薪资系统根据员工的薪酬所得自动计算个人所得税	根据当地法律法规要求的税率重新计算个人所得税，可以运用平行模拟法进行复算
采购模块根据系统预先设定的审批限额将采购申请发送给合适的人员进行审批	运用采购模块导出的数据对审批限额进行复核，验证审批限额内的相关业务是否由相当权限的人员来审批，此为数据追踪法
会计系统自动根据发票日期和未清余额自动计算应收账款的账龄	在测试环境（与生产系统版本和设置完全一致的系统环境）中应用虚拟数据进行系统自动应收账龄的计算，虚拟数据需要涵盖所有相关的业务场景（如不同的发票时间、不同的账龄区间等），然后将计算结果与人工计算的预期值进行比对，此为集成测试法

续表

控制举例	控制测试
ERP 系统中的三单匹配控制，例如，在付款前系统需自动匹配供应商发票、收货单及采购订单三者的数据	审计人员审核系统中三单匹配的参数设置，该方法是评估系统程序逻辑中的配置复核法
管理层依据规则，利用数据库提取系统中的存货时间、数量和单价，生成月度存货跌价准备分析报告，供高级管理人员复核	审计人员审核用于生成报表的数据库语句，验证报表生成逻辑的合理性。另外，观察语句的重新执行，比对生成的报表与管理层生成的报表，该方法是评估系统程序逻辑中的源代码复核法

1. 系统程序逻辑评估

审计人员通过检查应用系统配置、访谈程序开发人员查看源代码等审计方法，评估程序设置的合理性，从而达到验证自动控制合理性的目的。应用此方法时，往往需要确保系统配置或代码访问权限的赋予合理，且对这些配置和代码的检查在审计期间处于受控状态。例如，在验证某被审计单位佣金计算的正确性时，可以查看该佣金计算逻辑的系统设置或代码，通过查看设置或代码逻辑确认该系统自动计算是否符合正确的业务逻辑。需要注意的是：要确保仅授予权限的人员才可以进行参数设置或代码修改，并且一旦修改，需要经过适当的审批。

2. 数据追踪法

数据追踪法是通过跟踪数据在被审计单位流程中的关键控制点来评估内部控制的有效性，可以观察和评估控制措施的实施情况，以及这些控制措施是否能够有效地防止或检测到错误。

审计人员还可以使用自动化技术，获取被审计单位信息系统中用于存储与交易相关的会计记录的数据库的直接访问权限，或从其中下载数据。通过应用自动化工具和技术，审计人员追踪与特定交易或交易总体相关的会计分录或其他数字记录从会计记录的生成到记录于总账的全过程，以此确认这些交易在信息系统中如何流转。通过分析完整或大量的交易，也可能识别出与这些交易的正常或预期处理程序之间的差异，从而识别重大错报风险。

例如，审计人员通过验证业务流程的数据，发现以下问题：缺乏或不适当的授权程序；控制措施没有得到一贯执行，或者执行过程中存在疏漏；系统中的数据未能及时更新，或者关键信息未能妥善记录和传递等。本章第二节的案例主要应用此方法开展控制测试。

3. 控制数据检查法

在 ERP 环境下,很多内部控制点的控制标准、控制方法已预先制定并嵌入在系统的应用程序或控制数据设置中,对控制数据的检查成为内部控制测试的重要手段。万建国(2013)提出 ERP 环境下控制数据检查法,基于 ERP 系统内部控制参数化特点,从流程分析入手,寻找 ERP 业务流程各个环节上的关键控制点,通过检查关键控制点的控制数据来测试 ERP 系统内部控制的有效性①。例如,对某航空公司审计过程中,固定资产折旧是最主要的固定成本,占主营业务成本的 20% 以上,且全部由 ERP 资产模块根据控制数据自动计提。ERP 资产模块中管理着 400 多类、10000 多笔固定资产,传统内部控制测试方法往往选择一定类别的资产进行测试,必要时采用平行模拟法模拟出固定资产折旧的计提程序进行重新计算,这样不仅费时费力,而且难以做到全面、准确。使用基于控制数据检查的内部控制测试方法对固定资产折旧进行测试的步骤如下。

(1)分析固定资产折旧的业务流程,找出关键控制点。通过分析,发现固定资产折旧业务流程中存在以下关键控制点:①系统是否严格按照固定资产折旧方法、使用年限、工作量及时计提折旧;②固定资产折旧计提范围是否完整,是否存在手工调整折旧时间、折旧金额的操作路径;③折旧分摊账务处理是否真实合理,系统能否根据设定好的折旧分摊模板严格执行折旧费用分摊,是否允许手工调整分摊结果。

(2)检查固定资产折旧的控制数据并进行业务数据分析。通过系统了解发现,ERP 自动计提固定资产折旧时,需要设置资产种类、资产使用年限、残值率、折旧方法等参数。参数一旦设置错误将导致固定资产折旧计算产生批量性错误。审计人员从系统内提取出 400 多类资产的折旧参数,包括资产类别、资产使用寿命、残值率和折旧方法,通过以下两个步骤进行测试分析:①检查资产类别参数设置的正确性。根据企业会计制度,采用资产名称模糊匹配、原始凭证抽查等方法,检查资产类别参数设置是否正确。检查发现,一项飞机发动机易损件的资产类别被错误设置为飞机发动机核心件,由于两类资产使用年限不同,造成连续 5 笔折旧计算错误,累计少计提折旧 108 万元。②检查资产使用年限等参数与所属资产类别参数的匹配性。采用比对分析等方法,检查资产使用年限等参数与其所属资产类别的标准参数是否匹配。

① 万建国,张冬霁,安景琦. 一种基于控制数据检查的 ERP 内部控制测试方法 [J]. 审计研究,2013(5):66 – 71.

检查发现，有一笔资产类别是发动机易损件的固定资产，应匹配资产使用年限 60 个月，错误匹配成 240 个月，造成当年 7 笔折旧计算错误，累计少计提折旧 151.2 万元。进一步分析原因发现，这类错误的发生是由于在纠正第一类错误时，只变更了资产类别参数，而没有相应变更资产使用年限参数。

4. 平行模拟法

平行模拟是指审计人员自行编写具有和被审计系统软件相同处理和控制功能的模拟程序，用这种程序处理当期的实际数据，把处理的结果与被审计系统软件的处理结果进行比较，以评价被审计系统软件的处理和控制功能是否可靠的一种方法。其中模拟程序可以是自行编写的软件，也可以是其他工具软件或者与被审计系统功能相当的应用软件。使用平行模拟法之前，审计人员首先要验证模拟程序的正确性。

对于被审计单位而言，系统的某一套自动计算程序可能服务于多个业务和财务目的，因此，其计算逻辑通常比较复杂庞大。审计人员在充分评估业务逻辑的合理性之后，具备充分专业技能的审计人员可以独立编写脚本或程序，对真实源数据运行该脚本和程序，然后比对该代码运行结果与被审计单位设定的系统逻辑运行下的结果。因此，该方法的运用要考虑审计人员的技能，以及平行模拟被审计单位系统的开发周期和费用，如果达不到要求，则不能采用此方法。

5. 日志查询和挖掘法

审计人员通过系统功能设置界面查看或者后台数据库查询，往往只能查看控制数据的当前取值，这些当前取值反映的是系统控制的当前状态，而历史变化情况无法看到。因此，必要时还要通过查询日志和分析业务数据的变化情况来对控制数据的变化进行分析，从而评价内部控制变更的有效性。当前，IT 审计越来越依靠日志查询方法来执行控制测试，同时新兴的流程挖掘方法也逐渐开始兴起。流程挖掘结合了机器学习和数据挖掘的思想，更加全面、客观地反映企业或组织内部流程执行，从而辅助审计人员发现业务流程执行中产生的异常，这些异常可能表明潜在的风险或控制缺陷，这对于评估内部控制的有效性至关重要。当前，国内流程挖掘尚处于市场萌芽及发展阶段，在会计、审计中的应用比较少，例如，程平和杨双（2023）在分析流程挖掘和财务自动化流程内涵和契合性的基础上，构建基于流程挖掘的财务自动化流程设计框架模型[①]。

---

① 程平，杨双. 基于流程挖掘的 RPA 财务自动化流程设计研究 [J]. 会计之友，2023（20）：141-150.

数智化环境下，被审计单位所依赖的信息系统不断更新换代，审计人员需要考虑信息系统的特点及固有风险，对信息化系统的处理和相关控制功能进行审查，同时需要采用科学的信息系统审计方法来完成测试，以评估内部控制的有效性，采取有效的应对措施，以确保审计职能充分履行。

第二节 智能审计下的采购流程控制测试案例

本节以某公司的采购流程为例，主要应用数据追踪法来进行控制测试，辅助工具是易于掌握的 Power Query。

一、采购流程及风险概述

采购流程是企业运营中至关重要的一环，涉及从市场获取资源以保证生产经营活动的正常开展。有效的采购管理能够帮助企业控制成本并提高利润率。它不仅关乎企业能否以合理的价格获取所需的物资和服务，还关系到企业能否及时响应市场变化，满足客户需求。一个高效的采购流程能够确保资源的最优配置，减少不必要的库存积压，提高资金周转率，从而为企业带来更大的经济效益。

（一）常见采购流程

企业采购流程一般包含以下几个主要步骤。

（1）接受采购任务。企业内部各部门将采购任务传达到采购部门，采购部门汇总所需采购的物资，然后分配给各个采购员，并发布相应的采购任务单。

（2）制订采购计划。采购人员在接收到采购任务后，需要制订具体的采购计划，包括对所需采购物资进行市场调查，了解产品价格、规格、供应商等信息，从而确定采购方式、采购时间，以及货物运输方式、货款支付方式等。

（3）提出采购需求。采购需求主要包括对采购产品的明确规定，详细制定产品的检验程序和规范，以及形成完整的采购文件，如采购合同、产品标准、技术协议等。

（4）选择供应商。企业会根据自身的供应链状况，在对供应商的质量、价格、交货及时性和服务态度等进行综合考察的基础上，选择合适的供应商。

（5）谈判。在选择供应商后，采购人员需要与其进行价格、供货时间、品质等关键因素的谈判。

（6）下单和订购。在与供应商达成一致后，采购人员会下单并进行订购。

（7）进货验收。收到货物后，需要进行验收，确保货物符合采购需求和合同规定。

（8）付款。在货物验收通过后，财务部门会进行付款。

以上是企业采购流程的一般步骤，具体操作可能会根据具体的行业、公司规模和采购策略等有所不同，例如，收集信息、询价、比价、议价、评估、索样、请购、催交等其他重要环节。

（二）关键风险控制点

采购和付款环节的关键控制点主要集中在采购和需求计划制订、供应商选择、采购合同商议、签订、支付等环节。

（1）采购计划。企业是否科学制订采购计划和预算；是否将采购计划纳入采购预算管理；是否有严格的审批制度。各个部门是否及时编制部门的需求计划；是否存在指定或变相指定供应商的情况。

（2）成本预算。企业是否制定了预算管理政策；是否以经营方针和战略需求为依据明确预算编制。预算审核的程序是否严格、透明化；是否定期分析预算的执行情况，定期召开财务预算执行情况分析会议。

（3）采购申请环节。采购申请业务是否制度化；是否明确了不同类型、不同级别的请购业务审批流程，以保证所有的采购申请业务都经过规定的审批程序；是否明确了相关部门或人员的职责权限及相应的请购程序；采购内容是否合理、准确；是否符合生产经营需要。

（4）供应商选择。是否建立了科学的供应商评估和准入制度；是否严格审查供应商的资质信誉情况；是否建立健全了企业的供应商网络；是否按照公平、公正和竞争的原则择优确定供应商；是否建立了企业供应商信息管理系统和供应商淘汰制度；是否按时对供应商进行实时管理和考核评价。

（5）订立采购合同。是否根据确定的供应商、采购方式、价格、条件等，拟定采购合同，准确描述合同条款，明确双方权利、义务和违约责任。对于影响重大、涉及较专业的技术或法律关系复杂的合同，是否聘请相关专业人员参与谈判。

（6）支付款项。企业是否对采购付款的过程实现控制和跟踪管理；是否严格审查采购发票等票据的真实性、合法性和有效性；是否存在预付账款和定金的管理程序。涉及大额或者长期的预付款项，是否定期进行追踪核查等。

（三）常见重大错报风险

采购流程对企业多个资产负债表项目产生重大影响，尤其是存货项目和应付账款、预付账款、应付票据等项目，并间接影响利润表项目，如主营业务成本等。可能导致重大错报的风险主要有：

（1）物资采购没有严格计划和审批程序，导致物资采购出现盲目性，造成存货积压；

（2）物资采购业务决策权过分集中于采购部门和采购人员，导致价格过高；

（3）没有严格验收和入库制度，导致入库物资出现数量短缺或质量问题；

（4）物资采购成本核算不合规，如将采购人员差旅费计入采购成本，或将运杂费计入期间费用，或将 A 物资的采购成本计入 B 物资的采购成本等；

（5）已验收入库但发票未到的物资未按暂估价入账，导致隐瞒应付账款；

（6）已验收入库且发票已到的物资故意推迟入账，故意隐瞒应付账款；

（7）操纵存货计价，随意变更存货计价方法，滥提或少提存货跌价准备，随意转回存货跌价准备；

（8）长期未与供货单位就应付账款或预付账款进行核对，导致其账面记录不正确等。

二、采购循环的控制测试案例

ABC 公司需要采购大量的原材料和零部件，采购费用是该公司相当大的一部分费用支出。审计人员十分关心整个采购流程中是否有不规范的行为，是否存在欺诈舞弊行为。本案例中，控制测试方向初定为以下几点：（1）测试采购前是否进行采购申请；（2）大额采购是否得到恰当的交易授权；（3）付款订单断号分析。

（一）数据源构成

1. 采购订单
采购订单表存储采购商品的采购数据，包括订单号、业务日期、物料编码、计价单位、单价、数量、总金额、审核人等字段。

2. 采购申请单

采购申请单是企业内部用于正式请求购买物资或服务的文档，包括单据编号、申请日期、物料编码、申请数量、批准数量等字段。

3. 员工表

员工表中存储员工信息，包括员工编码、授权等级等字段。

4. 付款单

付款单中所涉及的每笔支付必须和发票对应，同时必须有对应的供应商。该表中包含单据编号、业务日期、付款金额等字段。

（二）采购申请流程规范性测试

1. 测试依据

本公司采购制度规定，采购订单生成前应当进行采购申请，否则不允许购买。本部分数据主要基于"第六章/章节数据/采购数据.xlsx"中的"采购订单"表和"采购申请单"表。

2. 具体操作

本案例的审计目标是查找采购流程不符合规定的记录。本案例利用 Power Query 的【合并查询】的【左反】联接类型功能实现，将采购订单生成前未进行采购申请的记录作为异常输出，以下为具体操作步骤。

步骤 1：导入数据。将"采购订单"表和"采购申请单"表导入 Power Query 中，进入编辑窗口，如图 6-2 所示。

采购申请
流程规范
性测试

		AB_C 订单号		业务日...	AB_C 物料编码		AB_C 计价单...	1.2 单...
1		AP2022111209		2022/12/27	4.15.161.N0107		件	
2		AP2022120521		2022/12/27	4.03.501.N0910		件	
3		AP2022120327		2022/12/27	4.15.161.N0176		件	
4		AP2022120796		2022/12/26	2.21.705.N00208A		件	
5		AP2022120813		2022/12/26	4.14.301.N0544		件	
6		AP2022120162		2022/12/26	4.11.504.N0958		件	256
7		AP2022111272		2022/12/26	2.21.625.N00576A		件	712

查询 [2]
采购订单
采购申请单

fx = Table.TransformColumnTypes(提升的标题,{{"订单号", t

图 6-2 进入 Power Query 的数据准备

步骤2：利用【合并查询】，将两表合并。在 Power Query 界面中点击【主页】→【合并查询】→【将查询合并为新查询】，如图6-3所示。审计人员要查找的是已发生采购但未进行采购申请的行为，即"采购订单"中存在而"采购申请单"中不存在的业务，因此以"采购订单"为主表，"采购申请单"为辅表，通过"采购订单"表中的订单号字段和"采购申请单"表中的单据编号字段，将两表进行【左反】联接，如图6-4所示。

图6-3　合并查询过程

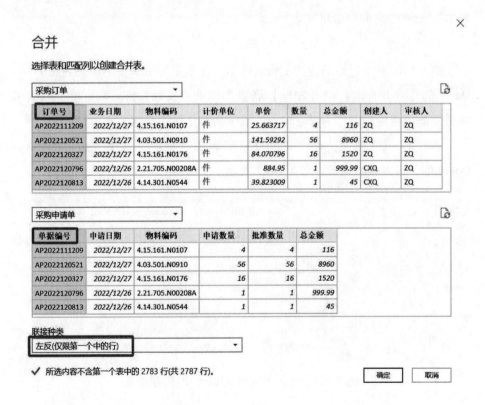

图6-4　采购订单表和采购申请单表连接界面

点击【确定】，点击右侧"采购申请单"列旁的 🔁 按钮，选择"扩展"选项；勾选【单据编号】字段，如图6-5所示。

图6-5　扩展列选项界面

步骤3：筛选疑点采购行为。点击【确定】，筛选出未进行采购申请的数据，即在"采购申请单"中单据编号为"null"的记录，即得到已发生采购但未进行采购申请的数据，结果如图6-6所示。筛选出的结果即为未经过申请而采购的记录，需要进一步审查相关采购制度执行的情况。

	订单号	业务日	物料编码	计价单	1.2 单价	1.2 数量	1.2 总金额	创建人	审核人	采购申请单
1	AP2021121048	2022/1/5	4.07.503.N0024	件	0.345133	10	3.9	CXQ	ZSM	null
2	AP2021121002	2022/1/1	4.13.301.N0085	台	685.840708	10	7750	CXQ	ZSM	null
3	AP2022010012	2022/1/1	4.13.301.N0195	套	769.911504	2	1740	CXQ	ZSM	null
4	AP2021121126	2022/1/1	4.03.101.N0126	件	3.353982	400	1516	CXQ	ZSM	null

图6-6　筛选结果

【注意】【合并查询】的【左反】功能，与【合并查询】的【左外部】联接后再加上"null"筛选是同等结果，读者可自行练习比较。

（三）采购交易授权测试

1. 测试依据

本公司采购制度规定，采购金额10000元以上必须经过审核人授权审批，同时授权等级必须3级以上（含3级），且创建人和审核人不能为同一人。数据源于"第六章/章节数据/采购数据.xlsx"中的"采购订单"表和"员工表"，关键字段包括总金额、创建人、审核人、姓名、授权等级。

采购交易
授权测试

2. 具体操作

本案例审计目标是查找采购过程中授权审批不符合规定的情况，主要利用 Power Query 的【条件筛选】和【合并查询】功能，以下为具体操作步骤：

步骤 1：导入数据。将"采购订单"和"员工表"导入 Power Query 中，进入编辑窗口，如图 6-7 所示。

图 6-7　进入 Power Query 的数据准备

步骤 2：筛选大额采购数据。在"采购订单"表中点击"总金额"列的下拉箭头，选择【数字筛选器】→【大于……】，如图 6-8 所示。弹出筛选框后输入筛选条件："总金额—大于—10000"，筛选出采购金额大于 10000 元的数据，如图 6-9 所示。

图 6-8　【合并查询】过程

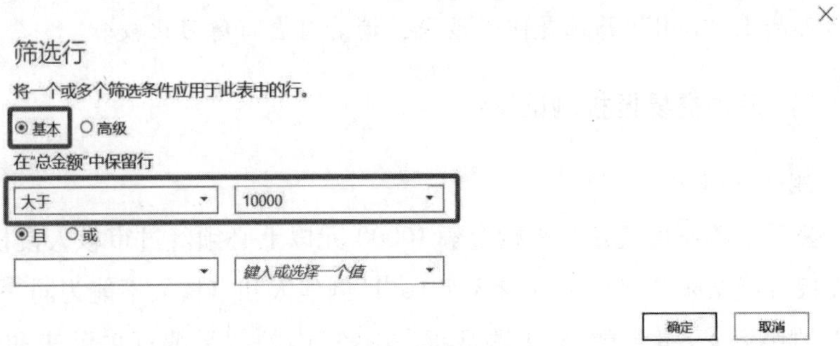

图 6-9　筛选条件

步骤3：利用【合并查询】将两表合并。审计人员要对采购交易进行授权测试，需要判断授权人员等级是否符合要求，而授权等级数据存储在"员工表"中，因此通过"采购订单"表中的审核人字段和"员工表"中的姓名字段，将两表进行【左外】联接，如图6-10、图6-11所示。

图6-10　【合并查询】过程

图6-11　采购订单表和员工表连接界面联接

点击【确定】，点击右侧"员工表"列旁的 按钮，选择"扩展"选项；点击【确定】按钮，如图6-12所示。

图 6 – 12　扩展列选项界面

步骤4：确定采购交易授权异常的数据。在【添加列】项目栏中点击【条件列】，添加"异常原因"列，如图 6 – 13 所示。

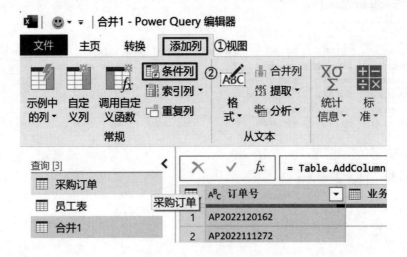

图 6 – 13　添加条件列

点击添加子句，用于多条件筛选。判断"授权等级情况"为"授权等级不足"或创建人和审核人为"同一人"的项目：首先，选中"员工表 . 授权等级"列，判断员工授权等级是否小于 3 级，若小于，则输出"授权等级不足"；其次，判断"创建人"列是否等于"审核人"列，若相等，则输出"同一人"；不属于以上任何一种情况，则输出"正常"。点击【确定】，如图 6 – 14 所示。

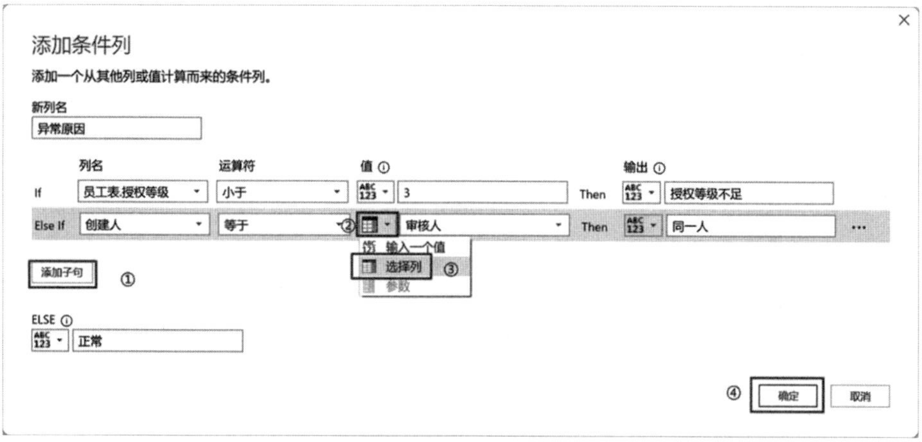

图 6 - 14　异常情况确定过程

最后，点击右侧"异常原因"列的下拉箭头，取消勾选"正常"字段，完成筛选过程，如图 6 - 15 所示。最终得到采购金额 10000 元以上的交易中授权等级低于 3 级，或采购人和审核人为同一人的数据，结果如图 6 - 16 所示。

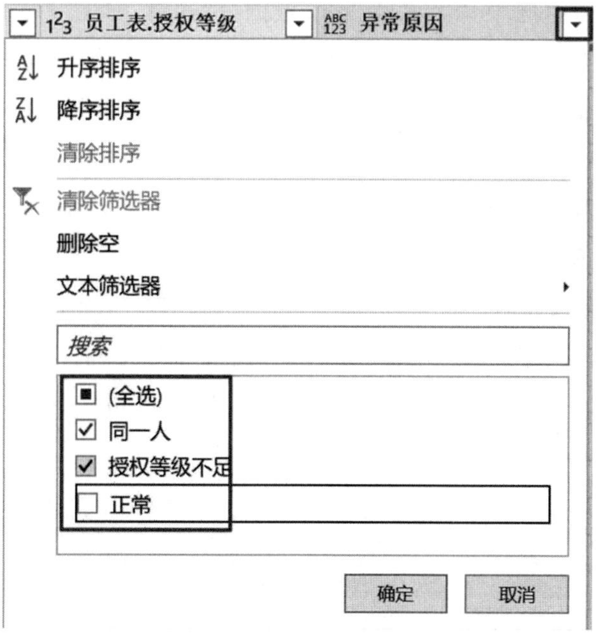

图 6 - 15　筛选"异常原因"列

值得注意的是，既授权等级不足又采购人与审核人同一人的异常状况包含在"授权等级不足"这类异常情况中。

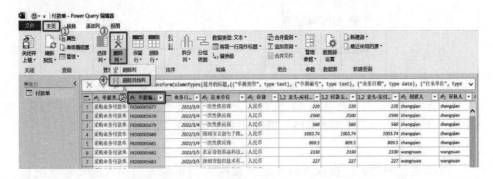

图 6-16　筛选结果

断号测试

（四）断号测试

1. 分析思路

断号分析主要是分析某字段在原数据记录中是否连续，用以发现可能存在的疑点征兆。在本案例中，审计人员对付款单的单据编号进行断号测试，如果存在一定的断号数据，需要进一步核实发生断号的原因。

不同于教材第四章介绍的断号分析，本案例利用 Power Query 相关功能进行断号分析。数据源于"第六章/章节数据/付款单 . xlsx"，关键字段主要是单据编号。主要分析思路是通过单据列添加从 0 和 1 开始的【索引列】，进而通过【合并查询】实现自联接后，通过相邻两行流水号相减的差来判断是否连续，如果差值等于 1，则说明连续；否则存在断号。最后通过【分类汇总】统计出现的位置。

2. 具体步骤

步骤 1：导入数据，删除其他列。将"付款单"表导入 Power Query 中，进入编辑窗口，在【主页】任务栏中选中"单据编号"列，点击【删除列】→【删除其他列】，仅保留"单据编号"一列，如图 6-17 所示。

图 6-17　【删除其他列】操作

步骤 2：提取流水号的数值。将数据表添加至 Power Query 视图管理界面中，点击【添加列】→【提取】→【结尾字符】，如图 6 - 18 所示。输入"4"，提取流水号的后 4 位，生成"结尾字符"列，并转换成数字格式，结果如图 6 - 19 所示。

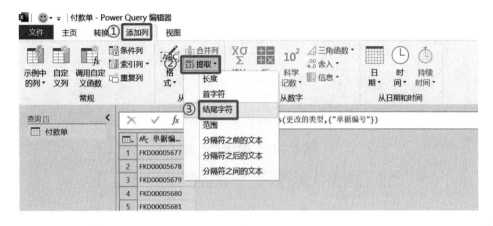

图 6 - 18　提取结尾字符

单据编...	结尾字...
FKD00005677	5677
FKD00005678	5678
FKD00005679	5679
FKD00005680	5680
FKD00005681	5681
FKD00005682	5682
FKD00005683	5683
FKD00005684	5684
FKD00005685	5685
FKD00005686	5686
FKD00005687	5687
FKD00005688	5688

图 6 - 19　提取结尾字符结果

步骤 3：添加索引列。点击【添加列】→【索引列】，为表添加"从 0"和"从 1"两个索引列，过程和结果分别如图 6 - 20 和图 6 - 21 所示。

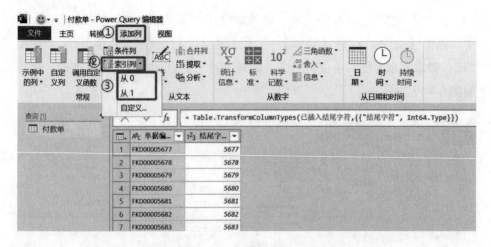

图 6 − 20   添加索引列

	AᴮC 单据编... ▼	1²₃ 结尾字... ▼	1²₃ 索引 ▼	1²₃ 索引.1 ▼
1	FKD00005677	5677	1	0
2	FKD00005678	5678	2	1
3	FKD00005679	5679	3	2
4	FKD00005680	5680	4	3
5	FKD00005681	5681	5	4
6	FKD00005682	5682	6	5
7	FKD00005683	5683	7	6
8	FKD00005684	5684	8	7
9	FKD00005685	5685	9	8
10	FKD00005686	5686	10	9
11	FKD00005687	5687	11	10

图 6 − 21   添加索引列结果

步骤 4：实现流水号表的自联接，生成相邻流水号的差值。首先，点击【主页】→【合并查询】→【将查询合并为新查询】，用 "索引" 列与 "索引.1" 合并查询，如图 6 − 22 和图 6 − 23 所示。

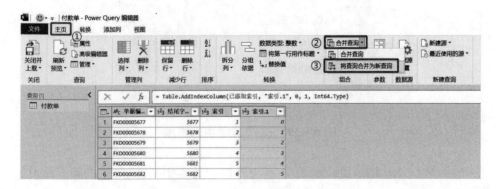

图 6 − 22   【合并查询】操作

图 6 - 23　实现流水表的自联接

其次，点击【确定】，点击右侧"付款单"列旁的 ↤↦ 按钮，选择"扩展"选项；勾选【结尾字符】字段，如图 6 - 24 所示。

图 6 - 24　筛选"付款单"列

最后，在【添加列】项目栏中点击【自定义列】，添加"差额"列，输入

智能审计基础

公式：差额 = ［付款单．结尾字符］－［结尾字符］，如图 6 - 25 和图 6 - 26 所示。

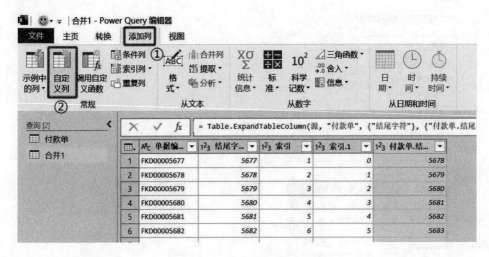

图 6 - 25　添加自定义列

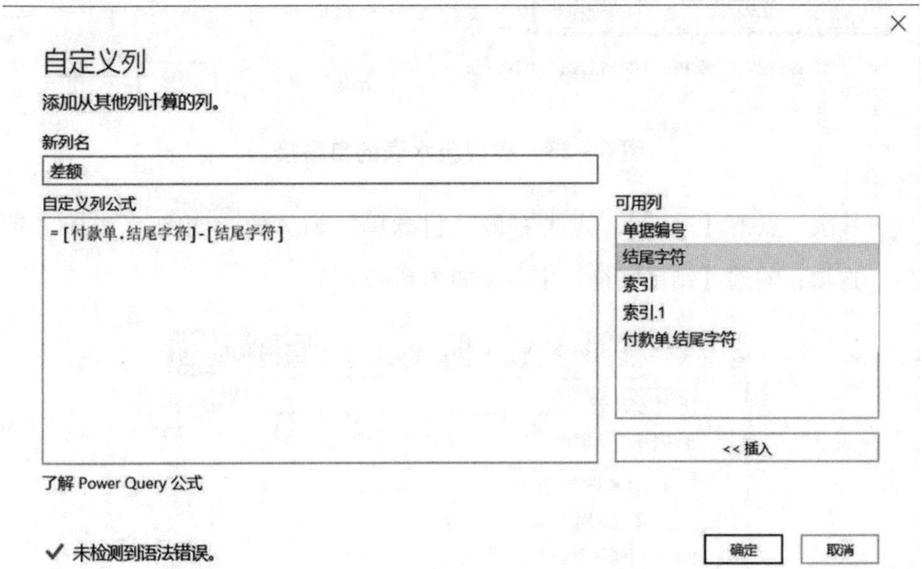

自定义列

添加从其他列计算的列。

新列名

差额

自定义列公式

= [付款单.结尾字符]-[结尾字符]

可用列

单据编号
结尾字符
索引
索引.1
付款单.结尾字符

<< 插入

了解 Power Query 公式

✓ 未检测到语法错误。

确定　　取消

图 6 - 26　输入自定义列公式

　　步骤 5：确定断号位置。筛选"差额"列，删除 null 和 1 的值，如图 6 - 27 所示，确定断号位置。

　　添加自定义列"startnum"和"endnum"，分别是"［结尾字符］+ 1"和"［付款单．结尾字符］- 1"，如图 6 - 28 所示。

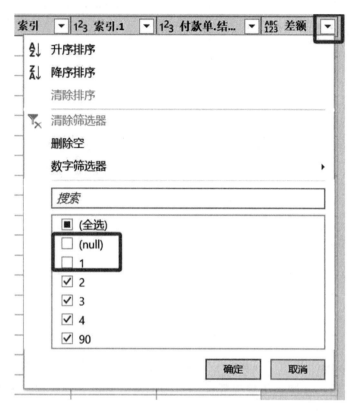

图 6 - 27 筛选"差额"列

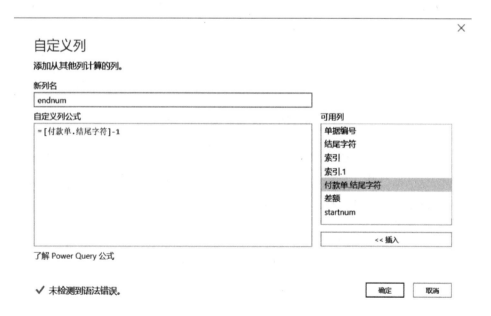

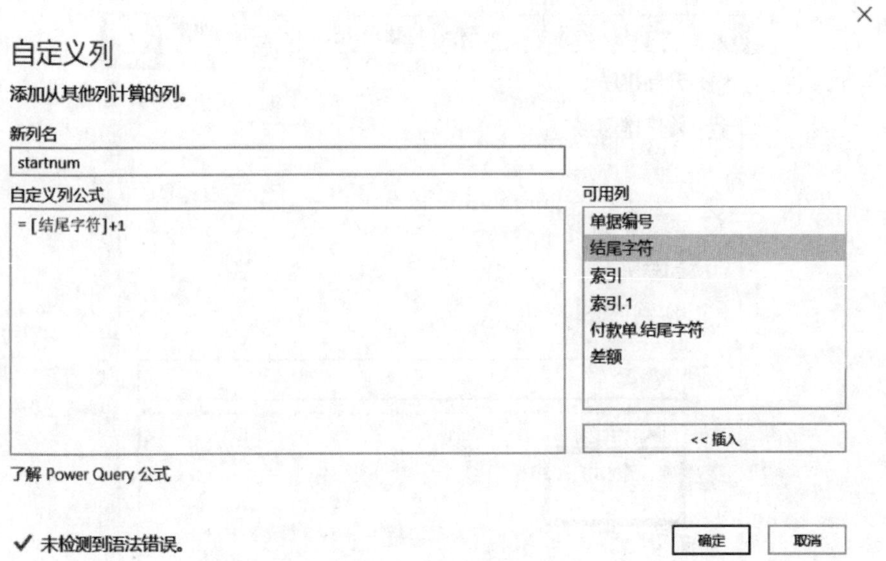

图 6 – 28　生成初始和结尾字符列

将"startnum"和"endnum"两列转换为文本，并删除其他列，结果如图 6 – 29 所示，查询到了缺失凭证的范围编号，如第一行数据，表明该表中的断号是第 5693 号至第 5694 号。

	ABC 单据编...	1²3 结尾字...	1²3 索引	1²3 索引.1	1²3 付款单.结...	123 差额	123 startnum	123 endnum
1	FKD00005692	5692	16	15	5695	3	5693	5694
2	FKD00005713	5713	35	34	5715	2	5714	5714
3	FKD00005814	5814	135	134	5816	2	5815	5815
4	FKD00005852	5852	172	171	5854	2	5853	5853
5	FKD00005879	5879	198	197	5882	3	5880	5881
6	FKD00005900	5900	217	216	5902	2	5901	5901
7	FKD00006031	6031	347	346	6033	2	6032	6032

图 6 – 29　查询结果（部分）

本案例只针对上述 3 个关键控制点进行了演示，在实际工作中，还有其他风险点可以分析，例如，测试因发票与采购订单不符而造成的超额付款、是否有重复付款、是否存在拆分订单的行为等。

第三节　本章小结

本章学习目标是学习智能审计基础方法在控制测试中的应用。第一节简要介绍控制测试基础知识，了解控制测试基本要求、一般程序和工具，尤其要知悉信息环境下控制测试常识和常用方法；第二节以某公司的采购流程为例，以数据分析方法开展采购流程案例下的执行规范、授权测试和发票断号测试。通过本章控制测试基础知识和案例应用，掌握信息化环境下控制测试的实施思路和基础技术方法，并举一反三应用到其他业务流程的控制测试中。

 本章习题

一、思考题

1. 针对信息化环境下自动化控制的控制测试方法有哪些？简要说明原理。

2. 结合审计学中的知识，以某行业为例，说明该行业销售与收款循环的风险点。

3. 查阅资料，运用真实审计案例说明信息化环境下控制测试的重要性。

二、操作题

基于本章采购循环的数据，请采用合适的方法实现以下控制测试。

（1）该公司不会出现多人同时在同一天采购同一种商品的情形，因此审计人员可以将同一种商品在同一天中的采购量累计后进行分析，查询是否存在为避免采购审批而分拆采购的行为，如果有，请查询具体执行人。

（2）公司相关部门会按市场情况对各种采购商品整理汇总成标准价格表，一般标准价格表都为市场上比较普通的参考价格，价格都不应高于此参考价格。请打开本章练习数据中的"价格表"，测试某些物品的采购市场价格的5%，若超过，则超过该价格所支付的费用，将被认定为超额付款。

 **拓展阅读**

COSO* 对 IT 的关注与 ERP 控制数据分类

本部分拓展阅读主要了解 COSO 五要素中对 IT 的关注，以及 ERP 系统的控制数据基本情况。

一、COSO 中对 IT 的关注

随着组织经营环境和模式的巨大变化，内部控制框架需要解决的一个升

＊ COSO（The Committee of Sponsoring Organizations of the Treadway Commission）是美国反虚假财务报告委员会下属的发起人委员会的英文缩写。

级问题，即组织如何使用和依赖进化的技术来达到内部控制的目的。在 COSO (2013) 框架中，五项要素均全面反映了技术对内部控制的影响。

（1）在控制环境中，信息技术被用来进行权力限制，如在 ERP 系统中，总公司和子公司具有不同的访问权限，网上客户、业务伙伴及其他相关方也被分配了访问权限。

（2）在风险评估中，识别风险时考虑外部技术对数据实用性、基础设施成本及以信息技术为基础的服务需求的影响；内部考虑信息系统处理的中断可能对主体经营产生的不利影响；评估变化时考虑新技术对原有内部控制体系的打破。

（3）在控制活动中，从业务流程控制和信息系统一般控制两个方面解释了信息技术对内部控制的影响。

在业务流程方面，技术与控制活动的相关性体现在以下两个方面：技术支持业务流程——当技术被嵌入主体的业务流程中，则需要控制活动来降低因技术本身不能继续正常运行而影响组织目标实现的风险；技术用于自动化控制活动——如与财务流程相关的"三单自动匹配"，与运营流程相关的自动检查等。

在信息系统一般控制方面，COSO 在原则中将对一般控制分为对基础设施的控制、对安全管理流程的控制和对技术引进、开发、维护流程的控制。①基础设施包括将组织内外连接在一起的通信网络、运行应用程序的计算机资源及驱动信息技术的电力，对基础设施的控制也就是对硬件的控制，保证硬件的充分性、适用性和安全性。②安全管理主要是决定谁有权力可以执行交易，通常包括数据、操作系统、网络、应用程序和物理层面的访问权限，对安全管理流程的控制就是将唯一的用户身份或令牌与准许访问清单对比，从而完成身份验证的控制活动。这些控制活动要求建立政策，进行授权与职责分离。③对技术引进、开发和维护流程进行控制是指系统开发生命周期应受一定控制，在引进阶段要按照规定程序，经过科学决策；在开发阶段，要充分论证，保证系统适用、达到预定目标；在维护阶段，应采用一定的措施保证系统的正常运行；在变更阶段，要按照合理的流程进行报批、保密性处理等。

（4）在信息与沟通中，无论是数据处理还是保障信息质量方面，都需要应用信息技术。

（5）在监督中，IT 专家可能配合其他内外部客观评估人员或咨询顾问对主体进行定期或不定期评估监督。

二、ERP 中的控制数据分类 *

控制数据既可以在 ERP 系统实施的过程中进行设置，也可以在系统运行的过程中进行必要的调整。按照作用的范围，控制数据可以分为全局级控制数据、组织级控制数据和模块级控制数据。

全局级控制数据也称为集团级控制数据。这类控制数据适用于集团及其所属的所有公司及部门，影响着集团 ERP 实施的全过程与全范围，如 ERP 中的用户管理权限设置等。这类控制数据一般比较少，但稳定性强。全局级控制数据一旦被设定，集团及下属的所有公司都必须执行。全局级控制数据的设置权限在集团 ERP 的最高层。

组织级控制数据也称为公司级控制数据。这类控制数据对集团下属的每个公司进行有针对性的设置，如 ERP 中的会计期间设置等。公司级控制数据的影响范围主要是集团下属的某一个公司或组织。这类控制数据一般不多，一旦设定，不会轻易修改。公司级控制数据的设置权限可以是集团 ERP 的最高层，也可以下放到集团下属公司 ERP 的管理层。

模块级控制数据主要用于对 ERP 中的某一个模块进行基础数据设置，如 ERP 中的总账录入控制设置等。这类控制数据是对应 ERP 模块实施的基础资料。模块级控制数据的设计权限可以是集团下属公司 ERP 的高层，也可以是模块的具体管理者。

按照控制数据的作用性质，可以分为用于描述基本参数的控制数据、用于定义业务规则的控制数据和用于反映内部控制制度的控制数据。

在 ERP 系统中存在一些用于描述系统基本参数的控制数据，如会计期间、科目级数和位数、使用的会计制度、操作人员权限等。在 ERP 系统中，业务的处理是靠业务规则或业务方法来控制的，各企业由于业务存在差异、管理方法有所不同，需要通过 ERP 软件的实施来实现各自的具体要求，即按照实际情况来选择或定义自己的业务规则。

ERP 系统中的很多内部控制制度是通过控制数据实现的。为适应不同企业内部控制制度的要求，ERP 系统提供了若干控制数据。通过这些控制数据的配置，可以灵活方便地实现企业的内部控制制度。

---

* 本部分内容摘抄于：万建国，张冬霁，安景琦. 一种基于控制数据检查的 ERP 内部控制测试方法 [J]. 审计研究，2013（5）：67－68.

第七章

智能审计在实质性程序中的应用

教学目的与要求 ▶ ------------------------------------◉

本章以货币资金、应收账款、存货和营业收入为例，介绍智能审计在实质性程序中的典型应用，学习如何利用智能审计基础技术提升审计分析成效。

1. 掌握货币资金实质性程序的常用智能审计分析方法。
2. 掌握应收账款实质性程序的常用智能审计分析方法。
3. 掌握存货实质性程序的常用智能审计分析方法。
4. 掌握营业收入实质性程序的常用智能审计分析方法。

教学重点与难点 ▶ ------------------------------------◉

▶ **重点：** 掌握重点会计科目下的实质性程序实施。

▶ **难点：** 结合各会计科目的审计目标，了解各种分析程序的审计思路和操作。

第一节 智能审计下的货币资金实质性程序

一、货币资金实质性程序简介

货币资金是被审计单位资产的重要组成部分，与被审计单位的日常经营活动密切相关，与被审计单位的各业务循环（采购与收款循环、销售与付款循环、生产与仓储循环、投资与筹集循环等）均直接相关，因此审查货币资金结存数额的真实性和货币资金收付业务的合法性，对于保护货币资金的安全完整，如实反映被审计单位的即期偿债能力和持续运营能力等，都具有十分重要的意义。

（一）货币资金特点

（1）流动性强。货币资金是最具流动性的资产，可以随时用于支付债务或购买商品和服务，这种流动性使企业能够快速应对各种经营风险和机遇。

（2）灵活性大。货币资金可以灵活地用于各种经营活动，包括投资、融资、经营等，企业可以根据经营需要灵活地调整资金用途。

（3）可计量性强。货币资金的价值能够精确地计量，企业能够准确掌握自身的财务状况，为经营决策提供准确的信息。

（二）货币资金审计目标

货币资金审计是指对企业的现金、银行存款和其他货币资金收付业务及其结存情况的真实性、正确性和合法性所进行的审计。其主要的审计目标如下：

（1）确定货币资金是否存在；

（2）确定货币资金的收支记录是否完整；

（3）确定货币资金是否为被审计单位拥有或控制；

（4）确定库存现金、银行存款及其他货币资金的余额是否正确；

（5）确定货币资金在会计报表上的披露是否恰当。

二、货币资金常见错报

《关于加大审计重点领域关注力度　控制审计风险　进一步有效识别财务舞弊的通知》（财会〔2022〕28 号）将货币资金舞弊风险归纳为以下三类：第一类是虚增货币资金余额，导致货币资金存在认定的重大错报；第二类是通过虚构资金收付和业务交易发生额，从而虚增收入、成本等反映被审计单位经营业绩的报表项目；第三类是货币资金被大股东占用或定期存单用于质押、担保，但未如实披露。第二类、第三类的结果一般也可能表现为虚增货币资金余额。

（一）虚增货币资金余额

虚增货币资金余额的常见手段主要包括：虚构银行账户、虚增银行存款余额，伪造银行对账单、定期存单等，达到粉饰财务报表目的。需要注意，企业往往不是在临近报告期末时才通过突击收回虚增的应收账款等方式虚增货币资金余额，而是在平时业务中就会虚增货币资金余额，以确保不会在临近报告期末出现大量大额资金收付业务。例如，2016 年 1 月 1 日至 2018 年 6 月 30 日，康美药业（股票代码：600518）通过财务不记账、虚假记账，伪造、变造大额定期存单或银行对账单，配合营业收入造假伪造销售回款等方式，累计虚增货币资金 886 亿元。①

（二）虚增货币资金发生额

虚增货币资金发生额的常见手段主要包括：伪造或篡改货币资金发生额及资金往来方等信息以配合虚构销售、采购等交易，有时为了达到虚构货币资金余额目的，也需要同时虚增货币资金发生额。例如，金亚科技（股票代码：300028）通过虚构客户和销售交易、伪造银行单据等方式虚增收入和利润；欣泰电气（股票代码：300372）通过外部借款、使用自有资金或伪造银行单据的方式在各会计期末冲减应收账款，虚构应收账款的收回，虚增经营活动现金流及少计提坏账准备。

（三）大股东资金占用

大股东侵占货币资金的常见手段相对较复杂，主要包括以下几个方面。

（1）直接或间接拆借资金给大股东，或质押银行存款、银行理财产品、银行存单为关联方提供担保。例如，某集团为关联方开具银行承兑汇票质押银行存款 3 亿元。

（2）企业与银行签订集团现金管理账户协议或类似协议开展资金池业务或外埠存款等，造成资金被大股东占用。例如，某上市公司的资金池协议造成 2018 年末被大股东占用资金 122.1 亿元。

（3）银行账户在体外核算，银行存款不入账，或向关联方开具银行承兑汇票、商业票据、国内信用证等不入账，资金被大股东侵占使用。

（4）利用无商业实质的购销业务、各类金融和非金融的投资活动等形式向大股东转移资金。

---

① 中国证监会行政处罚决定书（康美药业股份有限公司、马兴田、许冬瑾等 22 名责任人员）[EB/OL]. 中国证券监督管理委员会，2020－05－13.

三、货币资金审计常用方法

（一）银行函证

1. 传统银行函证

银行函证是指从银行等第三方直接获取对账单等审计证据，对被审计单位的货币资金余额执行核对程序，进一步执行函证程序并对整个函证过程保持控制。《中国注册会计师审计准则第 1312 号——函证》指出，注册会计师应当对银行存款（包括零余额账户和在本期内注销的账户）、借款及与金融机构往来的其他重要信息实施函证程序，除非有充分证据表明某一银行存款、借款及与金融机构往来的其他重要信息对财务报表不重要且与之相关的重大错报风险很低。传统银行函证一般按照"获取并填写银行联系方式一览表→编写询证函内容→核对银行询证函信息的正确性与真实性→打印并加盖被审计单位预留印章→再次核对银行询证函信息的正确性与真实性→发函→收函"的流程进行。

2022 年底，财政部和银保监会要求会计师事务所于 2023 年 12 月 31 日实现银行函证集约化，即由会计师事务所制定处理函证的内部专门机构或岗位统一、集中处理函证业务，不得由项目组或注册会计师收发函证。同时，财政部和银保监会也积极推进银行函证业务的集约化。会计师事务所应当在注册会计师行业统一监管平台公示接受函证回函的会计师事务所地址和联系方式；实现函证业务集中处理的银行，应当通过官网、客户端、小程序或者微信公众号等渠道公布银行函证工作流程、回函方式（纸质或数字化）、受理部门、联系方式等信息。在会计师事务所和银行均已实现函证集中处理的情况下，纸质函证的流程一般为：审计人员通过银行官网确认银行接收的询证函格式→审计人员通过函证系统填写对应格式的询证函→确认信息无误后打印询证函→纸质询证函由被审计单位盖章授权→审计人员再次确认纸质版询证函信息无误、授权正确后，将纸质询证函寄往会计师事务所函证中心→函证中心收函后寄往银行统一函证处理部门或机构→银行收到询证函后确认信息并回函→会计师事务所函证中心收到回函后，将回函邮寄给一线审计人员→审计人员收到回函后，对回函内容进行检验。审计人员应当对询证函保持控制，确保被审计单位未干扰函证内容的填写，未对函证过程施加不利影响，审计人员应对被审计单位和被询证者之间串通舞弊的风险保持警觉。

2. 电子银行函证

随着智能技术的发展，利用区块链、RPA 等技术实现智能银行电子制函和发函已经出现，电子函证平台在国内已逐渐普及。2019 年《中国注册会计师审计准则问题解答第 2 号——函证》明确提出"如果电子询证函平台安全可靠，注册会计师可以采取该方式发送并收回询证函"，为电子函证扫清准则障碍。随后，财政部、人民银行、国务院国资委、银保监会、证监会等部门相继出台相关文件，推动电子函证的发展。中国银行业协会牵头搭建的银行函证区块链服务平台（Blockchain Platform for Bank Confirmations，BPBC）①，为银行业金融机构及会计师事务所提供数字函证流转服务，该平台于 2020 年12 月 18 日正式向社会公众发布。中国互联网金融协会协调产学研各方搭建的中互金数字函证平台②，于 2020 年 7 月正式对外发布试运行，2021 年 1 月成功落地境内首笔基于区块链的数字函证业务。应财政部、人民银行等相关部门要求，中国金融认证中心建设并上线运营"会银通"第三方电子函证平台（以下简称"会银通"）③，助力推进银行审计函证集约化、数字化，平台于2021 年 4 月 21 日成功完成首笔银行数字函证业务，2021 年 6 月正式向客户提供服务。截至 2024 年 6 月 30 日，银行函证电子平台正式上线运营的会计师事务所 681 家（其中 111 家接入 2 个平台，15 家接入 3 个平台），绝大部分备案从事证券服务业务的会计师事务所均已接入平台；正式上线运营的银行业金融机构 1884 家（其中 71 家接入 2 个平台）。

与此同时，在国家政策的大力推进下，多个互联网企业抓住时代机遇，通过技术研发搭建第三方函证平台，助力函证方式由纸质向电子的转变，推动询证及回函合规的高效开展。例如，上海亘岩网络科技有限公司开发的契约锁产品支持与银行函证系统④（包括第三方函证平台和银行自建函证平台）集成对接，为银行询证函及回函提供"身份认证、电子签名、电子印章及多方数据存证"服务，实现函证线上流转、电子签署、自动存证全程数字化，助力会计师事务所、银行高效、规范、安全开展询证及回函工作。北京币码网络科技有限公司利用区块链技术开发的币码 E 函证平台⑤和币码函证精灵能够提供批量生成 PDF 版询证函、批量打印询证函、批量函证地址自动比对、批量回函物流信息查询、电子函证批量发放、智能化统计等功能，提高审计

---

① 平台登录网址：https：//bpbc. china - cba. net/。
② 平台登录网址：https：//conweb. nifa. org. cn/。
③ 平台登录地址：https：//dzhztest. cfca. com. cn/。
④ 契约锁电子签章助力"询证函"数字化办理:https://www. qiyuesuo. com/us/blog/2814339247589311250。
⑤ 币码 E 函证平台：https：//www. bimart. cn/。

人员的审计效率。通用的电子函证流程图，如图7-1所示。

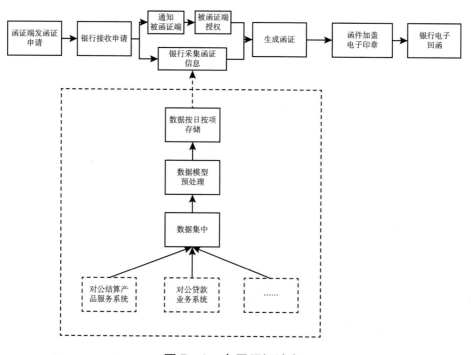

图7-1 电子函证流程

（二）银行账户完整性审查

审计人员前往被审计单位的基本户开户银行或者当地人民银行打印最新开户清单，与被审计单位提供的账户清单核对，以核实银行存款和开户信息的完整性。需要注意以下7项关键点。

（1）了解并评价被审计单位开立账户的管理控制措施。

（2）获取开立账户的数量及分布，与被审计单位实际经营的需要进行比较，判断其合理性，关注是否存在越权开立账户等情形。

（3）询问出纳，了解账户的开立、使用、注销等情况（必要时，获取已将全部银行账户信息提供给审计人员的书面声明）。

（4）银行账户户名为个人时，考虑与被审计单位的关系，并获取书面声明。

（5）在被审计单位人员陪同下到人民银行或基本存款账户开户行查询并打印《已开立银行结算账户清单》，观察银行办事人员查询、打印过程，并检查账面记录的银行人民币结算账户是否完整。

（6）结合其他相关细节测试，关注交易相关单据中被审计单位收付款银行账户是否均包含在审计人员已获取的开立银行账户清单内。

（7）对外币银行账户的完整性存有疑虑，查阅被审计单位的公章使用登记，检查其中是否有使用公章申请开户的情况，是否已在银行账户清单中；或向负责保管网银密钥（UKEY）的人员获取网银的账户清单，实地观察该人员登录被审计单位网银系统，打印相关银行开立的所有银行账户清单；如可行，审计人员可以与被审计单位一同前往被审计单位所在地人民银行外汇管理局，现场查询被审计单位的外币银行账户情况。

（三）银行流水核查

1. 传统银行流水核对

银行对账单与被审计单位银行存款日记账记录进行双向核对，从银行存款日记账上按照抽样方法和标准选取样本，核对至银行对账单，以及自银行对账单中按照选样标准选取样本，核对至银行存款日记账。执行该程序之前应确保所获取银行对账单的真实性，结合舞弊风险评估结果考虑直接从银行打印获取或者现场观察财务人员操作网上银行打印。

2. 自动银行流水核对

采用传统方式进行银行流水核对，需要人工进行逐一核对，过程比较枯燥，且容易出现差错。随着技术的发展，各种第三方银行流水核查平台、数据分析工具和 Excel 插件都能快速高效地完成银行流水核查工作。例如，达观数据有限公司开发的上市流水审核系统[1]，是专为投资银行、银行信贷等业务打造的企业流水识别与风险审核工具，系统采用 OCR + NLP 技术将图像流水单转换为可编辑、可统计数据，统一多银行流水模板；审核企业和个人流水，捕捉异常交易，发现缺失账户，从多个维度分析企业经营情况，并与银行日记账、合同等交叉核验标识核查意见。

（四）大额收支核查

在细节测试中，检查大额现金收支，核对至交易的原始单据，特别关注交易对手的相关外部证据，在验证交易真实性的基础上关注商业合理性，对存在舞弊迹象的交易执行"延伸检查"程序。对于银行回单等资金相关单据的真实性保持警觉，必要时可通过银行官网中的电子回单验证网页（如有）查询电子回单的内容并比对。特别关注对疑似关联方的识别，检查交易信息及银行对账单中是否存在与其之间的大额资金往来，关注资金或商业汇票往

---

① 达观数据网址：https://www.datagrand.com/solutions/securities - robot/IPO - Flow - Audit/。

来是否以真实、合理的交易为基础，是否存在期后取消交易等异常情况。

（五）资金侵占核查

结合其他报表项目的审计程序综合分析判断是否存在资金侵占的迹象。例如，对于应收票据、信用证的开具、流转情况执行检查程序；其他应收款、其他应付款中是否存在与某些单位或个人往来发生额较大但余额为零的情况；是否存在大额、异常的投融资活动财务报表项目；固定资产、在建工程的价值是否与市场真实交易价格一致等。

四、案例实操

货币资金的审计工作比较烦琐、枯燥，如生成并发送银行询证函、核对银行流水等。本部分案例主要介绍如何利用自动化小工具实现电子制函与发函、银行流水核对与银行流水异常数据审查等功能。

（一）银行函证

利用 Excel 实现批量生成电子银行询证函功能，其实质是利用 Excel VBA 功能编写相应的代码并封装成固定程序，以实现相应的功能。电子函证受限于平台使用限制，未在本部分加以介绍。

【例 7.1】利用 Excel VBA 已封装程序批量生成银行询证函。Excel VBA 已封装程序源于"第七章/第一节/银行询证函生成器/银行询证函生成器－正式版 2.0. xls"。

例 7.1
银行函证

1. 银行询证函生成器的界面与功能

打开 Excel 后的界面如图 7－2 所示，该银行询证函生成器可以分为两个区域：一个区域是功能介绍区，主要介绍该生成器的使用方法和注意事项，其中需要关注的是该生成器只能自动填制银行存款和银行贷款的信息，其他信息需要手工输入。另一个区域是银行信息填制区，可以发现银行信息填制区与普通的 Excel 界面并无差异，需要填写被审计单位所有的银行账户名称、银行账号、起止日期、币种、存款利率、账户类型、第一期金额、使用限制、借款金额、借款日期、到期日期、借款利率等具体信息，用于后续函证的自动生成。对该银行询证生成器 Excel VBA 程序感兴趣的读者，可以按照打开 Excel VBA 的步骤查看其 VBA 代码，在此不再对具体代码进行详细解释，具体代码如图 7－3 所示。

智能审计基础

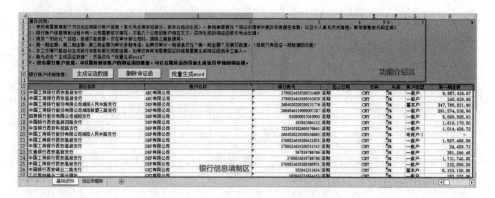

图 7-2　银行询证函生成器界面

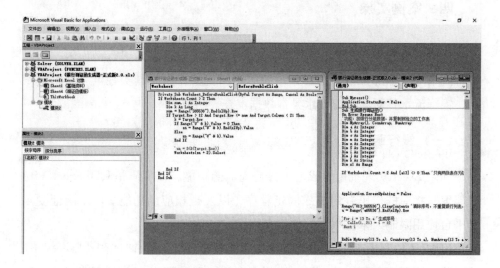

图 7-3　银行询证生成器的 Excel VBA 代码界面

2. 具体操作步骤

以下为该工具使用过程的步骤。

步骤 1：自动生成银行询证函数据。

在银行信息填制区填写完成被审计单位银行账户相关信息后，点击功能介绍区的【生成函证数据】按钮，将自动根据被审计单位名称及银行名称生成一定数量的 Sheet 表，每张 Sheet 表都记录了需要向单一银行函证的相关信息。示例数据中共生成 15 张 Sheet 表，表明根据示例数据需要向不同银行发送 15 张银行函证，具体信息如图 7-4 所示。并将生成函证的相关信息列于"基础资料"表的最后 6 列中，包括生成函证的索引号、不重复银行列表和每个银行的函证个数等，如图 7-5 所示。

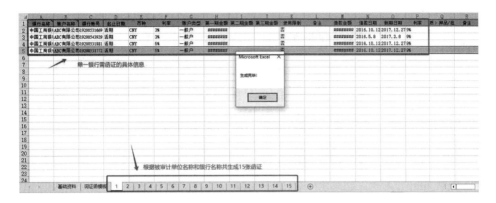

图 7 - 4　自动生成银行询证函数据界面

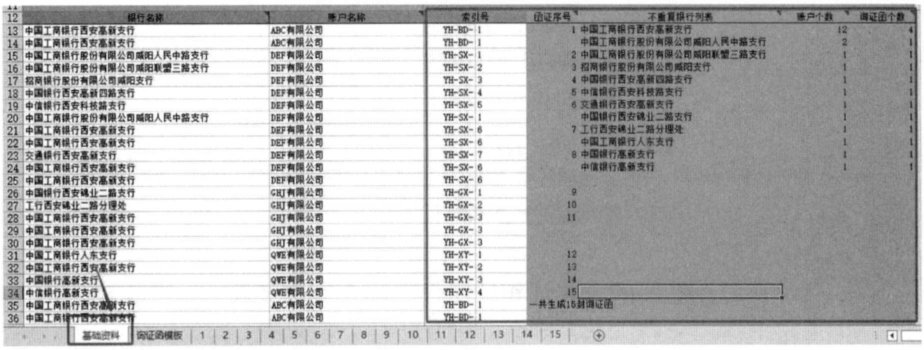

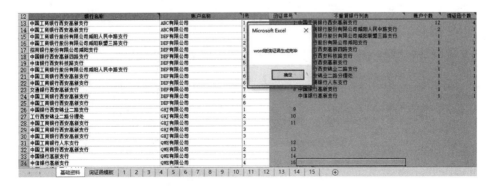

图 7 - 5　自动统计函证生成情况界面

步骤 2：批量生成银行函证 Word 版本。

点击功能介绍区的【批量生成 Word】按钮，将根据上一步生成的询证函数据批量自动填制至银行询证函模板中，批量生成完成后，点击【确定】按钮（见图 7 - 6），即可至"第七章/第一节/银行询证函生成器"文件夹中根据索引号查看生成的询证函，生成的 Word 文档列表如图 7 - 7 所示。

图 7 - 6　批量生成银行函证 Word 版本界面

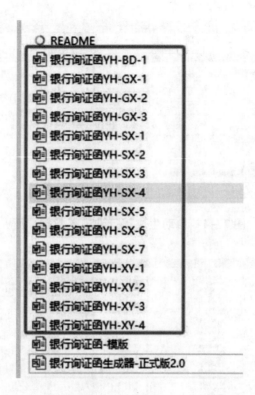

图 7 -7　生成银行函证 Word 版本列表

根据索引号，定位每张询证函，可以发现银行存款和银行借款的具体内容已填制完成，只需补充其他信息即可，大幅提高了审计工作的效率，如图 7 -8 所示。

审计业务银行询证函（通用格式）

编号：*YH-BD-1*

中国工商银行西安高新支行：

本公司聘请的信永中和会计师事务所正在对本公司______年度（或期间）的财务报表进行审计，按照中国注册会计师审计准则的要求，应当询证本公司与贵行相关的信息。下列第 1-14 项信息出自本公司的记录：

（1）如与贵行记录相符，请在本函“结论”部分签字、签章；

（2）如有不符，请在本函“结论”部分列明不符项目及具体内容，并签字和签章。

本公司谨授权贵行将回函直接寄至信永中和会计师事务所，地址及联系方式如下：

回函地址：*北京市东城区朝阳门北大街 8 号富华大厦 A 座 9 层*

联系人：*xxxx （审计＊部）*　电话：*010-65542288*　传真：*010-65547190*

邮编：*100027*　电子邮箱：*xxxx_bj@shinewing.com*

本公司谨授权贵行可从本公司 *3700024619200531669* 账户支取办理本询证函回函服务的费用。

截至________年____月____日，本公司与贵行相关的信息列示如下：

1. 银行存款

账户名称	银行账号	币种	利率	账户类型	余额	起止日期	是否用于担保或存在其他使用限制	备注
ABC有限公司	3700024619200531669	CNY	3%	一般户	6,837,426.87	活期		
ABC有限公司	3700024619200543929	CNY	3%	一般户	245,629.86	活期		
ABC有限公司	3700024619200531861	CNY	5%	一般户	1,000,000,000.00	活期		
ABC有限公司	3700024619200531772	CNY	3%	一般户	3,000,000,000.00	活期		

除上述列示的银行存款外，本公司并无在贵行的其他存款。

注：“起止日期”一栏仅适用于定期存款，如为活期或保证金存款，可只填写“活期”或“保证金”字样；“账户类型”列明账户性质，如基本户、一般户等。

2. 银行借款

借款人名称	银行账号	币种	余额	借款日期	到期日期	利率	抵（质）押品/担保人	备注
ABC有限公司	3700024619200531669	CNY	3,000,000.00	2016.10.12	2017.12.27	9%		
ABC有限公司	3700024619200543929	CNY	6,000,000.00	2016.3.8	2017.3.8	9%		
ABC有限公司	3700024619200531861	CNY	5,000,000.00	2016.10.12	2017.12.27	9%		
ABC有限公司	3700024619200531772	CNY	3,000,000.00	2016.10.12	2017.12.27	9%		

除上述列示的银行借款外，本公司并无自贵行的其他借款。

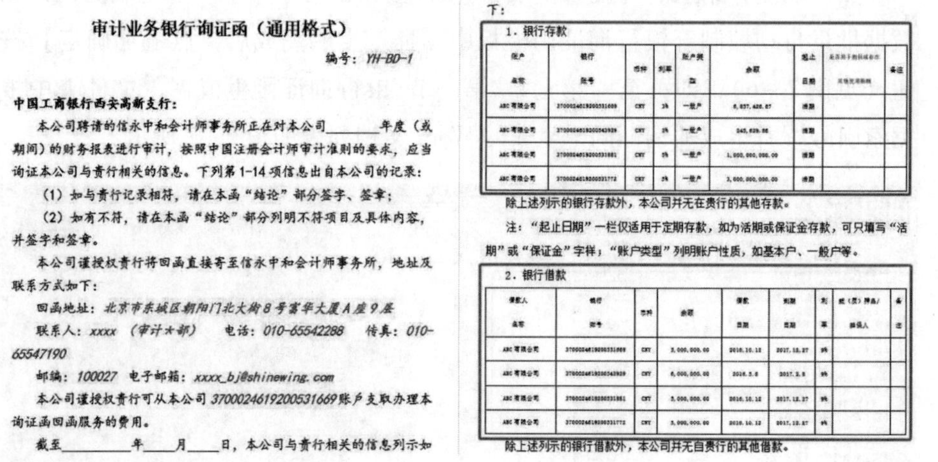

图 7 -8　银行询证函实例

（二）银行流水自动核对

银行流水核对是检查银行对账单上的收付款流水与被审计单位银行存款日记账上的收付款信息是否一致。本教材借助 Excel VBA 程序介绍银行流水核对工具的具体使用方法。

【例7.2】利用 Excel VBA 已封装程序自动核对银行流水。Excel VBA 已封装程序源于"第七章/第一节/银行流水核对工具/银行流水核对工具.xls"。

例7.2 银行流水核对

1. 银行流水核对工具的界面与原理

打开 Excel 后的界面如图7-9所示，该银行流水核对工具可以分为两个区域：一个区域是功能区，分为序时账、银行流水和结果三个 Sheet 表，其中"序时账"和"银行流水"两个表格用于导入数据，"结果"表格用于设置间隔期间及放置结果数据；另一个区域是数据填制区，用于导入序时账及银行流水的具体数据。银行流水核对工具的原理是通过遍历银行流水中的每条数据查找序时账中的每一行数据，若满足匹配条件，即为匹配成功，否则为匹配失败。匹配条件有三：第一，序时账与银行流水的金额相等；第二，考虑到存在未达账项的情况，序时账与银行流水之间允许存在一定的时间差，比如允许两者之间存在3天的时间差，该时间差可以根据实际情况自行设置；第三，如果序时账中有对方单位的辅助项，可以通过该条件查看资金的真实流向。在使用银行流水核对工具核查结束后，人工只需对未匹配数据进行人工核对即可，大幅缩减了人工核对时间和成本，提高了审计效率。

图7-9　银行流水核对工具界面

2. 具体操作步骤

基于图7-9的 VBA 小工具，以下为使用过程的步骤。

步骤1：设置可跨期天数。

在"结果"表中填写可跨期天数，即允许存在的时间差，如图7－10所示，示例中允许日期前3天及后5天共8天的时间差，避免账务处理跨期影响匹配效果。

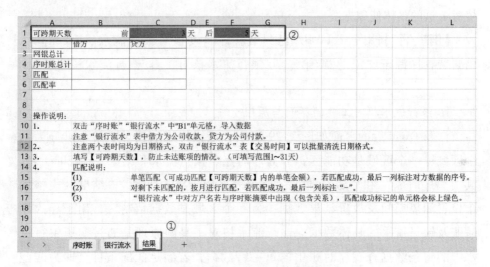

图7－10　可跨期天数界面

步骤2：导入序时账和银行流水数据。

序时账与银行流水的导入步骤类似，本教材以序时账导入为例进行介绍。打开"序时账"工作表，双击B1单元格，即【科目名称】单元格，选择"第七章/第一节/银行流水核对工具/序时账数据.xlsx"文件导入某企业一个银行存款会计科目的序时账数据，具体序时账数据导入页面如图7－11所示。

图7－11　序时账填制界面

选择要导入的序时账文件后，将新增"导入数据"表格，如图7－12所示。需要注意的是：第一，该工具将自动识别标题行名称，但是存在因原文件中命名不规范致使不能识别的情况，此时可以单击空白标题单元格后的下拉箭头进行选择，其中科目代码和科目名称不能为空；第二，核对起始行号和截止行号是否与原文件相符，其中原文件需要提前进行一定的处理，仅保留标题行和序时账数据，删除表头和表尾的说明，若日期导入错误需手动改为"2021/12/31"格式。核对信息无误后，双击【开始导入】单元格，即可成功导入数据，导入成功的序时账数据如图 7 – 13 所示。

图 7 – 12 序时账数据导入界面

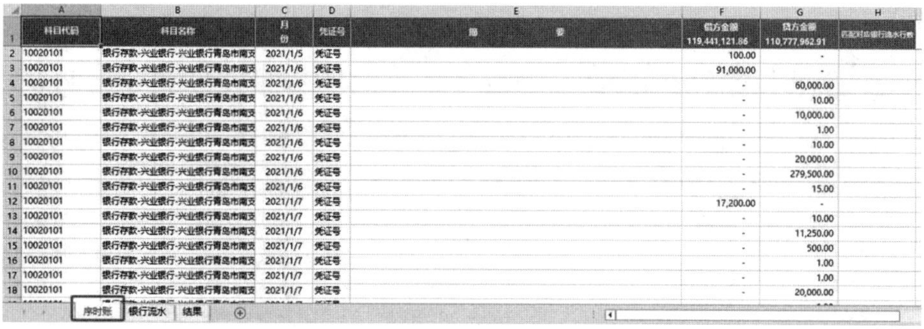

图 7 – 13 成功导入序时账数据界面

在导入银行流水数据时，需要注意三个问题：第一，双击【账户名称】，选择"第七章资料/第一节/银行流水核对工具/银行流水数据.xlsx"文件导入银行流水数据；第二，账户名称和交易时间不能为空；第三，银行流水核对工具中的"银行流水"表的借方金额表示企业收款，贷方金额表示企业付款，但是银行提供的银行流水表中借方金额表示支出，贷方金额表示收入，在导入数据时需要手动调整标题行名称。

步骤3：序时账与银行流水自动核对。

双击"序时账"或"银行流水"表中的【匹配对应银行流水行数】单元格，即可开始自动匹配，"序时账"的匹配结果如图7－14所示，其中标记为"✓"的数据行为匹配成功的数据行，未标记"✓"的数据行则为匹配失败的数据行。

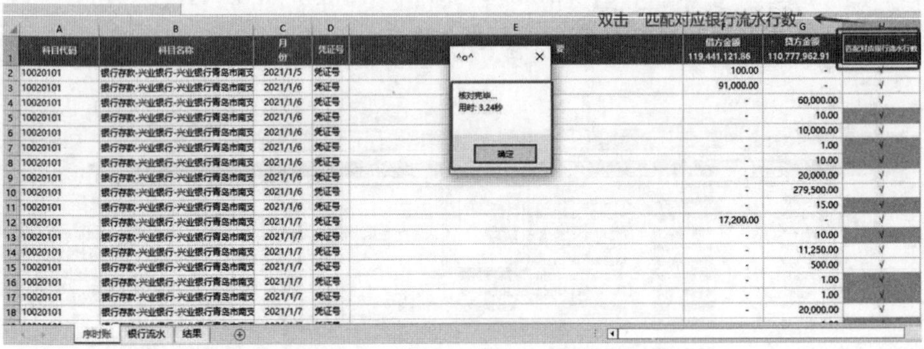

图7－14 "序时账"匹配结果界面

图7－15为"银行流水"的匹配结果，其中最后一列的数字代表与之匹配的"序时账"表格中相应数据行的行号，最后一列空白的为匹配失败的数据行。

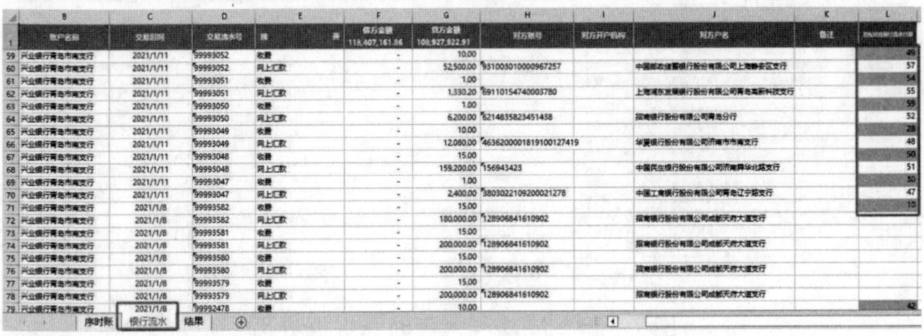

图7－15 "银行流水"匹配结果界面

图7－16为"结果"表格汇总的借贷方匹配率。

利用银行流水核对工具进行银行流水匹配后，仅需筛选"序时账"和"银行流水"表格中未匹配成功的数据行进行手工核对即可。审计人员在面对资金量较大的大型集团企业时，使用银行流水核对工具将大幅缩短银行流水核对时间，提高审计效率。

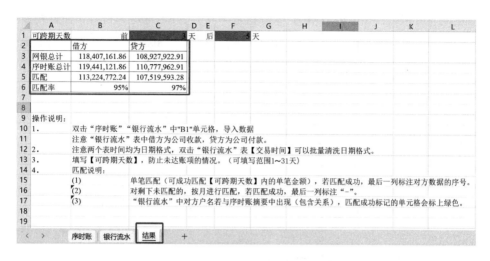

图 7 - 16 借贷方匹配率结果界面

（三）银行流水 Benford 定律检测

【例 7.3】利用 Benford 定律对销售收入金额进行监测。Excel VBA 小工具存于"第七章/第一节/Benford 定律发现财务造假/Benford 定律验证工具.xlsm"中，数据源于"第七章/第一节/Benford 定律发现财务造假/银行流水异常核查数据.xlsx"，该数据取自某企业一年在一家银行的流水数据。

有关 Benford 定律的原理请参考第四章第二节。本案例操作利用 Benford 小工具的操作步骤比较简单，只需要把"绝对化后的交易金额"列复制粘贴到 Benford 定律验证工具中的 A2：A1419 单元格中，如图 7 - 17 所示。

例 7.3 Benford
定律检测

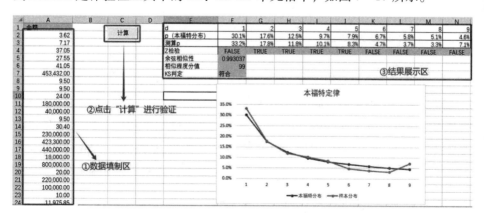

图 7 - 17 Benford 验证结果界面

点击图 7 - 17 中的【计算】按钮，即可在右侧的结果显示区展示对 Benford 定律的验证结果。可以发现，Z 检验在数字为 1、6、7、8、9 时 FALSE 外，其他均为 TRUE，相似度分值为 99 分接近 100 分，KS 判定为符合，由此可认定该销售收入与 Benford 定义基本相符，但是对于 1、6、7、8、9 数字的分布情况与标准相比存在较大差异，表明在被分析的首位数字为 1、6、7、8、9 的审计数据中可能含有"异常"的数据，有助于审计人员进行进一步针对性分析首位数字 1、6、7、8、9 的发生频率，其明显高于标准分布频率，应对其进一步审计，查验是否存在疑点。

第二节　智能审计下的应收账款实质性程序

一、应收账款实质性程序简介

应收账款是指企业因销售商品、提供劳务而形成的现时收款权利，即由于企业销售商品、提供劳务等原因，应向客户收取的款项。应收账款余额一般包括应收账款账面余额和相应的预期信用损失两部分。企业应当以预期信用损失为基础，合理预计各项应收款项可能发生的坏账，对应收账款进行减值会计处理并确认损失准备。企业的应收账款是在销售交易或提供劳务的过程中产生，要结合销售交易的审计来进行。一方面，收入的"发生"认定直接影响应收账款的"存在"认定；另一方面，由于应收账款代表了尚未收回货款的收入，应收账款审计过程中获得的审计证据也可以作为收入的审计证据。

（一）应收账款特点

1. 与营业收入密切相关

应收账款是企业销售商品或提供服务而产生的，是主营业务的直接结果。企业通过调整应收账款的账期和收款条件，可以影响主营业务的销售额和收入结构，反映企业的销售信用政策和市场竞争策略。应收账款直接影响主营业务的现金流，应收账款的增加会导致企业资金占用增加，影响主营业务的现金流量状况，对企业的经营活动和资金周转产生影响。

2. 与信用密切相关

应收账款反映公司向客户提供商品或服务时的信用销售行为，是企业与客户间信用关系的直接体现，公司根据客户信用评估结果对不同客户采取差异化的信用政策，不同客户的应收账款周转率有较大差异。

3. 流动性强

应收账款是短期内可以收回的资产,因此对企业的资金周转速度有较大影响,长期挂账等流动性差的应收账款风险较大,且应收账款变现方式多样,如收取现金、银行承兑汇票或电汇等,具有较强的流动性。

4. 风险高

应收账款的风险性包括:(1)坏账风险。应收账款存在客户未能按时支付或无法全部支付的风险,如果客户出现破产、倒闭或拒绝支付的情况,就会导致应收账款的坏账损失。(2)逾期风险。客户延迟支付账款可能导致企业资金周转不畅,增加财务成本,如果大量客户逾期付款,可能会对企业的经营产生重大影响。(3)欺诈风险。有些客户可能会采取欺诈手段,如提供虚假信息或故意逃避支付,导致企业蒙受损失。(4)外部环境风险。外部环境因素,如经济衰退、市场竞争加剧等,都可能影响客户的支付能力和意愿,增加应收账款的风险性。

(二)应收账款审计目标

(1)确定资产负债表中记录的应收账款是否存在("存在"认定)。

(2)确定所有应当记录的应收账款是否均已记录("完整性"认定)。

(3)确定记录的应收账款是否由被审计单位拥有或控制("权利和义务"认定)。

(4)确定应收账款是否可收回,预期信用损失的计提方法和金额是否恰当,计提是否充分("准确性、计价和分摊"认定)。

(5)确定应收账款及其预期信用损失是否已记录于恰当的账户("分类"认定),并已被恰当地汇总或分解且表述清楚,按照企业会计准则的规定在财务报表中作出的相关披露是相关的、可理解的("列报"认定)。

二、应收账款常见错报

(一)虚增应收账款余额和发生额

虚增应收账款通常配合虚增营业收入的目的而发生,企业参考真实的应收账款回款进度操纵应收账款发生额和余额,既可能通过串通真实客户,也可能直接操纵未披露关联方来实现。[①] 例如,2018 年 3 月,东方金钰(股票

---

① 洞炎. 系统性财务造假揭秘与审计攻略 [M]. 上海:上海财经大学出版社,2018:263.

代码：600086）的控股子公司通过关联方虚构销售交易，形成应收账款 7720 万元，虚增应收账款发生额和余额，同时营业收入、净利润等都被虚增。[1]

（二）虚构应收账款的收回

应收账款需要按期计提减值准备，因此长期挂账的应收账款资产价值逐年降低，带来公司的净资产损失；预期信用损失也会造成净利润的减少；应收账款长期挂账会引发投资者对公司流动性管理能力的担忧。此外，企业通常通过外部关联方转入资金冲减应收账款、配合虚构代付协议等方式来进行，也就是将借入的资金伪装成应收账款的收回，后期再转回至关联方。例如，2011 年 12 月～2013 年 6 月，欣泰电气（股票代码：300372）通过外部借款、使用自有资金或伪造银行单据的方式虚构应收账款的收回，在年末、半年末等会计期末冲减应收款项（大部分在下一会计期初冲回），致使其在向中国证监会报送的 IPO 申请文件中相关财务数据存在虚假记载。广东榕泰（股票代码：600589）利用自有资金通过中粤农资及第三方机构循环支付，并制作虚假的代付款协议，虚构从 10 家客户回收货款 3124.23 万元，冲减对相关客户应收账款余额至零，在虚减应收账款余额的同时，免于对相关客户的应收账款计提坏账准备 3124.23 万元，造成利润虚增。[2]

（三）不当计提减值准备

企业出于利润调节的目的，可能不按坏账确认的标准确认坏账发生，如将预计可收回的应收账款作为坏账处理，或将本该确认为坏账的应收账款长期挂账，造成资产虚增。为达到调节利润的目的在上一年度大量计提减值准备，在当年转回或收回已确认的预期信用损失。此外，公司也可能通过任意选择直接转销法和备抵法的方式调节利润。例如，中南钻石（股票代码：000961）通过调减公司账龄，少计提坏账准备，从而达到虚增资产的目的。2014～2016 年，中南钻石应收账款坏账准备计提的会计政策为账龄分析法，其中账龄 1 年以内的计提比例为 0，账龄 1～2 年的计提比例为 50%，账龄 2 年以上的计提比例为 100%。该公司实际在计提应收账款坏账准备时，将部分实际账龄为 1～2 年、2 年以上的应收账款人为调整为 1 年以内，从而少计提

① 中国证监会行政处罚决定书（东方金钰股份有限公司、赵宁等 20 名责任人员）［EB/OL］. 中国证券监督管理委员会，2020 - 09 - 09.

② 资料来源：广东榕泰实业股份有限公司关于收到中国证券监督管理委员会广东监管局《行政处罚决定书》的公告。

坏账准备，虚增资产。[①] 再如，安控科技（股票代码：300370）全资子公司杭州青鸟对已确认无法收回的应收账款未能及时全额计提信用减值损失，应收账款长期挂账，从而形成虚增资产和虚增利润。该公司 2019 年末应收账款余额中慈溪金轮金额为 5405815.00 元、深圳标盛金额为 10809670.48 元。公司在编制 2019 年度财务报告时，慈溪金轮、深圳标盛已被列为失信被执行人，且当年未回款或回款较少，公司仅按照账龄分别计提坏账准备 736919.10 元、3089058.43 元。[②] 按照《企业会计准则第 22 号——金融工具确认和计量》第四十条的规定，发行方或债务人发生重大财务困难，该金融资产成为已发生信用减值的金融资产，公司应该将应收账款全部转入信用减值损失。公司通过不当计提坏账准备和不当确认信用减值损失虚增资产和利润。

三、应收账款审计常用方法

（一）应收账款函证

审计人员可以通过应收账款函证验证应收账款余额的真实性和完整性，从而提供有关虚增应收账款余额和应收账款发生额的审计证据。由于部分应收账款虚构的背后是企业与真实客户串通虚构交易或通过关联方虚构交易的行为，这种情况下，客户或关联方很可能配合被审计单位提供虚假回函。因此，在发函过程中需要对客户地址等信息进行充分核查。

（二）应收账款周转率分析

应收账款周转率的分析能够为虚构应收账款的收回和不当计提减值准备提供直接线索。审计人员应在综合考虑被审计单位在行业中的地位、产品的品质差异、产品的销售价格差异等因素后，将被审计单位的整体应收账款周转率与同行业指标进行对比分析；应在综合考虑同行业历史指标、宏观经济环境的变化、客户所处行业的变化、被审计单位营销策略和信用政策的变化等因素的情况下，将被审计单位报告期内的整体应收账款周转率与历史指标进行对比分析。

---

① 中国证券监督管理委员会湖南监管局行政处罚决定书〔2018〕3 号［EB/OL］. 中国证券监督管理委员会，2018 – 11 – 05.

② 中国证券监督管理委员会四川监管局行政处罚决定书〔2023〕6 号［EB/OL］. 中国证券监督管理委员会，2023 – 05 – 31.

（三）坏账准备和资产减值审查

审计人员要分析评价应收账款坏账准备计提的合理性，包括确定应收账款组合的依据、金额重大的判断、单独计提坏账准备的判断等；复核管理层在评估应收账款可收回性方面的判断及估计，关注管理层是否充分识别已发生减值的项目。将以前年度坏账准备的计提情况与本期实际发生的坏账损失、坏账准备转回进行对比，评估管理层对应收账款可收回性判断的可靠性和准确性，并向管理层询问显著差异的原因。独立实施函证程序并抽样检查重要客户的期后回款情况。

四、案例实操

本部分案例包括应收账款函证对象选取和账龄分析两个典型案例。

（一）应收账款函证对象选取

一般情况下，审计人员选择函证项目时，除考虑金额较大的项目外，还需要考虑风险较高的项目。例如，账龄较长的项目；与债务人发生纠纷的项目；重大关联方项目；主要客户（包括关系密切的客户）项目；新增客户项目；交易频繁但是期末余额较小甚至余额为零的项目；可能产生重大错报或舞弊的非正常项目等。如果应收账款余额由大量金额较小且性质类似的项目构成，则审计人员通常采用抽样技术选取函证样本。本案例从以下几个方面选取应收账款函证样本：（1）金额较大；（2）长期挂账；（3）主要客户的应收账款；（4）交易频繁但是期末余额较小；（5）随机抽样。

第三章的智能审计基础工具部分介绍了 Excel BI 中 Power Query 的主要功能，本案例的操作，利用 Power BI 中 Power Query 完成，不仅加深对 Excel BI 与 Power BI 的认识，更重要的是熟悉 Power BI，学习如何利用先进的智能工具来升级审计技术方法。

【例 7.4】利用 Power BI 的 Power Query 选取应收账款函证对象。数据源于"第七章/第二节/应收账款函证对象选取/应收账款 . xlsx"。本案例具体操作步骤如下。

1. 数据导入与清洗

步骤 1：导入数据。

此步骤与 Excel BI 导入数据的操作基本相同。先打开 Power BI，依次点击

例 7.4 -1
清洗数据到
重要客户

【主页】→【Excel 工作簿】，选择"应收账款 . xlsx"，点击【转换数据】，在 Power Query 中打开"应收账款明细账"和"应收账款余额表"，如图 7 – 18 所示。

图 7 – 18 导入应收账款数据

步骤 2：清洗数据。

从"应收账款余额表"的"科目编号"列中发现，该数据前四行为应收账款的汇总数据，不对应具体客户名称，需要删除；同理，该数据最后一行为全年应收账款的加总，不对应具体客户名称，也需要删除；无意义列需要删除；"应收账款明细账"中第一行和最后一行需要删除。

（1）点击【主页】→【删除行】→【删除最前面几行】，删除"应收账款余额表"中的前 4 行，如图 7 – 19 所示；（2）点击【主页】→【删除行】→【删除最后几行】，删除"应收账款余额表"中的最后 1 行，如图 7 – 20 所示；（3）选中"应收账款余额表"最后一列，点击【主页】→【删除列】，如图 7 – 21 所示；（4）同样操作，删除"应收账款明细账"中的第 1 行和最后 1 行。

步骤 3：处理缺失值。

选中"应收账款余额表"中的"年初余额 | 借方""发生额 | 借方""发生额 | 贷方""期末余额 | 借方"四列，点击【转换】→【替换值】，将四列中的空值 null 替换成 0，如图 7 – 22 所示。

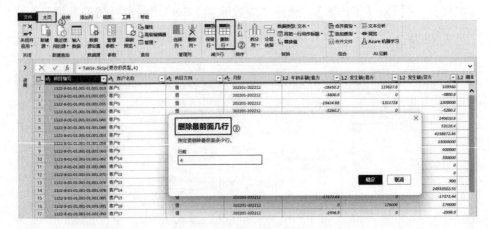

图 7-19　删除最前面几行

图 7-20　删除最后几行

图 7-21　删除空列

图 7 - 22　缺失值处理

2. 选取金额较大的记录

假设审计人员根据经验和案例公司的实际情况，将重要性水平确定为 100 万元，因此，需要筛选出应收账款余额超过 100 万元的样本。在 Power Query 中，复制"应收账款余额表"并重命名为"金额大"；选中"期末余额｜借方列"，点击【数字筛选器】→【大于】，如图 7 - 23 所示；填入 1000000，单击【确定】，如图 7 - 24 所示；点击【添加列】→【自定义列】，新列名为"选取原因"，自定义公式为："金额大"，如图 7 - 25 所示。筛选出的金额较大的应收账款样本如图 7 - 26 所示。

图 7 - 23　期末余额筛选

3. 选取账龄较长的记录

本步骤利用 Power Query 中的多条件筛选功能。实务中可能出现账龄较长的应收账款在当期有较小回款的情况，为便于操作，本案例不考虑此种情况，仅筛选出应收账款期初余额大于 0，且本期没有任何回款的样本。复制"应收账款余额表"并重命名为"账龄长"；选中"年初余额｜借方"列，点击

智能审计基础

图 7 – 24　筛选条件

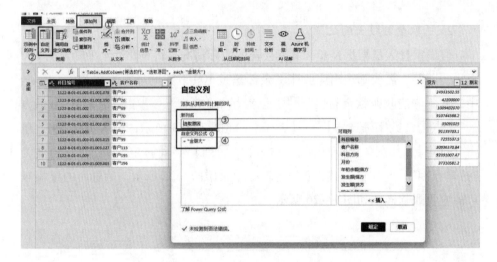

图 7 – 25　新增"选取原因"列：金额大

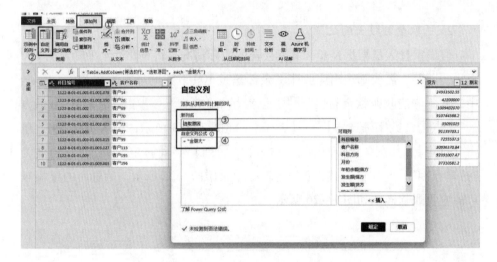

图 7 – 26　金额较大应收账款

【筛选】→【高级】，添加筛选条件："'年初余额 | 借方'大于 0"且"'发生额 | 贷方'等于 0"，如图 7 – 27 所示；添加"选取原因"列：账龄长。筛选出的账龄较长的应收账款样本如图 7 – 28 所示。

图 7 – 27　年初余额及发生额筛选

图 7 – 28　账龄较长应收账款

4. 选取重要客户的记录

本案例把同时满足应收账款期初余额较大且应收账款借方发生额较大这两个条件的客户认定为重要客户，目标是筛选出应收账款年初余额处于前 10 名且借方发生额处于前 10 名的样本。

复制"应收账款余额表"并重命名为"主要客户"；选中"年初余额 | 借方"列，点击【降序排序】，如图 7 – 29 所示；点击【添加列】→【索引列】→【从 1】，命名为"年初余额排名"，如图 7 – 30 所示；同理，对"发生额 | 借方"列降序排序，并添加"本期借方发生额排名"列。筛选两个排名均小于等于 10 的样本，并删除"年初余额排名"列和"本期发生额排名"列；添加"选取原因"列：主要客户。筛选出的主要客户应收账款样本如图 7 – 31 所示。

5. 选取交易频繁但期末余额较小的记录

本阶段操作要选取交易频率前 20 名，且应收账款期末余额小于 10000 元的客户，作为交易频繁但是期末余额较小的样本。

步骤 1：复制"应收账款明细表"并重命名为"交易频繁"；点击【转换】→

例 7.4 – 2
交易频繁

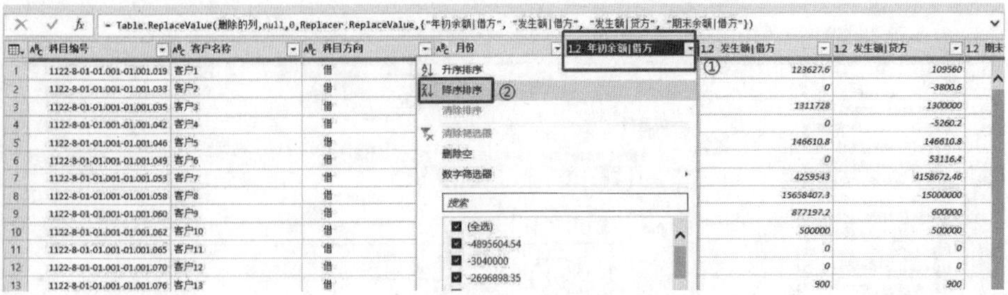

图 7-29 "年初余额 | 借方"列降序排序

图 7-30 添加"年初余额排名"列

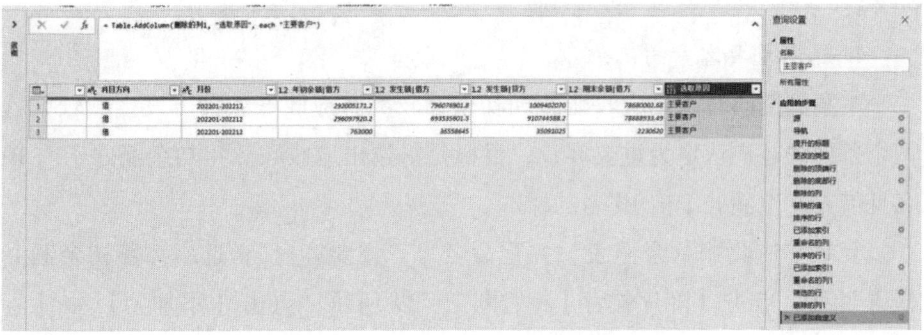

图 7-31 主要客户应收账款

【分组依据】，按照"客户名称"对行进行计数，新列名为"交易频率"，如图 7-32 所示；按照交易频率进行降序排序，点击【主页】→【保留行】→【保留最前面几行】，保留前 20 行，如图 7-33 所示。

步骤 2：点击【主页】→【合并查询】，选择"应收账款余额表"，联接种类选择"内部（仅限匹配行）"，将应收账款余额表信息匹配到交易频率前 20 名的客户信息中，如图 7-34 所示；删除"客户名称""交易频率"两列，展开"应收账款余额表"，如图 7-35、图 7-36 所示。

图 7-32 按照客户交易频率进行分组

图 7-33 保留前 20 行

图 7-34 合并查询

图 7-35　删除"客户名称"和"交易频率"列

图 7-36　展开所有列

步骤3：筛选出期末余额小于10000元的样本，添加"选取原因"列：交易频繁。筛选出的交易频繁样本，如图7-37所示。

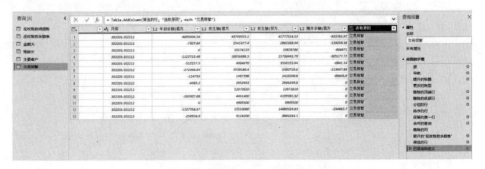

图 7-37　交易频繁但期末余额较小

例 7.4-3
随机抽样1

6. 随机抽样

为保证样本随机性，除上述四步确定的具有明确特征的样本之外，随机抽取5个样本。

步骤1：将上述4个查询进行合并，删除重复样本。点击【主页】→

【追加查询】→【将查询追加为新查询】→【三个或更多表】，追加"金额大""账龄长""主要客户""交易频繁"，将新查询命名为"前四个"，如图 7-38 所示；选择"客户名称"列，点击【删除行】→【删除重复项】去除重复样本，结果如图 7-39 所示。

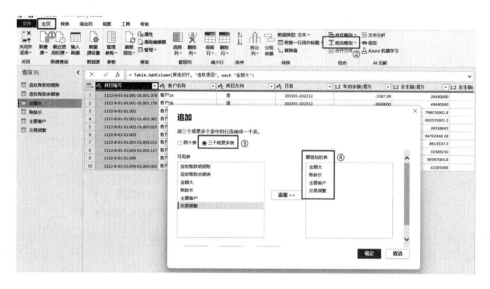

图 7-38　追加查询

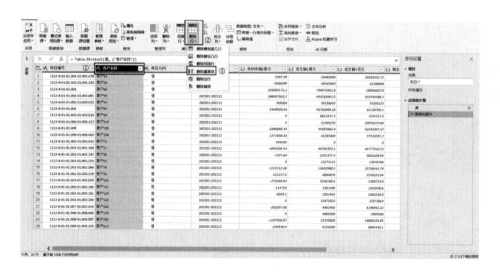

图 7-39　四种具有明显特征的样本

步骤 2：需要在总样本中剔除上述 4 种必须函证的样本，便于后续随机抽样。选中"应收账款余额表"，点击【主页】→【合并查询】→【将查询合并为新查询】，选择"前四个"表，上下两个表中均选择"客户名称"，联接种类选择"左反（仅限第一个表中的行）"，如图 7-40 所示；完成合并查询后，删除最后一列"前四个"，将该表重命名为"待抽样"，如图7-41所示。

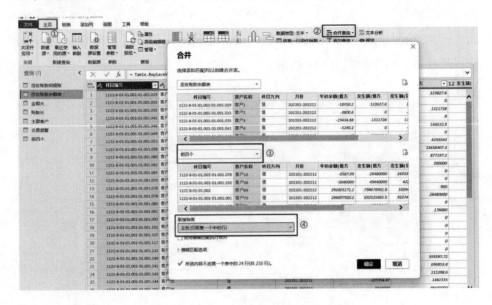

图7-40 合并查询剔除特征样本

图7-41 待抽样

步骤3：点击【关闭并应用】，返回Power BI界面。使用DAX中的SAMPLE函数随机选取5个样本。

SAMPLE(n_value, table, orderBy_expression, [order], orderBy_expression, [order])。

n_value为返回的行数，table为待传入的数据表，orderBy_expression为传入DAX表达式。

点击【建模】→【新建表】，在DAX函数的输入区域写入公式："抽样 = SAMPLE(5,'待抽样','待抽样'[客户名称])"并回车，如图7-42所示。

例7.4-4
随机抽样2

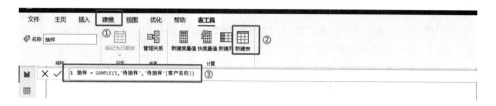

图 7 - 42　利用 SAMPLE 生成抽样表

SAMPLE 函数是 Power BI 中 DAX 的函数，在 Excel BI 中不支持。此步骤如果在 Excel 完成，可以利用第四章中的抽样方法完成。

步骤 4：点击左侧区域【表格视图】，点击【表工具】→【新建列】，在函数输入区域填入"选取原因　=　"随机抽样""并回车完成抽样，如图 7 - 43 所示。

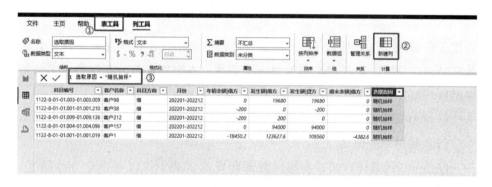

图 7 - 43　随机抽样结果

步骤 5：将函证结果进行多表合并，本部分利用了 Power BI 的 DAX 函数 UNION。

UNION 函数类似于 Power Query 的追加查询。

UNION(table_expression1, table_expression2 [, < table_expression >]…)，参数中传入的表格必须具有相同的列。参照前文新建表的操作，点击【建模】→【新建表】，在公式编辑区域输入 DAX 函数"所有函证样本 = UNION（'前四个', '抽样'）"并回车，得到全部待函证样本共计 29 个，如图 7 - 44 所示。

以上操作较完整地完成了应收账款函证对象选取，接下来可以利用往来函证的小工具，发送函证，不再进行介绍。

（二）应收账款账龄分析

在审计应收账款时，审计人员往往要检查应收账款的账龄，了解应收账款的可收回性，并关注其坏账准备的计提是否充分。应收账款账龄审计从应

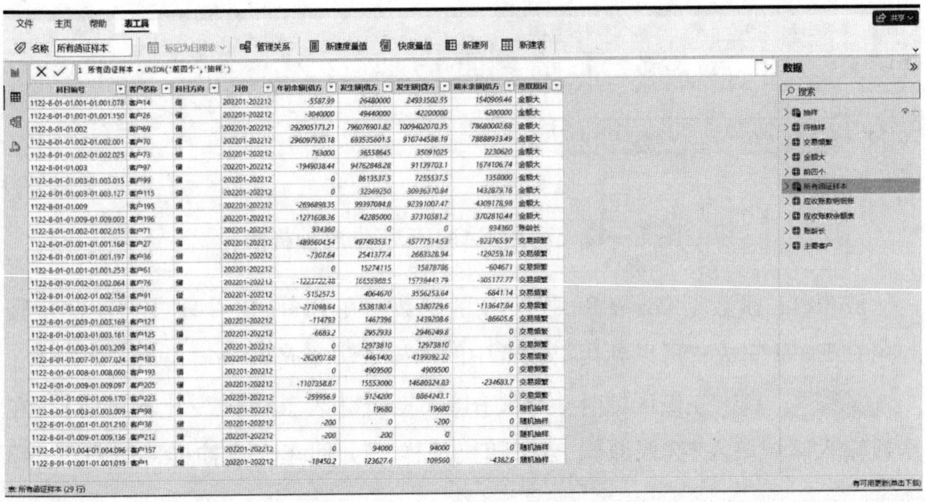

科目编号	客户名称	科目方向	月份	年初余额|借方	发生额|借方	发生额|贷方	期末余额|借方	选取原因
1122-8-01-01.001-01.001.078	客户14	借	202201-202212	-5587.99	26480000	24933502.55	1540909.46	金额大
1122-8-01-01.001-01.001.150	客户26	借	202201-202212	-3040000	49440000	42200000	4200000	金额大
1122-8-01-01.002	客户69	借	202201-202212	292005171.21	796076901.82	1009402070.35	78680002.68	金额大
1122-8-01-01.002-01.002.001	客户70	借	202201-202212	296097920.18	693535601.5	910744588.19	78888933.49	金额大
1122-8-01-01.002-01.002.025	客户73	借	202201-202212	763000	36558645	35091025	2230620	金额大
1122-8-01-01.003	客户97	借	202201-202212	-1949038.44	94762848.28	91139703.1	1674106.74	金额大
1122-8-01-01.003-01.003.015	客户99	借	202201-202212	0	8613537.5	7255537.5	1358000	金额大
1122-8-01-01.003-01.003.127	客户115	借	202201-202212	0	32369250	30936370.84	1432879.16	金额大
1122-8-01-01.009	客户195	借	202201-202212	-2696898.35	99397084.8	92391007.47	4309178.98	金额大
1122-8-01-01.009-01.009.003	客户196	借	202201-202212	-1271608.36	42285000	37310581.2	3702810.44	金额大
1122-8-01-01.002-01.002.015	客户71	借	202201-202212	934360	0	0	934360	账龄长
1122-8-01-01.001-01.001.168	客户27	借	202201-202212	-4895604.54	49749353.1	45777514.53	-923765.97	交易频繁
1122-8-01-01.001-01.001.197	客户36	借	202201-202212	-7307.64	2541377.4	2663328.94	-129259.18	交易频繁
1122-8-01-01.001-01.001.253	客户61	借	202201-202212	0	15274115	15878786	-604671	交易频繁
1122-8-01-01.002-01.002.064	客户76	借	202201-202212	-1223722.48	16655988.5	15738443.79	-305177.77	交易频繁
1122-8-01-01.002-01.002.158	客户91	借	202201-202212	-515257.5	4064670	3556253.64	-6841.14	交易频繁
1122-8-01-01.003-01.003.029	客户103	借	202201-202212	-271098.64	5538180.4	5380729.6	-113647.84	交易频繁
1122-8-01-01.003-01.003.169	客户121	借	202201-202212	-114793	1467396	1439208.6	-86605.6	交易频繁
1122-8-01-01.003-01.003.181	客户125	借	202201-202212	-6683.2	2952933	2946249.8	0	交易频繁
1122-8-01-01.003-01.003.209	客户143	借	202201-202212	0	12973810	12973810	0	交易频繁
1122-8-01-01.007-01.007.024	客户183	借	202201-202212	-262007.68	4461400	4199392.32	0	交易频繁
1122-8-01-01.008-01.008.060	客户193	借	202201-202212	0	4909500	4909500	0	交易频繁
1122-8-01-01.009-01.009.097	客户205	借	202201-202212	-1107358.87	15553000	14680324.83	-234683.7	交易频繁
1122-8-01-01.009-01.009.170	客户223	借	202201-202212	-259956.9	9124200	8864243.1	0	交易频繁
1122-8-01-01.003-01.003.009	客户98	借	202201-202212	0	19680	19680	0	随机抽样
1122-8-01-01.001-01.001.210	客户38	借	202201-202212	-200	0	-200	0	随机抽样
1122-8-01-01.009-01.009.136	客户212	借	202201-202212	-200	200	0	0	随机抽样
1122-8-01-01.004-01.004.096	客户157	借	202201-202212	0	94000	94000	0	随机抽样
1122-8-01-01.001-01.001.019	客户1	借	202201-202212	-18450.2	123627.6	109560	-4382.6	随机抽样

图 7 – 44　全部待函证样本

收账款账龄分析表的编制开始，以检查账龄划分的正确性为基础，对应收账款账龄进行分析，从而获取相关的审计证据。本案例从单公司账龄、多公司账龄进行阐述。

1. 单公司账龄

（1）账龄划分原则。

账龄分析的具体方法，参考财政部印发的《关于执行〈企业会计制度〉和相关会计准则有关问题解答》（财会〔2002〕18 号）中对于当期有变动的应收款项如何确定账龄的解答：在存在多笔应收款项且各笔应收款项账龄不同的情况下，收到债务单位当期偿还的部分债务，应当逐笔认定收到的是哪一笔应收款项；如果确实无法认定的，按照先发生、先收回的原则确定，剩余应收款项的账龄按上述同一原则确定。

单公司账龄分析的思路如图 7 – 45 所示。其中，QM 代表期末余额，JF 代表借方发生额，M_0代表初始待划分账龄的应收账款金额，M_1代表扣除 1 年以内账龄后的应收账款金额，M_2代表扣除 2 年以内账龄后的应收账款金额，Y_{0-1}、Y_{1-2}、Y_{2-3}、Y_{3-}分别代表 1 年以内账龄金额、1 ~ 2 年账龄金额、2 ~ 3 年账龄金额、3 年以上账龄金额。

（2）案例分析。

【例 7.5】 利用 Excel 进行单公司账龄分析。该案例的数据和公式在“第七章/第二节/单公司账龄分析/单公司账龄分析 . xlsx”中。本案例分析数据如表 7 – 1 所示，目标是将 2022 年应收账款的期末余额划分为 1 年以内、1 ~ 2 年、2 ~ 3 年、3 年以上四个区间。

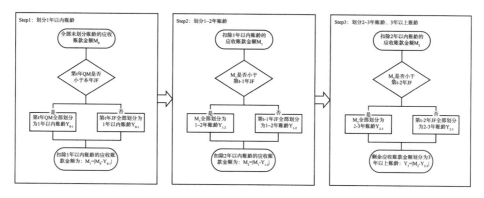

图 7-45 账龄分析思路

表 7-1 应收账款——甲公司 单位：元

1	年度	期初余额	借方发生额	贷方发生额	期末余额
2	2022/12/31	23800	2700	3200	23300
3	2021/12/31	26200	2100	4500	23800
4	2020/12/31	32700	2000	8500	26200
5	账龄分析				
6	1 年以内	1~2 年	2~3 年	3 年以上	
7					

① 1 年以内账龄。

如果 2022 年期末余额小于 2022 年借方发生额，说明当年度不但收回了所有的期初应收账款，还回收了部分本期发生的应收账款。那么，所有应收账款的期末余额都是 2022 年形成的，期末余额应该全额划分到 1 年以内账龄的区间中。

如果 2022 年期末余额大于 2022 年借方发生额，那么期末余额由两部分构成：2022 年形成的部分和 2022 年之前形成的部分。其中，2022 年形成的部分（2022 年借方发生额）全额划分至 1 年以内账龄的区间，2022 年之前形成的部分需要结合 2021 年进一步分析应收账款的产生和收回情况（可能本期收回一部分）。

在本例中，2022 年期末余额 23300 元大于 2022 年借方发生额 2700 元，因此将 2700 元全额划分至账龄为 1 年以内的区间，2022 年度之前形成的 20600 元（＝23300－2700），需要进一步根据 2021 年应收账款的情况进行划分。

② 1~2 年账龄。

在 2022 年底的应收账款包括 2022 年之前形成的部分的情况下，如果这部分小于 2021 年度的借方发生额，那么这部分就都是 2021 年形成的，应该全额划分至 1~2 年账龄的区间。

如果 2022 年之前形成的部分大于 2021 年度的借方发生额，那么 2022 年之前形成的应收账款应该进一步划分为两部分：2021 年形成的部分和 2021 年之前形成的部分。2022 年底，2021 年形成的部分（2021 年借方发生额）全额划分至 1~2 年账龄的区间，2021 年之前形成的部分需要结合 2020 年进一步分析应收账款的产生和收回情况。

在本例中，2022 年之前形成的 20600 元大于 2021 年借方发生额 2100 元，那么应该将 2100 元全额划分至 1~2 年账龄的区间，2021 年度之前形成的 18500 元（=20600−2100），需要进一步根据 2020 年的应收账款的情况进行划分。

③ 2~3 年账龄和 3 年以上账龄。

在 2022 年底的应收账款包括 2021 年之前形成的部分的情况下，如果该部分小于 2020 年度的借方发生额，那么该部分都是 2020 年形成的，应该全额划分至 2~3 年账龄的区间。

如果这部分大于 2021 年度的借方发生额，那么该部分应该进一步划分为两部分：2020 年形成的部分和 2020 年之前形成的部分。2020 年形成的部分（2021 年借方发生额）全额划分至 2~3 年账龄的区间。由于本案例没有提供 2020 年之前的应收账款账户明细，无法进一步对账龄进行划分，因此如果存在 2020 年之前形成的应收账款，应该将该部分全额划入 3 年以上账龄的区间。

在本例中，2021 年之前形成的 18500 元大于 2020 年借方发生额 2000 元，那么应该将 2000 元全额划分至 2~3 年账龄的区间，剩余部分 16500 元（=23300−2700−2100−2000）形成于 2020 年之前，直接划分至 3 年以上账龄区间。

基于上述分析，最终获得的账龄分析结果应该如表 7−2 所示，具体计算公式请参照本案例文件。

表 7−2　　　　　　　　账龄分析结果　　　　　　　单位：元

日期	期初余额	借方发生额	贷方发生额	期末余额
2022/12/31	23800	2700	3200	23300
2021/12/31	26200	2100	4500	23800
2020/12/31	32700	2000	8500	26200
账龄分析				
1 年以内	1~2 年	2~3 年	3 年以上	
2700	2100	2000	16500	

2. 多公司账龄

多公司账龄计算采用《审计效率手册》(涂佳兵和林铖，2020)[①] 中提供的账龄生成器工具，账龄计算通过 VBA 代码实现，在此仅介绍其使用方法。

数据源于"第七章/第二节/多公司账龄分析/2020 – 2023 应收账款. xlsx"，VBA 工具源于"第七章/第二节/多公司账龄分析/账龄生成器. xlsm"。案例数据包含 2020 ~ 2023 年 25 家单位序时账数据，按照年份存放在 4 张 Sheet 表中，各表均具有相同的格式。以 2023 年数据为例，该表共包含 5 列，分别为"客商""期初借方余额""本期借方金额""本期贷方金额""期末借方金额"。

账龄生成器 VBA 工具包括 4 张 Sheet 表：一是"界面表"中设置初始参数；二是"期初账龄表"中填入每家公司的期初账龄；三是"数据表"填充应收账款余额表数据；四是"账龄结果表"存储最终生成的账龄结果。以下为具体操作步骤。

步骤 1：在"界面表"设置初始参数。

按月份填写需要划分的期间；填写期间内供应商数量最多的个数所在的量级；期初日期为有期初账龄的日期，期末日期为审计截止日的日期。参数设置如图 7 – 46 所示。

图 7 – 46　界面表参数设置

填写完"界面表"参数后，点击【初始化】，其主要作用是更新后面几张表的表头。

步骤 2：填写"客商"列。

由于以前年度未计算账龄，即没有期初账龄数据，故"期初账龄表"只需要填写"客商"列，共计 25 家单位，如图 7 – 47 所示。

[①]　涂家兵，林铖. 审计效率手册［M］. 北京：电子工业出版社，2020：97.

	A	B	C	D	E	F
1	客商	12.00	24.00	36.00	36个月以上	
2	单位1					
3	单位2					
4	单位3					
5	单位4					
6	单位5					
7	单位6					
8	单位7					
9	单位8					
10	单位9					
11	单位10					
12	单位11					
13	单位12					
14	单位13					
15	单位14					
16	单位15					
17	单位16					
18	单位17					
19	单位18					
20	单位19					
21	单位20					
22	单位21					
23	单位22					
24	单位23					
25	单位24					
26	单位25					

图 7-47　期初账龄表

步骤 3：选择“数据表”，复制粘贴数据。

以 2020 年数据为例，粘贴“客商”“期初余额”“借方发生额”“贷方发生额”“期末余额”5 列，日期统一设置为期初日期，即“2020-01-01”。部分录入数据如图 7-48 所示。

	A	B	C	D	E	F	G
1	日期	客商	期初余额	借方发生额	贷方发生额	期末余额	
2	2020-1-1	单位1	6,201,908.21	12,413,942.03	16,277,222.24	2,338,628.00	
3	2020-1-1	单位2	2,796,981.80	7,431,226.40	8,997,560.20	1,230,648.00	
4	2020-1-1	单位3	2,155,204.23	13,736,956.63	15,098,287.34	793,873.52	
5	2020-1-1	单位4	2,042,967.65	412,911.00	100,710.00	2,355,168.65	
6	2020-1-1	单位5	1,974,875.02	10,036,367.26	10,204,769.48	1,806,472.80	
7	2020-1-1	单位6	1,895,594.00	163,200.00	58,664.00	2,000,130.00	
8	2020-1-1	单位7	1,216,408.59	1,563,060.00	1,557,201.30	1,222,267.29	
9	2020-1-1	单位8	828,802.95	3,869,546.82	3,736,146.55	962,203.22	
10	2020-1-1	单位9	823,614.76	1,158,884.84	1,300,000.00	682,499.60	
11	2020-1-1	单位10	806,246.13	2,110,579.20	2,315,835.47	600,989.86	
12	2020-1-1	单位11	747,305.00	19,020.00	765,830.00	495.00	
13	2020-1-1	单位12	600,375.00	837,330.00	822,705.00	615,000.00	
14	2020-1-1	单位13	578,562.00	2,282,466.00	2,424,361.82	436,666.18	
15	2020-1-1	单位14	525,433.87	2,396,548.00	2,196,040.00	725,941.87	
16	2020-1-1	单位15	519,355.80	4,106,922.80	4,040,239.80	586,038.80	

图 7-48　数据表

步骤 4：获得运算结果。

点击【运算】，批量生成 2023 年末的账龄分析结果，如图 7-49 所示。

	A	B	C	D	E	F
1	客商	12.00	24.00	36.00	36个月以上	
2	单位1	-3,730,276.93	-	-	-	
3	单位2	125,970.00	401,940.12	-	-	
4	单位3	512,468.02	101,395.10	-	-	
5	单位4	426,182.00	513,621.00	624,402.00	312,201.00	
6	单位5	511,254.00	1,069,178.80	-	-	
7	单位6	1,315,451.40	-	-	-	
8	单位7	-	-	655,583.25	-	
9	单位8	144,520.84	-	-	-	
10	单位9	-179,682.20	-	-	-	
11	单位10	278,593.06	-	-	-	
12	单位11	-77,835.00	-	-	-	
13	单位12	-88,705.00	-	-	-	
14	单位13	-	-	102,355.18	-	
15	单位14	341,804.00	-	-	-	
16	单位15	457,591.40	-	-	-	
17	单位16	-1,123,956.00	-	-	-	
18	单位17	148,569.50	78,836.00	34,404.00	59,810.00	
19	单位18	-82,428.00	-	-	-	
20	单位19	-297,482.81	-	-	-	
21	单位20	-	-	252,468.00	-	
22	单位21	-	9,846.00	-	-	
23	单位22	-319,050.00	-	-	-	
24	单位23	-	-	40,365.00	-	
25	单位24	-146,132.40	-	-	-	
26	单位25	-150,705.11	-	-	-	
27						

图 7 - 49　多公司账龄分析结果

第三节　智能审计下的存货实质性程序

一、存货实质性程序简介

存货是指企业在日常活动中持有以备出售的产品或商品、处在生产过程中的在产品、在生产过程或提供劳务过程中耗用的材料或物料等，包括各类材料、在产品、半成品、产成品或库存商品，以及包装物、低值易耗品、委托加工物资等。存货经常出现于各个采购、耗用、生产、销售的流程中，与企业各项经营活动紧密联系，存货的重大错报风险往往与财务报表其他项目的重大错报风险紧密相关。此外，存货的价值可以直接反映到企业营业利润等财务指标中，因此企业可以通过多种方式对存货进行财务报表粉饰与造假。在实务中，被审计单位管理层通过虚构采购交易、虚构期末存货资产、调节存货跌价准备金额等方式进行财务造假的案例也屡见不鲜。正是由于存货对于企业的重要性、存货问题的复杂性及存货与其他项目密切的关联度，要求审计人员对存货项目的审计应当予以特别的关注。相应地，要求审计人员应具备较高的专业素质和相关业务知识，在实施存货项目审计时分配较多的审计工时，运用多种有针对性的审计程序。

存货审计主要涉及数量和单价两个方面：第一，针对存货数量的实质性程序主要是存货监盘，获取有关存货数量和状况的审计证据，主要针对存货存在认定；第二，针对存货单价的实质性程序包括对购买和生产成本的审计程序、对存货可变现净值的审计程序，验证财务报表上存货余额的真实性，主要针对存货准确性、计价和分摊认定。

（一）存货特点

存货的性质因被审计单位业务的不同存在较大差别，存货以下特点可能导致与存货相关的交易和账户余额存在重大错报风险。

（1）存货数量庞大且复杂。企业交易的数量庞大、业务复杂，这就增加了存货错误和舞弊的风险。

（2）存货成本核算复杂。企业的成本核算比较复杂，不同类型的企业存货成本计算方法各不相同，即使是同类企业，其成本计算方法也有所区别。例如，虽然原材料和直接人工等直接成本的归集和分配比较简单，但间接费用的分配可能较为复杂，且同一行业中不同企业也可能采用不同的认定和计量基础。

（3）存货种类繁多。存货的种类、项目繁多，差异性大，审计人员无法鉴定和识别每一种存货，因此通常需要聘请专家对其质量、状况或价值进行验证。另外，不同种类存货数量的计量方法也可能存在差异。例如，计量煤堆、筒仓里的谷物或糖、黄金或贵重宝石、化工品和药剂产品存储量的方法都存在一定的差异。

（4）存货可变现净值难以确定。不同种类的存货价值大相径庭，受到呆滞、变质、过期、破损等各类因素的影响，其在不同时点的价值也各不相同。此外，存货价格受到供求、技术、经济环境等多种因素影响，导致其可变现净值难以确定，进而影响存货采购价格和销售价格的确定，最终影响审计人员对与存货"准确性、计价和分摊"认定有关风险的评估结果。

（5）存货的存放分散。大型企业可能将存货存放在很多地点，并且可以在不同的地点之间转移存货，这将增加商品途中毁损或遗失的风险，或者导致存货在两个地点被重复记录，也可能产生转移定价的错误或舞弊。此外，企业还可能存在寄存存货的情况，例如，其他企业存货寄放于被审计单位仓库或被审计单位存货寄放于其他企业仓库等多种情况，增加了存货被多记或少记的风险。

（二）存货审计目标

存货审计的目标一般包括以下几种。

（1）账面存货余额对应的实物是否真实存在（"存在"认定）。

（2）属于被审计单位的存货是否均已入账（"完整性"认定）。

（3）存货是否属于被审计单位（"权利和义务"认定）。

（4）存货单位成本的计量是否准确（"准确性、计价和分摊"认定）。

（5）存货的账面价值是否可以实现（"准确性、计价和分摊"认定）。

二、存货常见错报

企业进行存货财务造假的手段多样。在实践中，企业主要通过虚增期末存货资产、虚增存货发生额、调节存货跌价准备金额操纵盈余等方式进行财务造假。

（一）虚增存货期末余额

企业一般通过伪造单据虚增存货数量，因虚增存货并未实际存在，却计入企业的存货科目中，从而实现虚增存货价值的目的。虚增存货主要包括虚增材料数量（包括原材料、辅料、燃料等）、虚增在产品数量、虚增产成品数量、虚增在产品或产成品的单位价值、高留低转虚增存货价值等。在实务中，上市公司通过虚增期末存货资产造假的方式有很多种，例如，虚构入库单掩盖被占用资金，伪造、变造原始凭证及记账凭证等方式虚增期末存货价值等。

金正大（股票代码：002470）通过虚构入库单、电费、人工费等方式虚增存货。2015~2018年金正大通过虚构合同、空转资金、开展无实物流转的虚构贸易业务，虚增营业收入和营业成本，共虚增利润19.9亿元。在此期间，金正大存货销售速度明显高于同行业水平，存货周转率偏高。2019年，为解决之前造假导致的大量预付款和虚假暂估存货余额、消耗存货盘亏的问题，金正大通过虚构生产和出库交易，虚增存货31.97亿元。[①] 存货的增长幅度显著高于营业成本增长幅度，存货周转率大幅下降。类似案例还有，2010~2017年，抚顺特钢（股票代码：600399）通过伪造、变造原始凭证及记账凭

---

① 中国证监会行政处罚决定书（金正大、万连步、李计国、唐勇、崔彬、高义武、颜明霄、郑树林、徐恒军）[EB/OL]. 中国证券监督管理委员会，2022-01-04.

证、修改物供系统、成本核算系统、财务系统数据等方式调整存货中"返回钢"数量、金额，累计虚增存货 19.89 亿元。[①]

（二）虚增存货发生额

虚增存货发生额，通常是指企业存在虚增生产和销售造假行为的情况下，虚增材料采购、材料领用消耗、产成品入库、产成品销售等。在实务中，上市公司为了虚增营业收入和利润，通常需要通过虚构物流单据、虚构出入库记录、虚构银行流水等方式达到目的。除此之外，虚构采购业务还可以掩盖关联方资金占用。

凯乐科技（股票代码：600260）伪造采购、生产、销售入库等单据虚构采购交易。2016～2020 年，凯乐科技在与隋田力合作开展"专网通信"业务时，公司仅在 2016 年发生少量专网通信业务，其他专网通信业务均为虚假，仅是按照合同规定伪造采购入库、生产入库、销售入库等单据，没有与虚假专网通信业务匹配的真实生产活动及物流活动，以此虚增收入、利润，导致公司 2016～2020 年财务报告存在虚假记载，累计虚增营业收入 512.25 亿元，虚增营业成本 443.52 亿元，虚增利润总额 59.36 亿元。[②] 分析凯乐科技"专网通信业务"的造假过程，其造假手段是与多家上中下游的关联公司签订购销合同，形成完整的合同、发票等单据，公司不是为了发展业务，而是通过形成闭环销售的贸易业务收取代理费、通道费，同时虚增营业收入和利润，达到修饰财务报表的目的。类似案例还有，紫鑫药业（股票代码：002118）通过虚构采购交易虚增存货期末资产。2014～2021 年，紫鑫药业虚增在地林下参采购成本，并以采购成本结转存货金额，涉嫌通过虚增在地林下参采购成本的方式虚增存货发生额累计 59.38 亿元，导致紫鑫药业未按规定披露与关联方发生的非经营性资金往来，构成重大遗漏。[③] 实践中，对存货相关财务数据展开分析，存货的增长快于销售收入的增长，企业毛利率逐年上升，净利润同样增长但经营性现金流却出现巨额负数，并且出现存货周转率低、现金流的循环周期高等迹象，都可以看出公司存在虚增存货的风险。

---

① 中国证监会行政处罚决定书（抚顺特钢、赵明远、董事等多名责任人员）[EB/OL]. 中国证券监督管理委员会，2019 - 12 - 12.

② 中国证监会行政处罚决定书（凯乐科技及相关责任人员）[EB/OL]. 中国证券监督管理委员会，2023 - 06 - 19.

③ 中国证券监督管理委员会行政处罚决定书 [EB/OL]. 中国证券监督管理委员会，2024 - 12 - 02.

（三）利用存货跌价准备调节利润

利用存货跌价损失调节利润的现象普遍存在于企业盈余管理中。最常见的是，在企业当年出现大额亏损的情况下，为了避免以后年度连续亏损，就在当年大量计提存货跌价损失，以减少存货进入下一个周转期的生产成本或营业成本，增加来年利润，确保企业不因连续亏损被 ST 甚至退市。在实践中，上市公司通过调整存货跌价准备金额进行财务造假的方式多种多样，例如，公司虚假计提或转回存货跌价准备，在不需要计提存货跌价准备的情况下进行虚假计提，或者在需要转回存货跌价准备时不进行转回；拖延存货跌价准备计提的时间，虚增利润；未合理使用会计估计，故意高估或低估存货的可变现净值，从而达到调节存货减值损失和利润的目的；隐瞒存货损失，避免计提存货跌价准备或减值损失，达到虚增利润的目的。

獐子岛（股票代码：002069）通过调节存货跌价准备金额、存货计价方式等操作调节利润。獐子岛在 2014 年、2015 年连续两年净利润为负，2016年被实行"退市风险警示"。其后，在 2016 年公司营业收入为 30.52 亿元，同比增长 11.93%，归属于上市公司股东的净利润为 0.8 亿元，同比增长132.76%，并在 2017 年初成功摘帽。调查发现，公司主要通过存货跌价准备和存货减值计提反复调节利润，成功实现了两年亏损最后一年盈利的情形。2016 年虚增利润 1.31 亿元，2017 年虚减利润 2.79 亿元。[①]

随着市场竞争的加剧和公司业务的扩张，公司面临着巨大的业绩压力和摘帽压力。为了维持其市场地位和股价稳定，企业管理层选择调节存货跌价准备金额来粉饰业绩。类似案例还有，ST 明诚（股票代码：600136）通过调节存货跌价准备金额虚增利润。根据《企业会计准则第 1 号——存货》《企业会计准则第 8 号——资产减值》等相关规定，公司应对存货资产减值准备进行专业判断和会计处理：在资产负债表日判断资产是否存在可能发生减值的迹象，存在减值迹象的，应当合理确定关键参数，估计可收回金额，充分、及时计提减值并披露与减值相关的重要信息。ST 明诚对存货减值不充分，因存货跌价准备未及时计提事项导致公司 2021 年虚增利润总额 0.98 亿元，2022年虚减利润总额 0.98 万元。[②]

---

① 中国证监会行政处罚决定书（獐子岛集团股份有限公司、吴厚刚等 16 名责任人员）［EB/OL］. 中国证券监督管理委员会，2020 - 06 - 15.

② 资料来源：武汉当代明诚文化体育集团股份有限公司关于收到《行政处罚事先告知书》的公告。

三、存货审计常用方法

（一）分析程序

在存货成本相关项目的分析程序中，审计人员通常进行以下比较分析。

（1）比较前后各期及本年度各个月份存货余额及其构成，以评价期末存货余额及其构成的总体合理性。

（2）比较前后各期待摊预提类费用及待处理流动资产损失，以评价其总体合理性。

（3）对每月存货成本差异率进行比较，以确定是否存在调节成本的现象。

（4）比较前后各期及本年度内各个月份生产成本总额及单位生产成本，以评价本期生产成本的总体合理性。

（5）比较前后各期及本年度内各个月份制造费用总额及其构成，以评价制造费用及其构成的总体合理性。

（6）比较前后各期及本年度内各个月份薪酬费用的发生额，以评价薪酬费用的合理性。

（7）比较前后各期及本年度内各个月份主营业务成本总额及单位销售成本，以评价主营业务成本的总体合理性。

（8）比较前后各期及本年度内各个月份直接材料成本，以评价直接材料成本的总体合理性。

（9）将存货余额与现有的订单、资产负债表日后各期的销售额和下一年度的预测销售额进行比较，以评价存货滞销和跌价的可能性。

（10）将存货跌价准备与本年度存货处理损失的金额相比较，判断被审计单位是否计提足额的跌价准备。

（11）将与关联企业发生存货交易的频率、规模、价格和账款结算条件，与非关联企业对比，判断被审计单位是否利用与关联企业的存货交易虚构业务交易、调节利润。

（12）计算多期存货周转率。存货周转率是用以衡量销售能力和存货是否积压的指标。其计算公式为：存货周转率 = 主营业务成本 ÷ 平均存货余额 × 100%。利用存货周转率进行纵向比较或与其他同行业企业进行横向比较时，要求存货计价持续保持一致。存货周转率的波动可能意味着被审计单位存在以下情况：①有意或无意地减少存货准备；②存货管理或控制程序发生变动；③存货成本项目发生变动；④存货核算方法发生变动；⑤存货跌价准备计提基础或冲销政策发生变动；⑥销售额发生大幅度变动。

（二）存货监盘

存货监盘是指审计人员现场观察被审计单位存货的盘点情况，并对已盘点的存货进行适当检查。定期盘点存货、合理确定存货的数量和状况是被审计单位管理层的责任。实施存货监盘，获取有关期末存货数量和状况的充分、适当的审计证据是审计人员的责任。监盘存货的目的在于获取有关存货存在和状况的审计证据，因此存货监盘针对的主要是存货的"存在"认定，对存货的"完整性"认定及"准确性、计价和分摊"认定，也能提供部分审计证据。此外，审计人员还可能在存货监盘中获取有关存货所有权的部分审计证据。例如，在监盘中注意到某些存货已经被法院查封，需要考虑被审计单位对这些存货的所有权是否受到了限制。

近年来，迅猛发展的无人机技术和地理信息系统（GIS）技术为资产审计和库存审计等提供了辅助和便利。无人机技术结合遥感影像 RS 技术被用于获取高分辨率的数据。审计人员可以利用无人机进行航拍测绘，通过挂载的 GIS 系统，收集地理信息和相关数据。这些数据随后可以被专业软件处理，生成高质量的实时效果图、正射影像和 3D 全景模型。在这些模型的基础上，审计人员可以测量出目标对象的点坐标、线距离、面积、体积等多种关键数据，可以辅助审计人员检查和核验偏远地区、特殊区域的存货以及特殊性质的存货（如林木、牲畜等生物资产），也可以对存放地点发生变动的存货进行有效计量。

（三）存货计价测试

存货计价测试包括两个方面：一是被审计单位所使用的存货单位成本是否正确；二是是否恰当计提了存货跌价准备。

1. 存货单位成本测试

针对原材料的单位成本，审计人员通常基于企业的原材料计价方法（如先进先出法、加权平均法等），结合原材料的历史购买成本，测试其账面成本是否准确。测试程序包括核对原材料采购的相关凭证（主要是与价格相关的凭证，如合同、采购订单、发票等）及验证原材料计价方法的运用是否正确。针对产成品和在产品的单位成本，审计人员需要对成本核算过程实施测试，包括直接材料成本测试、直接人工成本测试、制造费用测试和生产成本在当期完工产品与在产品之间分配的测试四项内容。

2. 存货跌价准备测试

审计人员对存货跌价准备需要从以下两个方面进行测试。

（1）识别需要计提存货跌价准备的存货项目。审计人员可以通过询问管理层和相关部门（生产、仓储、财务、销售等）员工，了解被审计单位如何收集有关滞销、过时、陈旧、毁损、残次存货的信息并为之计提必要的存货跌价准备。如被审计单位编制存货货龄分析表，则可以通过审阅分析表识别滞销或陈旧的存货。此外，审计人员还要结合存货监盘过程中检查存货状况而获取的信息，判断被审计单位的存货跌价准备计算表是否有遗漏。

（2）检查可变现净值的计量是否合理。在存货计价审计中，由于被审计单位对期末存货采用成本与可变现净值孰低的方法计价，所以审计人员应充分关注其对存货可变现净值的确定及存货跌价准备的计提。可变现净值是指企业在日常活动中，存货的估计售价减去至完工时估计将要发生的成本、估计的销售费用及相关税费后的金额。企业确定存货的可变现净值，应当以取得的确凿证据为基础，并且考虑持有存货的目的及资产负债表日后事项的影响等因素。审计人员应抽样检查可变现净值确定的依据、相关计算是否正确。

四、案例实操

本案例选取 2 个典型的存货审计场景，案例 1 关注存货价格的稳定性，案例 2 关注存货跌价准备的计提。

（一）存货价格稳定性分析

【例 7.6】分析某货运公司存货运输单价稳定性情况。数据来源于"第七章/第三节/存货稳定性分析/waybill.csv"。本案例使用某货运公司 2018～2019 年的运单数据，该数据包含多条路线，审计人员关注同一条路线在一定时期内运输单价的稳定性。运单数据中各字段的含义如表 7-3 所示。

表 7-3　　　　　　　　　　字段说明

字段	含义	备注
waybill_id	运单编号	
month	月份	

续表

字段	含义	备注
year	年度	
price	单价	
amount	吨数	
deal_price	金额	
from	起运地	起运地城市行政区编码
to	送达地	送达地城市行政区编码

　　本案例的分析重点在于对存货单价的异常值进行检测，分析单价波动的变异程度是否超出正常范围，分析结果能够帮助审计人员揭示公司是否存在潜在的供应链问题、定价策略偏差或其他不当行为。由于存货单价属于单维数据，本案例将采用箱形图法、变异系数法和 3σ 法则三种统计方法进行分析研究。

　　1. 利用箱形图法

　　箱形图是一种通过展示数据的最小值、下四分位数、中位数、上四分位数和最大值来描述数据分布的可视化工具。它不仅提供了数据分布的中心趋势，还展示了数据的离散程度。箱形图的触须延伸至数据分布的 1.5 倍四分位距之外的数据点，任何超出触须的数据点都被认为是异常数据，具体操作如下。

例 7.6 – 1
存货稳定性
分析——箱
型图

　　步骤 1：数据处理。本案例将相同起运地（from）和送达地（to）定义为同一条线路，并增加路线（way_id）字段予以表示，其中，way_id 字段的构成原则是起运地编码与送达地编码使用 " - " 相连接，连接后的结果如图 7 – 50 所示。

　　步骤 2：插入箱形图。选中 "way_id" 和 "price" 两列数据，点击【插入】→【推荐的图表】→【所有图表】→【箱形图】→【确定】，如图 7 – 51 所示。

　　步骤 3：查找运输单价异常值。从图 7 – 52 中可以直观地看到，410700 ~ 640100 线路的价格存在 3 个游离于正常值之外的异常点，而另外两条线路的价格无异常点。

　　2. 变异系数法

　　变异系数法（coefficient of variation method）是一种统计学上用于衡量数据离散程度的方法，它通过标准差与平均值的比值来表示数据的相对离散程

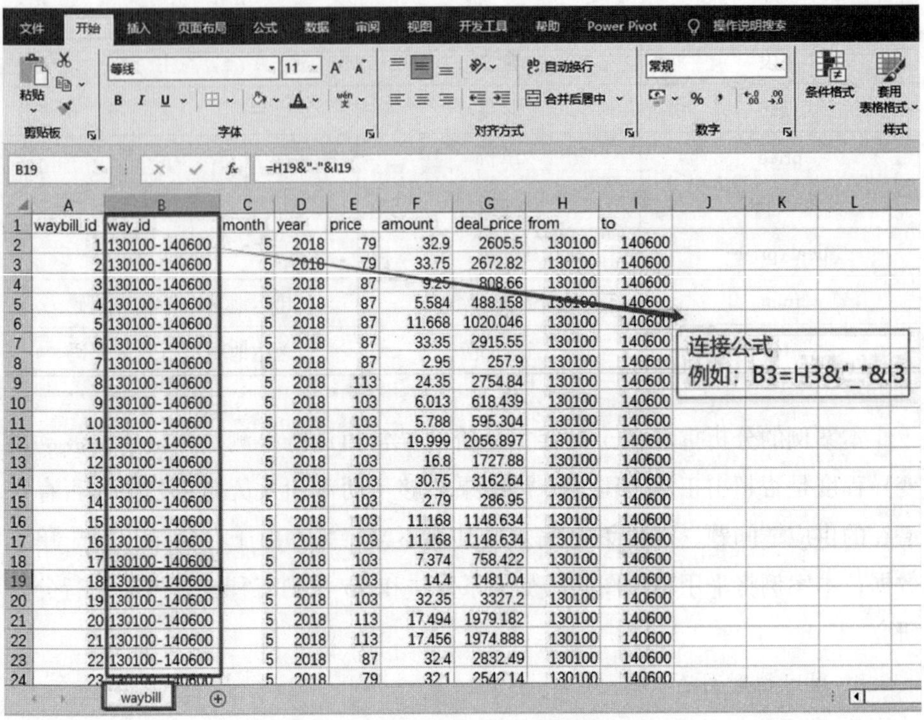

智能审计基础

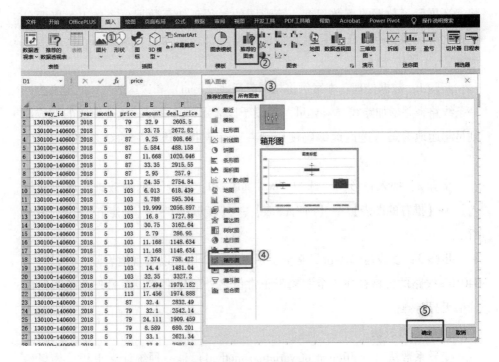

图 7 -50　新增 way_id 字段

图 7 -51　插入箱形图

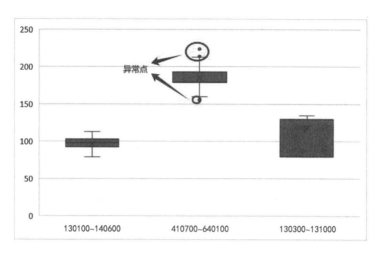

图 7 - 52　箱形图分析结果

度。变异系数的计算公式如下：

$$CV = \frac{\sigma}{\mu} \times 100\%$$

其中，CV 代表变异系数，σ 代表数据集的标准差，μ 代表数据集的均值。

　　本案例通过计算同一条线路运输单价的变异系数，确定价格的稳定性。具体操作如下。

　　步骤 1：插入数据透视表。点击【插入】→【数据透视表】，在弹出的输入框中，选择数据，将生成的数据透视表放置于新工作表中，并命名为"变异系数表"，如图 7 - 53 所示。

例 7.6 - 2
变异系数

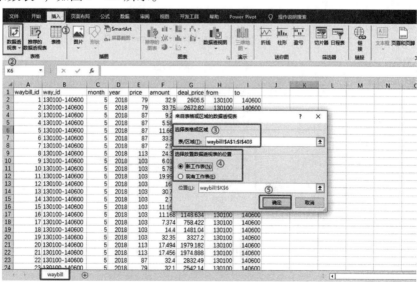

图 7 - 53　插入数据透视表

智能审计基础

步骤2：计算标准差和均值。点击数据透视表区域，将"way_id"字段拖动至行，将"price"字段拖拽两次至值（分别用于计算标准差和均值），如图7-54所示。

图7-54 拖动字段到区域

点击【求和项：price】→【值字段设置】→【字段类型】设置为【标准偏差】→【确定】。点击【求和项：price2】→【值字段设置】→【字段类型】设置为【平均值】→【确定】。以【求和项：price】为例，如图7-55所示，设置后的数据透视表结果如图7-56所示。

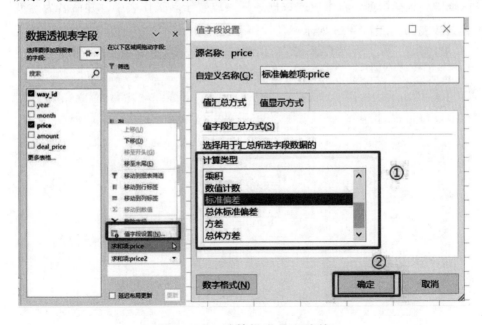

图7-55 计算标准差和均值

图 7 – 56　数据透视表分析结果

步骤 3：计算变异系数。利用变异系数公式计算变异系数，计算结果如表 7 – 4 所示。

表 7 – 4　　　　　　　　　变异系数计算结果

way_id	标准差 σ	均值 μ	变异系数 CV
130100 ~ 140600	7. 63965501	96. 5652173	7. 91%
130300 ~ 131000	22. 82892535	117. 9562044	19. 35%
410700 ~ 640100	14. 57640598	185. 6691339	7. 85%

变异系数越小，说明变异程度越小，数据越稳定，反之数据越不稳定。通常会对变异系数设定一个合理的阈值，如果变异系数小于阈值，说明数据变动幅度在可接受范围内；如果变异系数大于阈值，说明数据存在变动幅度过大的情况。目前，变异系数的阈值没有一个统一的规定，需要根据具体的应用背景、数据特性和分析目的来主观设定。本案例中，假设将变异系数阈值设定为 10%，则 130100 ~ 140600 线路和 410700 ~ 640100 线路的运输单价属于正常波动，130300 ~ 131000 线路的运输单价属于波动幅度过大，单价不稳定，需要将异常运输线路筛选出来，分析单价不稳定的原因，并且统计其金额占比。上述阈值只是示例，在真实项目中需要根据具体情况，结合相关领域知识和经验来确定合适的变异系数阈值。

【说明】利用 GETPIVOTDATA 函数可以直接利用数据透视表结果进行计算，具体用法见《例 7.7》。

3. 利用 3σ 法则

3σ 法则是统计学中的一种经验法则，用于判断数据中的观测值属于正常值还是异常值。如果数据集服从正态分布，那么均值正负 σ 范围内的数据占总数据约 68.27%；均值正负 2σ 范围内的数据占总数据约 95.45%；均值正负 3σ 范围内的数据占总数据约 99.73%。在 3σ 法则中，如果一个观测值落在均值 ±3σ 的范围之外，那么这个观测值通常被认为是异常值或离群值，因为它出现的概率只有 0.27%。这种情况下，可以怀疑该观测值可能是由于测量误差、数据录入错误或其他非正常因素导致的。

主要操作步骤如下。

（1）计算标准差 σ、均值 μ，参见本案例的"变异系数法"。

（2）计算样本数据的上下界，其中上界为平均值加上 3 倍标准差（μ + 3σ），下界为平均值减去 3 倍标准差（μ - 3σ），计算结果如表 7 - 5 所示。

表 7 - 5　　　　　　　　　　3σ 计算结果

way_id	标准差 σ	3σ	均值 μ	上边界	下边界
130100 ~ 140600	7.639655017	22.91896505	96.56521739	119.4841824	73.64625234
130300 ~ 131000	22.828925350	68.48677604	117.9562044	186.4429804	49.46942834
410700 ~ 640100	14.576405980	43.72921793	185.6691339	229.3983518	141.93991590

新建"异常数据"列，该列的构建原则为：筛选运输单价（price）大于上边界值或小于下边界值的异常值，如果 price 值大于上边界值或者小于下边界值，则将异常的 price 值输出；如果 price 值在两边界值之间，则输出"无异常"。例如，图 7 - 57 中 G2 单元格的公式为：

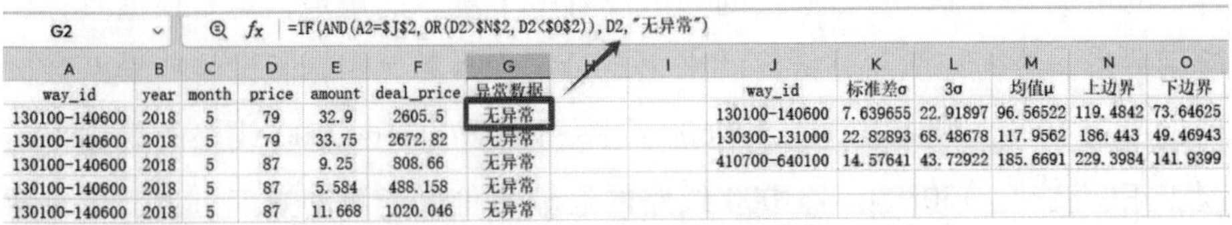

G2 = IF(AND(A2 = $ J $ 2,OR(D2 > $ N $ 2,D2 < $ O $ 2)),D2,"无异常")

筛选结果如图 7 - 57 所示。

图 7 - 57　异常数据筛选结果

在本案例中，运用了 3 种方法。箱形图是一种直观的数据可视化工具，它能够展示数据的分布情况并帮助识别异常值。然而，箱形图对极端值较为敏感，这些值可能会扭曲图表的视觉效果，掩盖其他数据的分布特征。变异系数是一个无量纲指标，用于比较不同单位或规模数据的离散程度，特别适用于均值差异较大的数据集。但是，当均值接近零或数据集中包含负值时，使用变异系数可能会遇到问题。该指标适用于评估财务比率的稳定性及评估特定公司的财务表现是否符合行业平均水平。3σ 法则是一种简单且适用广泛的方法，但其有效性基于数据服从正态分布的假设。如果数据分布不满足这一假设，其适用性将大打折扣。此外，如果数据中存在极端值，3σ 法则可能无法有效地识别这些异常值。例如，在本案例中，箱形图能够识别出三个异常点，而 3σ 法则却无法做到。尽管如此，3σ 法则在多种场景中仍有其应用价值，如评估内部控制效率、分析收入支出水平等。审计人员应根据不同审计场景下的数据特性、分布情况及审计目标，选择最合适的方法进行审计工作。

（二）存货跌价分析

【例 7.7】分析某冷鲜产品销售公司存货跌价情况。数据源于"第七章/第三节/存货跌价分析/23 年末存货减值计算表 . xlsx"。案例和数据简介如下所示。

A 公司是一家冷鲜产品销售公司，本案例使用该公司 2023 年末临期冷鲜产品的销售数据及库存数据，分析其冷鲜产品存货的跌价情况。本案例共有两张数据表：（1）"临期产品销售"表，该表展示了各类冷鲜产品的年末销售数量、单价（含税）和销售总价，部分数据如图 7－58 所示。（2）"存货减值准备"表存储了各类冷鲜 2023 年 12 月 31 日的剩余库存重量及账面成本单价，如图 7－59 所示。

	A	B	C	D	E	F	G
1	产品编码	品名	数量	单价（含税）	销售总价		
2	02000395	带皮羊肉YW	100	19.5	1,950.00		
3	02000050	贴油羊腰	123	16	1,968.00		
4	02000420	草原羔羊肉QT	200	36	7,200.00		
5	02000142	羊前腿8	341	42	14,322.00		
6	02000332	羔羊上脑Y	150	47	7,050.00		
7	02000202	羊肋排10	90	41	3,690.00		
8	02000318	精选全羊	341	37	12,617.00		
9	02000395	带皮羊肉YW	50	20	1,000.00		
10	02000050	贴油羊腰	323	17	5,491.00		
11	02000420	草原羔羊肉QT	150	37	5,550.00		
12	02000142	羊前腿8	203	43	8,729.00		
13	02000332	羔羊上脑Y	200	49	9,800.00		
14	02000202	羊肋排10	120	42	5,040.00		
15	02000318	精选全羊	321	38	12,198.00		
16	02000395	带皮羊肉YW	25	22	550.00		
17	02000050	贴油羊腰	333	18	5,994.00		
18	02000420	草原羔羊肉QT	200	38	7,600.00		
19	02000142	羊前腿8	398	44	17,512.00		
20	02000332	羔羊上脑Y	350	51.5	18,025.00		
21	02000202	羊肋排10	304	41.6	12,646.40		
22	02000318	精选全羊	324	37.5	12,150.00		
23	02000395	带皮羊肉YW	70	22.5	1,575.00		
24	02000050	贴油羊腰	45	17.5	787.50		
25	02000420	草原羔羊肉QT	300	39	11,700.00		

临期产品销售　存货减值准备　数据透视表　临期产品平均单价

图 7－58　临期产品销售表

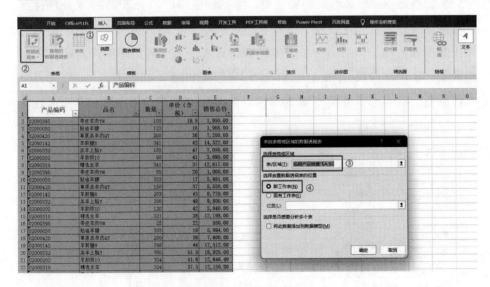

图 7–59　存货减值准备表

步骤 1：分类汇总每种存货的销售金额及销售数量。

使用 Excel 中的数据透视表功能分类汇总"临期产品销售"表中各类存货的销售金额和销售数量，点击【插入】→【数据透视表】→【表/区域】，选中临期产品销售表中的全部数据，点击【确定】，如图 7–60 所示。将"品名"作为行，同时分别对"销售总价"和"数量"求和，数据透视表字段设置如图 7–61 所示。

例 7.7 存货
跌价分析

图 7–60　插入数据透视表

步骤 2：计算各存货的平均销售单价。

根据步骤 1 中得到的数据透视表，在右侧 D3 区域新建"平均单价"列。对数据透视表数据进行计算，要使用 GETPIVOTDATA 函数，该函数可以根据字段名和字段值返回透视表中的可见数据，该函数具体用法如下：

$$GETPIVOTDATA(\text{data\_field}, \text{pivot\_table}, [\text{field1}, \text{item1}, \text{field2}, \text{item2}], \cdots)$$

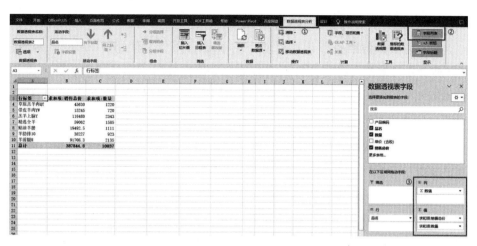

图 7 - 61　数据透视表字段设置

其中：

data_field（必填）：包含要检索数据的数据透视表字段的名称，需要用引号括起。

pivot_table（必填）：对数据透视表中任何单元格、单元格区域或单元格已命名区域的引用。

field1、item1⋯（选填）：描述要检索的数据的 1 ～ 126 个字段名称对和项目名称对。

本案例要返回数据透视表中的"求和项：销售总价"和"求和项：数量"两个值并进行除法运算。在 D4 单元格输入公式"= GETPIVOTDATA（"求和项：销售总价"，$A$3,"品名","草原羔羊肉 QT"）/GETPIVOTDATA（"求和项：数量"，$A$3,"品名","草原羔羊肉 QT"）"。更为直接简单的方法是在D4 单元格输入公式"= B4/C4"，能够实现同样的效果。

同理，在 E3 区域新建"不含税单价"列，将含税单价除以 1.13 得到存货的不含税单价。

最后，复制数据透视表数据到新 Sheet 表中，命名为"临期产品平均单价"表，新数据表如图 7 - 62 所示。

	A	B	C	D	E
1	行标签	求和项：销售总价	求和项：数量	平均单价	不含税单价
2	草原羔羊肉QT	45630	1220	37.40163934	33.09879588
3	带皮羊肉YW	15245	720	21.17361111	18.73770895
4	羔羊上脑Y	118480	2343	50.56764831	44.75013125
5	精选全羊	59062	1585	37.26309148	32.97618715
6	贴油羊腰	19492.5	1111	17.5450045	15.52655266
7	羊肋排10	38227	923	41.41603467	36.65135811
8	羊前腿8	91708.3	2135	42.95470726	38.01301527
9					

图 7 - 62　临期产品平均单价

步骤 3：计算各存货的期末跌价损失。

在"存货减值准备"表中计算不含税销售单价。使用 VLOOKUP 函数，将步骤 2 中计算的各存货预计不含税销售单价连接到"存货减值准备"表相应单元格中，在"存货减值准备"表 F4 单元格输入公式："= VLOOKUP（B4,临期产品平均单价! A:E,5,FALSE)"。

再利用不含税销售单价与库存数，计算预计不含税销售金额。在"存货减值准备"表 G4 单元格输入公式："= C4 * F4"。

将预计不含税销售金额减去账面成本金额，得到各存货的预计销售损失，在"存货减值准备"表 H4 单元格输入如下公式："= G4 * E4"，加总 H4：H10 单元格后得到预计总销售损失为 – 2116144. 35 元，减去账面已计提减值损失 – 6761375. 87 元，得到 2023 年 12 月 31 日还需计提的减值损失金额为 4645231. 52 元。

第四节　智能审计下的营业收入实质性程序

一、营业收入实质性程序简介

营业收入项目主要反映企业销售商品、提供劳务等主营业务活动所产生的收入，以及企业确认的除主营业务活动以外的其他经营活动实现的收入，包括出租固定资产、出租无形资产、出租包装物和商品、销售材料等实现的收入。收入是利润的来源，直接关系到企业的财务状况和经营成果，部分企业为达到粉饰报表的目的，通常采用虚增、隐瞒、提前或延后确认收入等方式实施舞弊。收入确认已成为审计人员进行审计的高风险领域，从现有的典型财务舞弊案例来看，收入财务舞弊是公司财务舞弊中占比最大的类型。而且，收入舞弊多与货币资金、应收账款等多个项目或循环的舞弊风险同时发生，因此收入舞弊的识别对审计人员防范审计风险显得尤为重要。

（一）营业收入特点

（1）重要性高。营业收入是利润的主要来源，营业收入的产生是公司正常运营并持续再生产的基本要求，也是股东、银行等外部投资者评价公司财务状况和经营成果的重要方面。

（2）行业差异大。企业的收入主要来自出售商品、提供服务等，由于所处行业不同，企业的收入来源也有所不同。如一般制造业通过采购原材料加工生成产成品，销售给客户以获得收入；贸易业作为批发商向零售商销售商品或作为零售商向消费者零售商品以获得收入；专业服务业主要通过提供专业服务取得服务费收入；建筑业通过提供建筑服务、完成建筑合同并获得收入。

（3）复杂性强。营业收入产生的完整流程涉及多个业务活动、多种单据、多个科目和多方利益相关者，涉及的业务活动包括接受客户订购单、批准赊销信用、根据销售单编制出库单、按出库单装运货物、向客户开具发票、记录销售等[①]；涉及的单据包括客户订货单、销售单、出库单、发货凭证、物流单据、销售发票、商品价目表、主营业务收入明细表、客户对账单、转账凭证、现金和银行凭证等；涉及的科目包括库存现金、银行存款、应收账款、进项税额、销项税额、营业成本等；涉及的利益相关者包括客户、供应商、银行、未披露的关联企业等。

（4）特殊业务多。涉及的特殊业务包括附有销售退回条款的销售、附有质量保证条款的销售、附有客户额外购买选择权的销售、售后回购等。

（二）营业收入审计目标

（1）确定记录的营业收入是否已发生，且与被审计单位相关（"发生"认定）。

（2）确定所有营业收入的记录是否完整（"完整性"认定）。

（3）确定与营业收入有关的金额及其他数据是否已恰当记录，包括对销售退回、可变对价的处理是否适当（"准确性"认定）。

（4）确定营业收入是否已记录于正确的会计期间（"截止"认定）。

（5）确定营业收入记录于恰当的账户（"分类"认定）。

（6）确定营业收入是否已按照企业会计准则的规定在财务报表中做出恰当的列报（"列报"认定）。

二、营业收入常见错报

根据《中国注册会计师审计准则问题解答第 4 号——收入确认》的相关提示，被审计单位可能为了达到粉饰财务报表的目的而虚增收入或提前确认收入，为了达到降低税负或转移利润等目的而少计收入或推迟确认收入。

---

① 中国注册会计师协会. 审计［M］. 北京：中国财政经济出版社，2024：216.

（一）虚构销售交易

（1）通过与其他方（包括已披露或未披露的关联方、非关联方等）签订虚假购销合同，虚构存货，并通过伪造出库单、发运单、验收单等单据，以及虚开商品销售发票虚构收入。例如，2020 年 2 月，思尔芯与紫光同创签订《软件销售合同》，合同约定思尔芯向紫光同创销售软件产品。2020 年 7 月，思尔芯确认对紫光同创软件销售收入 632.08 万元，增加思尔芯 2020 年度利润总额 632.08 万元。① 经查，该销售交易不具有真实性。一方面，思尔芯 2020 年未实际履行软件产品交付义务，相关软件产品及许可证的实际交付时间为 2021 年 12 月，系思尔芯被抽中作为科创板 IPO 核查公司并开展进场检查后，双方后补办的交付手续。另一方面，紫光同创在思尔芯未实际交付的情况下签署验收单并支付全部款项，与合同载明的软件交付日支付货款的约定不符；紫光同创购买思尔芯软件并非出于真实的业务需要，实际使用数量少、使用频率低，且并不在意实际交付的许可证（作为合同价格标尺）数量的多少。某些情况下，被审计单位销售的产品所耗费实物的成本较低，如软件企业销售的通用软件，在虚构销售交易时可能无须虚构存货。

（2）为了虚构销售收入，将商品从某一地点移送至另一地点，以出库单、发运单、验收单等为依据记录销售收入。例如，2015 年 12 月，长园集团（股票代码：600525）子公司长园和鹰向泰国某公司出口 2048 站吊挂产品。2016 年 3 月，长园和鹰确认销售收入 870.41 万元。经查，在未签订书面合同的情况下，双方仅口头约定泰国某公司将货物卖出以后再付款，未销售不用付款。该批货物于 2015 年 12 月出口报关后，存放于长园和鹰租赁的泰国保税区仓库，未对外销售；直至 2018 年 8 月 1 日，因该泰国公司仍未找到客户，长园和鹰将上述 2048 站吊挂产品运回国内。长园和鹰以此虚增 2016 年、2017 年期末应收账款 870.41 万元。

（3）被审计单位根据其所处行业特点虚构销售交易。例如，被审计单位从事游戏运营业务，利用体外资金进行"刷单"，对其自有游戏进行充值以虚增收入。

（二）显失公允的交易

（1）通过未披露的关联方或真实非关联方进行显失公允的交易。例如，

---

① 中国证监会行政处罚决定书（思尔芯）[EB/OL]. 中国证券监督管理委员会，2023 – 12 – 18.

以明显高于其他客户的价格向未披露的关联方销售商品。与真实非关联方客户进行显失公允的交易，通常会由实际控制人或其他关联方以其他方式弥补客户损失。

（2）通过出售关联方的股权，使之从形式上不再构成关联方，但仍与之进行显失公允的交易，或与未来或潜在的关联方进行显失公允的交易。

（3）与同一客户或受同一方控制的多个客户在各期发生多次交易，通过调节各次交易的商品销售价格，调节各期销售收入金额。

（三）提前确认收入

在客户取得相关商品控制权前确认收入，例如，在委托代销安排下，在被审计单位向受托方转移商品时确认收入，而受托方并未获得对该商品的控制权。再如，通过伪造出库单、发运单、验收单等证明客户已取得相关商品控制权的单据，提前确认销售收入。

通过隐瞒退货条款，在发货时全额确认收入。例如，广誉远（股票代码：600771）2016～2021年年报中"买断式销售"模式披露不真实，在子公司山西广誉远与部分下游商业公司存在"产品发生滞销及近效期，可无条件退货"约定的情况下，向部分下游商业公司实施压货，滥用"出库即确认收入"会计政策，提前确认销售收入。

（四）其他情况

（1）被审计单位在满足收入确认条件后，不确认收入，而将收到的货款作为负债挂账，或转入本单位以外的其他账户。

（2）被审计单位采用以旧换新的方式销售商品时，以新旧商品的差价确认收入。

（3）对属于在某一时段内履约的销售，被审计单位未按履约进度确认收入，而推迟到履约义务完成时确认收入。

三、营业收入审计分析方法

（一）分析程序

1. 真实性核查

如果获取的订购单、销售单、出库单、发票、合同等材料是纸质凭证，可以通过 OCR 技术自动采集纸质材料中的关键信息。例如，在发票验真时，通过 OCR 技术，智能采集发票中的关键信息，然后登录国家税务总局网站①，输入发票信息，查验发票真伪，整个操作过程由 RPA 软件自动完成；在发货物流单号真实性检查中，可用 SQL 语句抽样物流单号，利用快递信息批量查询工具进行物流凭证真实性的检查。

2. 比率分析

进行比率分析的目的在于判断财务指标是否存在异常变化。将企业年度内各期营业收入的实际数与计划数进行比较、分析，了解完成计划情况；比较本期各月营业收入的波动情况，了解有无异常；将本年度行业平均毛利率和本企业毛利率进行比较；分析年末最后一个月销售额占总销售额的比例；可变对价涉及的金额占赊销收入的比例；销售退回及可变对价涉及的金额占销售的比例等。

3. 趋势分析

企业在没有发生异常事项时，其经营业绩将会与以前业绩或行业趋势保持一致。例如，除非企业开发出新产品或进行业务流程改革，否则，其营业收入状况应保持稳定。趋势分析主要包括：将被审计单位的营业收入趋势与经济状况、行业趋势相比较；毛利率是否高于行业平均毛利率；与上年同期的实际数相比较，了解变动趋势；计算本期重要产品和重要客户的销售额和毛利率，分析本期与上期有无明显变化；月销售额与以前年度同期及预算相比；是否存在季度末或年末销售激增的现象；是否超出经验及行业平均趋势给予客户折扣等。如果审计人员注意到 6 月和 12 月营业收入异常增加，就需要对相关业务进行调查。如果单独分析生产线、部门或其他一些具体部门，当趋势分析出现异常时，也应重点关注。

4. 合理性测试

审计人员通过审查账户与某些因素的相关关系，收集关于这一账户的相关信息，可以使用回归分析，评价与以前结果之间的关系。例如，依据营业收入和自变量（营业成本、销售费用或行业总营业收入增长等）之间的关系，来估计生产线的月营业额。回归分析的另一种方法是联立分析，用多个方面的结果进行交叉比较，例如，用每平方米营业额对不同地点商店的收入合理性进行评价。

5. 大数据交叉验证

部分企业出于虚增收支规模、获取资金借贷利息、偷逃税款等目的，在

---

① 网址：https：//inv-veri.chinatax.gov.cn/。

上下游企业的配合下，存在循环贸易、融资性贸易、虚开增值税发票等虚构贸易行为。这类经营行为虽然具备形式上的法律要件，但是并无实质上的货物流转，是以正常货物交易为外部形式从事无实物货物流转的违规贸易行为，往往涉及金额巨大。这类以企业法人间贸易关系等合作经营为基础的违规行为，由于涉及外部交易环节多，隐蔽性强，且交易手续表面合规，因此难以通过企业内部数据的常规关联分析发现，需要利用企业外部税务、工商等数据进行大数据分析。从数据分析角度看，这类业务中的增值税发票、购销合同、收付款等信息都呈现出闭环特征，可以通过增值税专用发票进销项抵扣信息，将交易链条上的各个交易主体串联成交易闭环。

（二）识别关联关系和关联交易

识别未披露的关联关系较为困难，可以获取被审计单位产品销售清单，通过查询客户工商信息资料、询问公司相关人员等方式，识别客户与被审计单位是否存在关联关系。未披露关联方关系通常具有以下一项或几项特征：（1）交易对方曾经与公司或其主要控制人、关键管理人员等存在关联关系。（2）交易对方注册地址或办公地址与公司或其集团成员在同一地点或接近；交易对方网站地址或其 IP 地址、邮箱域名等与公司或其集团成员相同或接近。（3）交易对方名称与公司或其集团成员名称相似。（4）交易对方主要控制人、关键管理人员或购销等关键环节的员工姓名结构与公司管理层相近。（5）交易对方和公司之间的交易与其经营范围不相关；互联网难以检索到交易对方的相关资料。（6）交易对方长期拖欠公司款项，但公司仍继续与其交易。（7）交易对方是当年新增的重要客户或重要供应商。

对未披露关联关系的挖掘可以借助现有数据平台，例如，"启信宝"平台提供"找关系"功能；"企查查"提供工商登记公司的历史人员变动等信息，且能实现查找"疑似关系"；信永中和会计师事务所开发的"信弊查"等平台也实现与工商登记信息的关联，有助于挖掘隐性关联关系。

（三）对销售收入进行截止性测试

选取资产负债表日前后若干天与该科目有关的相关凭证，以及与这些凭证有关的合同、单据等，甚至进行实地考察，检验是否计入正确的期间。

（1）选取资产负债表日前后若干天的发运凭证，与应收账款和收入明细账进行核对；同时，从应收账款和收入明细账中选取在资产负债表日前后若干天的凭证，与发运凭证核对，以确定销售是否存在跨期现象。

（2）复核资产负债表日前后的销售和发货水平，确定业务活动水平是否异常，并考虑是否有必要追加截止测试程序。

（3）复核资产负债表日后所有的销售退回记录，检查是否存在提前确认收入的情况。

（4）结合对资产负债表日应收账款的函证程序，检查有无未取得对方认可的销售。

四、案例实操

（一）基于数据透视表的收入多维分析

审计工作需要对大量数据进行查询与分析，Excel 中数据透视表功能可以对数据进行有效的分类、汇总和筛选，根据审计业务需求进行统计，满足审计人员的工作需求。数据透视表的功能主要是根据审计需求对源数据表中特定列进行选择，并完成相应的自定义计算，包括求和、计数、平均值等，根据不同字段查看源数据的不同汇总结果。本案例主要利用数据透视表功能，以收入项目为例，根据企业销售的具体特征，从毛利率、客户、项目、收入与运费的勾稽关系四个方面对收入进行多维分析。

【例 7.8】利用数据透视表进行收入多维分析。数据源于"第七章/第四节/收入多维分析/存货明细账 . xls"与"第七章/第四节/收入多维分析/收入多维分析底稿模型 . xlsx"。

例 7.8 – 1
毛利率分析

"存货明细账"中有四张 Sheet 表，分别为"主营业务收入表""主营业务成本表""存货销售出库系统表""销售运费表"。这些表详细记录了销售数量、销售成本、销售收入、销售运费等数据，并且销售数据细分到产品、客户、项目，利用这些明细数据能够对毛利率、客户、项目、运费开展分析。除少量货物在途的情况，出库数量与客户签收数量不一致，通常表明被审计单位可能存在虚假发货或提前确认收入的风险，应该引起审计人员的注意。为方便分析，在本案例中假设不存在出库数量与客户签收数量不一致的情况，而且不存在销售金额、销售数量与开票金额、开票数量不一致的情况。

"收入多维分析底稿模型"为审计工作底稿模板，其中包含收入、成本、毛利率及运费之间的勾稽关系，可以快速填制审计工作底稿，提高审计工作的效率效果。

1. 毛利率分析

针对本案例获取的数据，先进行必要的数据清洗，筛选出有效数据，再计算该指标。

步骤1：删除空列和重复列。

"存货销售出库系统表"中存在较多的空列和重复列，这些列对于后续数据分析属于无效列，需要先对其进行删除操作，提高数据的可读性。空列或重复列包括："规格型号"列、"批号"列、"辅助属性"列、"单位（基本）"列、"出库数量（基本）"列、"销售数量（基本）"列、"单位（常用）"列、"出库数量（常用）"列、"销售数量（常用）"列、"币别"列、"销售金额（本位币）"列等。选中上述列，单击鼠标右键，点击【删除】，即可删除空列和重复列。

步骤2：添加"月份"列。

利用 MONTH 函数从"日期"列中提取月份并生成新列"月份"，具体操作为在 D2 单元格输入公式"＝MONTH（C2）"并填充全列。处理后的数据如图7－63所示。

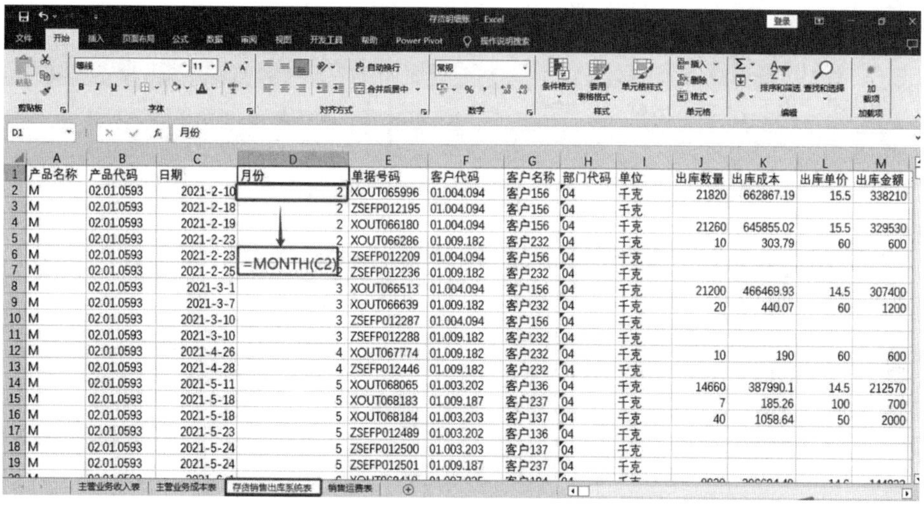

图7－63　存货销售出库系统表

步骤3：插入毛利分析数据透视表。

利用数据透视表汇总各个产品各个月份的销售金额、销售数量、出库成本、出库数量。点击【插入】→【数据透视表】→【表/区域】，选择数据区域，并将数据透视表放置于新工作表中，命名为"毛利分析透视表"，如图7－64所示。

步骤4：设置数据透视表。将字段"产品名称"拖拽至筛选，将字段"月份"拖拽至行，将字段"销售金额""销售数量""出库成本""出库数量"拖拽至值，得到的数据透视表能够根据产品名称汇总各月份该产品的销

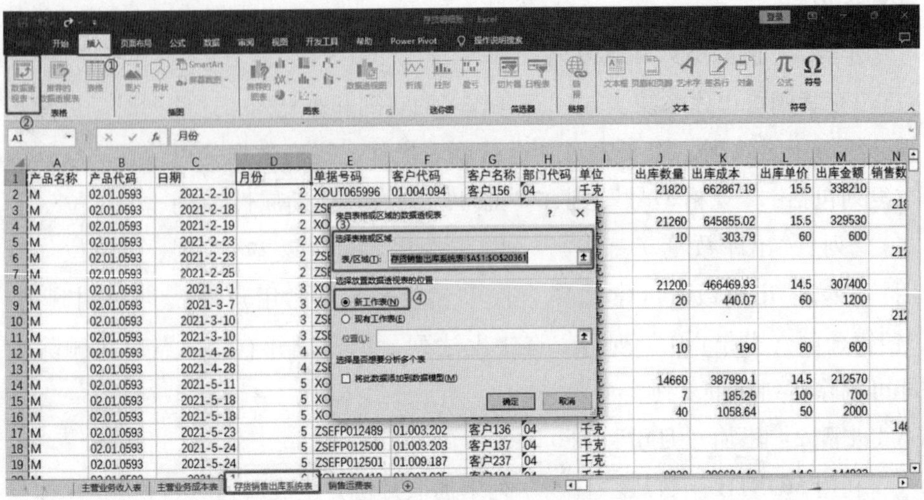

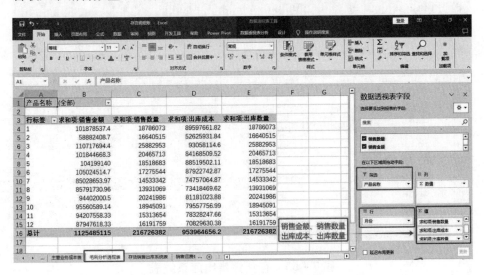

图 7 - 64 插入数据透视表

售收入、销售数量、出库成本与出库数量。具体如图 7 - 65 所示。

图 7 - 65 设置毛利分析透视表

步骤 5：填制审计工作底稿。"收入多维分析底稿模型"表下的"底稿模型各月各产品毛利率"工作表，是审计人员分析各产品毛利与毛利率的专用计算表，其中毛利和毛利率的计算公式已提前设置完成：

$$毛利 = 主营业务收入 - 主营业务成本$$

除此之外，"备注"列用于验证主营业务收入数量与主营业务成本数量是否一致。利用上一步设置完成的数据透视表，通过产品名称进行筛选能够得到各个产品各个月份的明细，将得到的数据填制到毛利率计算表中，预置公式自动计算得出产品毛利和毛利率。其中，数据透视表和底稿计算表中字段的对应关系如表7－6所示。

表7－6　　　　　　　　　　部分字段名称对应

序号	数据透视表中字段名称	对应底稿计算表中字段名称
1	销售金额	主营业务收入
2	销售数量	数量
3	出库成本	主营业务成本
4	出库数量	数量

以B产品为例，在数据透视表中筛选出产品B的明细，复制数据并粘贴至底稿中，得到如图7－66所示的产品毛利率数据。可以发现产品B的毛利与毛利率皆为负值，说明B产品长期处于亏损状态，应引起审计人员警惕，具体分析其长期交易且长期亏损的原因。

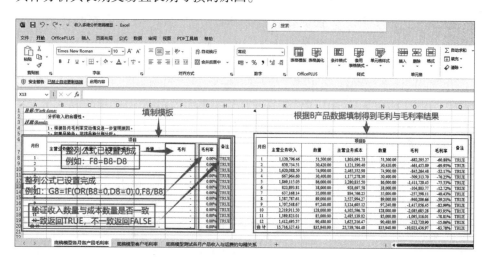

图7－66　产品B各月毛利率

2. 客户分析

步骤1：数据处理。

在"存货销售出库系统表"中添加"客户分类"列，利用MID函数提取"客户代码"中的客户类别，例如，客户代码为"01.004.094"，其中间部分"004"代表客户分类，提取的"客户分类"为"4"。具体如图7－67所示。

步骤2：新增毛利和毛利率字段。

可以采取将数据复制到"底稿模型客户毛利率"表中自动计算各客户的毛利及毛利率，但该企业客户众多，单个客户数据的筛选与复制会耗费大量

例7.8－2
客户分析

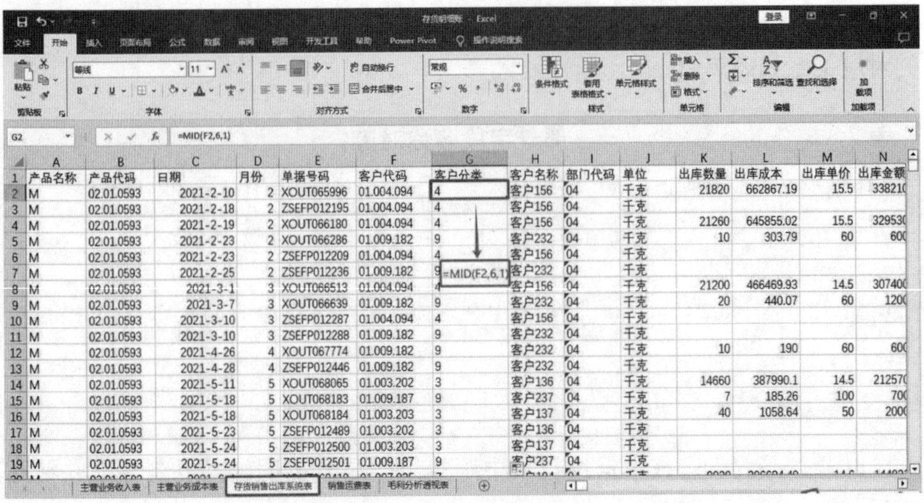

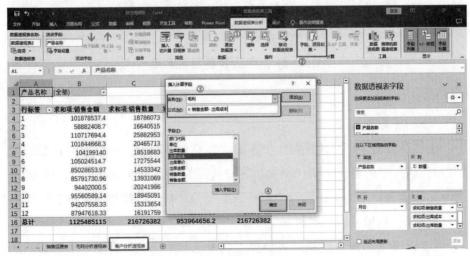

图 7 – 67　设置客户分类

时间，而用数据透视表可以自动汇总生成各个月份的客户毛利情况，利用切片器可以实现一键筛选，便捷查看各类别客户的毛利情况及各客户的毛利率情况。本案例中毛利和毛利率的计算公式如下：

$$毛利 = 销售金额 - 出库成本$$

$$毛利率 = 毛利/销售金额$$

使用增加"客户分类"后的数据重新插入并设置与图 7 – 65 相同的数据透视表，命名为"客户分析透视表"，点击【数据透视表分析】→【字段、项目和集】→【计算字段】，在弹出的提示框中输入毛利和毛利率的公式，新增毛利与毛利率字段。具体如图 7 – 68 与图 7 – 69 所示。

图 7 – 68　插入毛利计算字段

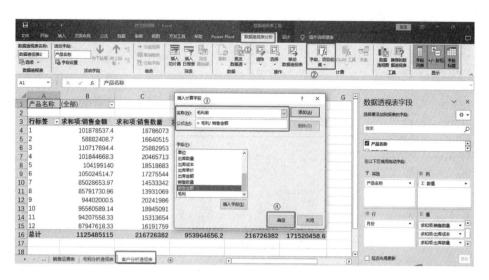

图7-69 插入毛利率计算字段

插入毛利和毛利率字段后的结果如图7-70所示。

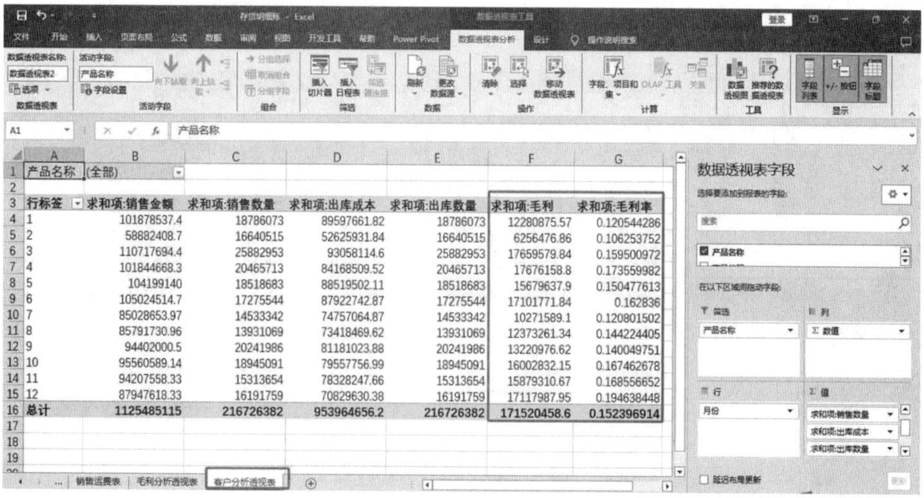

图7-70 增加毛利和毛利率字段后的结果

步骤3：插入客户维度切片器。在客户分析透视表（见图7-70）的基础上点击【数据透视表分析】→【插入切片器】，选中"客户分类""客户名称"，如图7-71所示。

插入客户维度切片器后，得到目标数据透视表，如图7-72所示，可以根据审计需求，选择不同的客户分类和客户名称分析其毛利和毛利率。

智能审计基础

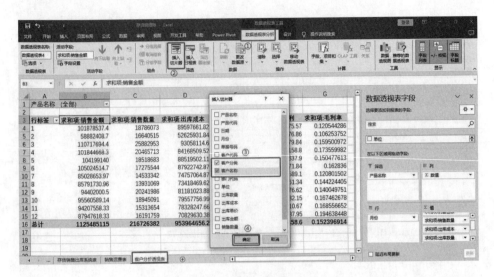

图 7-71　插入客户维度切片器

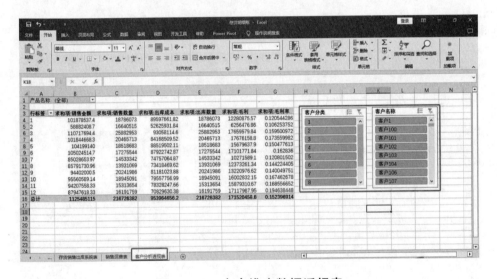

图 7-72　客户维度数据透视表

3. 项目分析

在对项目进行分析时，需要了解各项目的出库数量与销售数量是否匹配，以及单位成本的变动情况，本案例利用数据透视表对"存货明细账"中的"存货销售出库系统表"进行分析，实现上述审计分析需求。

步骤1：核查出库数量与销售数量是否匹配。

（1）插入并设置项目分析数据透视表。在对"存货销售出库系统表"进行数据处理后（包括：删除无效列、增加"月份"列和"客户分类"列），点击【插入】→【数据透视表】→【表/区域】，选择数据区域，并将数据透视表放置于新工作表中，命名为"项目分析透视表"，具体操作与图7-64相同。在"项目分析透视表"中将字段"产品名称"拖拽至筛选，将字段"月份"拖拽至行，将字段"销售数量""出库数量"拖拽至值；并插入"客户分类""客户名称"切片器，可以查看各个月份中各类客户或者各个客户的出库数量与销售数量匹配情况，如图7-73所示。

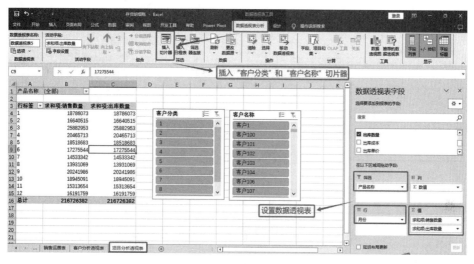

图7-73　插入并设置项目分析透视表

（2）新增数量差额字段。点击【数据透视表分析】→【字段、项目合集】→【计算字段】，在弹出的提示框中输入数量差额的计算公式"=销售数量-出库数量"，得到销售数量与出库数量的匹配情况。增加数量差额字段的操作如图7-74所示。

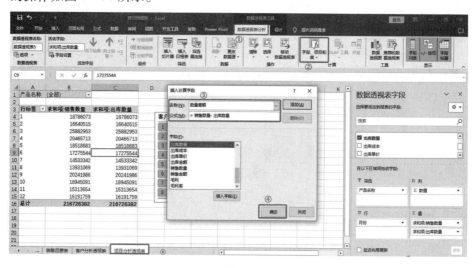

图7-74　新增数量差额计算字段

智能审计基础

（3）分析销售数量与出库数量的匹配程度。利用切片器"客户分类"对各类客户进行筛选，发现各客户各月份的销售数量与出库数量均一致，如图7－75所示。

图7－75　销售数量与出库数量匹配分析

步骤2：查看产品单位成本变动情况。

（1）设置"项目分析透视表"。在图7－75所列示的项目分析透视表基础上，将字段"出库成本"拖拽至值，便于与"出库数量"进行对比分析，如图7－76所示。

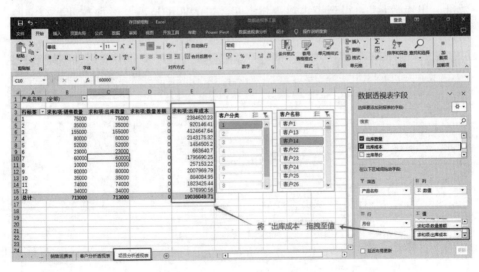

图7－76　在项目分析透视表中增加出库成本列

（2）新增单位成本字段。点击【数据透视表分析】→【字段、项目合集】→【计算字段】，在弹出的提示框中输入单位成本的计算公式"＝出库成本/出库数量"，得到单位产品成本情况。增加单位成本字段的操作如图7－77所示。

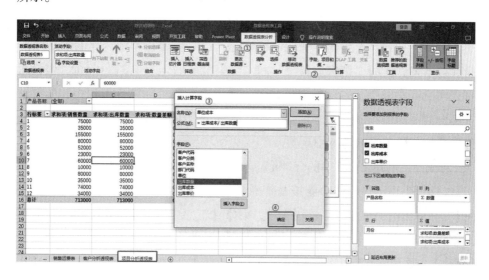

图7－77　新增单位成本字段

（3）对产品单位成本进行分析。通过筛选产品名称，可以查看产品各月的单位成本情况，从而分析其单位成本变动是否存在异常。例如，筛选出产品"E"，发现其11月、12月的单位成本明显低于其他月份，从而需要结合E产品是否存在季节性等特点，进一步分析其年末单位成本显著降低的原因，如图7－78所示。

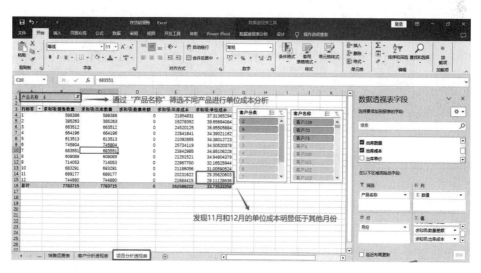

图7－78　E产品单位成本分析

智能审计基础

例7.8-4
各月产品营
业收入与运
输费用的
勾稽关系

4. 各月产品营业收入与运输费用的勾稽关系

根据配比原则，会计主体的经济活动会带来一定的收入，也必然要发生相应的费用。有所得必有所费，所费是为了所得，两者是对立的统一，其中，某产品的收入必须与该产品的耗费相匹配。在此案例中，利用配比原则的思想，分析产品的收入与其运费的匹配情况，进一步分析其收入是否有虚增等情况。本案例使用"销售运费表"和"主营业务收入表"进行分析，假设案例公司所有发出产品的运费都由案例公司承担。在实际审计工作中，如果涉及部分商品的运费由购买方承担，那么这部分营业收入也应该从营业收入和运输费用勾稽关系的运算中剔除。

步骤1：利用Excel中的分类汇总功能按月汇总销售收入和销售运费。

（1）利用分类汇总功能按月汇总销售收入。点击【数据】→【分类汇总】，在弹出的对话框中，将【分类字段】【汇总方式】【选定汇总项】分别设置为"月份""求和""贷方｜金额"，具体操作如图7-79所示。点击【确定】，便得到了按月汇总的销售收入，点击左上角的数字"2"，即可显示月层级的汇总结果，如图7-80所示。

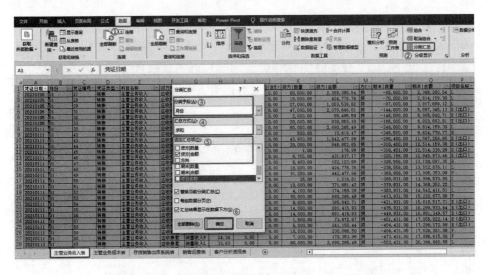

图7-79　销售收入分类汇总字段、方式设置

（2）利用分类汇总功能按月汇总销售运费。按照同样的方法，对"销售运费表"的数据进行汇总。与销售收入设置不同的是，在对【选定汇总项】设置时需要选中"借方｜金额"，具体操作如图7-81所示。按月汇总的销售运费结果如图7-82所示。

图 7 - 80　销售收入分类汇总结果

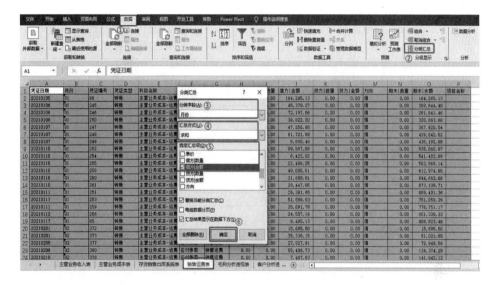

图 7 - 81　销售运费分类汇总字段、方式设置

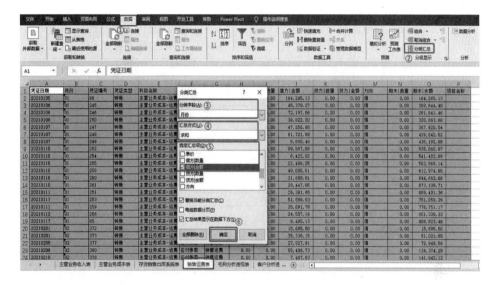

图 7 - 82　销售运费分类汇总结果

智能审计基础

步骤2：填制底稿。

利用"收入多维分析底稿模型"表中的"底稿模型测试各月产品收入与运费的勾稽关系"表可以自动计算运费与收入的占比，如图7-83所示。填制模板中已将运费占收入比例（运费/主营业务收入）的公式设置完成，只需将销售收入和销售运费的汇总数据填入即可得到运费占收入的比例。

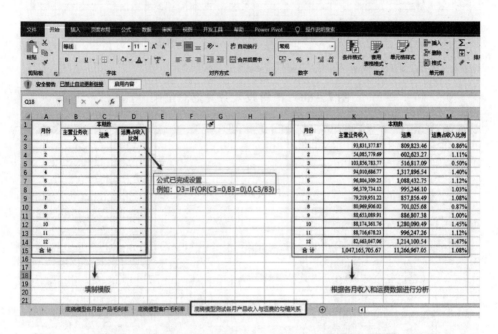

图7-83 填制"产品收入与运费勾稽关系"底稿

通过图7-83可以看出，3月运费明显低于其他月份，这需要引起审计人员的注意，进一步分析企业的财务资料、管理资料等相关资料，确定是否存在舞弊行为。

（二）虚假交易识别

虚假交易是指不真实、不存在的交易，企业进行收入操纵的目的是在极短时间内通过签订大量采购和销售合同扩张营业收入的规模，并且交易不存在商业实质，通常表现为采销时间相近、平价进出、毛利率明显低于正常交易水平。企业为了达到上级规定的绩效考核指标、管理层为了实现短期经营目标，会不惜代价粉饰营业收入成果，但是这种行为会给企业带来一定的经营风险和财务风险，例如，出现大批量的应收账款无法收回、主营业务收入与现金流量不匹配等情况，有损企业长远利益。

【例 7.9】 虚假交易识别。数据源于"第七章/第四节/虚假交易识别/采购销售记录数据.xlsx"。

本案例基于某公司采购与销售数据，利用 Power Query 的【合并查询】功能通过"商品名称"与"数量"这两个字段匹配销售和采购订单，计算匹配后的一对合同从采购到销售的时间间隔并计算毛利率，从而判断其中虚假交易的可能性。该方法适用的前提条件是：采购一定数量的商品后，再整单卖出，这种情况下大部分合同能够进行一对一匹配。如果是采购一定数量的商品后，再拆分成若干合同卖出，这种情况下不能精确实现合同一对一的匹配。由于该方法存在一定局限性，需要根据具体的数据情况决定是否采用。

步骤 1：数据导入。

"采购销售记录数据"表中有两张 Sheet 表，分别为"采购"表和"销售"表，其中，"采购"表主要包括"开单日期""商品名称""数量""含税进价""无税金额"等字段，"销售"表主要包括"开单日期""商品名称""数量""含税售价""无税金额"等字段。具体如图 7-84 所示，并将"采购"表和"销售"表导入 Power Query 中。

	A	B	C	D	E	F	G	H	I	J	K	L
1	种类	供应商编号	开单日期	流水号	商品名称	税率	含税进价	数量	价税合计	无税金额	税额	
2	采购入库	02.435	2023-04-03	CJ30612870	FFALBBTZSY	13	6.3	0	0	3.82	-3.82	
3	采购入库	01.673	2023-04-03	JHGWMS0000202003	YXSP (BMY)	13	26.36	2700	71172	62983.98	8188.02	
4	采购入库	01.673	2023-04-03	JHGWMS0000202103	DTTFHWJN	13	26.1	20000	522000	461946	60054	
5	采购入库	01.673	2023-04-03	JHGWMS0000202103	DTTFHWJN	13	50.9	4200	213780	189185.64	24594.36	
6	采购入库	01.673	2023-04-03	JHGWMS0000202103	YXSP (BMY)	13	26.36	8100	213516	188951.94	24564.06	
7	采购入库	01.673	2023-04-03	JHGWMS0000202103	YXSP (BMY)	13	34.78	3000	104340	92336.4	12003.6	
8	采购入库	01.673	2023-04-03	JHGWMS0000202103	DTTFHWJN	13	50.9	800	40720	36035.36	4684.64	
9	采购入库	06.219	2023-04-03	JHGWMS0000202203	CEZBYDW	13	37.06	600	22236	19677.9	2558.1	
10	采购入库	03.309	2023-04-03	JHGWMS0000202303	WSSD2ZSY	13	16.83	18000	302940	268088.4	34851.6	
11	采购入库	06.160	2023-04-03	JHGWMS0000202403	RXBDB	0	350	200	70000	70000		
12	采购入库	06.160	2023-04-03	JHGWMS0000202503	PSFRMYQDB	0	266	200	53200	53200		
13	采购入库	02.031	2023-04-03	JHGWMS0000202608	YSQMDZSY	13	292.5	200	58500	51769.92	6730.08	
14	采购入库	08.127	2023-04-03	JHGWMS0000202906	JDBRYDSHHZSY (30	0	26.64	6400	170496	170496	0	
15	采购入库	01.121	2023-04-03	JHGWMS0000203003	KNKFY	13	37.8	200	7560	6690.26	869.74	
16	采购入库	01.121	2023-04-03	JHGWMS0000203103	KNKFY	13	37.8	300	11340	10035.39	1304.61	
17	采购入库	01.169	2023-04-03	JHGWMS0000203201	TZKLKL	13	6.5	9600	62400	55221.12	7178.88	
18	采购入库	01.329	2023-04-03	JHGWMS0000203320	ANJP	13	4.85	6900	33465	29614.8	3850.2	
19	采购入库	01.329	2023-04-03	JHGWMS0000203320	ANJP	13	4.85	19050	92392.5	81762.6	10629.9	
20	采购入库	01.329	2023-04-03	JHGWMS0000203320	ANJP	13	4.85	4200	20370	18026.4	2343.6	
21	采购入库	01.329	2023-04-03	JHGWMS0000203320	ANJP	13	4.85	19130	92780.5	82105.96	10674.54	
22	采购入库	01.329	2023-04-03	JHGWMS0000203320	ANJP	13	4.85	18850	91422.5	80904.2	10518.3	
23	采购入库	01.019	2023-04-03	JHGWMS0000203401	LBLZNCRP	13	3.28	290	951.2	841.78	109.42	
24	采购入库	01.019	2023-04-03	JHGWMS0000203401	LBLZNCRP	13	3.28	10	32.8	29.03	3.77	
25	采购入库	01.1071	2023-04-03	JHGWMS0000203503	EPXKL	13	14.5	147	2131.5	1886.29	245.21	
26	采购入库	02.185	2023-04-03	JHGWMS0000203605	YSMHJZSY(W) (ZSJ)	13	138	100	13800	12212.39	1587.61	
27	采购入库	03.218	2023-04-03	JHGWMS0000203705	YSMHJZSY	13	77	600	46200	40884.96	5315.04	

采购　销售

就绪　　辅助功能：一切就绪

图 7-84　原始采购与销售记录数据

步骤 2：采购与销售合同的匹配分析。

在 Power Query 中，点击【主页】→【合并查询】→【将查询合并为新查询】，如图 7-85 所示。审计人员要对采购和销售数据进行匹配，需要通过"采购"表中的"商品名称"、"数量"两个字段和"销售"表中的"商品名

智能审计基础

称"、"数量"两个字段，将两表进行【左外】联接，如图 7 – 86 所示。

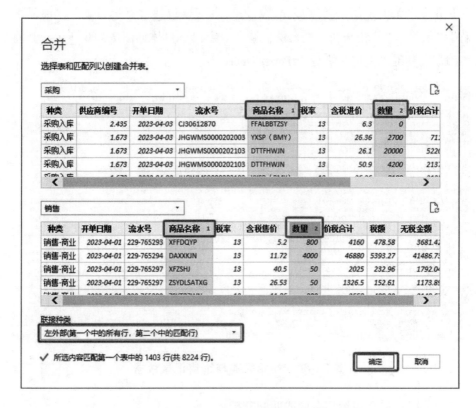

图 7 – 85　合并查询进入界面

图 7 – 86　合并查询参数设置

　　点击【确定】，点击右侧"销售"表列旁的 🔛 按钮，选择"开单日期"和"无税金额"选项；点击【确定】按钮，如图 7 – 87 所示。

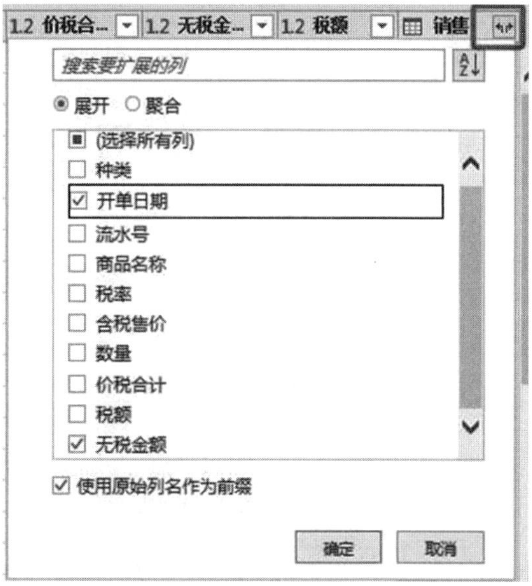

图 7 - 87　扩展列选项界面

将左侧的"合并 1"表上传至 Excel。点击【主页】→【关闭并上载】，将合并查询后的结果上载至 Excel，如图 7 - 88 所示。

图 7 - 88　将数据上传至 Excel

步骤 3：计算时间间隔与毛利率。

回到 Excel 中计算时间间隔与合同毛利率。若采购与销售发生在同一天或者相近时间，虚假贸易的可能性极大，计算"销售"表中"开单日期"与"采购"表中"开单日期"的差额，可以发现该案例中存在一部分采购与销售发生在同一天的记录，如图 7 - 89 所示。

计算毛利率水平，如图 7 - 90 所示。

筛选出时间间隔为 0 且毛利率为 0 的记录，可以发现，存在大量的平价进出，并且时间间隔极短，存在虚假贸易的可能，如图 7 - 91 所示。

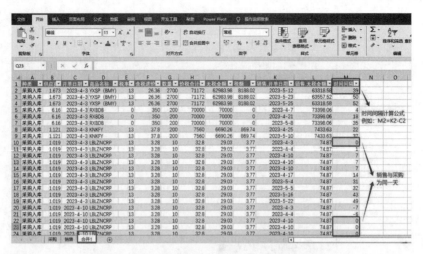

图 7-89 计算采购与销售的时间间隔

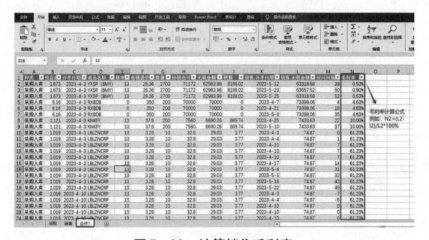

图 7-90 计算销售毛利率

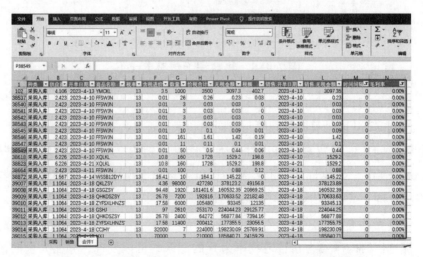

图 7-91 可能存在虚假贸易的采购与销售数据展示

第五节　本章小结

　　本章是教材重点章节，以货币资金、应收账款、存货和营业收入为例，介绍智能审计在实质性程序中的典型应用。第一节先介绍货币资金实质性测试基础知识和常用方法，再以银行函证、银行流水自动核对、金额 Benford 检测为例介绍实施过程；第二节先介绍应收账款实质性测试基础知识和常用方法，再以应收账款函证对象选择和减值测试为例介绍实质性程序实施；第三节先介绍存货实质性测试基础知识、常见错报和常用方法，再以存货价格稳定性测试、跌价测试为例介绍典型方法应用；第四节先介绍营业收入实质性测试基础知识和常用方法，再以多维收入分析、虚假交易识别为例介绍典型程序应用。本章以典型科目为例介绍智能审计基础方法的应用，虽不能做到面面俱到，但可以满足绝大多数实质性程序要求，具体审计实践中，要结合审计场景要求，灵活选择技术方法，以高效支持审计实施阶段目标实现。

 本章习题

一、思考题

　　1. 请阐述货币资金的特点、审计目标、常见错报及常用分析方法。

　　2. 请阐述应收账款的特点、审计目标、常见错报及常用分析方法。

　　3. 请阐述存货的特点、审计目标、常见错报及常用分析方法。

　　4. 请阐述营业收入的特点、审计目标、常见错报及常用分析方法。

　　5. 请查阅相关资料，结合上市公司审计案例，简要介绍该审计案例中运用的思路和方法。

二、操作题

　　某公司是从事服装、家居、家具等综合商品销售的商贸企业。该公司会计核算比较规范，且辅助核算设置较丰富，对该公司下属的经销商收入、成本、费用皆设置了客户辅助核算，有助于审计人员从辅助核算中开展相关收入分析，数据源于"第七章/练习数据/辅助核算数据"（包含两年数据）。

　　请利用该数据开展该公司有关经销商收入、成本、费用的实质性测试，并设计合理的审计工作底稿进行准确的记录。建议分小组开展此项分析任务，并对比各小组所采用的审计分析思路和方法。

拓展阅读

中企云链云函证——企业间往来区块链数字函证平台[*]

一、云函证简介

云函证是中企云链股份有限公司（以下简称"中企云链"）开发的第三方企业间往来区块链数字函证平台（以下简称"平台"），致力于为会计师事务所、企业单位提供基于成熟产融生态及金融级隐私安全的企业间往来区块链数字函证服务，作为第三方平台为审计函证程序提供高效、集约的数字化服务。平台借助区块链技术将函证文件进行分布式、碎片化存储，通过用户私钥授权管理，保证函证全流程无人工干预，规避人为篡改风险，助力函证业务数字化发展。

中企云链自成立以来积极探索创新业务实践，打造了服务核心企业、链属企业及金融机构的产业数字金融平台，为供应链上的相关参与方提供服务。基石业务"云信服务"是一款数字化应收账款债权凭证，通过确权、拆分、流转及融资将核心企业在金融机构的闲置授信普惠给链属中小供应商企业。随着"云信服务"市场规模的扩大及企业用户间天然往来关系优势，中企云链不断向多元化生态场景探索，于 2017 年上线云函证平台，提供数字化函证服务，为沉淀数据资产、积累数据价值并反向赋能审计实务奠定基础。

二、往来函证创新模式

传统往来函证由三个参与方共同构成函证关系，即会计师事务所、被审计单位和被函证单位。会计师事务所在执行往来款项的审计程序时，通过函证程序向独立第三方（即被函证单位）获取书面审计证据，有助于识别被函证科目的财务报表错报和舞弊风险。传统往来函证流程涉及四个主要操作步骤：会计师事务所制函、被审计单位授权、会计师事务所发函、被函证单位回函，如图 7-92 所示。

"云信服务"等数字化应收账款债权凭证的推出，实现了产业链中多级企业往来关系的数字化创新应用，却成为审计工作的难点。基于《中华人民共和国民法典》第七十九条，"债权人可以将合同的权利全部或者部分转让给第

---

　　[*] 节选自中国注册会计师协会网站：https://www.cicpa.org.cn/ztzl1/it/chanpin/202312/W020231226628812440299.pdf。

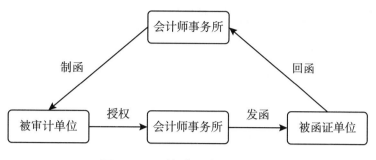

图7－92　传统往来函证模式

三方"，数字化应收账款债权凭证的确权、拆分、流转和融资改变了原有债权债务和函证关系，原合同交易双方不再存在函证的义务，往来函证的传统模式已无法满足创新业态的审计需求，形成了"函难"的痛点。随着"云信服务"企业用户及其会计师事务所的往来函证需求的不断增加，为便于审计工作的高效开展，中企云链在平台上线创新型函证——"云信函证"。相较于往来函证传统模式，其流程更加便捷，由会计师事务所在平台上选择被审计单位和审计期间，被审计单位授权确认，"云信函证"即可由平台自动生成直接发送至会计师事务所，如图7－93所示。

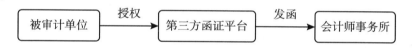

图7－93　往来函证创新模式函证流程

2021年12月29日，财政部、国资委、银保监会、证监会联合发文《关于严格执行企业会计准则　切实做好企业2021年年报工作的通知》，就以"云信"为代表的数字化应收账款债权凭证的会计处理方式给予了官方规范，企业管理"云信""融信"等的业务模式以收取合同现金流量为目标的，应当在"应收账款"项目中列示；既以收取合同现金流量为目标又以出售为目标的，应当在"应收款项融资"项目中列示。企业转让"云信""融信"等时，应当根据《企业会计准则第23号——金融资产转移》（财会〔2017〕8号）判断是否符合终止确认的条件并进行相应的会计处理。官方对数字化应收账款债权凭证会计处理的规范，也助力了往来函证创新模式未来的发展和实践。

往来函证模式的创新实践改变了以往的函证参与方的函证流程，以下从函证流程中重要的四个操作步骤方面简要说明，如表7－7所示。

表 7 –7　　　　　　　　　　　云函证操作步骤

角色	流程	功能	说明	可操作角色
平台所有用户	用户注册	管理员注册	个人注册且通过实名认证后，创建并进行企业认证，同时成为企业唯一管理员	管理员
		一般用户注册	通过管理员邀请上线完成实名认证加入企业；或实名认证后申请绑定企业，管理员通过后即可加入企业	一般用户
会计师事务所	项目管理	创建项目	输入审计项目基础信息，指定项目负责人，完成项目创建；若被审计单位未在平台注册，平台发送短信邀请上线	事务所实名认证成员
		编辑项目	指定项目经办人和审核人	项目负责人
		查看项目	查看项目基本信息，且可继续发送邀请短信至未注册企业	事务所实名认证成员
		回函统计	展示项目整体函证情况，导出统计台账和函证文件	项目组成员
	模块管理	系统模块	预览平台标准模板	事务所实名认证成员
		事务所模块	预览/使用事务所模板	事务所实名认证成员
			新增/编辑/删除/启用模板	管理员
		个人模块	预览/使用/编辑/删除/启用/新增个人模板	事务所实名认证成员
	函证制作	平台制作/上传函证	平台上模板制作/上传事务所已经制作好的电子版往来函证	经办人
		平台批量制函	下载平台 Excel 模板填写后，上传平台完成批量制函	经办人
	函证管理	函证全流程状态查看	查看项目组函证流转状态	项目组成员
		待发起	处理被函证单位注册/撤回/被退回的函证	经办人
		待审核	审核经办人推送/被审计单位授权后的函证	审核人
被审计单位	授权管理	授权函证	处理待授权的函证	被审计单位实名认证成员
被函证单位	回函处理	回复函证	处理待回复的函证	被函证单位实名认证成员

　　平台自 2017 年 1 月上线，整合于中企云链自有业务系统，从最初为会计师事务所提供"云信函证"功能，现已全面覆盖往来函证等多种业务，会计师事务所、企业等均可通过平台登录参与函证业务。截至 2023 年 6 月 30 日，平台现有核心企业（即链长企业）3845 家，与核心企业具有链属购销或其他交易关系的中小企业近 29 万家，会计师事务所使用方 29 家，已充分具备实施函证的条件；在平台使用上，平台累计确权金额已超过 1 万亿元，截至 2023 年 6 月 30 日，协助链属企业实现累计融资 6800 亿元，平台使用度已形成市场规模优势。

第八章

智能审计在审计报告阶段中的应用

教学目的与要求 ▶ --------------------------------------◉

　　本章首先介绍审计报告阶段的基础知识，然后介绍审计报告阶段中工作底稿的汇总、勾稽等自动化处理的任务，工具以审计实务常用的 Excel、VBA 为主，最后简要介绍审计报告编制过程中的相关操作。

1. 了解审计报告阶段基本审计工作流程。
2. 了解 Excel 和 VBA 等审计报告阶段的自动化处理工作。
3. 了解审计报告编制的效率提升工具应用。

教学重点与难点 ▶ --------------------------------------◉

▶ **重点**：Excel 和 VBA 等审计报告工具应用。

▶ **难点**：试算平衡表（TB）的搭建与更新、合并抵消等任务的实操。

▏第一节 审计报告阶段工作流程

　　审计人员在审计报告阶段需要对审计工作底稿进行详尽复核，确保完整的执行审计程序并获取充分、适当的审计证据，主要包括：评价审计程序实施结果、评价审计过程中发现的重大事项或错报、考量期后事项及确认财务报表整体合理性与准确性等。基于系统全面的分析，审计人员要与被审计单位管理层进行深入沟通，就审计过程中的重大发现取得一致意见，并获取必要的书面声明。在此基础上，确定关键审计事项（如适用）、审计报告意见类型与措辞，最终完成审计报告的编制与签发。

一、汇总重大错报风险及重点审计领域的审计情况

进入审计工作完成阶段，审计人员需要对整个审计过程中识别的重大错报风险及重点审计领域的审计情况进行深度汇总与综合分析。这一阶段的目标是确保审计报告准确无偏，同时基于充分、适当的审计证据，形成可靠的审计意见。

审计人员的审计工作必须覆盖审计策略备忘录中提及的所有重大错报风险事项及重点审计领域，详尽描述每个重大错报风险点的审计程序，记录审计证据及分析审计结论。这一过程要求审计人员保持客观公正，避免主观臆断，基于充分、适当的审计证据得出审计结论。

与管理层的沟通记录是审计汇总中的关键组成部分。审计人员需详细记录与管理层关于重大审计发现的讨论，包括管理层的反应、采取的纠正措施及双方达成的共识。这些记录不仅有助于审计人员了解管理层的态度，也为后续审计意见的形成提供重要依据。

在分析每个风险事项对财务报表的影响时，审计人员应当合理运用职业判断，评估其对审计报告意见类型可能产生的影响。同时，针对识别的风险和审计发现，审计人员需明确指出管理层及审计人员拟采取的纠正措施或改进计划，确保审计工作的闭环与持续改进。

二、汇总审计调整分录与未更正错报及其评价

审计人员需要对发现的各类审计差异进行系统整理与分析，其中汇总审计调整分录与未更正错报是两个核心环节，对审计意见的形成至关重要。

汇总审计调整分录，是指审计人员系统整理被审计单位会计处理与适用会计准则、会计制度不一致之处。依据审计重要性原则，项目负责人需要初步确认审计差异，汇总编制审计差异调整表，建议被审计单位依据审计差异调整表调整财务报表，确保其公允反映真实财务状况、经营成果及现金流量。审计差异汇总表通常包括审计调整分录汇总表、重分类调整分录汇总表及未调整不符事项汇总表，旨在提供清晰的调整路径，便于审计项目的各级负责人进行综合分析与决策，同时为试算平衡表的编制及被审计单位财务报表的调整提供依据。

汇总未更正错报，是指审计人员汇总被审计单位未予调整的错报或漏报，以及前期未解决的遗留错报。审计人员需对未更正错报进行汇总分析，评估其对财务报表整体公允性的影响。

三、编制试算平衡表

试算平衡表是审计人员在被审计单位提供未调整财务报表的基础上，考虑调整分录、重分类调整分录等内容后所确定的已审计数和报表反映数的表格。资产负债表、利润表、现金流量表的试算平衡表，其参考格式分别如表 8 – 1、表 8 – 2 和表 8 – 3 所示。

表 8 –1   资产负债表试算平衡

被审计单位名称：					索引号：
项目：资产负债表试算平衡表					截止日：
编制人及日期：					复核人及日期：

项目	期末未审定数	账项调整		重分类调整		期末审定数
		借方	贷方	借方	贷方	
货币资金						
……						
未分配利润						
合计						

表 8 –2   利润表试算平衡

被审计单位名称：				索引号：
项目：利润表试算平衡表				截止日：
编制人及日期：				复核人及日期：

项目	未审定数	调整金额		审定数
		借方	贷方	
营业收入				
……				
未分配利润				
合计				

表 8 - 3　　　　　　　　　　　现金流量表试算平衡

被审计单位名称：					索引号：		
项目：现金流量表试算平衡表					截止日：		
编制人及日期：					复核人及日期：		

项目	未审定数	调整金额		审定数	未调整金额		未调整金额合计
		增加	减少		增加	减少	
一、经营活动产生的现金流量							
……							
二、投资活动产生的现金流量							
……							
三、筹资活动产生的现金流量							
……							
四、汇率变动对现金及现金等价物的影响							
五、现金及现金等价物余额							
加：期初现金及现金等价物							
六、期末现金及现金等价物							

试算平衡表分为单体试算平衡表和合并试算平衡表。单体试算平衡表是指某个独立实体（如一家公司）的试算平衡表，只包含该实体内部的账户信息。单体试算平衡表反映了该实体自身的财务状况、经营成果及现金流量。合并试算平衡表则是在集团层面编制的，它包含了母公司及其所有子公司的账户信息。合并试算平衡表的目的是编制合并财务报表，即反映整个集团作为一个单一经济实体的财务状况、经营成果及现金流量。在编制过程中，需要消除母子公司之间及子公司之间的内部交易和余额，确保合并财务报表的准确性和公允性。

合并试算平衡表的编制依赖于各单体试算平衡表的信息，首先需要有准确的单体试算平衡表作为基础，其次才能进行合并操作，编制合并试算平衡表。

四、分析审定财务报表

风险评估阶段的财务报表分析侧重于识别潜在风险与异常迹象，而审计报告阶段的财务报表分析旨在解释前期发现的异常现象，确认审计结论的合理性与审计结果的准确性。项目负责人或主任会计师在审计结束或临近结束时，会对经审计的财务报表进行最后的审阅，这一过程与审计工作底稿的复核紧密相连，有时甚至是交叉进行的。复核人员运用分析程序对财务报表进行总体复核，目的在于验证财务报表是否与其对被审计单位的了解相吻合，同时关注是否存在异常金额或未披露的关联方交易。这一阶段的财务报表分析，不仅要评估审计证据的充分性和适当性，还要重新考虑前期未识别的重大错报风险。一旦发现新的风险点，审计人员需重新评估对各类交易、账户余额、披露的风险评估是否恰当，并据此调整审计策略，必要时追加实施进一步的审计程序。

在执行分析程序时，复核人员将被审计单位经审计后的财务报表与预期数据、行业数据或其他相关资料进行对比分析。这种比对不仅有助于识别财务报表中的异常波动，而且能验证审计结论的合理性，确保审计报告的准确性和完整性。

总之，审计工作完成阶段的财务报表分析是对整个审计流程的全面总结与确认，它要求审计人员运用职业判断与分析技能，确保审计结果的客观性和审计报告的可靠性。这一阶段的工作，既是对前期风险评估的延伸，也是对审计计划与执行效果的最终检验。

五、复核审计工作

对审计工作的复核包括项目组内部复核和项目质量复核。

项目组内部复核是审计过程中的第一道防线，由项目组内经验丰富的成员对经验相对较少的成员的工作进行指导、监督和复核。特别是在处理复杂、高风险的审计领域时，如舞弊风险评估、重大会计估计、复杂会计问题、重大合同与会议记录审查、关联方交易、持续经营能力评估等。经验丰富的成员需执行深度复核，必要时需要项目合伙人介入，以确保审计工作的严谨性和准确性。

项目合伙人对审计项目的整体质量负有最终责任，在审计报告日或审计报告日前，需通过复核审计工作底稿并与项目组进行深入讨论，确保已获取的审计证据充分、适当，能够支持审计结论和拟出具的审计报告意见。项目合伙人在签署审计报告前，必须复核财务报表、审计报告及其相关工作底稿，复核内容涵盖关键领域的判断，特别是业务执行中识别的疑难问题、特别风险、关键审计事项的描述（如适用）以及其他重要领域，确保审计意见的准确性和完整性。此外，在与管理层、治理层或相关监管机构进行正式书面沟通前，项目合伙人同样需对沟通文件进行复核，确保信息的准确传达。

项目质量复核是指在审计报告日或审计报告日前，项目质量复核人员对项目组作出的重大判断及据此得出的结论作出的客观评价。项目质量复核由项目质量复核人员在项目层面代表会计师事务所实施，作为会计师事务所业务质量管理措施而执行的复核。会计师事务所的目标是，委派符合相关资质要求的项目质量复核人员，对项目组作出的重大判断和据此得出的结论作出客观评价。

六、复核财务报表及附注

企业对外提供的财务会计报告包括财务报表和财务报表附注。财务报表包括资产负债表、利润表、现金流量表、所有者权益变动表；财务报表附注提供了对财务报表中数据和信息的补充解释和详细说明，有助于信息使用者更好地理解企业的财务状况和经营情况。审计人员在审计报告阶段，可以借助先进的报表审核工具，自动化地检测报表间的勾稽关系，确保财务数据的逻辑连贯性和财务信息的完整一致性，提升审计工作的精确度，大幅缩短审计周期，为审计人员提供了更多时间专注于分析判断和风险评估，从而有效提升审计报告的质量和可信度。

七、编制并签发审计报告

审计报告是指审计人员根据审计准则的规定，在执行审计工作的基础上，对财务报表发表审计意见的书面文件。审计人员按业务循环完成各财务报表项目的审计测试和一些特殊项目的审计工作后，在审计工作完成阶段汇总审计测试结果并进行更综合性的审计工作。例如，评价审计中的重大发现，评价审计过程中发现的错报，关注期后事项对财务报表的影响，复核审计工作底稿和财务报表等。在此基础上，审计人员评价审计结果，在与被审计单位沟通后，获取管理层书面声明，确定应出具的审计报告的意见类型和措辞，进而编制并报送审计报告，终结审计工作。

审计人员应当根据由审计证据得出的结论，清楚表达对财务报表的审计意见。审计人员签署审计报告的日期不应早于审计人员获取充分、适当的审计证据，并在此基础上对财务报表形成审计意见的日期。如果被审计单位管理层签署书面声明和已按审计调整建议修改后的财务报表，审计人员即可签署审计报告。审计人员一旦在审计报告上签名盖章，就表明其对出具的审计报告负责。

第二节 智能审计下的审计报告应用实操

审计报告阶段的工作存在大量基础性工作，具有重复性高、创造价值小、耗时较多等特点。在审计报告阶段，审计人员主要依赖 Excel、VBA 等高级数据处理与分析工具，实现审计报告的自动化，在智能化应用方面仍处于探索阶段。本部分将重点介绍试算平衡表（TB）的搭建与更新、合并抵消复核、审计报告复核意见整理以及报表附注的自动生成等环节的应用实践。

一、试算平衡表（TB）的搭建与更新

（一）单体试算平衡表的概述

试算平衡表（以下简称"TB"）是从被审计单位未审报表开始的，它能进一步汇总审计调整分录，最后得出已审报表的一个工作底稿。试算平衡表组成部分主要包括资产负债表、利润表、现金流量表及调整分录，其中调整分录主要包含审计调整分录和重分类调整分录两个部分。TB 主要用来记录被审计单位原始的报表金额，然后汇总审计调整，最后形成审定报表。

填制 TB 是以被审计单位提供的未审报表数据为起点，如获取被审计单位的未经审计的资产负债表、利润表、现金流量表及所有者权益变动表。将未审的报表数据填入相应的工作表中，如图 8 - 1 所示。

审计人员与被审计单位沟通后，需要对未审报表进行调整，包括补提坏账、货币资金重分类等事项，并将调整分录填入期末调整分录汇总表中，如图 8 - 2 所示。

调整分录填写完成后，根据"未审数 + 调整数 = 已审数"，即可得到报表各项目的审定数，如图 8 - 3 所示。

I12		× ✓ fx		
1 2		A	C	D
1		**资产负债表（未审）**		
2				
3	编制单位：ABCD		2023-12-31	金额单位：人民币元
4	资　　　产		年末余额	年初余额
5	流动资产：			
6	货币资金		100,965,732.95	1,878,454.80
9	交易性金融资产			
10	以公允价值计量且其变动计入当期损益的金融资产			
11	衍生金融资产			
12	应收票据			3,000,000.00
13	应收账款余额		32,965,017.70	36,368,428.90
14	减：坏账准备-应收账款		629,092.89	949,263.45
15	应收账款净额		32,335,924.81	35,419,165.45
16	应收款项融资			
17	预付款项		189,000,000.00	
21	应收利息			
22	应收股利			
23	其他应收款余额		33,812,292.56	49,603.22
24	减：坏账准备-其他应收款		339.50	339.50
25	其他应收款净额		33,811,953.06	49,263.72
27	存货			4,749,460.71
28	合同资产		37,500.00	
29	持有待售资产			
30	一年内到期的非流动资产			
31	其他流动资产		17,900.15	9,744.74
33	流动资产合计		356,169,010.97	45,106,089.42

基本信息 | 报出报表校验表 | 目录 | B541-1 | B541-2 | B542 | B543-1 | B543-2 | B544 | B531 | B534

图 8-1　资产负债表未审数

H19		× ✓ fx						
	A B	C	D	E	F	G	H	
1 2 3		**期末已调整分录汇总表**				索引：C3001 页次：		
4	单位名称：ABCD				编制人及日期：	1900-01-00		
5	截止日：2023年12月31日				复核人及日期：	1900-01-05		
8	月 索引	调整事项说明	借	报表项目	明细科目	借方金额	贷方金额	
9		合　　　计				117,254,792.49	117,254,792.49	
10								
11	1	调整结算中心款项	借	其他应收款余额		100,965,732.95		
12			贷	货币资金			100,965,732.95	
13	2	补提应收账款坏账	借	信用减值损失		869,158.00		
14			贷	坏账准备-应收账款			869,158.00	
15								
16	3	补提其他应收款坏账	借	信用减值损失		1,174.54		
17			贷	坏账准备-其他应收款			1,174.54	
18								
19	4	长期待摊物业费入费用	借	管理费用	物业费	744.09		
20			贷	长期待摊费用	物业费		744.09	
21								
22	5	使用权资产待收回	借	其他应收款余额		15,302,458.33		
23			贷	使用权资产			15,302,458.33	
24								
25	6	顺延1031按集团统一要求调整短期租赁						
26			借	合同资产	房屋租赁费	-37,500.00		
27			贷	长期待摊费用	房屋租赁费		-37,500.00	
28								
29	7	补提待收回使用权资产坏账	借	信用减值损失		153,024.58		
30			贷	坏账准备-其他应收款			153,024.58	

基本信息 | 报出报表校验表 | 目录 | B541-1 | B541-2 | B542 | B543-1 | B543-2 | B544 | B531 | B534

图 8-2　期末调整分录汇总表

I27	▼	:	×	✓	*fx*		

期末试算平衡表——资产负债表

索引：C2001
页次：1/2

报表项目	未审数	调整金额		重分类金额		报出金额
		借方	贷方	借方	贷方	

单位名称：ABCD
截止日：2023年12月31日

编制人及日期：1900-01-00
复核人及日期：1900-01-05

	报表项目	未审数	借方	贷方	借方	贷方	报出金额
9	流动资产：						
10	货币资金	100,965,732.95		100,965,732.95			
13	交易性金融资产						
14	以公允价值计量且其变动计入当期损益的金融资产						
15	衍生金融资产						
16	应收票据						
17	应收账款余额	32,965,017.70					32,965,017.70
18	减：坏账准备-应收账款	629,092.89		869,158.00			1,498,250.89
19	应收账款净额	32,335,924.81		869,158.00			31,466,766.81
20	应收款项融资						
21	预付款项	189,000,000.00					189,000,000.00
25	应收利息						
26	应收股利						
27	其他应收款余额	33,812,292.56	116,268,191.28				150,080,483.84
28	减：坏账准备-其他应收款	339.50		154,199.12			154,538.62
29	其他应收款净额	33,811,953.06	116,268,191.28	154,199.12			149,925,945.22
31	存货						
32	合同资产	37,500.00		-37,500.00			
33	持有待售资产						

| ... | B544 | B531 | B534 | B521-1 | B521-2 | B522 | B523-1 | B523-2 | B524-1 | B561 | B564 | B551-1 |

图8-3　资产负债表审定数

填制 TB 时，应观察 TB 表内、表间是否勾稽平衡。如果不平衡，查找不平衡原因；随着审计不断进行，需要不断更新 TB；最后与被审计单位进行沟通，在确定审定数后，对报表进行定稿。

同时，审计人员在填制审计工作底稿时，审计工作底稿应当与 TB 核对。例如，底稿未审数 = TB 未审数；某科目底稿调整汇总数 = TB 对应科目汇总后的调整数；某科目底稿的审定数 = TB 对应的审定数。

（二）合并 TB 的搭建及更新

合并 TB 的
搭建与更新

大部分审计团队的 TB 都大同小异，一般会设置有 TB、现金流量、附注等表格。通过公式链接的方式将子公司的 TB 汇总起来。在合并 TB、搭建链接前，需要维护一个链接关系表，即确定母公司 TB 的哪些区域需要链接到子公司 TB 的对应区域。现场负责人执行审计工作时往往需要搭建集团合并 TB 框架。其具体的流程为：（1）按照企业会计政策和行业特点，修改 TB 模板中报表、附注等附表统计的数据与信息；（2）按照修改好的 TB 模板，复制生成多个子公司的单体 TB；（3）将各个子公司的本年 TB、上年 TB、本年现金流量、上年现金流量、附注等相关信息，链接至合并 TB，用合并 TB 汇总各个子公司的财务数据并进行合并抵消；（4）各个项目组成员完成子公司的合并 TB 后，由现场负责人逐个打开对应的合并 TB 进行更新。

通过以上流程的描述，可以发现第（2）至第（4）的流程中包含着重复操作的循环。此时可以通过 ExcelVBA 完成这些重复性的工作。为此，可以使用一个 ExcelVBA 小工具"TB 批量搭建器"，使用步骤如下。

步骤 1：按照指定模板与名称复制成多个子公司对应的 TB。

先将该公司的 TB 名字取好，如图 8 - 4 中的 A 列。例如，有 A、B、C 三家子公司。按照一定规则给工作簿命名后（注意要有后缀），单击"创建 TB"按钮。选择对应的 TB 模板。在对应文件夹的目录下按照工作簿名称和模板生成三个对应的子公司 TB 表格，如图 8 - 5 所示。

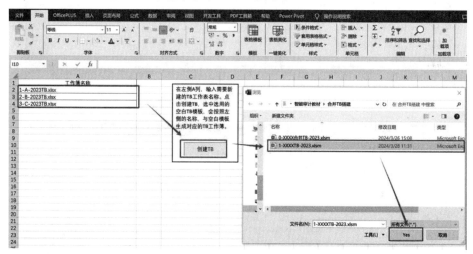

图 8 - 4　创建子公司 TB 模板

名称	修改日期	类型	大小
1-A-2023TB.xlsx	2024/3/28 11:31	Microsoft Excel 工...	668 KB
2-B-2023TB.xlsx	2024/3/28 11:31	Microsoft Excel 工...	668 KB
3-C-2023TB.xlsx	2024/3/28 11:31	Microsoft Excel 工...	668 KB
0-XXXX合并TB-2023.xlsm	2024/3/26 15:08	Microsoft Excel 启...	3,389 KB
1-XXXXTB-2023.xlsm	2024/3/28 11:31	Microsoft Excel 启...	668 KB

图 8 - 5　生成子公司 TB 模板

步骤 2：建立子公司 TB 与合并 TB 之间的链接。

以 2023 年 TB 为例，合并 TB 中的 C 列（见图 8 - 6）并链接到"1 - A - 2023TB"工作簿的 G 列（见图 8 - 7）。它们之间需要填写对应的链接关系，如图 8 - 8 所示。填写好链接关系后，单击"建立链接"按钮，选择合并 TB 与单体 TB 所在的文件夹，即可完成链接的建立。

图 8-6　合并 TB 链接子公司审定数

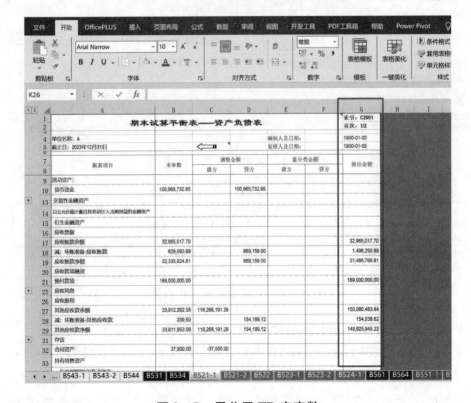

图 8-7　子公司 TB 审定数

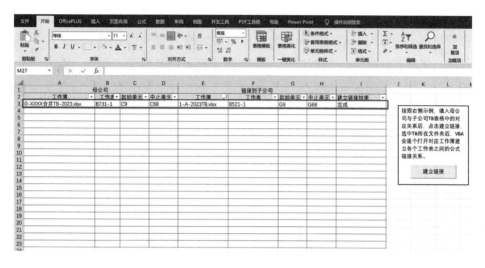

图 8 – 8　链接关系的建立

步骤 3：TB 的链接更新与保存。

需要进行多级合并的集团在更新最上级的合并 TB 时，需要打开各级的合并工作簿，然后更新链接数据并进行保存，这样才能保证集团合并的数据是准确的。为了使操作更便捷，需要编辑一个 ExcelVBA 工具去实现批量将工作打开、保存、关闭的功能，如图 8 – 9 所示。

图 8 – 9　批量操作子公司 TB 小程序

二、合并抵消复核

合并抵消，是指母公司在编制合并会计报表时，以母公司和子公司的个别财务报表为基础，将母公司与子公司、子公司相互之间发生的内部交易对母公司和子公司的个别财务报表有关项目的影响与合并财务报表相关项目的影响之间所存在的差异进行抵消。合并财务报表的特点是：第一，涉及多个实体，不同实体间的财务制度和会计政策可能存在差异；第二，涉及复杂的交易和关联交易；第三，可能涉及跨境交易，不同国家间会计制度和政策可能存在一定差异。因此，合并财务报表具有较高的难度，也是审计项目负责人必须掌握的审计技能。本节利用 ExcelVBA 工具介绍怎样统计合并范围内关联方的抵消数据。

（一）合并抵消的审计效率工具

本部分介绍利用 Excel VBA 实现合并抵消工作任务的复核。Excel VBA 已封装程序源于“第八章/章节数据/关联往来抵消数据统计示例 . xlsx”。

该关联往来抵消数据工具共分为 5 个工作表。

（1）关联方定义表，用于记录合并范围内关联方的清单。其中，“TB 编号”是指试算平衡表编号；“审计责任人”是该公司 TB 负责人，如果出现关联对账差异能够快速找到对应负责人；“抵消单位简称”是“TB 编号”和“公司简称”使用“ - ”进行连接的组合方式。需要注意的是，单位代码必须唯一，且两两相乘不能相等，具体内容如图 8 - 10 所示。

	A	B	C	D	E	F	G
1	合并范围关联方清单						
2	编号	单位代码	公司名称/姓名	抵消单位简称	审计责任人	TB编号	公司简称
3	1	101	AAA母公司	1-AAA	邓**	1	AAA
4	2	201	BBB子公司	2-BBB	张**	2	BBB
5	3	301	CCC子公司	3-CCC	张**	3	CCC
6	4	401	DDD子公司	4-DDD	陈**	4	DDD
7	5	501	EEE子公司	5-EEE	雷**	5	EEE
8	6	601	FFF子公司	6-FFF	黎**	6	FFF
9	7	701	GGG子公司	7-1-GGG	林*	7-1	GGG
10	8	702	G1孙公司	7-2-G1	林*	7-2	G1
11	9	703	G2孙公司	7-3-G2	林*	7-3	G2
12	10	704	G3孙公司	7-4-G3	林*	7-4	G3
13	11	801	HHH子公司	8-HHH	陈**	8	HHH
14	在此列上插入行						
15							
16							
17							
18							
19							

关联方定义表 | 抵消科目设置表 | 关联方往来抵消表 | 关联方交易抵消表 | 关联方现流抵消表

图 8 - 10　关联方定义表界面

（2）抵消科目设置表，用于记录“关联方往来抵消表”“关联方交易抵消表”“关联方现流抵消表”三张表包含的所有会计科目和借贷方向。需要注意的是，应当确保借贷方向设置的准确性，保证被审计单位两两之间往来的借方合计数等于贷方合计数，具体内容如图 8 - 11 所示。

图 8-11　抵消科目设置表界面

（3）其他工作表，"关联方往来抵消表""关联方交易抵消表""关联方现流抵消表"三张表分别记录往来、交易和现金流量，但是表格结构类似，因此以"关联方往来抵消表"为例进行介绍。其中"单位简称"和"对方单位编号"与"关联方定义表"中的"抵消单位简称"对应，具体内容如图 8-12 所示。

单位简称	对方单位简称	填写责任人	抵消编号	会计报表项目	科目方向	往来余额币种	往来源币余额	折本位币汇率	往来记账本位币余额
			计						
3-CCC	5-EEE	张**	150801	应收账款	贷	USD	344,199.30	1.00	344,199.30
3-CCC	1-AAA	张**	30401	应收账款	贷	USD	157,591.25	1.00	157,591.25
3-CCC	2-BBB	张**	60501	应收账款	借	SGD	3,401.65	0.73	2,485.25
3-CCC	4-DDD	张**	120701	应收账款	借	USD	264,000.00	1.00	264,000.00
5-EEE	1-AAA	雷**	50601	应收账款	借	CNY	21,543,650.00	1.00	21,543,650.00
5-EEE	7-1-GGG	雷**	351201	应收账款	借	CNY	8,374,172.38	1.00	8,374,172.38
5-EEE	3-CCC	雷**	150801	应收账款	借	USD	344,199.34	6.87	2,366,267.20
5-EEE	1-AAA	雷**	50601	预付账款	贷	CNY	7,813,950.13	1.00	7,813,950.13
5-EEE	1-AAA	雷**	50601	其他应收款	借	CNY	404,355.20	1.00	404,355.20
5-EEE	7-1-GGG	雷**	351201	应收账款	贷	CNY	614,274.35	1.00	614,274.35
5-EEE	7-1-GGG	雷**	351201	应收账款	贷	CNY	70,437.00	1.00	70,437.00
5-EEE	8-HHH	雷**	401301	预付账款	借	CNY	314,603.00	1.00	314,603.00
1-AAA	6-FFF	郑**	60701	其他应收款	借	CNY	44,853,404.61	1.00	44,853,404.61
1-AAA	5-EEE	郑**	50601	其他应收款	借	CNY	404,355.20	1.00	404,355.20
1-AAA	7-1-GGG	郑**	70801	应收账款	借	CNY	2,291,410.28	1.00	2,291,410.28

图 8-12　关联方往来抵消表界面

（二）计算"抵消编号"

在关联方合并抵消过程中最关键的在于公司自身与抵消关联方的匹配，若匹配出错将导致错误的抵消数据，直接影响后续审计工作的开展，因此将

智能审计基础

本单位与对方单位的单位代码相乘，确定唯一的"抵消编号"，用于抵消计算。"抵消编号"的计算分为三步。

步骤1：利用MATCH函数获取本单位和抵消单位的单位代码在"关联方定义表"中的位置。图8-12"关联方往来抵消表"中只记录了本单位简称与对方单位简称，尚未记录单位代码，而单位代码记录在"关联方定义表"中，因此需要利用MATCH函数获取位置以便后续使用。MATCH函数可参考第四章第二节审计分析方法的介绍。

查找"关联方往来抵消表"中单位简称（例如，A3单元格，内容为"3-CCC"）在"关联方定义表"的"抵消单位简称"列（D列）中位置的语句为：

MATCH(A3,关联方定义表! D:D,0)

查找"关联方往来抵消表"中对方单位简称（例如，B3单元格，内容为"5-EEE"）在"关联方定义表"的"抵消单位简称"列（D列）中位置的语句为：

MATCH(B3,关联方定义表! D:D,0)

在MATCH函数查找位置后，使用INDEX函数返回"关联方定义表"中该位置的单位代码信息。INDEX函数可参考第四章第三节的介绍。

由于上一步已用MATCH函数查找了A3和B3单元格位置，即得到了其在"关联方定义表"D列中的行号，可以作为INDEX函数的第二个参数，因此只需要明确第一个参数即可，为了范围单位代码的数值，应当在"关联方定义表"的B列中查找，因此，返回A3单元格的单位代码语句为：

INDEX(关联方定义表! B:B,MATCH(A3,关联方定义表! D:D,0))

返回B3单元格的单位代码语句为：

INDEX(关联方定义表! B:B,MATCH(B3,关联方定义表! D:D,0))

步骤2：抵消编号 = 单位代码 × 对方单位代码。

为便于检查错误，使用IFERROR函数返回结果，若计算正确返回相应数值，若计算错误返回空值，具体语句如下，具体计算如图8-13所示。

D3		× ✓ fx	=IFERROR(INDEX(关联方定义表!B:B,MATCH(A3,关联方定义表!D:D,0))*INDEX(关联方定义表!B:B,MATCH(B3,关联方定义表!D:D,0)),"")								
	A	B	C	D	E	F	G	H	I	J	K
1	单位简称	对方单位简称	填写责任人	抵消编号	会计报表项目	科目方向	往来币种所指	往来原币余额	折本位币汇率	往来记账本位币余额	折人民币汇率
2											
3	3-CCC	5-EEE	张**	150801	应付账款	贷	USD	344,199.30	1.00	344,199.30	6.87
4	3-CCC	1-AAA	张**	30401	应付账款	贷	USD	157,591.25	1.00	157,591.25	6.87
5	3-CCC	2-BBB	张**	60501	应收账款	借	SGD	3,401.65	0.73	2,485.25	6.87
6	3-CCC	4-DDD	张**	120701	应收账款	借	USD	264,000.00	1.00	264,000.00	6.87
7	5-EEE	1-AAA	曾**	50601	应收账款	借	CNY	21,543,650.00	1.00	21,543,650.00	1.00
8	5-EEE	7-1-GGG	曾**	351201	应收账款	借	CNY	8,374,172.38	1.00	8,374,172.38	1.00

图8-13 "抵消编号"计算界面

IFERROR(INDEX(关联方定义表! B:B,MATCH(A3,关联方定义表! D:D,0))

＊INDEX(关联方定义表! B:B,MATCH(B3,关联方定义表! D:D,0)),"")

步骤3：计算"抵消差异"。

获得唯一的抵消编号后，即可根据抵消编号对比借贷方抵消数据是否一致，需要使用条件函数 SUMIFS，SUMIFS 函数的用法如下：

SUMIFS(sum_range,criteria_range1,criteria1,[criteria_range2,criteria2],…)

- sum_range 是需要求和的实际单元格区域。
- criteria_range1 为第 1 个条件区域。
- criteria1 为条件 1。
- criteria_range2 为第 2 个条件区域。
- criteria2 为条件 2。

审计人员期望得到每一个"抵消编号"在"科目方向"分别为借和贷时的"往来人民币余额"合计，实际就是条件求和，求和区域（sum_range）为"往来人民币余额"，条件区域 1（criteria_range1）和条件 1（criteria1）为抵消编号列中某一个编号，条件区域 2（criteria_range2）和条件 2（criteria2）为科目方向为借或贷。抵消差异＝借方与贷方的差值。因此，D3 单元格（抵消编号为 150801）的抵消差异计算公式如下，具体计算方法如图 8 - 14 所示。

SUMIFS（$L：$L,D:D,$D3,F:F,"借"）- SUMIFS（$L：$L,D:D,$D3,F:F,"贷"）

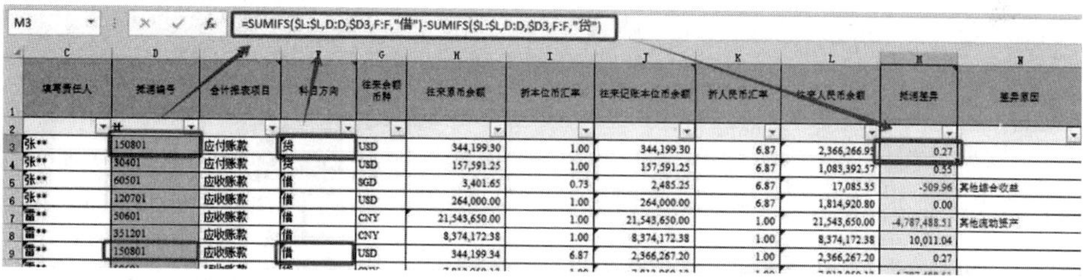

图 8 - 14　"抵消差异"计算界面

得到抵消差异后，可以对应抵消编号，查看存在抵消差异的公司，本单位挂账与对方单位挂账各个科目的原币或本位币金额是否存在差异，并联系相关负责人进行对账。

三、审计报告复核意见整理

（一）审计报告复核意见整理工具简介

审计人员在审计工作中将工作成果和工作过程中的各种情况记录于审计工作底稿中，并据此形成审计意见，出具审计报告。如果说审计工作底稿是审计人员的"里子"，是审计人员保护自己的证据，那么审计报告就是审计人员的"面子"。对审计报告及其附件的质量控制和合伙人复核是保证审计工作质量的重中之重。为了便于项目组成员进行修订，了解复核人查看报告时关注到的问题，合伙人往往喜欢在报告上直接插入批注或用修订格式标注。这些批注和修订记录在修改完成后，一般就被直接删除。实际上，在归档时需要留存合伙人的复核意见的底稿。面对这种情况，审计报告复核意见整理工具就应运而生。

报告复核
意见整理
工具的应用

（二）报告复核意见整理工具的应用

审计报告复核意见整理工具的具体应用步骤如下。

步骤1：在 Word 文档中插入必要的复核意见批注后，保存并关闭 Word 文档。

步骤2：单击 Word 批注导出按钮，选中需要提取 Word 批注的文件，如图 8-15 所示。

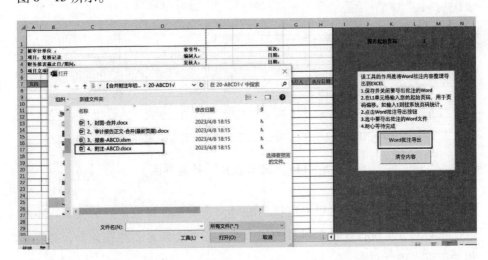

图 8-15　Word 批注导出界面

步骤3：耐心等待 Word 报告批注中的复核意见内容提取至 Excel，如图 8-16 所示。

被审计单位：				索引号：		页次：	
项目：复核记录				编制人：		日期：	
财务报表截止日/期间：				复核人：		日期：	
项目立项编号：			项目出具的报告编号：			归档日期：	

页码	行号	复核内容	复核意见	复核人	执行情况	执行人	执行日期
2	33	5户	上年合并的子公司是15户，数字不对	Apple	已更正	Tom	
34	14	主要税种及税率	按新模版要求披露	Apple	已更正	Tom	
43	14	年末余额	与报表对不上，把展厅项目也补充列在	Apple	已更正	Tom	
43	19	219,169,108.58	与固定资产附注对不上	Apple	已更正	Tom	
44	20	商誉	按新模版要求披露	Apple	已更正	Tom	
45	1	【商誉减值准备计提方法，披	此附注未完成	Apple	已更正	Tom	
45	26	未确认递延所得税资	未完成	Apple	已更正	Tom	

第 1 页　　　　　　　第 2 页

图 8 - 16　审计报告复核意见整理

四、报表附注的自动生成

审计报告的
自动生成

　　财务报表附注的内容繁多，如果要出具审计报告的公司有数十家、上百家，那么这项工作的工作量就会巨大，且在操作过程中容易出错。审计人员需要快速、准确地将平时统计在 Excel 里的附注信息填写到 Word 的相应表格里，本节通过某个审计报告效率工具简要介绍如何快速填写报表附注。本工具是基于 . net 平台开发，主要实现对 Excel、Word 和数据库的精准操作，将Excel 模板中的财务报表附注链接（或写入）到 Word 模板中，并进行自动批量排版操作，以高效生成规范财务报表附注，操作过程如下：

　　准备工作：准备好 Excel 模板，效率工具要求 Excel 模板的格式规则符合要求，但不规定具体的表样式和内容；准备好 Word 模板，如选择直接写入的方式，可以为空白文档，但需对文字预排版为符合自身要求的格式（如字体、字号、缩进、行间距、段间距、页边距等）；如选择刷新链接的方式，需在Word 模板中建立与 Excel 模板的域链接，在刷新时效率工具会自行判断链接地址和数值的变化。

　　步骤 1：准备好财务报表附注 Word 版文档与附注 Excel 版文档，打开"Word 自动刷新数据和排版"工具，如图 8 - 17 所示。

　　步骤 2：在【打开】界面单击"打开（锁定）文档"，分别打开准备好的Word 版附注文档与 Excel 版附注文档，如图 8 - 18 所示。

　　步骤 3：在【直接写入】界面选中"附注"为来源表并加载，光标定位在 Word 文档开始写入的位置，点击"将 Excel 数据直接写入 Word 文档"，等待程序写入，一般情况下用时约一分钟，如图 8 - 19 所示。

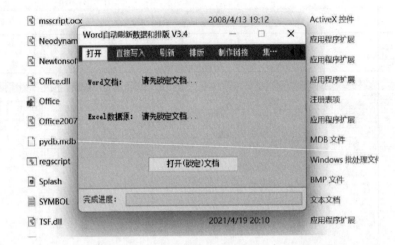

图 8 – 17　附注自动排版小程序初始界面

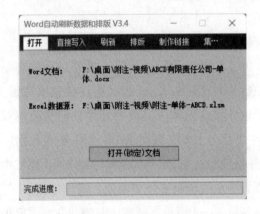

图 8 – 18　打开 Word 版附注与 Excel 版附注

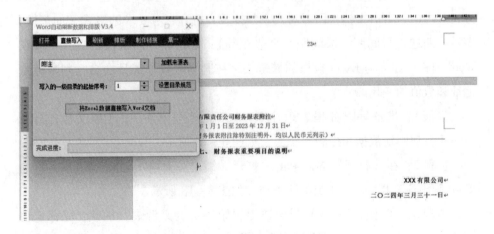

图 8 – 19　运行直接写入程序

步骤4：在【排版】界面选中设置排版格式，点击【自动排版】，等待程序运行结束，排版完成，附注的自动生成结束，一般情况下用时约3分钟，如图8-20所示。

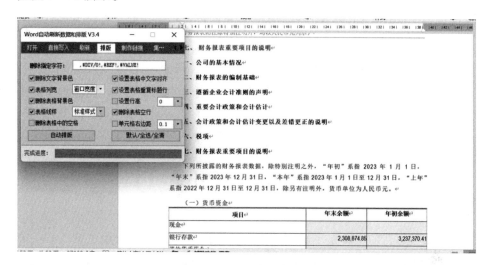

图 8-20　运行排版程序

该工具可以一键式完成刷新链接和自动排版任务，但对于部分工作量较大任务的 Word 排版，仍需要审计人员在后期手工调整。

五、智能审计报告展望

生成式人工智能（AIGC）技术有望在审计报告的自动生成和审阅领域发挥重要作用。然而，要实现这一目标，需要考虑审计报告的准确性和严谨性要求，以及 AIGC 的能力与限制。

首先，审计报告的准确性和严谨性是至关重要的。这些报告涉及财务信息的准确性、法律法规的合规性及企业内部控制的有效性。审计报告需要高水平的专业知识、判断能力及对细节的关注，这些都是传统上由具有专业资格和经验的审计人员完成的工作。虽然 AIGC 技术在自然语言处理和生成方面已经表现出强大的能力，但要达到审计领域的严苛要求，还需要进一步的发展和验证。

其次，审计报告的自动生成依赖于审计报告的标准化和足够的训练数据。审计报告的内容通常包含大量的财务数据、法律文本和公司特定的业务信息。要使 AIGC 生成高质量的审计报告，必须确保审计报告的格式和内容具有一定的标准化，以便 AI 能够准确地理解和处理这些信息。此外，AI 模型需要通过大量的审计报告数据进行训练，才能掌握不同场景下的报告撰写技巧。然而，由于审计报告涉及敏感的财务信息，获取足够的高质量训练数据可能会面临一定的挑战。

最后，尽管 AIGC 技术在自动生成和审阅审计报告方面具有潜力，但其应用仍然面临诸多挑战。包括 AI 模型的可靠性、生成内容的可解释性及法律合规风险等。未来，AI 可能更多地作为辅助工具，帮助审计人员提高工作效率，而不是完全替代人类审计人员。通过结合人类专业知识与 AIGC 的能力，审计报告的生成和审阅工作将更加智能化和高效化。

第三节　本章小结

本章学习目的主要是了解审计报告阶段的工作流程和常用工具。第一节先简单介绍审计报告阶段的工作内容，第二节利用 Excel 和效率提升工具完成试算平衡表的搭建、合并抵消复核、审计报告复核意见整理、报表附注生成、一键式审计报告生成等审计实务利器。审计实务中审计报告阶段会涉及大量表格，无法在本章得到详尽呈现，仅是抛砖引玉做启发性介绍。

本章习题

1. 审计差异包括哪些类型？汇总审计差异后如何进行评价和处理？
2. 签发审计报告前如何对已审财务报表和审计工作底稿进行复核？

拓展阅读

审计数据分析与工作底稿记录

一、工作底稿记录

《中国注册会计师审计准则第 1131 号——审计工作底稿》第十条规定，注册会计师编制的审计工作底稿，应当使未曾接触该项审计工作的有经验的专业人士清楚了解：

（1）按照审计准则和相关法律法规的规定实施的审计程序的性质、时间安排和范围；

（2）实施审计程序的结果和获取的审计证据；

（3）审计中遇到的重大事项和得出的结论，以及在得出结论时作出的重大职业判断。

《中国注册会计师审计准则第1131号——审计工作底稿》第十一条规定，在记录已实施审计程序的性质、时间安排和范围时，注册会计师应当记录：

（1）测试的具体项目或事项的识别特征；

（2）审计工作的执行人员及完成审计工作的日期；

（3）审计工作的复核人员及复核的日期和范围。

二、审计数据分析对工作底稿记录的特殊考虑

（一）可以考虑记录的要素

《中国注册会计师审计准则第1131号——审计工作底稿》第十二条指出，识别特征因审计程序的性质和测试的项目或事项的不同而不同。因此，在运用审计数据分析时，注册会计师可以记录程序的范围，以及进行分析或测试的总体。审计准则并没有要求审计人员将在审计数据分析中使用的数据全部包括在审计工作底稿中，或通过索引的方式包含进来。实际上，在许多情况下，记录分析中使用的所有数据也不具备实务可操作性。

实务中，在实施审计数据分析程序时，审计人员可以在工作底稿中记录以下要素：

（1）运用审计数据分析的程序目标；

（2）程序拟应对的财务报表层次和认定层次的重大错报风险；

（3）数据的来源，以及在考虑运用审计数据分析的性质和目标的背景下，如何确定其充分性和适当性；

（4）审计数据分析，以及相关工具和技术的使用；

（5）所使用的图表，以及如何生成这些图表；

（6）访问数据的步骤，包括访问的系统，以及在适用时，数据如何从系统中抽取并转化为可以满足审计目的的数据；

（7）评价因使用审计数据分析所识别的事项，以及进一步的措施；

（8）特定项目和事项的识别特征；

（9）审计工作的执行人员及完成审计工作的日期；

（10）审计工作的复核人员及复核的日期和范围。

（二）对出现的大量需要关注项目的程序的记录

审计人员可能需要记录如何对于相同性质的项目进行分析和筛选的过程，并确定每一个分组产生这些项目的原因。然而，审计人员记录审计中每一项

智能审计基础

目及职业判断没有必要，也并不实际。在上段所述情况下，审计人员可以记录一个所识别的项目发生频率和关键特征的汇总表，并记录是如何筛选、分组和应对的。

需要注意的是，《中国注册会计师审计准则第 1251 号——评价审计过程中识别出的错报》要求审计人员累积并记录审计过程中识别出的错报，除非错报明显微小。

参 考 文 献

[1] 毕秀玲，陈帅. 科技新时代下的"审计智能+"建设 [J]. 审计研究, 2019 (6)：13–21.

[2] 陈耿，李勇，韩志耕. 数据分析与智慧审计 [M]. 北京：经济科学出版社, 2020.

[3] 陈为，沈则潜，等. 数据可视化 [M]. 北京：电子工业出版社, 2013.

[4] 陈枭. 智能审计背景下审计专业人才需求分析 [J]. 质量与市场, 2021 (10)：164–166.

[5] 陈亚盛，蒋礼蔚，单敏，等. 审计大模型的构建及应用研究——以员工违规经商办企业专项审计为例 [J]. 审计研究, 2024 (4)：139–149.

[6] 程平. RPA审计机器人开发教程：基于来也UiBot [M]. 北京：电子工业出版社, 2021.

[7] 程平，杨双. 基于流程挖掘的RPA财务自动化流程设计研究 [J]. 会计之友, 2023 (20)：141–150.

[8] 洞炎. 系统性财务造假揭秘与审计攻略 [M]. 上海：上海财经大学出版社, 2018.

[9] 多维数据分析技巧编写组. 多维数据分析技巧 [M]. 北京：中国时代经济出版社, 2016.

[10] 樊斌，周忠宝. 大数据审计分析 [M]. 北京：高等教育出版社, 2018.

[11] 高思凡. 审计智能化的伦理风险：表征、归因与治理 [J]. 审计月刊, 2021 (6)：7–10.

[12] 洪永淼，汪寿阳. 人工智能新近发展及其对经济学研究范式的影响 [J]. 中国科学院院刊, 2023, 38 (3)：353–357.

[13] 黄佳佳，李鹏伟，徐超. 面向智慧审计的思维变革与审计平台构建研究 [J]. 审计研究, 2023 (5)：11–20.

［14］江其玟，关心. 基于 IPA 技术的审计认知模型构建与应用研究 ［J］. 中国注册会计师，2023（9）：3，73-77.

［15］李洪. 审计的逻辑——基于选择的视角 ［M］. 北京：经济出版社，2022.

［16］李磊，张琳，高思凡. 人机协同混合智能审计系统探析 ［J］. 中国注册会计师，2021（1）：11-114.

［17］刘杰. 计算机辅助审计 ［M］. 北京：科学技术出版社，2019.

［18］刘锦. AIGC 技术在国家审计中的应用 ［J］. 审计研究，2024（4）：18-29.

［19］刘汝焯. 审计数据的多维分析技术 ［M］. 北京：清华大学出版社，2016.

［20］刘云霞，吴曦明，曾五一. 关于综合运用 Benford 法则和面板模型检测统计数据质量的研究 ［J］. 统计研究，2012，29（11）：74-78.

［21］刘云霞，曾五一. 关于综合利用 Benford 法则与其他方法评估统计数据质量的进一步研究 ［J］. 统计研究，2013，30（8）：3-9.

［22］罗玉波，张冬霞，吴亚炳，等. Benford 定律在财务审计中的实证研究 ［J］. 中国审计评论，2015（2）：69-78.

［23］牛艳芳. 审计数据分析 ［M］. 北京：高等教育出版社，2021.

［24］戚啸艳，王晗，赵洋洋. 人工智能审计的伦理问题及对策研究 ［J］. 中国注册会计师，2022（6）：68-71.

［25］乔鹏，李湘蓉，等. 会计信息系统与审计 ［M］. 北京：清华大学出版社，2010.

［26］饶瑾，宋夏云. 会计师事务所智能审计的改进对策 ［J］. 财务与会计，2021（10）：74-75.

［27］饶艳超，陈建勇，林志军. 审计数据分析 ［M］. 北京：高等教育出版社，2016.

［28］宋雷. 基于 RPA 技术的智能审计财务报表流程优化 ［J］. 财会通讯，2023（11）：124-130.

［29］滕亚婕. 数字化转型背景下会计师事务所审计风险及防范措施 ［J］. 投资与创业，2023，34（9）：68-70.

［30］涂家兵，林铖. 审计效率手册 ［M］. 北京：电子工业出版社，2020.

［31］万建国，张冬霁，安景琦. 一种基于控制数据检查的 IERP 内部控制测试方法 ［J］. 审计研究，2013（5）：66-71.

［32］王福胜，李勋，孙逊. 奔福德定律及其在审计中的应用研究［J］. 财会通讯（综合版），2007（3）：13－16.

［33］王蕾. 新时代智能审计创新发展的思考［J］. 现代审计与会计，2021（9）：6－7.

［34］吴勇，余洁，王尚纯，等. 人工智能审计应用的国际进展［J］. 中国注册会计师，2021（6）：121－126.

［35］徐荣华，朱婧，戴欣瑜. 大数据审计：理论框架、研究进展与未来展望［J/OL］. 外国经济与管理，2024：1－16.

［36］许汉友，汪璐璐. 智能审计本质之问［J］. 商业会计，2020（23）：4－8.

［37］阳杰，应里孟，审计大数据分析人才需求及其培养——基于CDIO理念的模式建构［J］. 财会月刊，2019（4）：108－110.

［38］杨亦颖. 大数据时代人工智能审计模式研究［J］. 新会计，2021（4）：39－41.

［39］张凤元，皮雨鑫，刘美佳. 将人工智能应用于审计的研究［J］. 对外经贸，2016（12）：158－160.

［40］张俊瑞，辛星. 数字经济时代的注册会计师审计：影响与应对［J］. 财会月刊，2023，44（1）：10－19.

［41］张苏彤，康智慧. 信息时代舞弊审计新工具：奔福德定律及其来自中国上市公司的实证测试［J］. 审计研究，2007（3）：81－87.

［42］张轩浩，朱俊文. 审计数智化转型的路径探析［J］. 审计观察，2023（8）：42－45.

［43］赵建全，杨琪. 财报审计数据分析技术［M］. 上海：上海财经大学出版社，2020.

［44］赵莹，韩立岩，李惠敏. 中国上市公司利润操纵的行为特质：基于Benford律的研究［J］. 审计研究，2007（6）：89－94.

［45］中国注册会计师协会. 互联网行业审计方法变革之道：现代信息技术的运用［M］. 北京：中国财政经济出版社，2023.

［46］中国注册会计师协会. 审计［M］. 北京：中国财政经济出版社，2024.

［47］祝兰芳，曾健南. 智能审计体系的构建与实施［J］. 财政监督，2021（2）：89－94.

［48］邹俊，杨昕. 数据分析在审计中的应用研究［J］. 中国注册会计师，2024（9）：69－73.